ELISÃO E NORMA ANTIELISIVA
Completabilidade e Sistema Tributário

CHARLES WILLIAM MCNAUGHTON

Mestre e Doutor em Direito Tributário pela Pontifícia
Universidade Católica de São Paulo (PUC-SP). Especialista
em Direito Tributário pela Pontifícia Universidade Católica
de São Paulo (PUC-SP/COGEAE). Professor do curso
de especialização em Direito Tributário da Pontifícia
Universidade Católica de São Paulo (PUC-SP/COGEAE)
e do curso de especialização do IBET Instituto Brasileiro
de Estudos Tributários. Conselheiro do Conselho Municipal
de Tributos de São Bernardo. Advogado.

ELISÃO E NORMA ANTIELISIVA
Completabilidade e Sistema Tributário

São Paulo

2014

Copyright © 2014 By Editora Noeses
Editor-chefe: Paulo de Barros Carvalho
Coordenação editorial: Alessandra Arruda
Revisão: Semíramis Oliveira
Capa: Ney Faustini
Produção editorial/arte: Denise Dearo

CIP - BRASIL. CATALOGAÇÃO-NA-FONTE
SINDICATO NACIONAL DOS EDITORES DE LIVROS, RJ.

M2328 McNaughton, Charles William.
     Elisão e norma antielisiva: Completabilidade e sistema tributário / Charles William Mcnaughton. – São Paulo : Noeses, 2014.

Inclui bibliografia. 596 p.

1. Direito. 2. Direito Tributário. I. Título.

CDU 340

2014

Todos os direitos reservados

Editora Noeses Ltda.
Tel/fax: 55 11 3666 6055
www.editoranoeses.com.br

AGRADECIMENTOS

Gostaria de agradecer ao Professor Paulo de Barros Carvalho, por toda generosidade e pela dedicação voltada aos seus alunos e ao ensino do Direito Tributário.

À Professora Fabiana Del Padre Tomé pela rica orientação quando da elaboração da tese de doutoramento que deu origem à presente obra.

Aos Professores Maria Rita Ferragut, Paulo Ayres Barreto e Robson Maia Lins, pelas preciosas considerações na arguição de doutoramento. E ao Professor Tácio Lacerda Gama, pelas valiosas considerações na banca de qualificação.

À Eveline Denardi pela revisão do trabalho.

Aos grandes amigos que fiz no ciclo acadêmico: Vivian Rodrigues de Freitas, Aurora Tomazini Carvalho, Leonardo Loubet, Íris Vânia dos Santos Rosa, Jonathan Barros Vita, Eduardo Jacobson, Fernando Favacho, Maurício Pinheiro, obrigado por tudo!

Aos meus sócios e amigos, Samuel Carvalho Gaudêncio, Karl Alves Neumann, José Eduardo Tellini Toledo, Marcos Daniel Silva, por todo apoio.

À minha família tão querida Karol Ichiba de Oliveira McNaughton, minha amada mulher e companheira; aos meus pais, Cely de Arruda Mello McNaughton e John F. McNaughton, a quem devo tudo! À minha "sister" Ana Luiza McNaughton Pinheiro, ao Rodrigo Pinheiro, à Stella, à Helena e ao "Rodriguinho", amo vocês! Aos queridos Carlos de Oliveira e Chie e às "irmãs Ichiba": Karen, Kátia e Karla, obrigado por tudo! Aos meus novos sobrinhos Tomás, Dedé e Dani, vocês são demais!

SUMÁRIO

AGRADECIMENTOS V

PREFÁCIO XV

INTRODUÇÃO XXI

1 COMPLETUDE E SISTEMA JURÍDICO 1

   1.1 Pressupostos fundamentais.. 1

   1.2 Completude em sentido sintático 4

   1.3 Completude em sentido semântico 10

      1.3.1 Considerações iniciais 10

      1.3.2 Direito e interpretação: construção normativa
           e giro-linguístico 13

      1.3.3 Reconstrução da lacuna semântica a partir da
           separação entre texto e norma 20

   1.4 Completude pragmática e dever-ser........................... 28

   1.5 Não realização da completude pragmática................. 37

   1.6 Lacuna axiológica... 45

2 COMPLETABILIDADE E SISTEMA TRIBUTÁRIO 51

   2.1 Ideias centrais e pressupostos fundamentais............. 51

   2.2 Sobre valores e princípios 52

2.2.1 Sobre os valores.. 52

2.2.2 Sobre os princípios 59

2.3 Completude e sistema tributário: análise estrutural do direito tributário 68

2.3.1 Considerações genéricas 68

2.3.2 Subdivisão nas faixas.. 80

2.3.3 Capacidade contributiva e crítica à interpretação econômica do direito tributário.................... 83

2.4 Estrita legalidade, incidência, norma geral includente e norma geral excludente 98

2.5 Relativização da legalidade e o espantalho.................. 114

2.6 Legalidade, conotação e denotação.............................. 125

2.7 Fundamento de validade para requalificação dos negócios jurídicos: direito privado, norma antielisiva e norma antievasiva 132

3 **COMPLETABILIDADE E DIREITO PRIVADO: INTERAÇÃO ENTRE DIREITO TRIBUTÁRIO E DIREITO PRIVADO** 135

3.1 Colocação do problema 135

3.2 Texto Constitucional.. 138

3.3 Efeitos de fatos jurídicos do direito privado na esfera tributária.. 144

3.4 Diferenças entre elementos, categorias e fatores dos negócios jurídicos.. 157

3.5 Requalificação e desqualificação dos fatos jurídicos no direito tributário 165

3.6 Simulação 173

3.6.1 O problema da simulação e da verdade............. 173

3.6.2 O problema da simulação e da validade 180

VIII

3.6.3 Nulidade e requalificação 183

3.6.4 A relação entre o ato praticado e o fato jurídico tributário 185

3.6.4.1 Considerações iniciais 185

3.6.4.2 Sobre os signos simuladores 186

3.6.4.3 Sobre os signos negadores 187

3.6.4.4 Sobre os signos simuladores e negadores da simulação de fato 192

3.6.4.5 Sobre os signos simuladores e negadores da simulação de direito 193

3.6.5 Uma proposta de distinção entre simulação e negócio jurídico indireto 195

3.7 Fraude à lei no direito tributário 199

3.7.1 Considerações iniciais 199

3.7.2 Fraude à lei na língua do direito 199

3.7.3 Fraude à norma tributária na primeira acepção. 206

3.7.4 Fraude ao espírito da norma tributária? 208

3.7.5 A distinção entre não subsunção e fraude 210

3.8 Abuso de direito 212

4 ELISÃO TRIBUTÁRIA **219**

4.1 Palavras iniciais 219

4.2 Elisão tributária na doutrina do direito tributário 221

4.3 Nossa definição 234

4.4 Classificação da elisão quanto ao meio de obtenção de economia fiscal 240

4.5 Classificação da elisão quanto à norma elidida 246

4.5.1 Considerações iniciais 246

4.5.2 Elisão: regra-matriz de incidência tributária.... 247

IX

4.5.2.1 Palavras iniciais... 247

4.5.2.2 Breves palavras sobre a regra-matriz de incidência tributária.................................. 248

4.5.2.3 Elisão a partir da hipótese de incidência tributária.. 250

a. Elisão a partir do critério material da hipótese de incidência tributária........... 250

b. Elisão a partir do critério espacial da hipótese de incidência tributária........... 253

c. Elisão a partir do critério temporal da hipótese de incidência tributária........... 258

4.5.2.4 Elisão a partir do consequente da regra--matriz de incidência tributária............. 260

a. Palavras iniciais..................................... 260

b. Elisão tributária interagindo com o critério quantitativo da regra-matriz de incidência tributária.................................. 261

b.1 Elisão tributária interagindo com a base de cálculo da regra-matriz de incidência tributária...................................... 263

b.1.1 Elisão tributária interagindo com elementos de acréscimo e redutores da base de cálculo da regra-matriz de incidência tributária...................................... 263

b.1.1.1 Ágio interno.................................. 264

b.1.1.2 Trava de 30%............................... 273

b.1.2 Elisão tributária envolvendo "base de cálculo simples".................................... 280

b.2 Elisão tributária interagindo com a alíquota da regra-matriz de incidência tributária.. 282

b.3 Elisão tributária interagindo com o critério pessoal da regra-matriz de incidência tributária...................................... 285

ELISÃO E NORMA ANTIELISIVA

b.3.1 Elisão tributária interagindo com a sujeição passiva da regra-matriz de incidência tributária 285

b.3.2 Elisão tributária interagindo com a sujeição ativa da regra-matriz de incidência tributária 289

4.6 Elisão-benefício 290

    4.6.1 Palavras iniciais 290

    4.6.2 Imunidade e elisão 291

    4.6.3 Isenção e elisão 292

    4.6.4 Créditos e elisão 296

        4.6.4.1 A não-cumulatividade 296

        4.6.4.2 A elisão e não-cumulatividade 305

        4.6.4.3 Elisão mediante interação com tratados internacionais 309

4.7 Elisão no plano S4 e elisão intersistemática 315

5 EVASÃO TRIBUTÁRIA **321**

5.1 Considerações iniciais 321

5.2 Evasão: regra-matriz de incidência tributária 328

    5.2.1 Hipótese de incidência 328

        5.2.1.1 Critério material 328

        5.2.1.2 Critério espacial 329

        5.2.1.3 Critério temporal 330

    5.2.2 Evasão interagindo com o consequente da regra-matriz de incidência tributária 331

        5.2.2.1 Critério quantitativo 331

            5.2.2.1.1 Base de cálculo 331

            5.2.2.1.2 Alíquota 332

        5.2.2.2 Critério pessoal 333

XI

5.2.2.2.1 Sujeição passiva 333

5.2.2.2.2 Sujeição ativa.............................. 333

5.3 Evasão e benefício fiscal................................. 334

6 NORMAS ANTIELISIVAS 335

6.1 Considerações iniciais 335

6.2. Norma antielisiva repressiva: regra-matriz de incidência tributária.. 345

6.2.1 Hipótese de incidência tributária....................... 345

6.2.1.1 Critério material............................... 345

6.2.1.2 Critério temporal 354

6.2.1.3 Critério espacial 365

6.2.2 Consequente da norma tributária...................... 367

6.2.2.1 Base de cálculo............................... 367

6.2.2.2 Alíquota 374

6.2.3 Critério pessoal 375

6.3 Norma antielisiva repressiva: norma de benefício..... 376

7 NORMAS ANTIEVASIVAS... 377

7.1 Considerações iniciais 377

7.2 Normas antievasivas e provas........................... 378

7.3 Normas antievasivas e fiscalização ampliada.............. 382

7.4 Normas antievasivas e sanções administrativas e penais 384

7.5 Combate à evasão mediante normas de responsabilidade.. 388

8 ELISÃO NO PLANO INDIVIDUAL E CONCRETO: ANÁLISE CRÍTICA DA NOÇÃO DE NECESSIDADE DE PROPÓSITO NEGOCIAL 397

8.1 Considerações iniciais 397

ELISÃO E NORMA ANTIELISIVA

8.2 Contexto histórico-jurídico: princípio da substância sobre a forma no direito norte-americano 400

8.3 O "propósito negocial" na jurisprudência do CARF .. 414

    8.3.1 Palavras iniciais....................................... 414

    8.3.2 Propósito negocial *na* lei........................ 416

    8.3.3 Propósito negocial *além* da lei 433

9 LIMITES DA ELISÃO E DA NORMA ANTIELISIVA...... 451

9.1 Considerações iniciais 451

9.2 A indiferença da elisão tributária para a aplicação da regra-matriz de incidência tributária 452

    9.2.1 Fundamentos da ideia 452

    9.2.2 Irrelevância da elisão e direito subjetivo de se submeter à tributação fruto do ato elisivo........ 457

    9.2.3 Elisão: abuso de direito e fraude à lei............... 458

    9.2.4 Elisão e requalificação jurídica.................... 467

9.3 Neutralização da elisão pelo sistema jurídico: exame de sua legitimidade 471

    9.3.1 Palavras iniciais...................................... 471

    9.3.2 Norma antielisiva preventiva específica 472

    9.3.3 Norma antielisiva preventiva genérica 475

    9.3.4 Norma antielisiva repressiva genérica............... 477

    9.3.5 Norma antielisiva repressiva específica............ 481

9.4 Uma proposta de interpretação do parágrafo único do artigo 116 do Código Tributário Nacional 483

10 CONCLUSÕES.. 497

REFERÊNCIAS.. 501

ANEXO ÚNICO – EMENTAS DOS ACÓRDÃOS ANALISADOS.. 533

PREFÁCIO

Com o livro *Elisão e Norma Antielisiva – Completabilidade e Sistema Tributário*, Charles William Macnaughton oferece-nos denso e instigante estudo a respeito de assunto da maior atualidade e do mais apurado interesse por parte das pessoas físicas e jurídicas, sujeitos passivos de tributos no Brasil.

No preâmbulo da obra, o Autor mostra logo a força com que tratará do tema, nominando capítulos decisivos para a própria compreensão do direito: *completude e sistema jurídico* (1), *completabilidade e sistema tributário* (2) *e completabilidade e direito privado*: *interação entre direito tributário e direito privado* (3). Daí avante, ingressa na elisão tributária, matéria que elegeu como núcleo de pesquisa e território de suas investigações, num admirável e consistente esforço de prospecção pelos domínios do direito posto, assim entendido o produto do Poder Legislativo, do Poder Executivo, da Poder Judiciário e do setor privado, advinda deste último a contribuição mais numerosa de enunciados jurídico-prescritivos do ordenamento.

É curioso observar como a lucidez descritiva, aliada, naturalmente, à privilegiada inteligência de Charles, conseguem pôr em evidência relações sutis e aspectos tão delicados de matéria reconhecida pelos especialistas por suas complexidades. A experiência brasileira já se pode dizer rica no que tange à elisão dos tributos. Mas, a abundância de relatos sobre situações concretas está longe de ser índice seguro do amadurecimento da doutrina e da consciência esclarecedora da jurisprudência a propósito desse campo. É possível que tal perplexidade tenha sido o combustível para alimentar o vigor e a veemência empregados pelo Autor no desenvolvimento do trabalho, pois dedica trecho expressivo do discurso refletindo sobre a *completabilidade* do direito, traço fundamental para compreender-se a dinâmica dos sistemas normativos. O valor da *completabilidade* denota a vocação irresistível do direito, movimentando-se incessantemente em direção à *completude*, porém sem nunca alcança-la. Aliás, a análise dos mecanismos de positivação das normas gerais e abstratas para atingir o plano das condutas intersubjetivas, revela a presença inexorável do processo de acomodação a que Kelsen chamou de nomodinâmica.

O escrito que tenho a satisfação de prefaciar é um exemplo eloquente de tese que parte de premissas bem cuidadas, nutrida pelo método, vale dizer, pela escolha de um modo de aproximação adequado para demarcar e instituir o objeto estipulado como subconjunto de enunciados conclusivos. E o instrumento metodológico eleito é o *constructivismo lógico-semântico*, manejado com desenvoltura pelo jovem e talentoso Autor, pois, atento à nitidez e firmeza dos conceitos, logra obter proposições equilibradas que se entrelaçam para formar argumentos bem construídos, pressuposto inafastável da precisão semântica, dando estabilidade e segurança às mensagens do processo comunicacional.

Charles Macnaughton pensou nas conclusões a que pretendia chegar; estabeleceu os antessupostos de seu raciocínio; amarrou-os num arranjo bem montado, que é justamente o instrumento de aproximação escolhido, seu método de trabalho; e avançou para unir premissas e conclusões, no âmbito de uma comunicação clara, contextualmente uniforme, pronta para ser discutida pelos destinatários, seus leitores. E aproveito para dizer que tal iniciativa não é nada fácil. As dificuldades de organização e de montagem do discurso, com todas as vicissitudes lógico-semânticas que hão de ser superadas, conduzem o empenho intelectual a resultados fortes e incisivos, isto é, tudo aquilo que em última instância se espera de uma autêntica tese. Não simplesmente para

ELISÃO E NORMA ANTIELISIVA

efeito de concurso e obtenção de título de doutor, o que já seria muito louvável, mas, sobretudo para transmitir u'a mensagem que se pretenda jurídica em termos científicos, como precisamente a de que me ocupo agora, ao escrever estas linhas.

Nota-se, na progressão de suas ideias, a naturalidade com que transita por categorias importantes da Teoria Geral e da Filosofia do Direito, municiando o conhecimento técnico com aquilo que há de mais refinado para o pensar jurídico, contribuição que retorna sempre com conquistas auspiciosas sobre as construções da prática, num saudável intercâmbio entre os níveis especulativos do saber. E quem ganha com isso é o próprio aplicador do direito, mergulhado na experiência e ansioso por obter soluções efetivas para as dúvidas que suscita.

O texto é límpido, cristalino e compassado, sem estipêndios inúteis de erudição, qualidade que agrada o leitor, recompensando-o pela energia intelectual gasta para acompanhar a cadência do raciocínio. E tais propriedades acrescentam valor aos resultados obtidos, uma vez que imprimem foros de boa sustentação aos argumentos utilizados pelo Autor, ao fechar as conclusões da obra.

Ora, as comunicações crítico-explicativas atinentes ao caráter descritivo do labor científico, reclamam uma linguagem artificialmente construída, item que brilha pela sua presença ao longo de todo o desenvolvimento do trabalho. Em qualquer dos intervalos do texto, assim nos momentos de formulações explícitas, como naquelas mensagens que se alojam na implicitude do discurso, Charles toma o mesmo cuidado, testando e confrontando afirmações anteriores, com suas novas aparições no âmbito da sequência expositiva. Zela pela precisão da linguagem, consciente de que as obras científicas dela não podem prescindir, fator determinante da boa composição e da harmonia do fluir descritivo.

Depois da introdução, onde estão contidos os planos gerais do livro, Charles apresenta dez capítulos, todos eles desdobrados em itens e, alguns, em subitens. O primeiro é *completude e sistema jurídico*. Nele se contém alguns tópicos como completude em

XVII

sentido semântico; direito e interpretação: construção normativa e giro-linguístico; lacunas semânticas, lacunas axiológicas; e a não realização da completude pragmática. O segundo trata da *completabilidade e sistema tributário*, espaço que o Autor dedica a uma reflexão sobre os valores, sobre princípios, examinando o problema da capacidade contributiva e a interpretação econômica do direito tributário, legalidade e fundamentos de validade para a requalificação dos negócios jurídicos: direito privado, norma antielisiva e norma antievasiva. No terceiro, encontramos o tema *da completabilidade e direito privado: interação entre direito tributário e direito privado*. Comparecem aqui, entre outros, efeitos dos fatos jurídicos do direito privado na esfera tributária, com análise das figuras da simulação, fraude e abuso de direito. O quarto é reservado à *elisão tributária*, com as classificações que são feitas a partir de critérios da regra-matriz de incidência, espécies fundadas na hipótese, outras no consequente. E encerra com considerações a respeito da *elisão-benefício* e uma interessante análise da elisão no plano S4 e da chamada elisão intersistemática. Já o quinto capítulo se volta à *evasão tributária*, colhida também a contar da regra-matriz de incidência, com critérios obtidos pela hipótese e outros pelo consequente, terminando com observações a respeito da evasão e benefício fiscal. O sexto focaliza as *normas antielisivas*, sob a perspectiva, novamente, da regra-matriz de incidência. O conteúdo do sétimo é o das *normas antievasivas*, enquanto os dois últimos operam o assunto *da elisão no plano individual e concreto: análise crítica da noção de necessidade de propósito negocial (8) e limites da elisão e da norma antielisiva*, com uma proposta de interpretação do parágrafo único do art. 116, do Código Tributário Nacional.

A mais disso, somente os itens conclusivos, fechando a matéria com proposições firmes, determinadas, prontas, como já salientei, para ensejar as críticas que a doutrina especializada saberá muito bem tecer. Agora, uma advertência que espero seja considerada: não é texto para ser lido e percorrido de um eito. Tendo o Autor decido a níveis profundos de complexidade, parece óbvio que para contraditar suas conclusões o leitor deva aprofundar-se também, despendendo um esforço que se assemelha à caminhada de quem produziu a tese. Digo simplesmente que se assemelha porque estará dispensado do empenho criativo, momento seminal da obra.

Charles Macnaughton entra, com o texto que dá à edição, num grupo de elite dos nossos doutrinadores, pelo rigor do raciocínio, pela precisão dos conceitos, pela distribuição, equilibrada e harmônica, dos tópicos da obra por toda a sua extensão, sem aquelas ondulações que são perfeitamente compreensíveis no labor científico, mas que não deixam de provocar instabilidades no espírito de quem lê.

Cumprimentos efusivos ao Autor, à Editora Noeses que, desde logo percebeu a qualidade do trabalho, e, sobretudo, ao Programa de Estudos Pós-graduados em Direito, por ter produzido mais um doutor de elevado padrão científico.

Fazenda Santo Antônio de Palmares (SP), 09 de março de 2.014

Paulo de Barros Carvalho
Emérito e Titular da PUC/SP e da USP

INTRODUÇÃO

No ano de 2013, milhões de brasileiros foram às ruas protestar pelos mais variados motivos. O pretexto do movimento foi o aumento de tarifa em vinte centavos para o transporte público, mas entre as diversas reivindicações estavam a melhoria dos serviços públicos, a não aceitação dos volumosos gastos expendidos com a Copa do Mundo – foram mais de trinta bilhões de reais – a excessiva corrupção e uma ausência de representatividade da classe política.

Em suma, parece-me que o brasileiro foi exprimir sua discordância pelo modo que o Estado gasta o dinheiro público, ou seja, pelo modo que os recursos que a sociedade disponibiliza ao Poder Público são despendidos sem o retorno esperado. Mas acho também que há uma busca pela legalidade, uma cobrança de que as autoridades públicas se inclinem mais para Creonte – a Legalidade – do que para Antígona – o passado, os interesses particulares, o avesso da legalidade.

Não pretendo, aqui, tratar de sociologia ou economia, mas diversas autoridades expressivas da ciência econômica no contexto brasileiro relatam que as multidões da rua, intuitivamente ou empiricamente, captaram algo que os números revelam. Por exemplo, em entrevista ao jornal "O Estado de S. Paulo", no último dia 14 de julho de 2013, o renomado economista Pérsio Arida enunciou que, embora a carga tributária atual esteja na casa dos 36% (trinta e seis por cento) do Produto Interno Brasileiro ("PIB")

– a mais alta entre os países emergentes, nas palavras do economista – os investimentos realizados pelo governo, ou seja, o retorno que a sociedade usufrui com a arrecadação de tributos, correspondem a 0,6% (seis décimos centésimos) do PIB. Esse número formidável indica que os valores arrecadados a título de tributos praticamente não retornam à sociedade de uma maneira que se poderia razoavelmente esperar.

Outra observação de Pérsio Arida, na mesma entrevista, refere-se aos benefícios fiscais aleatoriamente e casuisticamente concedidos, sem um planejamento de ordem global ou sem motivos mais robustos que justificassem as diferenças entre os diversos contribuintes.

No dia seguinte à entrevista, o mesmo jornal "O Estado de São Paulo", indicou que o Banco Nacional de Desenvolvimento ("BNDES") tolerou, sem nenhuma medida punitiva, o atraso no pagamento de um mútuo na quantia da ordem de dez bilhões de reais, por parte de certo grupo de empresas que, segundo se veicula na imprensa, atravessa grave crise. Antígona resiste.

Cesso, aqui, as observações que fogem de meu objeto de estudo que são as normas jurídicas. Mas, com elas pretendo provocar uma reflexão nitidamente relacionada ao debate da elisão tributária: se é uma espécie de egoísmo antiético o ato de se economizar tributos.

A ideia de que a economia tributária é antiética e abusiva parte mais ou menos da seguinte linha: a arrecadação de tributos beneficiaria a todos e é em prol da justiça social. Já a ausência de tributação favoreceria somente o indivíduo. Apenas um individualismo exacerbado, desprovido de uma interação com o que a sociedade almeja, sustentaria que garantias individuais, já superadas, como a legalidade, são mais importantes do que valores éticos como a igualdade e solidariedade.

Mas, possivelmente, esse "ouvir o grito das ruas" que é o que, em última análise, se cobra do positivista normativista, supostamente alienado do que se passa ao redor desse espaçozinho da realidade social designada "norma jurídica", não revela que a sociedade é assim tão contrária a uma conduta de se economizar tributos como comumente afirmado.

Ao menos no que tange às tarifas – que não são tributos, mas são seus, digamos, "parentes próximos" – o aumento de vinte centavos foi duramente contestado. Afinal, se o Estado gasta tão mal o dinheiro público, se esse dinheiro pouco retorna à sociedade, por que sou obrigado a pagar tarifas? E, acrescentaria eu, por que não posso economizar tributos? Mas, afinal, como traduzir o "grito das ruas"? Como interpretá-lo?

Acredito que os juristas estão entre os profissionais do campo social que se especializam nessa interpretação. Mas, para legitimar sua empreitada, eles partem de uma estratégia bem particular que é a de limitar suas observações para se voltar àquela voz das ruas institucionalizada, transformada em comandos prescritivos que são as normas jurídicas. E o fato é que o operador jurídico leva com tamanha seriedade essa tarefa, que examina esse conjunto de veiculações prescritivas – o direito – a partir de um método rigidamente marcado, elevando tal conjunto à dignidade de um sistema, com todas as implicações decorrentes dessa assunção.

Nessa tentativa de examinar o direito como sistema, o investigador busca definir quais características próprias de um sistema são aplicáveis ao campo jurídico. Seria, por exemplo, o direito provido de uma unidade, isto é, de um princípio comum que confira a interação entre seus elementos? E coerência: são suas diversas comunicações compatíveis entre si? O direito é completo ou provido de lacunas?

O problema que interessará, mais de perto, ao presente estudo, é justamente o da completude do direito. Acredito que o direito possa ser tido como completo, apenas por certo ângulo específico que é o sintático. Gostaria de creditar, aqui, à Professora Rosana Oleinik, que me forneceu exemplos contundentes sobre uma inexistência de completude do direito nas órbitas semântica e pragmática.

Se semanticamente e pragmaticamente o direito pode apresentar lacunas, o sistema jurídico não deixa de guardar uma

XXIII

característica marcante que é a completabilidade. A completabilidade é o meio em que as diversas lacunas são preenchidas, possibilitando a positivação rumo às condutas.

Muito bem. Acredito que a discussão relacionada à elisão tributária esteja estreitamente relacionada com essa característica do direito que é a de se completar. Para ilustrar essa hipótese, pontuo aqui, diversos exemplos em que a temática da elisão foi associada às lacunas.

De fato, como veremos ao longo da obra, juristas como Antônio Roberto Sampaio Dória, Alberto Pinheiro Xavier e Paulo Ayres Barreto associam elisão à ideia de lacuna; Diva Prestes Marcondes Malerbi, a um espaço vazio; Marco Aurélio Greco, por sua vez, também faz essa associação. Mas, tal relação não se faz, apenas, na doutrina brasileira: no âmbito da própria Organização de Cooperação e Desenvolvimento Econômico – OCDE, o relatório *Base Erosion and Profit Shifting* indica que a elisão é obtida em razão de "gaps" que proporcionam a possibilidade de se eliminar tributação.[1]

Nessa ordem de ideias, a completabilidade importa o tratamento que o sistema tributário dispensará ao aproveitamento de uma "lacuna", especialmente, uma lacuna vinculada à economia de tributos obtida a partir da elisão fiscal.

Diante de tal panorama, acredito que uma análise sobre a lacuna na esfera fiscal possa contribuir para o estudo da elisão. É preciso compreender em que medida o sistema tributário pode apresentar lacunas e como pode reagir a elas, especialmente, levando em consideração os valores mais elevados no campo do ordenamento.

Uma das soluções apresentadas por diversas jurisdições como reação do sistema à lacuna aproveitada mediante a elisão são as normas antielisivas, tidas como mecanismos do sistema

---

1. OCDE: **Base Erosion and Profit Shifting**. Disponível em: http://www.keepeek.com/Digital-Asset-Management/oecd/taxation/addressing-base-erosion-and-profit-shifting_9789264192744-en. Acesso em: 18 jul. 2013.

para neutralizar a economia fiscal licitamente obtida por contribuintes. Nosso grande desafio é compreender em que medida as normas antielisivas podem ser instituídas para evitar lacunas ou preencher lacunas, isto é, para o direito se completar.

Para responder a essa ordem de problemas, defenderei que as normas antielisivas podem, condicionadas por certos limites e princípios que colorem a esfera tributária, evitar preventivamente que a elisão ocorra, mas não poderão, salvo mediante violação a diversas normas e princípios do sistema tributário, coibir repressivamente o ato elisivo. Essa distinção entre combate preventivo e repressivo da elisão será mais bem aprofundada no momento pertinente, mas já adianto que a elisão é evitada a partir de normas que eliminam diferenças entre contribuintes e neutralizada repressivamente quando se autoriza a tributação do ato elisivo.

Estarei conectado a um modo de aproximação do direito denominado de constructivismo lógico-semântico. Essa corrente do pensamento jurídico, que teve como grandes precursores Lourival Vilanova e Paulo de Barros Carvalho, convida a um exame rigoroso do direito positivo, com um discurso preciso, coerente e bem afinado retoricamente.

Entre as características do constructivismo lógico-semântico que me encantam gostaria de pontuar as seguintes: uma busca pela precisão do discurso, determinando-se o sentido de conceitos utilizados a partir de definições adequadamente elaboradas; uma análise rigorosa da lógica do direito, investigando diferentes aspectos de sua estrutura e de seu domínio sintático; uma visão filosófica que embasa o discurso científico, especialmente, a partir de recursos da filosofia da linguagem, particularmente o positivismo lógico-semântico, a semiótica e o giro-linguístico; o abandono da crença ingênua na verdade absoluta; e uma busca pela compreensão do dado jurídico em sua dimensão axiológica.

Acredito, assim, que o constructivismo lógico-semântico apresente um poderoso instrumental que nos permite uma visão analítico-hermenêutica do direito e ao mesmo tempo nos convida à modéstia de reconhecermos que nossas posições são apenas relativamente verdadeiras, isto é, que há pontos de vista diferentes que merecem ser respeitados em toda sua dignidade.

Por causa dessas características, estou convicto em assinalar que a cada dia que travo contato com o constructivismo percebo sua utilidade decisiva para a análise e solução dos problemas práticos e teóricos mais relevantes. A busca desse instrumental para se examinar a elisão tributária é um vivo exemplo disso.

Para situar o problema da lacuna, completude e completabilidade do direito, examinarei, no capítulo I, um conceito de lacuna, completabilidade e alguns instrumentos que o sistema se serve para se completar.

Já no capítulo II, tratarei do tema da completude no sistema tributário, especificamente no que tange à competência voltada para instituir tributos não vinculados a uma atuação estatal e ao exercício dessa competência.

Avançando pelo capítulo III, investigarei as relações entre os ramos didaticamente autônomos do direito privado – e outros ramos – e do direito tributário e buscarei refletir hipóteses em que autoridades administrativas podem requalificar ou desqualificar negócios jurídicos praticados por contribuintes. Questionarei, ainda, se os métodos de completabilidade do direito privado são aplicáveis ao campo tributário.

No capítulo IV, por sua vez, analisarei a elisão tributária para verificar como pode interagir com a regra-matriz de incidência tributária e com outras normas que designarei, de forma bem mais ampla do que a normalmente aceita, de "benefícios fiscais".

Já a evasão será estudada no Capítulo V, com o objetivo preponderante de diferenciá-la da elisão.

O capítulo VI, de grande relevância para esta obra, será marcado pela análise da norma antielisiva e suas classificações, o que será seguido, no capítulo VII, pelo exame de norma antievasiva.

Será no capítulo VIII, por sua vez, que examinarei a jurisprudência administrativa associada à desqualificação ou requalificação de atos ou negócios praticados pelos particulares, especialmente, no que se refere a questões como propósito negocial, o mal utilizado termo "prevalência da substância sobre a forma" e a tal "step transaction". Esse estudo será efetivado na jurisprudência norte-americana, em que a aplicação desse instituto se iniciou, e no Brasil.

Por fim, no capítulo IX, examinarei como a elisão se relaciona com a legalidade e quais os limites que norteiam a constitucionalidade das normas antielisivas. Concluirei o capítulo com uma reflexão sobre o artigo 116, parágrafo único, do Código Tributário Nacional.

Para deixar claro, o ponto central desta obra é que o direito brasileiro pode se completar prevenindo a elisão tributária, mas não para reprimi-la. É essa ideia primordial que tentarei consolidar.

Fica fácil perceber que o esforço preponderante será examinar o princípio da legalidade e sua eficácia no sistema. Isto importa pensar, mais de dois mil anos após Sófocles, o quanto de Creonte temos em nosso Estado.

Posso estar enganado, mas, como já disse, creio que quando "a voz das ruas" clama pelo fim da impunidade, pela adequada prestação de serviços públicos, pelo fim da corrupção, não faz nada além senão clamar pela legalidade. Nesse sentido, acho que nós, estudiosos do direito, estamos muito mais próximos a tal "voz das ruas" do que possa parecer. Não são apenas os vinte centavos.

1 COMPLETUDE E SISTEMA JURÍDICO

1.1 Pressupostos fundamentais

A ideia que pretendo desenvolver neste capítulo inicial é que um dos dogmas do chamado positivismo jurídico, denominado de "completude do direito"[2], exprime uma necessidade sob o ponto de vista sintático, uma contingência pelo prisma semântico e um valor, isto é, o objeto de um "dever-ser atingido", sob a ótica da pragmática.

Dessa assertiva que partirei, para enfrentar um dos grandes desafios deste trabalho que é discutir em um segmento restrito do dado jurídico – o sistema jurídico tributário brasileiro – como essa contingência da completude, no campo semântico, pode ser superada para se caminhar rumo à completude pretendida no seio da pragmática, realizando-se um princípio fundamental que é a "certeza do direito".[3]

Para examinar essas diferentes relações da completude com o sistema jurídico, lidaremos com uma noção inicial

---

2. Entre os juristas que identificam a "completude" como um dogma difundido no seio do positivismo jurídico, vide: GUASTINI, Riccardo. **Das fontes às normas**. Tradução Edson Bini. São Paulo: Quartier Latin, 2005, p. 177.

3. Sobre a relação entre completude e certeza do direito: BOBBIO, Norberto. **O positivismo jurídico**. Lições de filosofia do direito. Trad. PUGLIESI, Márcio. São Paulo: Ícone, 2006, p. 207.

"do ser completo" que será depurada à medida que os ângulos sintático, semântico e pragmático da linguagem normativa elucidem certos aspectos relevantes da aplicação dessa categoria ao direito positivo.

Por ora, tenhamos completude como a característica atribuível, ou não, a um sistema jurídico, de ser autossuficiente na regulação de condutas intersubjetivas, sem precisar recorrer a valores "suprapositivos", ou instâncias ajurídicas.[4] Como já adverti, essa noção há de ser enriquecida, conforme os campos sintático, semântico e pragmático revelem diferentes jogos de linguagem, isto é, distintos modos de se utilizar o signo "completude".

Antes de avançarmos, convém esclarecer o que considero por "sintática", "semântica" e "pragmática", para que se compreenda, oportunamente, em que medida essa necessidade, improbabilidade e dever-ser da completude se manifestam nessas três óticas da linguagem jurídica.

Com Charles Morris, tomemos sintaxe como a "consideração de signos na medida em que estão sujeitos a regras sintáticas", esclarecendo-se que são sintáticas as regras de formação que "indicam as combinações permissivelmente independentes dos membros do conjunto" e as regras de transformação "que determinam as proposições que podem ser obtidas de outras proposições".[5]

Daí porque a sintática tem que ver com a relação dos signos, entre si, ou seja, como eles se combinam e se transformam, independente dos objetos que denotam.

---

4. Segundo Riccardo Guastini, para os que adotam o dogma da completude, "se o direito fosse incompleto haveria controvérsias não decidíveis com base em normas já dadas". (GUASTINI, Riccardo. **Das fontes às normas**. Trad. Edson Bini. São Paulo: Quartier Latin, 2005, p.177).

5. MORRIS, Charles. **Fundamento da teoria dos signos**. Tradução de Antônio Fidalgo. Universidade da Beira Interior. Disponível em: http://bocc.ubi. pt/~fidalgo/semiotica/morris-charles-fundamentos-teoria-signos.pdf. Acesso em: 18 jun. 2013, p.17.

Quando Charles Morris emprega o termo "combinar", é possível identificar um eixo da comunicação, designada de "combinação", caracterizado pela articulação dos signos, conforme regras estabelecidas, pela lógica ou por outro sistema, que informem, em um setor específico, como os signos podem se associar para a formação de cadeias comunicativas complexas.

Além da combinação, outro grande eixo comunicativo é a seleção. Ela importa a escolha de cada signo, dentre diversos possíveis, que comporá determinado enunciado. Por esse prisma, seleção e combinação são as duas operações necessárias para quem pretenda exprimir uma mensagem. Esclareço, assim, que as normas de combinação pertencem à sintaxe de um determinado sistema sígnico.

Já por semântica, tomaremos as relações dos signos com seus objetos.[6] Nesse sentido, a regra semântica indica em que "condições um signo é aplicável a um objeto ou uma situação"[7]: a semântica está relacionada à possibilidade de denotar, de indicar tal e qual objeto a que se reputa cabível o emprego de determinado signo.

Daí se poder dizer que o campo semântico está associado às regras de seleção dos signos na mensagem, para que possa transmitir determinado conteúdo.

À pragmática, por sua vez, importa o estabelecimento das condições em que os termos são utilizados. Portanto, ela tem por objeto as regras de uso dos signos por uma comunidade

---

6. MORRIS, Charles. **Fundamento da teoria dos signos**. Tradução de Antônio Fidalgo. Universidade da Beira Interior. Disponível em: http://bocc.ubi.pt/~fidalgo/semiotica/morris-charles-fundamentos-teoria-signos.pdf. Acesso em: 18 jun. 2013, p. 24.

7. MORRIS, Charles. **Fundamento da teoria dos signos**. Tradução de Antônio Fidalgo. Universidade da Beira Interior. Disponível em: http://bocc.ubi.pt/~fidalgo/semiotica/morris-charles-fundamentos-teoria-signos.pdf. Acesso em: 18 jun. 2013, p. 26.

social. O estudo da pragmática guarda como pressuposto que o usuário da linguagem firme um hábito na utilização de determinado veículo sígnico sobre certas circunstâncias e que espere que tal ou qual efeito ocorra quando o signo seja utilizado em tal ou qual contexto.

Nessa medida, a pragmática tem estreito vínculo com a noção de previsibilidade. Seu estudo aplicado na investigação do direito positivo pode ser fecundo para um contato, um pouco mais de perto, com a necessidade de certeza jurídica, que examinaremos adiante. Retenhamos, nesse momento, os conceitos acima indicados.

1.2 Completabilidade em sentido sintático

Mário G. Losano, tratando do que denomina "sistema jurídico externo", isto é, do discurso teorético do direito, vincula a noção de "completude", que pode nortear tal sistema, ao princípio lógico do "terceiro excluído".[8]

Para compreendermos essa comparação, tenhamos como leis do pensamento, ou princípios lógicos, a lei da identidade, lei da não-contradição e a lei do terceiro excluído. Leônidas Hegenberg assim as define:

> Em suas habituais formulações, 'A' indicando um objeto qualquer e 'p' uma proposição qualquer, os princípios seriam assim apresentados:
>
> A é A (identidade);
>
> Não (p e não-p) (não-contradição);
>
> P ou não-p (terceiro excluído).[9]

---

8. LOSANO, Mário G. **Sistema e estrutura no direito.** V.1. São Paulo: Martins Fontes, 2008, p. 268.

9. HEGENBERG, Leônidas. **Saber de e Saber que.** Alicerces da racionalidade. Petrópolis: Vozes, 2002, p.115.

Em outras palavras, o princípio do terceiro excluído importa a vertente de que uma proposição possui um valor lógico positivo ou negativo: é inconcebível uma terceira alternativa.

Dessa forma, e ainda tratando do sistema jurídico externo, ou ciência do direito, Mário G. Losano enuncia que a completude exigiria que, dado certo teorema T – isto é, uma descrição em metalinguagem própria da ciência do direito – ou T é oriundo de um axioma – ou seja, uma norma jurídica proveniente de um veículo normativo – ou não é.

Poderíamos emprestar essa aplicação do jurista italiano, para o exame daquilo que Mário G. Losano denomina de sistema jurídico interno, isto é, para o exame do próprio ordenamento e verificarmos a relação da completude com a aplicação de uma "lei" denominada "princípio da quarta possibilidade excluída".

Para fins de compreensão desse princípio, tenhamos por normas *stricto sensu* as proposições condicionais cujo antecedente implique deonticamente, isto é, por um dever-ser, um consequente. Em outras palavras, norma *stricto sensu* é a proposição prescritiva dotada da estrutura "Se p, então deve ser q"[10] e suas unidades proposicionais "p" e "q" são o que denominaremos de norma em sentido lato.

Na fórmula acima, "p" faz as vezes de uma proposição antecedente, ou seja, trata-se de uma situação hipotética tida como deonticamente suficiente para a imputação de uma consequência jurídica.

A consequência jurídica, por sua vez, simbolizada por "q", conotará uma relação entre dois sujeitos de direito, em

---

10. Sobre a noção de norma *stricto sensu*: CARVALHO, Paulo de Barros. **Direito tributário, linguagem e método**. 5.ed. São Paulo: Noeses, 2013, p.137. Tomaremos por normas *lato sensu*, os diversos enunciados prescritivos do sistema jurídico.

que um deterá a prerrogativa de exigir uma conduta perante outrem. O objeto dessa relação jurídica, portanto, será uma conduta intersubjetiva. Essa conduta poderá ser regida pelos três "modais deônticos" concebíveis no dado jurídico: obrigatório, permitido e proibido.

Assim, diz-se que da aplicação de certa norma N para regular a conduta de A frente B, A estará obrigado, proibido ou permitido a realizar certa conduta perante B.

Justamente em razão dessa tripartição dos modos de manifestação do deôntico no consequente da norma jurídica que o Professor Lourival Vilanova menciona o princípio do quarto excluído. Suas explicações são as seguintes:

> O conectivo dever-ser triparte-se em obrigatório (fazer/não fazer), permitido (fazer/não fazer) e proibido (fazer/não fazer) em função do universo da conduta humana juridicamente regulada. A relação intersubjetiva – entre sujeitos da ação ou da omissão – divide-se exaustivamente nessas três possibilidades. Uma lei ontológica de quarta possibilidade excluída diz: a conduta é obrigatória, permitida ou proibida, sem mais outra possibilidade.[11]

Aplicando-se a ideia de completude de Mário G. Losano, ao direito positivo, o princípio da completude, em sentido sintático, implica uma regra decorrente da aceitação do primado da quarta possibilidade excluída: a conduta intersubjetiva ou é obrigatória, ou é permitida ou é proibida.

Esse caráter de completude, acima explicado, poderia ser tido, também, como uma questão relacionada à semântica do direito, a depender do ângulo que seja tomado, eis que exprime

---

11. VILANOVA, Lourival. O Universo das formas lógicas. In: **Escritos jurídicos e filosóficos**. V. II. São Paulo: Axis Mundi/IBET, 2003, p. 30.

ELISÃO E NORMA ANTIELISIVA

uma relação entre normas jurídicas e condutas. Em um ponto de vista que privilegia a lógica, poder-se-ia dizer que a existência de completude implicaria que, dada duas normas contraditórias N e –N, pelo menos, uma delas seria válida no ordenamento jurídico. Essa seria a completude sintática. Por esse viés, a completude decorrente do princípio do quarto excluído poderia ser vista em um exame semântico da linguagem jurídica.[12]

Mas, esse outro modo de se conceber a completude – aplicação do princípio do terceiro excluído ao campo de validade das normas – interessa ao lógico e não ao dogmático do direito.[13] Trata-se, assim, de um problema da lógica do direito.

Nesse contexto, apesar de reconhecermos que o primado do quarto excluído pode servir, a depender do ponto de vista de quem o enxerga, para justificar uma completude semântica do direito, optaremos por conceber esse modo de se manifestar da completude como uma instância sintática da linguagem jurídica, pelos motivos que passamos a exprimir.

Do ponto de vista do jurista – e não do lógico – a completude adviria de uma regra de combinação de signos jurídicos – ou seja, de uma questão que se situa na sintaxe jurídica – eis que, para cada elemento da classe "conduta intersubjetiva", haveria, pelo menos, um elemento da classe "modal deôntico" disponível, inexistindo a possibilidade de conduta intersubjetiva não modalizada.

Por esse ângulo, estaríamos tratando de uma regra de combinação de signos – isto é, das relações possíveis entre membros de duas classes – independentemente da natureza

---

12. Nesse sentido, vide: VILANOVA, Lourival. **As estruturas lógicas e o sistema do direito positivo.** 4.ed. São Paulo: Noeses, 2010, p. 204.

13. Nesse sentido, vide: VILANOVA, Lourival. **As estruturas lógicas e o sistema do direito positivo.** 4.ed. São Paulo: Noeses, 2010, p. 204.

ou espécie de conduta intersubjetiva que se possa cogitar, independentemente da seleção aplicada concretamente.

Do ponto de vista do lógico, o reconhecimento do princípio do quarto excluído já importa uma descida ao conteúdo das proposições e uma incursão na semântica jurídica. Mas, para o jurista dogmático que toma o quarto excluído como ponto de partida, a "lei" que afirma a necessidade de combinação de, pelo menos, um membro da classe "modal deôntico" para cada elemento da classe "conduta intersubjetiva" é de ordem sintática.

Esse caráter sintático-jurídico, embora não sintático-lógico, de regras de combinação, opera-se em outras categorias jurídicas, como por exemplo, na "hierarquia", que determina uma relação de subordinação de normas e depende da estrutura específica do campo do direito que se toma como referência, não sendo, portanto, um problema da lógica pura.

Deve ser levado em consideração, ainda, que a semiótica lida com conceitos flexíveis, pautados por um princípio de preponderância que não admite uma separação absoluta entre suas diversas categorias.[14] E cada categoria fenomenológica que compõe a tripartição fundamental da semiótica – primeiridade, secundidade e terceiridade[15] – poderá admitir diversas

---

14. Segundo Charles S. Peirce, o pensamento se estrutura em tríades, havendo três categorias: um primeiro correlato que é "o de natureza mais simples, sendo mera possibilidade", um segundo correlato que "é de complexidade intermediária" e "será uma existência concreta" e um terceiro correlato que é de "natureza mais complexa", podendo ser uma lei. (PEIRCE, Charles S. Classificação dos signos. In: **Semiótica e filosofia**. 9.ed. Tradução: MOTA, Octany Silveira e HEGENBERG, Leônidas. São Paulo: Cutrix, 1993, pp. 98-99). Todas as tríades da semiótica de Charles S. Peirce partem de tal fundamento.

15. Lúcia Santaella elucida o significado de primeiridade, secundidade e terceiridade ao esclarecer: "A primeiridade aparece em tudo que estiver relacionado com o acaso, possibilidade, qualidade, sentimento, originalidade, liberdade, mônada. Secundidade está ligada às ideias de dependência, determinação, dualidade, ação e reação, aqui e agora, conflito, surpresa e

tríades de sorte que, o que é secundidade, por um ponto de vista, poderá ser primeiridade para outro tipo de análise.

Por exemplo, a classificação dos signos conforme o tipo de relação que firmam com seus objetos é um problema da secundidade, porque lida com o vínculo do signo e um segundo que são os seus objetos. Mas, o ícone, que pertence a essa classificação, é uma típica categoria da primeiridade, porque é caracterizada pela relação de um primeiro – o *representamen* ou suporte físico – com ele mesmo.

Então, se Charles Morris efetiva uma tríade semiótica – sintática, semântica e pragmática, a partir de certa influência de Charles S. Peirce[16], tal que a sintática esteja ligada à primeiridade, a semântica à secundidade e a pragmática à terceiridade, é concebível que possamos identificar elementos da sintática com vinculação mais próxima à semântica do que outros, autorizando associações de certos problemas ora ao campo sintaxe, ora ao semântico, ora ao pragmático, conforme a necessidade e ângulo tomado pelo pesquisador.

De qualquer sorte, a mensagem que pretendíamos transmitir nesse item é que existe uma norma de combinação no

---

dúvida. Terceiridade diz respeito à generalidade, continuidade, crescimento, inteligência." (SANTAELLA, Lúcia. **Semiótica aplicada. Bases teóricas para aplicação**. São Paulo: Thomson, 2002, p. 7).

16. Tomamos a influência de Charles S. Peirce sobre Charles Morris, para a tríade sintaxe, semântica e pragmática como uma hipótese de trabalho. Como indícios dessa influência, podemos assinalar que a sintaxe está vinculada aos signos e suas combinações entre si, o que revela um elemento típico da primeiridade, ao passo que a semântica está vinculada à denotação, ou seja, à concretude, ínsita à fecundidade e a pragmática está relacionada ao hábito e à lei, inerente à terceirizada. Aliás, segundo o próprio Charles Morris, o termo "pragmática" tem conexão com o pragmatismo de Charles S. Pierce. (MORRIS, Charles. **Fundamento da teoria dos signos.** Tradução de Antônio Fidalgo. Universidade da Beira Interior. Disponível em: http:// bocc.ubi.pt/~fidalgo/semiotica/morris-charles-fundamentos-teoria-signos. pdf. Acesso em: 18 jun. 2013, p. 32).

sistema jurídico firmado entre modais deônticos e condutas, tal que, toda conduta intersubjetiva ocorrida no âmbito de vigência de uma determinada ordem positiva deve ser modalizada, pelo menos, por um desses modais deônticos.

Essa regra de combinação de elementos de classes – classe modal deôntico x classe conduta intersubjetiva – indica uma manifestação de completude no direito, pela impossibilidade – a nosso ver sintática – de que certa conduta não seja modalizada deonticamente e, consequentemente, regida pelo direito positivo. Mas, estamos lidando apenas com um ângulo da linguagem. O problema da lacuna, ou anomia, poderá se manifestar em outros ângulos, como veremos a seguir.

1.3 Completude em sentido semântico

1.3.1 Considerações iniciais

Se limitada a completude fundamentada no princípio do quarto excluído como uma questão de sintaxe do direito, isto é, como uma regra de combinação entre as condutas intersubjetivas e os modais deônticos, tal que se diga que, para cada espécie de conduta intersubjetiva há, pelo menos, um modal deôntico disponível, estaremos livres para pensar a relação entre completude e semântica do direito como um problema de seleção ou denotação, ou seja, de se identificar a partir do direito positivo, qual modal deôntico incide sobre cada conduta, sendo que a inexistência dessa previsão indicaria uma lacuna de seleção.

Sintaticamente, dir-se-á que uma conduta deverá ser modalizada por uma obrigação, permissão ou proibição e, portanto, não será irrelevante do ponto de vista jurídico. Mas, a possibilidade de identificação de qual modal deôntico incide sobre cada conduta é um problema próprio do conteúdo das normas jurídicas, importando uma imersão semântica no ordenamento.

Para fins de um corte, examinaremos o ângulo da completude semântica a partir do significado atribuível aos diversos signos presentes nos veículos legislativos do direito positivo, ou seja, nas diversas leis, seja lei complementar, seja na lei ordinária, seja na Constituição da República, nos tratados, nas emendas constitucionais, isto é, em tudo que envolva a participação da Casa Legislativa. Esse conceito de "completude semântica" aproxima-se ao que Norberto Bobbio denomina de completitude, ou seja, ausência de "lacunas na lei". Vejamos:

> Dizer que o direito é completo (e, portanto) não tem lacunas é uma afirmação óbvia, mas de pouca importância, se por direito se entende as normas que derivam de qualquer fonte, incluso a judiciária (visto que é pacífico que se as outras fontes deixam lacunas, o juiz, ao resolver as controvérsias, é constrangido a preenchê-las). É necessário, em lugar disso, falar de lacunas na lei, com referência, portanto, às normas postas por uma fonte específica do direito, o poder legislativo.[17]

Postas essas premissas, poderíamos assinalar que haverá "lacuna na lei", isto é, uma lacuna semântica do direito, sempre que, para cada membro da classe condutas intersubjetivas, não existir, pelo menos, uma previsão legislativa que trate sobre sua obrigatoriedade, permissibilidade ou proibição.

Essa ausência de previsão legislativa é o que poderíamos designar de lacuna semântica e não apenas uma questão de "ser juridicamente irrelevante"[18], justamente por conta

---

17. BOBBIO, Norberto. **O positivismo jurídico.** Lições de filosofia do direito. Tradução: Márcio Pugliesi. São Paulo: Ícone, 2006, p.208.

18. Sobre a teoria do juridicamente neutro, vide: GUASTINI, Riccardo. **Das fontes às normas.** São Paulo: Quartier Latin, 2005, p.181 e BOBBIO, Norberto. **O positivismo jurídico.** Lições de Filosofia do Direito. São Paulo: Ícone, 2006, p. 208.

do primado da completude sintática a que já nos referimos. Ora, se sintaticamente, cada conduta deve ser modalizada por um conectivo deôntico obrigatório, proibido ou permitido, a ausência de previsão de qual modal deôntico é aplicável sobre cada comportamento intersubjetivo é relacionado à lacuna, ou seja, a um vazio semântico que deve ser completável.

Assim, o que denominamos de lacuna semântica é aquilo que Tácio Lacerda Gama, com apoio na classificação de Hart, que distingue os operadores jurídicos entre participantes[19] – que tomam decisões – e observadores – os demais – designa de "anomia"[20], ou falta de norma, fenômeno que seria identificável pelos observadores do direito, mas inexistente para quem julga, haja vista o princípio de inafastabilidade de jurisdição. Como diz Tácio Lacerda Gama, em casos de "anomia":

> A ideia mais difundida é que o ordenamento omisso precisa ser integrado. A integração consiste na busca de soluções legítimas para disciplinar *a conduta que não é claramente regulada pelo direito positivo*.[21]

Essa "conduta não claramente regulada pelo direito positivo", abstraídas as condições pragmáticas do direito, é justamente o que estamos denominando de lacuna semântica. Não podemos passar impunes, contudo, com nossa acepção de lacuna semântica, sem tratarmos, com a devida atenção, do problema da interpretação jurídica e da relação que se firma entre

---

19. HART, Hebert L. A. **O conceito de direito**. 3.ed. Fundação Calouste Gulbenkian, 2001, p.111.

20. LACERDA, Tácio. **Competência tributária**. Fundamentos para uma teoria da nulidade. São Paulo: Noeses, 2009, p.161.

21. LACERDA, Tácio. **Competência tributária**. Fundamentos para uma teoria das nulidades. São Paulo: Noeses, 2009, p.161.

norma e enunciado. É o que passaremos a enfrentar nos próximos itens, buscando esclarecer de forma precisa esse conceito de lacuna semântica.

1.3.2 Direito e interpretação: construção normativa e giro-linguístico

Por movimento "giro-linguístico", entendemos uma linha filosófica que exprime o papel da cultura, estruturada na linguagem e na língua, como instância condicionante de nossa interpretação sobre o mundo e sobre os diversos objetos.

Impulsionados por Ludwig Wittgenstein, que em seu *Investigações filosóficas*[22], busca uma análise da linguagem mais voltada à pragmática, tomando os signos não como um meio de representação do mundo, mas, como uma maneira de se comunicar a partir de "jogos de linguagem", a partir de regras criadas pelos utentes da linguagem. Nesse panorama, os filósofos dessa corrente passam a adotar o princípio da autorreferencialidade da linguagem.[23]

Richard Rorty, amparado em Donald Davidson, trata do modo não representacionalista de examinar a verdade e enuncia que a compreensão da verdade é algo muito semelhante ao processo de tradução.

Segundo o filósofo, o único critério para se aplicar a verdade seria a "justificação", que, por sua vez, dependeria da opinião do público.[24] A verdade, assim, depende de uma justificação capaz de convencer, de obter consenso de uma plateia.

---

22. WITTGENSTEIN, Ludwig. **Investigações filosóficas**. Trad. Ernesto Carneiro Leão. Petrópolis: Vozes, 2005.

23. CARVALHO, Paulo de Barros. **Direito tributário, linguagem e método**. São Paulo: Noeses, 2013, p.161.

24. RORTY, Richard. **Verdade e Progresso**. São Paulo: Manole, 2005, p. XII.

Nesse mesmo sentido, Paulo de Barros Carvalho, tratando do giro-linguístico, enuncia a importância da retórica, "não como singelo domínio de técnicas de persuasão, mas fundamentalmente como modelo filosófico adequado para a compreensão do mundo.[25]

Ainda sobre a retórica, convém levar em conta Hans--George Gadamer, que trata a interpretação como uma "fusão de horizontes", como um "pôr-se de acordo na linguagem", associada, portanto, ao âmbito da retórica. A compreensão é mediada pelo preconceito, ou seja, pelos horizontes culturais do intérprete. Suas palavras são as seguintes:

> Compreender o que alguém diz é pôr-se de acordo na linguagem e não transferir-se para o outro e reproduzir suas vivências. Destacamos que a experiência de sentido, que assim ocorre na compreensão, implica sempre um momento de aplicação. Percebemos agora que todo esse processo é um processo de linguagem. Não é por acaso que a verdadeira problemática da compreensão e a tentativa de dominá-la pela arte – o tema da hermenêutica – pertencem tradicionalmente ao âmbito da gramática *e da retórica*. A linguagem é o meio em que se realizam o acordo dos interlocutores e o entendimento sobre a coisa em questão.[26] (Grifos nossos).

Assim, a ideia de conversação, ou se pôr de acordo, é fundamental para a interpretação e para a compreensão. Vilém Flusser parte de uma ideia análoga quando nos lembra que "é participando da conversação que o intelecto se realiza", enunciando que o cosmo do ser – materializado em uma língua

---

25. CARVALHO, Paulo de Barros. **Direito tributário, linguagem e método.** 5.ed. São Paulo: Noeses, 2013, p.161.

26. GADAMER, Hans-George. **Verdade e Método I. Traços fundamentais de uma hermenêutica filosófica.** Trad. MEURER, Flávio Paulo. Bragança Paulista: Universitária São Francisco, 2008.

– surge do "poder-ser" que é o caos, o que está à espera da interpretação.[27]

Para Vilém Flusser, a conversação se dá no âmbito de uma língua que é "um sistema completo, um cosmo".[28] Assim, os intelectos se conectam ou "se põem de acordo", para emprestarmos a noção de Hans-George Gadamer, porque compartilham de uma mesma língua. É pela língua, portanto, que constituímos nossa realidade.

Acredito que a ideia de língua em Vilém Flusser e de preconceitos em Hans-George Gadamer possuem uma função semelhante, porque se tratam de meios, embasados na linguagem, pelos quais o homem vai construindo seu mundo.

Agora, assim como Hans-George Gadamer admite uma fusão de horizontes, Vilém Flusser admite uma ligação entre línguas. As línguas podem ser ligadas: é possível, de forma aproximada, o trânsito de um cosmo ao outro. Mas, esse trânsito não importa uma relação entre duas línguas e uma realidade que seja ponto comum entre elas, tal que a tradução importe transformar a representação de realidade de uma língua na representação equivalente de realidade em outra língua, justamente, porque o intelecto e a realidade constituída por esse intelecto são formados pela própria língua. Nesse sentido, Vilém Flusser assinala que:

> Cada língua tem uma personalidade própria, proporcionando ao intelecto um clima específico de realidade. A tradução é, portanto, a rigor, impossível. Ela é possível aproximadamente graças a semelhanças existentes entre as línguas, semelhanças ontológicas. A possibilidade de tradução diminui com a diminuição das semelhanças.[29]

---

27. FLUSSER, Vilém. **Língua e realidade**. São Paulo: Annablume, 2005, p. 50.

28. FLUSSER, Vilém. **Língua e realidade**. São Paulo: Annablume, 2005, p.56.

29. FLUSSER, Vilém. **Língua e realidade**. São Paulo: Annablume, 2005, p.60.

Outro modo de verificar essa dificuldade de tradução é explicado por Ferdinand Saussure quando assinala que a semântica de uma língua é constituída a partir de diferenças que vão se firmando entre as palavras.

Toda palavra importa uma relação com uma ideia e com outras palavras. A relação das palavras com aquelas que lhes opõem é denominada "valor" da palavra. Sem a oposição com outras palavras, o signo perde o seu valor. A relação entre palavras e ideias e conceitos não é fixa, mas dependente dos outros signos existentes na língua.

Quanto mais palavras existem em uma língua, quanto menor é a amplitude semântica de cada palavra. Assim, "medo" pode ter certa significação, mas à medida que surgem palavras como "temor", "receio", "pavor", cada novo signo implica um menor campo de atuação perante os demais.

À medida que surgem diferentes números de palavras em cada família semântica nas distintas línguas, a tradução vai se tornando mais imprecisa, justamente por ser difícil que um termo em uma língua encontre um termo exato, com o alcance semântico idêntico em outra língua. Ferdinand Saussure dá o exemplo do termo carneiro, em português, que em inglês é repartido em *sheep* e *mouton*.[30]

Esses fatores demonstram a inocência de se pensar que a "língua é um espelho da realidade" ou que tenha um caráter meramente representacional, e indicam, também, a importância da língua, da linguagem e de nossa própria cultura como fatores que determinam quem somos.

No campo jurídico, as ideias do giro-linguístico tiveram influências decisivas, especialmente, entre diversos pensadores

---

30. SAUSSURE, Ferdinand de. **Curso de linguística geral.** Trad. CHELINI, Antônio; PAES, José Paulo e BLIKSTEIN, Izidoro. 32.ed. São Paulo: Cultrix, 2010, p.134.

do direito tributário. Poderíamos apontar duas categorias fundamentais, a da "interpretação" e da "incidência", como elementos significativos dessa influência, embora seja possível pontuar que uma está nitidamente relacionada à outra.

No tocante à ideia de interpretação, assim como Hans-George Gadamer argumenta que interpretar é "se pôr de acordo", implicando, portanto, uma atitude proativa e construtiva do intérprete, Paulo de Barros Carvalho situa o processo interpretativo como construção, opondo-se à atividade de "descobrimento" e de "extração do sentido que se achava oculto no texto".[31]

No processo de interpretar, há um percurso gerador de sentido, que se inicia em um sistema morfológico e gramatical do direito posto, denominado de S1, e se desenvolve quando se examina frase por frase, em um sistema de significações proposicionais designado de S2, e que será seguido por um esforço de combinação, em que se articulam tais proposições selecionadas naquela estrutura sintática de significação que revela uma proposição condicional deonticamente estruturada (norma jurídica *stricto sensu*), cujo sistema é designado de S3, para finalmente, culminar na articulação das diversas normas em relações de coordenação e subordinação, compondo-se, assim, a forma superior de sistema normativo, denominado, por Paulo de Barros Carvalho, como sistema S4.[32]

Se vimos, com Hans-George Gadamer, que a hermenêutica pressupõe um preconceito, uma "situação hermenêutica" que faz a ponte para o conhecimento, o ilustre professor emérito da Universidade de São Paulo e da Pontifícia Universidade Católica de São Paulo pontua que sendo o direito objeto da

---

31. CARVALHO, Paulo de Barros. **Direito tributário, linguagem e método.** 5.ed. São Paulo: Noeses, 2013, p. 197.

32. CARVALHO, Paulo de Barros. **Direito tributário, linguagem e método.** 5.ed. São Paulo: Noeses, 2013, p.188.

cultura a interpretação dependerá "das estimativas sempre cambiantes em função da ideologia de quem interpreta."[33]

Essa particularidade própria de cada um, que distancia criador da norma e seu intérprete, indica a inexistência de "cogenialidade" entre criador e intérprete da mensagem[34], na exata medida em que o intérprete não reproduz as condições genéticas da produção da mensagem. Ele a interpreta conforme sua própria condição hermenêutica. Mas, isso não implica um convite inapelável à arbitrariedade. O intérprete não domina a obra e nem se apodera dela: ele se submete ao texto. Ele aplica. Está a serviço daquilo que deve valer: da pretensão de validade do texto.[35] O texto compele o intérprete àquela troca, àquele "se pôr de acordo" a que já nos referimos.

Nesse diálogo entre obra e intérprete, há uma tradução do passado no presente, necessária para o processo de compreensão.[36] Então, interpretar é também traduzir, é um processo de semiose em que os signos são transformados, de signo objeto em signo interpretante.

Agora, se a interpretação é proativa, é uma conversação viva, do intérprete com o texto, tanto a linguagem abstrata veiculada pelas mensagens dos textos legislativos deverá ser *traduzida* em norma jurídica – ou seja a linguagem dos enunciados deverá ser transformada naquele substrato de significação

---

33. CARVALHO, Paulo de Barros. **Direito tributário, linguagem e método.** 5. ed. São Paulo: Noeses, 2013, p.187.

34. GADAMER, Hans-George. **Verdade e método I**. Traços fundamentais de uma hermenêutica filosófica. Trad. Enio Paulo Meurer. Bragança Paulista: Vozes, 2006, p. 410.

35. GADAMER, Hans-George. **Verdade e método I**. Traços fundamentais de uma hermenêutica filosófica. Trad. Enio Paulo Meurer. Bragança Paulista: Vozes, 2006, p. 411.

36. GADAMER, Hans-George. **Verdade e método I**. Traços fundamentais de uma hermenêutica filosófica. Trad. Enio Paulo Meurer. Bragança Paulista: Vozes, 2006, p. 431.

condicional a que já nos reportamos – como os próprios acontecimentos do mundo concreto deverão ser *traduzidos* de poder-ser
em ser, para que se transformem em fatos jurídicos. Esse segundo processo de *tradução* será designado de qualificação jurídica.

Como corolário de se tomar a interpretação como processo construtivo e tradutor, como processo de autojustificação,
tem-se que aquela noção de "incidência", tida como o mecanismo inafastável de subsunção de uma norma ao fato que lhe
é aplicável, já não satisfaz. Já não é mais possível dizer que a
norma incide sobre o fato – tradicionalmente tido como um
acontecimento do mundo – se tanto o sentido da norma e qualificação do fato dependem do ato de traduzir, dependem daquilo que Vilém Flusser chamaria de transformar o poder-ser
do dado bruto no ser da linguagem.

Assim, o evento, ou seja, o significado de uma linguagem
social que ainda é um mero poder-ser jurídico[37], e o texto bruto, permeado nos diversos suportes físicos, ainda não são,
respectivamente, norma em sentido estrito, isto é, uma significação de sentido completo de um deôntico, e nem um fato
jurídico. Apenas o contingente ato de traduzir que se dá na
aplicação jurídica definirá o sentido do texto – a norma – e o
significado das provas – o fato – possibilitando, daí, sim, a juridicização do direito, que é o traduzir em linguagem jurídica.

Nesse sentido, fato jurídico deixa de ser um acontecimento do mundo, passando a ser "enunciados que puderem sus-
tentar-se em face de provas de direito admitidas". O conceito
de prova torna-se categoria fundamental do direito, recebendo,

---

37. Segundo Hans-George Gadamer, não se interpretam eventos, mas significados de eventos (**Verdade e método I**. Traços fundamentais de uma
hermenêutica filosófica. Trad. Enio Paulo Meurer. Bragança Paulista:
Vozes, 2006, p. 431). De modo conexo, Paulo de Barros Carvalho enuncia
que a linguagem incide sobre a linguagem social. Ou seja, sobre um mundo
de significados e não sobre um dado bruto do mundo. (Vide: CARVALHO,
Paulo de Barros. 5.ed. **Direito tributário, linguagem e método**. São Paulo:
Noeses, 2013, p. 506).

por Fabiana Del Padre Tomé, investigação inovadora que revelou aspectos fundamentais desse meio de justificação jurídica, ou seja, desse meio de se atingir a verdade.[38]

Entre as noções esclarecidas por Fabiana Del Padre Tomé, retenhamos, nesse momento, a fenomenologia sintática das provas. Segundo essa significativa representante do constructivismo lógico-semântico, a prova estrutura-se por um "fato alegado", amparado por diversos fatos jurídicos em sentido amplo que darão ensejo a um fato jurídico em sentido estrito[39], também chamado de "objeto da prova". Agora, o fato dar-se-á por provado em um ato de decisão da autoridade competente, que escolherá uma opção possível dentre diversas alternativas, pressupondo um ato de valoração.[40]

É nesse ponto que encerramos este subitem sobre a interpretação para advertir a distinção entre texto jurídico – que é o enunciado no plano S2 – e norma jurídica, obtida no plano S3 do percurso gerador de sentido, evidenciando que a norma é o resultado da interpretação, ou tradução, de um texto legislativo, assim como o fato jurídico é resultado da interpretação, ou tradução, das provas.

1.3.3 Reconstrução da lacuna semântica a partir da separação entre texto e norma

Nessa divisão analítica que o constructivismo lógico-semântico, amparado no giro-linguístico, propõe, em que texto

---

38. "Provado o fato, tem-se o reconhecimento de sua veracidade. Somente se, questionado ou não, o enunciado pautar-se em provas admitidas, o fato será juridicamente verdadeiro (verdade lógica). (TOMÉ, Fabiana Del Padre. **A prova no direito tributário**. 3.ed. São Paulo: Noeses, 2011, p. 41).

39. TOMÉ, Fabiana Del Padre. **A prova no direito tributário**. 3.ed. São Paulo: Noeses, 2011, p. 208.

40. TOMÉ, Fabiana Del Padre. **A prova no direito tributário**. 3.ed. São Paulo: Noeses, 2011, p. 305.

e norma são metodologicamente separados, o texto, na qualidade de suporte físico, é apenas um ponto de partida. Perde, até mesmo, sua significação, enquanto não estiver em contato com a figura redentora do aplicador do direito. Há um processo de desmistificação da lei: a lei, enquanto figura independente e dissociada da norma, é apenas "tinta no papel".

Esse modo de encarar o direito transfere o problema da lacuna semântica para um novo "local". Não se pode, impunemente, situá-lo no "texto de lei", ou "na lei", porque este, antes da interpretação construtora, não carrega, consigo, um sentido. O sentido surge, mesmo, com a norma jurídica. Mas, a norma já não é detentora de lacuna. A norma já é lacuna superada.

Adotado esse sistema de referência, a questão que se coloca é: a lacuna semântica é aprioristicamente possível? Ou melhor dizendo, é concebível formular um conceito de lacuna semântica aplicável ao sistema jurídico, tal como buscamos formular no item 1.3.1?

Para buscar apresentar as bases para um conceito de lacuna semântica, propomos que se aceite a noção do que designaremos de "língua do direito". Por "língua do direito", apontaremos um conjunto de convenções, um acervo de interpretações consolidadas acerca do texto de lei que o aplicador do direito carrega consigo e aplica quando interpreta normas.[41]

Poderíamos chamar isso, ainda, de "preconceitos", para utilizar uma noção de Hans-George Gadamer, ou de mundo da terceiridade, quando empregamos o termo de Charles S. Peirce, vistos nos itens precedentes, com a única restrição de que, metodologicamente, a língua do direito recorta apenas os preconceitos e elementos de terceiridade pertencentes à esfera

---

41. Já havíamos formulado uma proposta de língua do direito em nossa dissertação de mestrado. Vide: MCNAUGHTON, Charles William. **Hierarquia e sistema tributário**. São Paulo: Quartier Latin, 2011, p. 34.

jurídica, o que significa dizer que são embasados no que poderíamos chamar de "fontes da língua do direito", ou seja, as fontes do direito tradicionalmente elencadas pela doutrina, tal como leis, jurisprudência, princípios e assim por diante.

Contraposta à noção de língua do direito, propomos a de "direito-enunciado", que é o direito aplicado, concreto, positivado, em cada ato de criação de norma jurídica. O direito enunciado se dá mediante um ato de poesia – no sentido de poesia que Flusser confere, enquanto instância criadora da língua[42] – em que o intérprete aplica a língua do direito, acrescentando sua contribuição, para transformar o abstrato em concreto. Essa transição é poética, por envolver esse processo criativo em que o abstrato se converte no concreto, mas o grau de poesia será, ora mais, ora menos, presente.

A língua do direito, nesse sentido, é um elemento de legitimação do "direito enunciado". O aplicador do direito aplica a língua para produzir enunciados que sejam aceitos por uma comunidade jurídica, ou seja, por todas as autoridades, no sentido mais amplo possível ao termo. Ela é um corpo de signos que se intercala entre duas esferas do direito enunciado. De fato, o aplicador do direito aplica direito enunciado para produzir mais direito enunciado. Mas, é com a língua do direito que essa relação de fundamento de validade é concebível, porque ela permite um sentido possível a ambos os enunciados.

Há casos em que o direito enunciado aplicado é digitalizado, mediante um código jurídico denominado "dispositivo legal". Dispositivo legal é um signo que representa o direito enunciado e permite identificar com precisão qual segmento (do direito enunciado) está sendo aplicado como fundamento

---

42. Segundo Vilém Flusser, poesia "é o esforço do intelecto em conversação de criar língua". (FLUSSER, Vilém. **Língua e realidade**. 2.ed. São Paulo: Annablume, 1ª reimpressão, 2005, p.145).

de validade para criação de uma norma. Trata-se dos artigos de lei e seus parágrafos e incisos, ou seja, trata-se das unidades, ou *bits*, que compõem os veículos introdutores de normas.[43]

Há, assim, um processo de tradução, entre dispositivo legal, enunciado e norma jurídica, que o Professor Paulo de Barros Carvalho denomina de "percurso gerador de sentido", como já discorrido. Mas, há um sentido inverso, que estamos designando de "digitalização", em que a significação da norma, que surge no espírito do aplicador do direito, é convertida em enunciado resultante do ato de aplicação.

Na digitalização, utiliza-se o "dispositivo legal" para representar normas jurídicas (norma jurídica em sentido estrito). A norma individual e concreta do juiz não enuncia, de forma escancarada, "Dado p deve ser q, p ocorreu. Logo q". Não. O juiz diz "com fundamento no artigo Y da Lei n. X, condene-se o réu a pagar ao autor a quantia de tanto".

Então, chamaremos esse artifício do direito de aplicar signos que representam as normas jurídicas, para construção de direito enunciado, de digitalização do direito. Esclareço que a linguagem digital – o termo digital vem de dígitos – é simbólica, dotada de um código binário – medidas de informação – positivos ou negativos.[44] Grosso modo, ela se presta a carregar, consigo, informações a serem traduzidas em outras espécies de linguagens.

A linguagem analógica, por sua vez, trabalha com imagens, com ícones. Uma frase que reproduz uma norma "Se

---

43. Por veículo ou instrumento introdutor, na designação do Professor Paulo de Barros Carvalho, tomaremos leis, sentenças, decretos, isto é, os veículos que inserem normas no sistema. É o que tradicionalmente parte da doutrina denomina como fontes formais do direito. Vide: CARVALHO, Paulo de Barros. **Curso de direito tributário**. 25.ed. São Paulo: Saraiva, 2013, p. 75.

44. MONTEIRO, Silvana Drumon. **Semiótica peirceana e a questão da formação do conhecimento**. Disponível em: www.periodicos.ufsc.br/index.php/eb/article/download/1518.../433 em 19 de junho de 2013.

auferir renda em 31 de dezembro de cada ano, deve ser a obrigação de recolher IRPF sob alíquota de 15%" e assim por diante é analógica, porque visa a uma semelhança, icônica, entre os signos manifestos no papel com signos decorrentes de um processo interpretativo, com signos que foram produzidos no espírito do intérprete. Essa linguagem icônica ou analógica pode ser traduzida em linguagem digital, quando convertida em números ou dígitos, ou seja, quando se diz com "base no artigo 3º da Lei n. XYX, deve Tício recolher IRPF".

A digitalização revela precisão porque facilita identificar cada enunciado jurídico em local próprio do sistema S1. Ela é precisa, também, porque os suportes físicos são os mesmos para todos. Assim, o direito se autolegitima porque se propaga mediante um código digital que oculta a subjetividade da construção daquele conteúdo de significação que é a norma jurídica, transmitindo uma ideia de clareza. Isso não significa, por outro lado, que o direito fique imune de erros ou seja exato, apenas porque se manifesta nos números de artigos e leis.

Devemos, então, ter consciência de que, além do ponto de partida, os signos embutidos em suportes físicos também são pontos de chegada, isto é, são empregados enquanto signos que representam, digitalmente, normas jurídicas Ns aplicadas para a criação de normas jurídicas Ns'.

Nem sempre, contudo, esse ato de digitalizar é concebível, ao menos sem recursos retóricos robustos. Por vezes, não há um dispositivo específico que "dê conta de representar", enquanto signo, uma norma jurídica N, empregada como elemento de legitimação da criação de outra norma N'.

Por "dar conta de representar", queremos exprimir uma relação tal que um conjunto de dispositivos D, D1 ... Dn seja apto a gerar um interpretante do tipo "Se p, então deve ser q", aplicável a uma situação S, tal que da leitura de D, D1 ou Dn, se possa compreender como a norma "Se p, então deve ser q" foi aplicada pelo operador do direito ao caso concreto, sem o

ELISÃO E NORMA ANTIELISIVA

emprego de recursos retóricos mais elaborados.

Note-se que, nesses casos, a língua do direito surge, não para fundamentar a solução do caso concreto, mas como pressuposto dessa fundamentação, ou seja, como elemento de mediação entre D, D1 ou Dn e a norma jurídica N "Se p, então deve ser q". As categorias da língua do direito podem, até mesmo, ser aplicadas para *justificar* o vínculo entre D, D1 ou Dn e a norma jurídica N, mas, não estão no mesmo plano de linguagem do dispositivo legal aplicado.

Nessa hipótese, ainda que nos sirvamos da língua do direito como elemento de justificação, a relação semântica entre dispositivos D, D1 ou Dn e a norma N "Se p, então deve ser q" é de tal ordem, que a construção de N é passível de ser intersubjetivamente controlada sem a necessidade de outros argumentos auxiliares – ainda que haja discordâncias quanto à sua construção. Chamarei a aplicação fundamentada com base em enunciados que deem "conta de representar a norma jurídica aplicada" de aplicação digital do direito.

Por "não dar conta de representar", por sua vez, pretendemos assinalar uma situação em que o aplicador do direito, deparando-se com uma situação S, não encontre um conjunto de dispositivos D, D1 ou Dn, que veiculem enunciados aptos a serem combinados na forma sintática "Se p então deve ser q", sem que essa tradução de D, D1 ou Dn em S ou P revele uma quebra ou desvio do código semântico que sustenta a língua do direito.

Nesses casos, a língua do direito ganha uma vitalidade ainda maior, porque será com base nela que a legitimação da criação de normas ganhará impulso, por meio da aplicação de princípios, de categorias jurídicas e de outros legi-signos da língua do direito.

Esses legi-signos surgirão, não apenas, como pressuposto de mediação entre D, D1 ou Dn e uma norma jurídica N – como sempre opera em qualquer processo de aplicação – mas, no mesmo patamar de D, D1 e Dn, isto é, eles serão responsáveis para justificar porque a norma "Se p então deve ser q" pode ser legitimada a partir do ordenamento jurídico. Alf Ross é bem esclarecedor nesse sentido:

> A ausência de toda norma detentora de autoridade é sentida como uma falta, um defeito ou lacuna no direito que o juiz deve preencher. Ele o fará decidindo a questão concreta colocada na forma como aquilate justa e, ao mesmo tempo, se empenhará em justificar sua decisão, destacando os pontos que lhe parecem relevantes. E, assim, inspirado pelas ideias fundamentais da tradição jurídica e cultural o juiz formará, como se fosse experimentalmente, uma regra jurídica geral.[45]

Pois bem, são essas hipóteses que poderíamos designar de "lacuna semântica", ou seja, a ausência de dispositivos legais que deem conta de fundamentar a solução de um problema jurídico, exigindo o emprego de categorias da língua do direito que não estão simbolizadas, nos textos legislativos, no plano S1 do sistema jurídico. O *locus* da lacuna semântica, portanto, é uma relação entre os enunciados situados no plano S2 do percurso gerador de sentido e um interpretante que dê falta de certo enunciado para resolver uma solução concreta.

Esses casos de lacuna exigem uma superação poética do aplicador normativo que faz expandir a língua do direito, incrementando o repertório de decisões à disposição da comunidade jurídica, a partir da construção de uma norma que estará no plano S3 da linguagem. A lacuna semântica, portanto, revela uma relação entre o plano S2 e S3 do percurso gerador de sentido.

---

45. ROSS, Alf. **Direito e justiça**. Tradução de Edson Bini. São Paulo: Edipro, 2003, p.127.

ELISÃO E NORMA ANTIELISIVA

Agora, convém acrescentar que, conforme assinalei, as lacunas semânticas são contingentes, ou seja, possíveis de serem identificadas no ordenamento jurídico. Isso pressupõe, também, a possibilidade de completude.

O ser-completo é para certos fins. A completude semântica só pode ser cogitada quando certas condutas intersubjetivas são tomadas como referência e comparadas aos enunciados inseridos no sistema S2 do percurso gerador de sentido. Assim o fazem Carlos E. Alchourrón e Eugenio Bulygin, quando indicam a existência de lacunas no Código Civil argentino, comparando um conjunto de casos, um sistema de normas e um conjunto de soluções, de sorte que a lacuna normativa seria a ausência de solução jurídica para certos casos.[46]

Completude, então, é: em um específico jogo de linguagem. Mas, nenhum signo tem valência universal, aplicabilidade irrestrita. Apenas uma visão essencial da linguagem o admitiria. Desde Wittgenstein, somos obrigados a modestamente conviver com nossos próprios jogos de linguagem.

A ideia de completude semântica só pode ser experimentada a partir de um segmento de normas que conotem uma classe de condutas intersubjetivas tidas como referência, como base de comparação. A improbabilidade da completude pode ser pressuposta, se pensarmos que a realidade social é dinâmica em relação ao direito, ou seja, a linguagem social cria novas palavras, em suas diversas famílias, que não podem ser traduzidas ao campo jurídico por essa ausência de biunivocidade entre cada signo social para cada signo jurídico que lhe corresponda.

Porém, em certos segmentos do ordenamento jurídico, a completude semântica é relativamente materializada tornando

---

46. ALCHOURRÓN, Carlos E.; BULYGIN, Eugenio. **Introducción a la metodologia de las ciências jurídicas y sociales.** Buenos Aires: Astrea, 2002, p. 46.

prescindíveis mecanismos preponderantemente poéticos de superação de lacuna semântica. A aplicação fica mais para uma conversação, uma conversação digital, do tipo "para o artigo x, a conduta é obrigatória, permitida ou proibida", do que para um ato poético de invocação de princípios, do que para um arrazoado que atravesse a profundidade da língua do direito, em busca de se legitimar certa aplicação com um desvio semântico.

Uma ideia que julgamos relevante e que buscaremos defender no próximo capítulo é que o sistema tributário brasileiro, no plano constitucional, insere-se nesse raro rol de normas jurídicas em que é possível vislumbrar a completude, ao menos no que tange a discriminação de competências tributárias. Essa característica será de importância decisiva, quando examinarmos os modos de se superar as lacunas semânticas infraconstitucionais, especialmente, quando tratarmos da relação entre o ordenamento tributário e a conduta de se recolher tributo com certa carga tributária resultante de determinada prática elisiva.

1.4 Completude pragmática e dever-ser

Se a completude no domínio sintático é uma necessidade, na esfera semântica é uma contingência, o ser completo no eixo pragmático da linguagem do direito é um dever-ser.

Observemos que o campo pragmático jurídico é pautado pelo modo em que os utentes do direito interpretam e aplicam as diversas normas, traduzindo enunciados prescritivos em normas jurídicas e retraduzindo-as para novos enunciados prescritivos em um percurso que se inicia na Constituição da República e tende à concretude das condutas intersubjetivas.

Tomar a completude como valor que informa a pragmática importa tratar de diversas dimensões de realização da completude no ordenamento jurídico.

ELISÃO E NORMA ANTIELISIVA

Mas, por completude pragmática, não me refiro a um sistema concluso. O sistema, diz o Professor Lourival Vilanova, é "algo se fazendo". As normas vão se integrando, até o plano individual da sentença.[47]

Em certa ótica, a inafastabilidade da jurisdição garante que esse "direito se fazendo" alcance um interpretante final jurídico: as decisões judiciais serão pautadas em normas.[48] Observarão o código lícito e ilícito.[49] Então, o direito, ainda que apresente "poros inevitáveis" no campo semântico, para citarmos a rica expressão do Professor Lourival Vilanova, é dotado de "completabilidade" que se perfaz no plano pragmático da aplicação normativa. Por ser norma jurídica que prescreve a inafastabilidade da jurisdição, esse passar de "completável a completo" é normativo, é valor, é dever-ser.

Mas, não com isso se exaure o valor de completude no plano pragmático. A dimensão mais elevada desse caráter é o princípio da certeza do direito e suas diversas manifestações positivadas em normas pontuais.

Ludwig Wittgenstein, em sua última obra intitulada "Da Certeza", nos lembra que o "se convencer", isto é, o ter certeza de algumas coisas, "faz parte do jogo de linguagem". Mais do que isso: "representa uma das suas características

---

47. VILANOVA, Lourival. **As estruturas lógicas e o sistema do direito positivo**. 4.ed. São Paulo: Noeses, 2010, p. 198.

48. Sobre a relação entre juízes e inexistência de lacuna, vide: COSSIO, Carlos. **La plenitud del ordenamiento jurídico**. Buenos Aires: Editorial Los Andes, 2005, segunda edición, p.59.

49. Riccardo Guastini coloca a inesgotabilidade da jurisdição como doutrina do que funda o dogma da completude. Vide: GUASTINI, Riccardo. **Das fontes às normas**. São Paulo: Quartier Latin, 2005, p.180. Tácio Lacerda Gama assim afirma: "A falta de norma não legitima a falta de decisão. E mais, as decisões devem ser proferidas com fundamento que prescreve o direito positivo, a lei numa acepção ampla." (GAMA, Tácio Lacerda. **Competência Tributária. Fundamentos para uma teoria da nulidade**. 2.ed. São Paulo: Noeses, 2011, p.161).

essenciais".[50] Agora, certeza é "um tom de voz", é um jogo de linguagem. Por outro lado, "quem não tem certeza de fato algum, também não pode ter a certeza do significado de suas palavras" e "o próprio jogo da dúvida, pressupõe a certeza". A dúvida de tudo é impraticável.[51]

A dúvida adequada, assim, é aquela útil. Ludwig Wittgenstein diz que nos convencemos não em razão de um caráter intrínseco de uma proposição, mas pela relação dessa proposição com determinado contexto ou um sistema de proposições em que premissas e conclusões se apoiem mutuamente.[52]

Se tudo corrobora com uma hipótese e nada é contra, pode-se a ela atribuir um juízo de certeza e de "ser verdadeira". A pergunta "mas estará ela, a hipótese, de acordo com a realidade, com os fatos?" importa um "andar a roda num círculo". Afinal, a "justificação tem um fim".[53]

Escancarado o jogo de linguagem de se "estar certo", é possível assinalar que a certeza jurídica pressupõe que o direito forneça a seus destinatários razões para justificar ou corroborar uma assertiva "p" do tipo "a prática de certo comportamento C implicará a consequência jurídica CJ". A incerteza, nesse sentido, resultaria de boas razões para se duvidar se esse nexo entre a prática de C e aplicação da consequência jurídica CJ será concretizado no direito.

---

50. WITTGENSTEIN, Ludwig. **Da certeza**. Trad. Maria Elisa Costa. Lisboa: edições 70, 1969, p.15.

51. Em sentido semelhante, Charles S. Peirce enuncia que "the irritation of doubt is the only immediate motive for the struggle to attain belief (...) There must be a real and living doubt and without this, discussion is idle." (PEIRCE, Charles S. **The fixation of belief**. In: Selected Writings. New York: Dover Publication Inc., 1958, p.199).

52. WITTGENSTEIN, Ludwig. **Da certeza**. Trad. Maria Elisa Costa. Lisboa: edições 70, 1969, p.53.

53. WITTGENSTEIN, Ludwig. **Da certeza**. Trad. Maria Elisa Costa. Lisboa: edições 70, 1969, p.65.

ELISÃO E NORMA ANTIELISIVA

Esse jogo de linguagem do princípio da certeza do direito e da completude pragmática do direito se manifesta em outro princípio que é designado por "separação dos poderes". Esse princípio está positivado, por exemplo, no artigo 2º da Constituição da República quando assinala que "são Poderes da União, independentes e harmônicos entre si, o Legislativo, o Executivo e o Judiciário".

Subjacente à ideia de independência dos Poderes, está a noção de que ao Poder Legislativo cabe introduzir proposições normativas inaugurais no sistema jurídico, instituindo normas gerais e abstratas primárias e secundárias; ao Executivo, aplicá-las de ofício;[54] e ao Poder Judiciário, aplicar normas secundárias sempre que se identificar um desacato a uma norma primária.[55]

Assim, a certeza do direito implica que as normas inaugurais primárias do Poder Legislativo serão aplicadas pelo Poder Executivo e que as normas secundárias serão observadas pelo Poder Judiciário.

Dessa forma, inspirados em Ludwig Wittgenstein, diríamos que aquilo que garante a certeza da assertiva "p" não é "p" por si mesma, mas é todo um sistema jurídico que dê amparo a "p".

O fato de "p" poder estar baseada em dispositivos D1, D2 ou Dn do sistema S2 do direito é um desses mecanismos, e a aceitação dessa possibilidade de tradução de D1, D2 ou Dn em "p" já pode trazer a certeza jurídica em relação a tal proposição,

---

54. Segundo Seabra Fagundes: "legislar (editar o direito positivo), administrar (aplicar a lei de ofício) e julgar (aplicar a lei contenciosamente) são três fases da atividade estatal, que se completam e se esgotam em extensão." (FAGUNDES, M. Seabra. **O controle dos atos administrativos pelo poder judiciário**. 7.ed., 2005, p. 3).

55. FAGUNDES, M. Seabra. **O controle dos atos administrativos pelo poder judiciário**. 7. ed. São Paulo: 2005, p. 3.

salvo se outros motivos forem levantados para que haja uma dúvida razoável na potencial concretização de "p".

Assim, quando Alf Ross, defendendo o que acredito ser a ideia central do realismo, sustenta que "A=D é direito vigente, é uma previsão de que D, sob certas condições, será adotada como base para decisões em disputas jurídicas futuras"[56] está elucidando o jogo de linguagem que se aplica quando se assinala que "D" é vigente.

No jogo de linguagem do direito, seria um contrassentido afirmar que D é vigente e não será levado em consideração em julgamento qualquer. Então, poderíamos dizer que o realismo parte da certeza jurídica como pressuposto, assim como o próprio direito parte da certeza jurídica como pressuposto para realizar o seu jogo de linguagem.

Mas, em termos de certeza, nesse momento do processo de positivação, estaríamos no campo da primeiridade, ou potencialidade, isto é, a certeza em sua expressão menos elaborada, justamente porque as "fissuras" do texto legislativo e a atividade poética, que podem estar mais ou menos presentes em todo ato de aplicação, é suscetível de revelar surpresas. Não nos olvidemos que transformar D em "p" implica uma tradução que pode apresentar variâncias.

Em um segundo nível de certeza, mais associado à secundidade, poderíamos cogitar o fato de que os participantes do direito aplicaram, em outras oportunidades, os dispositivos jurídicos D1, D2 ou Dn corroborando com a assertiva "p". Estaríamos pensando certeza, no plano da concretude.

Agora, o fato de que as aplicações concretas efetivadas pelos participantes do direito, em determinados casos, consolidam regras de aplicação, como se opera com as súmulas

---

56. ROSS, Alf. **Direito e justiça.** Tradução Edson Bini. São Paulo: ABDR, 2003, p.101.

ELISÃO E NORMA ANTIELISIVA

vinculantes, decisões com efeitos *erga omnes,* ou outros mecanismos similares, *é um ponto ainda maior de* certeza especificamente se essas decisões traduzirem D em "p".

Ainda assim, essa certeza não é definitiva, porque no caso individualizado, será preciso traduzir o comportamento concreto para o comportamento jurídico "C", previsto em "p" e essa tradução, que é a qualificação jurídica de tal comportamento concreto, também pode apresentar variações.

Esse grau de certeza pode ser incrementado à medida que o direito evolua em diversas aplicações que enunciem que notas individuais semelhantes sejam tidas como indicadoras de uma propriedade P – por exemplo, quando se diz que o curto espaço de tempo entre duas operações jurídicas é indício da propriedade P "ausência de propósito negocial" – revelando uma habitualidade.

Um grau ainda maior de certeza, por sua vez, que o direito pode garantir, efetiva-se após uma norma concreta, não mais sujeita à modificação, atribuir que, em razão de tal comportamento concreto, deva ser a consequência jurídica CJ. Mas, ainda assim, a dúvida é apenas afastada quando não se achem razões suficientes para suspeitar que a imutabilidade, criada pelo próprio direito, não será respeitada por seus órgãos. Nesse caso, teremos uma certeza típica da terceiridade.

Muito bem. Tratamos acima do "ter certeza" enquanto atribuível a um operador. Mas, a certeza do direito, enquanto valor, não se confunde com essa certeza fática. A certeza do direito, enquanto valor, afirma a preferência que o sistema caminhe rumo a tal certeza.

Quanto mais próxima a certeza da primeiridade estiver da certeza da terceiridade, mais perto de satisfazer o valor "certeza" o sistema estará. Mas, não há, aqui, relação simétrica: se houvesse, seria vazia. Quanto mais próxima a certeza da terceiridade estiver da certeza da primeiridade, quanto mais longe de realizar o valor "certeza", o direito estará.

Efetivamente. Uma situação é a certeza da primeiridade se deslocar rumo à certeza da terceiridade: diz-se, "o texto é tão claro, o sistema jurídico é tão coerente e tão estável, que não há dúvida motivada que, se existir lide que tenha esse comportamento concreto como causa de pedir, haverá a decisão jurídica tal e essa decisão será definitiva; outra situação é: apesar de certa decisão jurídica, tida como definitiva por normas, ter aplicado a consequência CJ à conduta concreta, por ser o direito tão instável e imprevisível, a existência dessa decisão não contribui para uma certeza de que não será dispensado tratamento distinto a essa mesma conduta".

Entre os dois polos, acima, há a certeza jurídica enquanto valor, em que se destaca uma preferência pelo primeiro tipo de situação e uma repulsa ao segundo tipo. Isso não se significa que o direito se realize de um modo ou de outro. Apenas indica um específico dever-ser do sistema jurídico.

Quando no sistema brasileiro, as súmulas vinculantes, os recursos repetitivos, as súmulas dos tribunais administrativos, as possibilidades de controle concentrado de normas são materializadas, revela-se que a harmonização de decisões é um valor prestigiado. Isso indica uma preferência a um elemento tangente à completude que é a coerência, porque, de fato, exige a aplicação coerente do direito – que sintaticamente se revela pela impossibilidade de aplicação concomitante de duas normas contraditórias ou contrárias – mas, também, revela uma busca pela completude – certeza do direito – ao proporcionar previsibilidade, ou seja, a confiança de que dada conduta C será encarada da forma tal, superando-se eventual lacuna de seleção, por não se encontrar no texto legislativo uma solução precisa para certo caso.

O valor completude pragmática que é a busca de certeza do direito no plano da terceiridade, assim, pressupõe que sejam

ELISÃO E NORMA ANTIELISIVA

consolidados meios para que as lacunas semânticas sejam convertidas em certeza a partir de expedientes da língua do direito.

A estabilização da jurisprudência de tribunais, indicada nas normas acima, resolvendo os diversos problemas tortuosos, contribui para isso. Outro modo do realizar essa completude pragmática é criar normas que possibilitem a superação de lacunas semânticas a partir de critérios cuja aplicação possa ser controlável de forma intersubjetiva. É aquilo que se convenciona por métodos de integração do direito.

A chamada doutrina da "completude" construiu um desses recursos para transformar a lacuna semântica em completude pragmática por meio de um expediente denominado "norma geral exclusiva". Segundo Norberto Bobbio a ideia partiria da seguinte noção:

> (...) não existem fatos juridicamente irrelevantes e não existem lacunas, porque cada norma jurídica particular que submete a uma dada regulação certos atos é sempre acompanhada de uma segunda norma implicitamente nela contida, a qual exclui da regulação da norma particular todos os atos não previstos por esta última e os submete a uma regulação jurídica antitética.[57]

Assim, a superação da ausência, identificada por um interpretante, de um enunciado D1, D2...Dn que preveja qual modal deôntico seria aplicável para um comportamento intersubjetivo – ou seja a transformação da lacuna semântica em completude pragmática – seria concretizada pelo apontamento do modal deôntico "permitido", tal como fundamentado pela "norma geral exclusiva". Hans Kelsen, embora não tenha atribuído uma designação específica a esse fenômeno, também previu essa possibilidade, afirmando:

---

57. BOBBIO, Norberto. **Positivismo jurídico. Lições de filosofia do direito.** Trad. Márcio Pugliesi. São Paulo: Ícone, 2006, p. 209.

> Num sentido muito amplo, toda a conduta humana é fixada num ordenamento normativo como pressuposto ou como consequência se pode considerar como autorizada por esse mesmo ordenamento e, nesse sentido, como positivamente regulada. Negativamente regulada por um ordenamento normativo é a conduta quando, não sendo proibida por aquele ordenamento, também não é positivamente permitida por uma norma delimitadora do âmbito do domínio de validade de outra norma proibitiva – sendo assim, permitida num sentido meramente negativo.[58]

Porém, a norma geral exclusiva não é – ao contrário do princípio do quarto excluído – uma necessidade jurídica. Se se pensasse que seria uma decorrência lógica do sistema, haveria a suposição que, dada uma norma do tipo "Se p então q", a inexistência de "p" implicaria a não obrigatoriedade de "q". Buscar atestar a necessidade seria afirmar a falácia do consequente jurídico. Nesse sentido, Lourival Vilanova nos lembra que:

> São combinações válidas hipótese negativa e consequente positivo, ou hipóteses e consequentes ambos negativas. Na implicação H e C, H é condição suficiente de C, porém, não é condição necessária.[59]

Se a negativa da hipótese não é suficiente da negação do consequente, a teoria da norma geral excludente depende do legislador. Riccardo Guastini aponta que nem sempre essa é a opção do ordenamento jurídico:

> Em geral, pode-se dizer que tal princípio valha somente nos ordenamentos jurídicos liberais e somente no âmbito

---

58. KELSEN, Hans. **Teoria pura do direito**. São Paulo: Martins Fontes, 1985, p.16.

59. VILANOVA, Lourival. **A causalidade e relação no direito**. 4.ed. São Paulo: RT, p. 88.

ELISÃO E NORMA ANTIELISIVA

> do direito penal (*nullum crimen, nula pena, sine lege*). (...)
> Em contrapartida, no âmbito do direito civil (e, seja como
> for, fora dos Estados Liberais) a maior parte dos ordena-
> mentos jurídicos inclui, pelo contrário, o princípio por
> assim dizer, oposto à norma geral negativa, ou seja, pelo
> princípio que autoriza o juiz a estender as normas jurídi-
> cas primárias mediante a analogia (*argumentum a simili*).[60]

Dada essa contingência do princípio da norma geral exclusiva, é preciso identificar em cada segmento concreto do
ordenamento se é aplicável tal espécie de norma, ou se seria
aplicável uma norma geral inclusiva, ou seja, que permitiria o
emprego de analogia para fundamentar a aplicação de enunciados D, D1 ou Dn para um caso C não enquadrado, semanticamente, nas hipóteses previstas por tais enunciados.

Seja de um modo, seja do outro, parece-me que há um
poderoso instrumento para superação de lacunas mediante o
uso de tais expedientes.

No próximo capítulo discutiremos até que ponto uma
norma geral inclusiva ou exclusiva pode ser aplicável no sistema jurídico tributário. Antes, porém, examinaremos dois problemas inerentes à lacuna: a questão da lacuna nas normas
individuais e concretas e da lacuna axiológica.

1.5 Não realização da completude pragmática

Enquanto valor, a completude pragmática pode, em determinado instante tomado como referência, ser frustrado, ou
ainda não realizado, em um ciclo de positivação jurídica. Isso
ocorre quando a completabilidade do direito revela falhas ou
ruídos na comunicação.

---

60. GUASTINI, Riccardo. **Das fontes às normas**. São Paulo: Quartier Latin,
2005, p.180.

Décio Pignatari trata do ruído na comunicação, como um problema que perturba o fenômeno de transmissão de informações. Nesse sentido, o direito positivo convive com um ruído quando a positivação não se desenrola com clareza necessária que o valor da certeza jurídica exige, ou seja, quando há uma inovação inesperada.[61]

O ruído não deve ser definitivo porque o direito, sendo completável, deve superá-lo. Mas, é uma categoria presente, um "estar aí". E, efetivamente, entre os ruídos podemos identificar: (i) a presença de antinomias de normas, que prescrevam mandamentos contrários ou contraditórios; (ii) a ausência de fundamento evidente para solucionar certo caso.

Convém meditar que o ruído em razão da antinomia também pode implicar uma lacuna por prejudicar a determinação de qual modal deôntico é aplicável para cada conduta; mas, também, porque a produção de uma norma em descompasso com certo requisito jurídico importa a ausência de norma produzida em comunhão com esse requisito, gerando um vazio que, enquanto não preenchido pelos órgãos jurídicos, e enquanto existir dúvida motivada sobre sua solução, revelaria uma lacuna pragmática.

Esclareça-se que a lacuna pragmática pode conviver com a lacuna semântica – porque a terceiridade própria da pragmática pressupõe a secundidade inerente à semântica – mas é uma espécie mais complexa de lacuna. Em um dado instante, a lacuna semântica pode ter, ou não, sido resolvida, em termos pragmáticos, pelo direito "se fazendo". Não terá sido resolvida caso, em certo instante T, não puder ser convertida em um mínimo de certeza, pelos mecanismos próprios que o direito oferece.

Essa concepção de lacuna a que vimos nos referindo, neste item, revela uma visão do direito de "de baixo para

---

61. Sobre ruído e informação vide: PIGNATARI, Décio. **Informação, linguagem e comunicação**. Cotia: Ateliê Indústria, 2003, p. 56.

cima", sendo aplicável tanto quando pensamos em normas abstratas – por exemplo, na ausência de regulação de lei que acarreta sua ineficácia técnico-sintática – como quando examinamos as normas concretas. A lacuna se manifestará, nesse sentido, sempre que existir um vácuo, uma incompatibilidade, entre a norma N e aquela que lhe serve de fundamento de validade.

Tenhamos, nesse sentido, que normas abstratas são aquelas que tomam, em seus antecedentes, descrições conotativas de classes de acontecimentos que, uma vez ocorridas concretamente, devam imputar o nascimento de uma relação jurídica entre dois sujeitos de direito.[62]

A norma concreta, por sua vez, guarda, em seu antecedente um fato jurídico, isto é, a descrição da ocorrência protocolar – identificada no tempo e no espaço – de um acontecimento descrito na hipótese de norma abstrata.[63]

As normas concretas retiram seu fundamento de validade de outras normas de maior hierarquia, normalmente de normas abstratas. Penso que possa existir hierarquia entre duas normas concretas – por exemplo, uma decisão judicial que impeça uma decisão administrativa de tal ou qual conteúdo. Mas, o que me interessa, aqui, pensar, é que as normas abstratas podem ser combinadas para delimitar o âmbito de competência de outras normas, inclusive as concretas.

Tácio Lacerda Gama escancara a estrutura do núcleo normativo que delimita o âmbito de competência da produção de normas com muita clareza, da seguinte forma:

---

62. CARVALHO, Paulo de Barros. **Direito tributário, linguagem e método**. 5.ed. São Paulo: Noeses, 2013, p.140.

63. CARVALHO, Paulo de Barros. **Direito tributário, linguagem e método**. 5.ed. São Paulo: Noeses, 2013, p.140.

Njcom = H{[s.p (p1,p2,p3...].(e.t.)]} → R(S(s.sp).m(s.e.t.c)]

onde se lê: norma jurídica de competência Njcom é igual ao vínculo que se estabelece entre um tipo de enunciação e uma matéria: {[s.p (p1,p2,p3...].(e.t.)]}, onde estão prescritos o sujeito, o procedimento, as referências de espaço e de tempo. Outro ponto relevante, o vínculo entre antecedente e consequente, expressa decisão de ligar certa matéria a determinado tipo de enunciação. A programação sobre a matéria é feita por dispositivos que determinam um sujeito e uma conduta, indicando o espaço e tempo de sua realização. Além disso, essa programação de matéria é feita no interior de uma relação jurídica onde dois ou mais sujeitos se unem pelo dever de editar enunciados de forma vinculada ou discricionária.[64]

Nesse sentido, percebe-se que as normas, em sentido lato, podem ser combinadas para apontar os seguintes elementos que deverão ser observados para a produção de uma norma: os aspectos procedimentais, o espaço e tempo, o sujeito habilitado e a matéria a ser alvo de normatização.

Quando uma norma é produzida sem a consecução de certo procedimento, ou sem a observância de elementos materiais, espaciais ou temporais, ou ainda, em descompasso com elemento material ou subjetivo, previsto pela norma de competência, sente-se a ausência da "completude" no direito e a presença de uma fissura no ordenamento, justamente em decorrência dessa lacuna. Existiria, nesse caso, uma "lacuna de direito".

Mas, há, ainda, outra espécie de lacuna, que poderíamos designar de "lacuna de fato". A lacuna de fato se dá por uma ausência ou impossibilidade de levantamento de provas para se "justificar" um fato jurídico. Em outros torneios, na inexistência de fatos jurídicos em sentido lato, aptos a permitirem

---

64. GAMA, Tácio Lacerda. **Competência Tributária**. Fundamentos para uma teoria da nulidade. 2.ed. São Paulo: Noeses, 2011, p. 94.

a inferência de um fato jurídico em sentido estrito, haverá essa lacuna probatória.

Em certos segmentos do ordenamento, o direito permitirá a superação dessa lacuna por meio de normas que permitem ou obrigam a adoção de presunções, autorizando que se tome como juridicamente certo o que fenomenicamente é provável.[65]

Aceita essa definição, explicamos que diferenciamos a presunção da prova, pelo seu procedimento de criação. Tomando com Ludwig Wittgenstein o conceito de certeza, não é o conteúdo do "fato jurídico em sentido lato em si mesmo", que definirá se certo indício é "meio de prova" ou "meio de presunção", mas é o sistema sígnico que o circunda, conforme premissas e conclusões se embasem umas às outras.

Assim, para ilustrar uma possível diferença entre provar e presumir, explicarei os três métodos de raciocínio indicados por Charles S. Peirce, para legitimar conhecimentos.

Segundo Charles S. Peirce, há três espécies de raciocínios os hipotéticos, os dedutivos e indutivos. Se tomarmos um silogismo do tipo: Todo A é B, C é A, logo C é B, a primeira proposição será denominada de premissa maior, a segunda de premissa menor e a terceira de dedução. Assim, o raciocínio dedutivo é aquele que infere a conclusão a partir da premissa maior e menor; o raciocínio indutivo é aquele que, partindo-se da conclusão e da premissa menor, infere-se a premissa maior; por fim, o raciocínio hipotético é aquele em que, conhecendo-se a premissa maior e a conclusão, admite-se a verdade da premissa menor.[66] A título de exemplo, tomemos um certo silogismo:

---

65. FERRAGUT, Maria Rita. **Presunções em direito tributário.** 2.ed. São Paulo: Quartier Latin, 2005, p.114.

66. PEIRCE, Charles S. Dedução, indução e hipótese. In: **Semiótica e filosofia.** 9.ed. Tradução MOTA, Octanny Silveira e HEGENBERG, Leônidas. São Paulo: Cultrix, 1993.

(a) Sempre que chove, o chão está molhado;

(b) Choveu;

(c) O chão está molhado.

No exemplo acima, tomando-se que se sabe que (a) e (b) são verdadeiras, (c) é deduzida.

Agora, imaginemos que (c) e (b) sejam conhecidas – choveu e o chão está molhado – e se conclui a verdade de (a). Ora, nessa segunda hipótese haveria a indução.

Mas, suponhamos, por outro lado que, sem saber que choveu, mas sabendo que a chuva molha o chão e que o chão está molhado, digo: "deve ter chovido". Esse último raciocínio é o hipotético.

Quando se examina a estrutura da prova, verifica-se que há uma série de fatos jurídicos em sentido lato dos quais se infere um fato provado, confirmando um fato alegado.[67] Esse tipo de raciocínio é indutivo, porque, aceitando-se diversos fatos, alcança-se o conhecimento novo que é o fato jurídico provado.

Já o raciocínio hipotético é o típico caso de presunção. De fato, a hipótese acima formulada, "choveu", não é provada, simplesmente, pelo fato de o chão estar molhado. A água pode ter sido oriunda, por exemplo, de uma torneira que tenha lavado o solo.

O procedimento probatório exigiria mais perguntas que buscassem refutar a hipótese, até que se afastem as dúvidas adequadas de Ludwig Wittgenstein. Digo por exemplo: se não tiver chovido, as janelas das casas estarão secas. Olho para as janelas das casas e as vejo molhadas. Não me dando por

---

67. TOMÉ, Fabiana Del Padre. **A prova no direito tributário**. 3.ed. São Paulo: Noeses, 2011, p. 208.

satisfeito desafio: se não tiver chovido, as folhas das árvores estarão secas. Observo as folhas das árvores e as vejo gotejando. Nesse caso, após esse procedimento indutivo ou probatório, após relacionar uma série de fatos em sentido lato para um fato jurídico em sentido estrito, poderei afastar as dúvidas adequadas e atingir um grau de certeza que satisfaz o espírito.

No caso do direito positivo, são inúmeros os exemplos de autorização legislativa para que hipóteses se transformem em fatos jurídicos, sem um instrumento probatório mais robusto. Por exemplo, tenhamos a composição da base de cálculo do lucro arbitrado:

Premissa Maior: quem aufere lucro, aufere receita;

Premissa Menor: x auferiu lucro;

Conclusão: x auferiu receita.

Ora, o arbitramento do lucro pressupõe como certa a premissa de que quem aufere lucro aufere receita, e, verificando que certo contribuinte auferiu receita, permite concluir a existência de lucro, em certo percentual estipulado arbitrariamente pela legislação.

Segundo o pragmatismo de Charles S. Peirce, o método cognitivo de se legitimar uma verdade parte de uma hipótese, formula todas as deduções pertinentes decorrentes dessa hipótese ser verdadeira e busca elementos que possam indicar, indutivamente, que essa hipótese sobrevive a um teste de refutação, apta a afastar aquela dúvida adequada, a que menciona Ludwig Wittgenstein.

Pois bem, quando é ausente esse elemento indutivo de se buscar a verdade, ou seja, de se atingir uma certeza sem dúvidas adequadas, para pensarmos um pouco com Ludwig Wittgenstein, há um vácuo, ou uma lacuna, por falta de legitimação ou justificação da hipótese. Entre a hipótese e a certeza há um espaço, preenchido pelas provas. Assim, quando o direito, prescritivamente, prevê a presunção, há uma superação dessa lacuna.

Nesse sentido, a presunção pode ser tida como "um fato fenomenicamente provável", na feliz expressão de Maria Rita Ferragut, porque se examinadas as relações entre "fato jurídico em sentido estrito presumido" e "fato lato sensu" que embasa a presunção, não haverá uma indução em que se vise a rechaçar dúvidas pertinentes, sobre a aceitação da hipótese, de sorte que o fato se dá por justificado por determinação expressa de comando normativo.

Agora, ainda, que a prova, colhida em um contexto indutivo, nos gere certezas, nossas certezas são passíveis de serem modificadas, se novos elementos vierem à tona. O evento nunca é conhecido diretamente. Daí porque, a depender do jogo de linguagem do signo "presumir", não haverá diferença entre "presumir" e "provar", como brilhantemente coloca Fabiana Del Padre Tomé,[68] pelo fato de que as certezas geradas pelas provas não nos permitem chegar no "evento em si".

A existência de distinção dependerá do jogo de linguagem adotado no discurso. Penso que, para certos propósitos de nossas investigações, pode ser útil diferençar esses institutos, tomando a presunção como uma hipótese levada a cabo, sem um esforço mínimo de autorrefutação que fosse capaz de lhe proporcionar uma justificação legitimadora ao ser cognoscente.

De qualquer sorte, inexistindo prova e sem a possibilidade de presunção, chegaremos a uma lacuna de fato, contaminando a robustez da norma concreta.

O direito pode sancionar a lacuna fática ou de direito de diversas formas. Pela nulidade, anulabilidade, ineficácia, ou

---

68. TOMÉ, Fabiana Del Padre. **A prova no direito tributário**. 3.ed. São Paulo: Noeses, 2011, p. 93.

tratar com indiferença, sem sanção. O exame é contingente a cada segmento do ordenamento.

1.6 Lacuna axiológica

Tradicionalmente, tem-se por lacunas axiológicas, a ausência de normas que regulem de um modo específico certa conduta. Carlos E. Alchourrón e Eugenio Bulygin tomam lacunas axiológicas como a solução jurídica a um caso, normativamente estabelecida, sem levar em conta certa propriedade manifesta em tal caso que deveria ser levada em consideração.[69]

O conceito de lacuna axiológica, acima mencionado, pressupõe um critério axiológico podendo abranger, inclusive, (i) valores de um direito jusnaturalista ou mesmo (ii) valores adotados por um sujeito.[70]

Quando se adota o positivismo como pressuposto de aproximação do sistema, a distinção entre lacuna axiológica interna ao sistema – uma norma deixando de realizar um valor jurídico – e externa ao sistema – ínsita ao indivíduo ou direito natural – e é de fundamental importância.

Manuel Atienza e Juan Ruiz Manero, percebendo essa abertura do conceito de lacuna axiológica, anteriormente citado, propõem um corte para que passe a abranger apenas problemas próprios do sistema interno.[71]

---

69. ALCHORRÓN, Carlos; Bulygin, Eugenio. **Introducción a la metodología de las ciências jurídicas y sociales**. Buenos Aires: Astrea, 4ª reimpressíon, 2002, p.159.

70. ALCHORRÓN, Carlos; Bulygin, Eugenio. **Introducción a la metodología de las ciências jurídicas y sociales**. Buenos Aires: Astrea, 4ª reimpressíon, 2002, p.156.

71. ATIENZA, Manuel; MANERO, Juan Ruiz. **Ilícitos atípicos**. 2.ed. Madrid: Editorial Trota, 2006, p. 62.

Agora, o termo lacuna axiológica me parece refletir uma consequência advinda de uma antinomia entre valores. Se o legislador prevê solução para caso de uma determinada maneira, valor realizado houve. Entendemos, assim que não existiria uma anomia, – como no conceito de lacuna normativa – mas sim, uma norma em desconformidade com certo valor. Seria o caso, portanto, de uma antinomia axiológica, ou seja, de choque de valores. A lacuna surgiria apenas do ponto de vista do valor não realizado.

Tomar a antinomia axiológica como uma consequência de uma antinomia pode nos ser útil porque o direito é rico em oferecer soluções para superação de antinomias. De fato, se o valor não realizado é ínsito ao ordenamento, a antinomia deve ser resolvida a partir dos critérios de solução de antinomias do sistema jurídico, mediante os procedimentos adequados do direito positivo. Verificaremos melhor como solucionar tais problemas no capítulo II.

Porém, podemos adiantar que se (i) determinado segmento jurídico é dotado de uma regra geral includente, (ii) se a antinomia de valores se manifesta quando o legislador deixa de alcançar um caso em determinada norma específica, de sorte que o caso em questão fique sob regulação da generalidade de um outro regime jurídico, contrariando certo valor e (iii) se o valor não realizado deve, segundo critérios jurídicos estabelecidos pelo sistema, prevalecer sobre o valor realizado, então a autoridade competente para aplicação normativa deverá aplicar a norma geral includente para colocar este caso no espectro do regime jurídico específico, caso tal como previsto pelo valor preponderante. Chamarei essa hipótese de antinomia axiológica, acima mencionada, de antinomia axiológica por omissão. Esse tipo de antinomia axiológica ou lacuna axiológica, como queria, será bastante relevante para o estudo da elisão tributária.

A norma geral includente, assim, permitirá à autoridade jurídica aplicar o recurso da analogia para colocar certa conduta sobre a égide de uma norma N legitimada a partir de enunciados dos textos legislativos, ainda que essa conduta seja apenas semelhante àquela conotada na hipótese ou consequência dessa norma N. Trata-se de uma aplicação não digital, mas analógica do direito, porque não é resolvida pela mera subsunção e indicação de artigos de leis, mas exige uma comparação de semelhanças e desprezo de diferenças.

Para superação da antinomia axiológica por omissão, a analogia deve vir para realizar valores. Assim, a norma includente é legitimada como mecanismo de realização de princípios jurídicos.

Se, por outro lado, certo segmento do sistema é dotado de regra geral excludente, a antinomia axiológica por omissão será resolvida a partir de procedimentos específicos, determinados pelo próprio sistema, sendo normalmente incompatíveis com a irretroatividade, isto é, com a aplicação de veiculações de enunciados que permitam a construção de uma norma geral e abstrata que alcance certo caso ocorrido antes do instante em que esses enunciados foram introduzidos no sistema.

Por essa linha, nos segmentos do direito em que impera uma norma geral excludente, para certos propósitos, a conduta não regulada por enunciados do texto positivo é tida como permitida – se pensada no consequente – ou, conforme o caso, não implicadora de norma que determine certas relações jurídicas, quando pensada enquanto problema de antecedente normativo.

Em tais segmentos, se o observador ou mesmo participante entende que a não aplicação de consequências jurídicas tais ou quais a certa conduta revela uma antinomia axiológica por omissão, deverá solucionar o problema mediante os procedimentos específicos previstos pelo direito positivo.

De fato, o sistema, normalmente, cria mecanismo para superação desse problema, como por exemplo, a modificação do texto positivo pelo Poder Legislativo ou a intervenção do Poder Judiciário, ou, ainda, uma combinação das duas formas. Se para o intérprete esse mecanismo é muito lento ou ineficaz, surge, aí, uma questão de antinomia axiológica externa, ou seja, de choque entre valores daquele indivíduo e valores que foram realizados por normas jurídicas.

A antinomia axiológica externa é apenas superável por uma mudança no ordenamento. Mas, para o observador há impotência: nada pode fazer para modificar tal estado, senão agindo politicamente para alterar o direito, justamente porque o texto impele o intérprete a uma pretensão de validade que lhe é irresistível.

Se o intérprete pudesse se "apoderar" do texto, sem um "se pôr de acordo", isto é, se o intérprete pudesse dominar o conteúdo da mensagem de forma monológica, o conceito de lacuna ou antinomia axiológica perderia qualquer razão de ser. Mas, de nada adiantaria uma interpretação monológica e autoritária do observador, sem um diálogo com o texto, se as decisões jurídicas são conferidas pelos participantes: a tentativa de manipular o ordenamento, sem razões retóricas convincentes – isto é, sem um "se pôr de acordo com o texto"- cairia no vazio, seria transformada em silêncio pela comunidade jurídica. Não teria qualquer utilidade àquele observador.

Nesse sentido, o observador identificará uma antinomia axiológica externa quando, após efetivar uma meditação sobre o direito positivo e sobre a língua do direito, concluir que não terá forças para convencer a comunidade jurídica ou as autoridades competentes, acerca da validade de uma proposição "p", passível de ser legitimada pelo direito positivo.

Agora, o conceito de antinomia axiológica externa não é irrelevante. Identificá-lo pressupõe uma autolimitação que aconselha: o problema tal deve ser tratado de forma política, mediante as instâncias competentes, não cabendo ao jogo de linguagem da ciência modificar monologicamente seu objeto de estudos.

Assim, o conceito de antinomia axiológica externa pressupõe a própria positividade do direito, inibindo a modificação espontânea desse segmento jurídico, ao menos sem uma força retórica suficiente para esse fim.

2 COMPLETABILIDADE E SISTEMA TRIBUTÁRIO

2.1 Ideias centrais e pressupostos fundamentais

Buscaremos, nesse capítulo, desenvolver quatro ideias centrais que serão a seguir sintetizadas:

(1) o sistema tributário nacional é composto de normas constitucionais que esgotam, materialmente, os tipos de comportamentos intersubjetivos que poderão ser tomados como alvo de tributação, havendo, assim, uma espécie de completude semântica no que se refere à permissão ou proibição atribuível aos entes tributantes de tomar cada classe de comportamento existente como hipótese de incidência de tributos;

(2) a cada espécie tributária, instituída pela Constituição da República, é atribuído um princípio informador que rege sua criação, e que tem fundamento no princípio da isonomia, sendo sua observância condição necessária, mas não suficiente para a instituição do tributo em consonância com o núcleo normativo que delimita sua competência;

(3) os princípios da isonomia e da legalidade apenas manifestam sua plenitude quando mutuamente embasados;

(4) seria insustentável no sistema tributário brasileiro uma norma geral includente que previsse a tributação de materialidades não instituídas pelas diversas normas positivadas que instituem tributos.

Para o desenvolvimento dessas ideias, trataremos de nos aprofundar em dois planos fundamentais atinentes ao sistema tributário brasileiro que são sua estrutura e seus princípios fundamentais.

Lidaremos, portanto, com uma importante esfera do campo axiológico desse sistema o que propicia um convite para tratarmos da noção de valor e de princípio, conforme nos próximos dois itens que seguem. Ato contínuo, examinaremos a repartição de competência tributária, incluindo uma análise dos tributos e suas espécies, para, em seguida, tratarmos da legalidade e de sua relação com o princípio da isonomia e, finalmente, adentrarmos na temática de uma norma geral inclusiva no campo tributário.

2.2 Sobre valores e princípios

2.2.1 Sobre os valores

Gostaria de anotar, nesse momento, algumas características que tenho como importantes dessa categoria denominada "valor" a fim de identificar sua manifestação no direito positivo.

Tenhamos, inicialmente, valor como um "conceito supremo" que ao lado do "ser" e do "existir" não admite definição, mas, quando muito, uma clarificação.[72] Nas palavras de Paulo de Barros Carvalho, essas categorias permitem associações mentais, o que lhes conferem a característica de

---

72. HESSEN, Johannes. **Filosofia dos valores**. Trad. MONCABRA, Cabral L. Coimbra: Almedina, 2001, p. 43.

"associatividade".[73] É esse esforço que buscaremos empreender no presente item.

Johannes Hessen coloca três dimensões em que se manifesta a vida do valor: a vivência, a ideia e a qualidade.

Na vivência, o valor se materializa como objeto de uma experiência. Toma-se contato com o valor, assim como ocorre quando nos deparamos com a destreza, com a honra, com o sagrado, enfim, com os diversos valores que nos animam a todo instante. Com a vivência, há o valorar iluminando nosso espírito, agindo sobre nós, despertando emoções positivas[74], invocando nossa intuição emocional para tomar contato com o mundo axiológico.

Uma característica da vivência dos valores é sua imediaticidade.[75] Os valores são apreendidos diretamente, a partir de uma cognição intuitiva e emocional. O exemplo estético da beleza é bem ilustrativo dessa propriedade do valor: a beleza nos encanta de forma instantânea e fulminante, sem inferências cognoscitivas mais elaboradas. Daí porque Paulo de Barros Carvalho enuncia que "o ingresso pelo mundo dos valores acontece pelas vias da emoção".[76]

Essa vivência não afasta outra dimensão da "vida do valor", que é de tomá-lo enquanto ideia. Experimentamos a justiça, em casos particulares, em que um senso espiritual nos traz satisfação moral ao identificarmos: "a justiça aqui foi feita". Mas, outra esfera é tomar a ideia de justiça em si mesma, ou

---

73. CARVALHO, Paulo de Barros. **Direito tributário, linguagem e método**. 5.ed. São Paulo: Noeses, 2013, p.179.

74. CARVALHO, Paulo de Barros. **Direito tributário, linguagem e método**. 5.ed. São Paulo: Noeses, 2013, p.44.

75. HESSEN, Johannes. **Filosofia dos valores**. Trad. MONCABRA, Cabral L. Coimbra: Almedina, 2001, p. 113.

76. CARVALHO, Paulo de Barros. **Direito tributário, linguagem e método**. 5.ed. São Paulo: Noeses, 2013, p.180.

qualquer outro valor em si mesmo. Nesse ponto, estaríamos tratando do conceito de cada valor, lidando com uma camada abstrata que não se exaure em nossas vivências concretas, o que indica a inexauribilidade dos valores[77], bem como sua transcendentabilidade, já que o valor "supera suas realizações históricas particulares".[78] Eis um momento intelectual da vida do valor.[79]

Há, ainda, o ato dinâmico de valorar, de imprimir valores a determinados objetos, conforme efetivamos em toda nossa atividade cultural. Aqui, toma-se valor enquanto qualidade que atribuímos aos objetos de nossa consciência. Gnoseologicamente, o ato de valorar é, preponderantemente, emotivo, mas "penetrado por elementos cognitivos", vez que provido da intencionalidade própria de todo ato de consciência.[80]

Imprimir qualidade a objetos é uma atividade que depende de um sujeito.[81] Assim, o valor não está na "coisa", na "existência", mas sempre existe "em relação a um sujeito". Diz Johannes Hessen: "valor é sempre valor para alguém". Depende da consciência humana.

Mas, tal concepção não implica um ceticismo axiológico. O "valor é" para uma consciência, mas no jogo de linguagem do valorar, há uma pretensão de intersubjetividade: um juízo de valor pretende indicar "uma situação ou fato que todos

---

77. CARVALHO, Paulo de Barros. **Direito tributário, linguagem e método**. 5.ed. São Paulo: Noeses, 2013, p.177.

78. REALE, Miguel. **Teoria tridimensional do direito**. 5.ed. São Paulo: Saraiva, 7ª tiragem, 2005, p. 95.

79. HESSEN, Johannes. **Filosofia dos valores**. Trad. MONCABRA, Cabral L. Coimbra: Almedina, 2001, p. 43.

80. HESSEN, Johannes. **Filosofia dos valores**. Trad. MONCABRA, Cabral L. Coimbra: Almedina, 2001, p.119.

81. HESSEN, Johannes. **Filosofia dos valores**. Trad. MONCABRA, Cabral L. Coimbra: Almedina, 2001, p.49.

devem reconhecer do mesmo modo".[82] O valor, como medita Johannes Hessen, refere-se "àquela mais profunda camada do ser, que se acha presente em todos os indivíduos humanos e que constitui o fundamento objetivo de serem homens".[83]

Pois bem. Se esse momento dinâmico dos valores importa adjudicar qualidades a objetos, nota-se que os valores são providos de uma característica denominada de referibilidade, ou, nas palavras de Paulo de Barros Carvalho, o valor "importa sempre uma tomada de posição do ser humano perante alguma coisa a que está se referindo".[84] Por essa razão, tem-se que o valor requer objetos da experiência para "neles assumir objetividade".[85]

No ato em que imprimimos valores aos objetos, notamos que nossos juízos poderão caminhar a duas direções distintas: positiva ou negativa. Alguns objetos nos são valiosos, enquanto outros, desvaliosos.[86] De tal caráter diretivo infere-se que os valores são "entidades vetoriais, apontando para uma direção determinada."[87]

Agora, se o valor implica o desvalor, há de se reconhecer uma bipolaridade ínsita a essa categoria. Como ensina Paulo de Barros Carvalho, "onde houver valor, haverá como contraponto o desvalor".[88]

---

82. HESSEN, Johannes. **Filosofia dos valores**. Trad. MONCABRA, Cabral L. Coimbra: Almedina, 2001, p.51.

83. HESSEN, Johannes. **Filosofia dos valores**. Trad. MONCABRA, Cabral L. Coimbra: Almedina, 2001, p.51.

84. CARVALHO, Paulo de Barros. **Direito tributário, linguagem e método**. 5.ed. São Paulo: Noeses, 2013, p.177.

85. CARVALHO, Paulo de Barros. **Direito tributário, linguagem e método**. 5.ed. São Paulo: Noeses, 2013, p.178.

86. HESSEN, Johannes. **Filosofia dos valores**. Trad. MONCABRA, Cabral L. Coimbra: Almedina, 2001, p. 45.

87. CARVALHO, Paulo de Barros. **Direito Tributário, Linguagem e Método**. 5.ed. São Paulo: Noeses, 2013, p.177.

88. CARVALHO, Paulo de Barros. **Direito Tributário, Linguagem e Método**. 5.ed. São Paulo: Noeses, 2013, p.177.

A bipolaridade revela como o valor se difere dos objetos que existem e que são. No campo da lógica apofântica, "p" e "-p" se excluem mutuamente. Se p existe, -p não existe. É justamente o oposto da relação entre valor e desvalor: um implica o outro mutuamente, nessa característica denomina-da "implicação recíproca".[89] Essa estrutura polar do valor que implica seu desvalor não se sucede com objetos existenciais, demonstrando a autonomia do valor, perante os objetos que são e os objetos que existem[90], e também perante objetos meramente ideais.[91]

Convém acrescentar, ainda, que os valores são providos de estrutura hierárquica. Nesse ponto, cabe esclarecer que, embora os valores sejam incomensuráveis, por que não susce-tíveis de serem medidos numericamente[92], eles admitem graus. Existe o mais belo, o mais nobre, o mais honrado e assim por diante. Como diz Johannes Hessen, os valores "são suscetíveis de mais ou menos" e "admitem vários graus de realização"[93]. Essa é uma das formas de manifestação da estrutura hierárquica dos valores. Mas, não a única.

---

89. CARVALHO, Paulo de Barros. **Direito tributário, linguagem e método**. 5.ed. São Paulo: Noeses, 2013, p.177.

90. HESSEN, Johannes. **Filosofia dos valores**. Trad. MONCABRA, Cabral L.Coimbra: Almedina, 2001, p. 58.

91. REALE, Miguel. **Teoria tridimensional do direito**. 5.ed. 7ª tiragem, São Paulo: Saraiva, 2005, p. 94.

92. CARVALHO, Paulo de Barros. **Direito tributário, linguagem e método**. 5.ed. São Paulo: Noeses, 2013, p.177. Sobre a incomensurabilidade do valor, Johannes Hessen atesta que certas determinações do ser que não axiológicas podem ser medidas, ao contrário do que se sucede no valor. Assim, ao contrário do ato de valorar "... determinações do mesmo ser como: a do seu tamanho e sua grandeza, da sua forma, da sua matéria, da sua cor etc. (...) conseguem determinar-se por observação e medição. Não assim na determinação do valor." (HESSEN, Johannes. **Filosofia dos valores**. Trad. MONCABRA, Cabral L. Coimbra: Almedina, 2001, p. 48.)

93. HESSEN, Johannes. **Filosofia dos valores**. Trad. MONCABRA, Cabral L.Coimbra: Almedina, 2001, p. 58.

Os valores também são hierarquizáveis quando comparados uns com os outros. Segundo Johannes Hessen, os valores espirituais estão em grau mais alto do que os valores sensíveis. E, dentre os espirituais, os éticos são mais relevantes do que os estéticos.[94]

Essa natureza de ser hierarquizável indicaria, para Johannes Hessen, mais uma distinção entre os valores e o mundo do ser. Um ser não é mais do que outro ser. O "ser mais", diz o filósofo, é imanente à hierarquização dos valores. Confesso que tenho dúvidas sobre essa noção.

De fato, estou convencido que a noção de "grau" é ínsita a qualquer ato de caracterizar, ainda que não importe uma tomada de posição própria do valorar. Efetivamente, ao menos na língua portuguesa, entre os atributos das características há o "grau de comparativo", importando que um é mais do que o outro ou um é menos do que outro.

Tenhamos, por exemplo, que um ser humano pode ser mais alto do que o outro, que um ambiente pode ser mais escuro do que o outro, sem que altura ou escuridão precisem ser tidas como valor. Ora, escuridão e tamanho são qualidades, mas não, necessariamente, preferências. Tanto que podem ser medidas. A expressão popular "os melhores perfumes estão nos menores frascos" bem o revela. Então nos parece que o "ser mais" é inerente a qualquer característica.

De qualquer sorte, por se manifestarem como características – isto é, como qualidades que se atribuem aos objetos – os valores admitem graus de realização, o que é uma das maneiras de tomá-los como instância hierarquizável.

Além de serem hierarquizáveis, os valores são caracterizados pela atributividade.[95] A atributividade é inerente ao

---

94. HESSEN, Johannes. **Filosofia dos valores**. Trad. MONCABRA, Cabral L.Coimbra: Almedina, 2001, p. 59.

95. CARVALHO, Paulo de Barros. **Direito tributário, linguagem e método**. 5.ed. São Paulo: Noeses, 2013, p.178.

caráter de preferência que é intrínseco aos valores, justamente por conta daquela direcionalidade positiva/negativa a que me referi. Daí por que o valor importa a atribuição de uma qualidade a um objeto, importa um "não ser indiferente", revelando mais uma distinção entre os valores e os objetos ideais.

Outra característica de relevo dos valores é a historicidade, que lhes confere o timbre de um verdadeiro tesouro depositado em nossa cultura. Sem uma continuidade histórica, não se criam, nem se solidificam bens culturais. Muito menos, os valores. Nas palavras de Miguel Reale:

> Um povo não acumula cultura, não cria e ordena bens culturais, desde os mais insignificantes aos mais valiosos, em razão das quais as nações se distinguem e se glorificam, sem continuidade histórica, sem um certo sentido de coerência no sistema de valores já realizados e a realizar.[96]

A historicidade indica a estreita relação entre valor e cultura. Cultura importa uma constante objetivação de valores que são aplicados em um percurso unitário de sentido que caracteriza a historicidade própria dos valores. Se pensarmos, ainda, em um conceito de dialogismo, em que os textos conversam entre si, de forma expressa ou implícita, logo concluiremos que quando atribuímos valor a um objeto estamos em conversação com toda a história que envolve o núcleo do valor em referência e estamos dando curso a um fluxo intermitente denominado "cultura".

O último ponto que gostaria de exprimir sobre os valores é sua normatividade[97] o que pressupõe, de um lado, a distinção

---

96. REALE, Miguel. Direito e cultura. In: **Horizontes do direito e da história**. 2.ed. São Paulo: Saraiva, 1977, p. 265.

97. CARVALHO, Paulo de Barros. **Direito tributário, linguagem e método**. 5.ed. São Paulo: Noeses, 2013, p.178.

fundamental entre o valor, que "deve ser" e o "ser que é". De outro lado, a normatividade indica um impulso para que os valores se realizem. Trata-se de um "ser para a ação"[98], nas palavras de Miguel Reale, que marca a diferença fulminante entre valores e objetos ideais.

Johannes Hessen descreve que os valores impelem o homem à sua realização, embora haja um limite inatingível, mas, aproximável.

Esse fator revelaria o momento trágico dos valores, porque ao descer de sua idealidade rumo à realização, há uma deformação, uma dissociação inevitável entre o que deve ser e o que é, revelando a imperfeição trágica da realidade. Mas, essa tragédia é o que compele o homem a se superar, transcendendo suas próprias limitações.[99]

2.2.2 Sobre os princípios

Encerramos o item anterior tratando sobre a normatividade dos valores e sua vocação para a práxis, para o ser realizável. Ao mesmo tempo, vimos que os valores se objetivam em todos os bens culturais: os bens culturais "são, enquanto devem ser".[100]

Então, o direito, seja por se constituir como um sistema normativo, seja por ser um produto da cultura, está embutido de valores. Paulo de Barros Carvalho bem o indica:

> Ao escolher, na multiplicidade intensiva e extensiva do real-social, quais acontecimentos que serão postos na

---

98. REALE, Miguel. **Teoria tridimensional do direito**. 5.ed. São Paulo: Saraiva, 7ª tiragem, 2005, p. 93.

99. HESSEN, Johannes. **Filosofia dos valores**. Trad. MONCABRA, Cabral L. Coimbra: Almedina, 2001, p.197.

100. REALE, Miguel. **Teoria tridimensional do direito**. 5.ed. São Paulo: Saraiva, 7ª tiragem, 2005, p. 80.

condição de antecedente de normas tributárias, o legislador exerce uma preferência: recolhe um, deixando todos os demais. Nesse instante, sem dúvida, emite um juízo de valor, de tal sorte que a mera presença de um enunciado sobre condutas humanas em interferência intersubjetiva, figurando na hipótese da regra jurídica, já significa o exercício da função axiológica de quem legisla. Outro tanto se diga no que atina ao modo de regular a conduta dos sujeitos postos em relação deôntica. As possibilidades são três, e somente três: obrigatória, permitida e proibida. Os modais "obrigatório" e "permitido" trazem a marca de um valor positivo, porque revelam que a sociedade aprova o comportamento prescrito, ou mesmo o tem por necessário para o convívio social. Caso o functor escolhido seja o "proibido", fica nítida a desaprovação social da conduta, manifestando-se inequívoco valor negativo. Vê-se que o valor está na raiz mesma do dever-ser, isto é, na sua configuração lógico-formal.[101]

Assim, cada norma, individualmente considerada, é objetivação de valores que se manifestam (1) já na hipótese, em que há um ato seletor de propriedades dos acontecimentos sociais; (2) na vinculação da hipótese com o consequente, deonticamente estabelecida; (3) na descrição da conduta intersubjetiva tomada como objeto da relação jurídica; (4) no functor escolhido para modalizar tal conduta; e (5) na própria seleção de sujeito ativo e passivo que integrarão o polo do liame jurídico.

Mas, os valores se manifestam de forma muito mais intensa nos princípios jurídicos. Os princípios são proposições dotadas de hierarquia axiológica mais elevada do que outras normas, no exato sentido de que revelam valores em maior grau de intensidade.

---

101. CARVALHO, Paulo de Barros. **Direito tributário, linguagem e método**. 5.ed. São Paulo: Noeses, 2013, p.175.

ELISÃO E NORMA ANTIELISIVA

Gostaríamos de lidar, aqui, com duas acepções do termo hierarquia. Por hierarquia estrutural, ou sintagmática, designaremos a relação entre duas normas N e N', tal que uma retira fundamento de validade da outra. Agora, haverá hierarquia axiológica, ou paradigmática, entre N e N", quando N" tiver como fim a realização de um valor prescrito por N.

A hierarquia estrutural convive com a manifestação de hierarquia axiológica. Com efeito, uma norma que retira fundamento de validade de outra caminha rumo à concreção do direito positivo, rumo à realização de valores. Nesse sentido, a relação de hierarquia estrutural tende a revelar uma relação de hierarquia axiológica. Em realidade, a hierarquia estrutural do direito organiza, sistemicamente, a hierarquia axiológica, permitindo que seja uma *práxis*, uma instância realizável, organizada mediante critérios previamente estabelecidos.

Mas, nem sempre a recíproca é verdadeira: duas normas de distinta relação hierárquica axiológica podem ostentar relação de coordenação sob o ponto de vista estrutural do direito, ou também, pode ser o caso de que a norma de maior intensidade axiológica esteja em patamar inferior na hierarquia estrutural. Quanto ao primeiro caso, podemos tomar como exemplo um significativo princípio constitucional que não conceda fundamento de validade a uma norma originária da Constituição, ainda que de menos alcance axiológico: ambas retiram fundamento de validade da norma fundamental, embora, materialmente, a norma constitucional de cunho axiológico menos intenso possa servir para instrumentalizar a realização do princípio; ainda, no segundo caso, uma lei complementar, lei ordinária, decreto, ou mesmo uma portaria, pode positivar um princípio do mais alto grau no campo axiológico, mas que seja inferior, sob o ponto de vista da hierarquia estrutural, a diversas normas não principiológicas.

Portanto, hierarquia estrutural e axiológica são dois domínios diferentes do direito, embora a primeira tenha como sentido a organização e concretização da segunda.

Na escala máxima de hierarquia axiológica, os princípios, em sentido estrito, são as normas de maior intensidade e que fundam, axiologicamente, outros enunciados prescritivos. Entre os princípios, mesmos, é possível estabelecer uma hierarquia interna, conforme a importância que a sociedade e as próprias manifestações do direito positivo lhes conferem, de sorte que os mais elevados como a justiça, segurança e certeza são sobreprincípios, porque fundam, axiologicamente, outros.[102] Eis o caráter de historicidade própria dos valores, definindo o *status* adequado do princípio na língua do direito.

A grande marca dos princípios é que seu alcance valorativo não se limita a condicionar uma determinada classe de comportamentos. Há uma transcendentalidade, típica dos valores, de não se exaurir na conduta tal ou qual. O princípio da segurança jurídica, por exemplo, é realizado mediante inúmeros comportamentos, que podem ser associados à sua realização, mas que não lhe esgotam. É aquele momento trágico que diferencia a idealidade do valor de sua realização.

No segundo escalão da hierarquia axiológica do direito, há os limites objetivos, ou princípios em sentido lato, normas que prescrevem comandos de expressiva significação histórica, diretamente relacionadas a implementação de princípios em sentido estrito. A grande distinção entre princípios em sentido lato e em sentido estrito é que os primeiros prescrevem qual a espécie de conduta que os realiza; os princípios em sentido estrito são animados por valores mais abrangentes que não se esgotam em condutas previamente determinadas.

---

102. Sobre a superioridade de princípios e outros primados, vide: CARVALHO, Paulo de Barros. **Direito tributário, linguagem e método**. 5.ed. São Paulo: Noeses, 2013, p. 282.

ELISÃO E NORMA ANTIELISIVA

Por fim, podemos apontar as demais normas, chamados por alguns de regras, que realizam valores de espectro menos abrangente e de significação histórico-jurídico mais pontual.

Será a intuição emocional, e não a especulação cognitiva, que nos relevará quais determinações no direito são sobreprincípios, princípios, limites-objetivos e regras. Gostaria de exprimir que tenho como dois dos princípios mais elevados de nosso ordenamento, a segurança[103] e a isonomia. Um indicativo eloquente para indicar a força desses princípios no direito positivo é o próprio preâmbulo da Constituição da República. Seu texto é o seguinte:

> Nós, representantes do povo brasileiro, reunidos em Assembleia Nacional Constituinte para instituir um Estado Democrático, destinado a assegurar o exercício dos direitos sociais e individuais, a liberdade, a segurança, o bem-estar, o desenvolvimento, a igualdade e a justiça como valores supremos de uma sociedade fraterna, pluralista e sem preconceitos, fundada na harmonia social e comprometida, na ordem interna e internacional, com a solução pacífica das controvérsias, promulgamos, sob a proteção de Deus, a seguinte CONSTITUIÇÃO DA REPÚBLICA FEDERATIVA DO BRASIL.

Como se percebe, o Estado Democrático é destinado a assegurar o exercício de direitos sociais, tomada a liberdade, a segurança, o bem-estar, o desenvolvimento, a igualdade e justiça como *valores supremos* da sociedade.

Não estou entre os que colocam oposição entre segurança, de um lado, e isonomia do outro. Não vejo esses princípios como conflitantes, mas como complementares e colaborativos um com o outro.

---

103. Nesta obra, o princípio da segurança jurídica e da certeza de direito serão considerados sinônimos. Não distinguimos esses dois vetores axiológicos, por entendermos que caminham no mesmo sentido e direção.

A própria acepção do signo "isonomia" revela o sentido de "normas iguais", pressupondo, portanto, que sem norma não há isonomia. Miguel Reale, baseado em Werner Jaeger, explica que isonomia, na Grécia antiga, é a "igualdade perante a lei", ou seja, "lei votada por todos e para todos".[104] Assim, a isonomia não se perfaz sem a norma, sem a lei.

Essa identidade entre isonomia e regulação também é concebida por Konrad Hesse quando trata da "igualdade jurídica formal" e da "igualdade jurídica material". A primeira enuncia que "é proibido a todas as autoridades estatais, não aplicar direito existente a favor ou à custa de algumas pessoas" ao passo que a segunda "proíbe uma relação desigual de fatos iguais."[105]

A pedra de toque da igualdade material, segundo Konrad Hesse, está em estabelecer um critério determinante que fundamentará a distinção entre os fatos iguais e desiguais. Segundo o jurista, devem ser ignoradas as características "não essenciais".[106] Geraldo Ataliba, também, vai pela mesma linha:

> Como, essencialmente, a ação do Estado reduz-se a editar a lei ou dar-lhe aplicação, o fulcro da questão jurídica postulada pela isonomia consubstancia-se na necessidade de que as leis sejam isonômicas e que sua interpretação (pelo Executivo e pelo Judiciário) leve tais postulados até suas últimas consequências no plano concreto da aplicação. (...) Daí a íntima e indissociável relação entre legalidade e isonomia. Esta se assegura por meio daquela. A lei é instrumento da isonomia.[107]

---

104. REALE, Miguel. Liberdade antiga e liberdade moderna. In: **Horizontes do direito e da história**. 2.ed. São Paulo: Saraiva, 1977, p. 22.

105. HESSE, Konrad. **Elementos de direito constitucional da República Federal da Alemanha**. Trad. HECK, Luis Afonso. Porto Alegre: Sérgio Antônio Fabris, 1998, p. 330.

106. HESSE, Konrad. **Elementos de direito constitucional da República Federal da Alemanha**. Trad. HECK, Luis Afonso. Porto Alegre: Sérgio Antônio Fabris, 1998, p.331.

107. ATALIBA, Geraldo. **República e Constituição**. 2.ed. São Paulo: Malheiros, 3ª tiragem, p.159.

ELISÃO E NORMA ANTIELISIVA

Já Antônio Roberto Sampaio Dória, tratando especificamente do direito tributário, acentua que a análise da norma tributária deve obedecer ao requisito da igualdade, observando-se os seguintes fatores:

> a) Razoabilidade da discriminação, baseada em diferenças reais entre as pessoas ou objetos tributados;
>
> b) Existência de objetivo que justifique a discriminação;
>
> c) Nexo lógico entre o objetivo perseguido e a discriminação que permitirá alcançá-lo. [108]

Influenciados pelo giro-linguístico, diríamos que as diferenças de características que não puderem ser sustentadas com uma retórica forte o suficiente para legitimar a diferença de tratamento normativo estabelecido serão tidas como violadoras do princípio da isonomia. Afinal, nas palavras do Chief Justice Holmes, citado por Antônio Roberto Sampaio Dória, verifica-se que, com relação aos extremos entre a diferenciação arbitrária e ilícita,[109] "inexiste critério matemático ou lógico que permite fixá-los precisamente".

Assim, o agente criador de certa norma, ao estabelecer distintos tratamentos jurídicos, deverá selecionar características diferenciadoras que passem por um teste, de cunho intuitivo-emotivo, por parte das autoridades legitimadas para julgar a constitucionalidade da norma, que determinarão se o critério diferenciador adotado é, ou não, aceitável.

Enquanto ato de valorar, o caráter emotivo que norteará o acesso da isonomia material, não permite uma descrição que

---

108. DÓRIA, Antônio Roberto Sampaio. **Direito constitucional tributário e due process of law**, p. 39. Ver também: MELLO, Celso Antônio Bandeira de. **O conteúdo jurídico do princípio da igualdade**. 3.ed. São Paulo: Malheiros.

109. Vide: Louisville Gas E. Co. v Coleman US 32, 72, L. Ed. 770 1928, citado por DÓRIA, Antônio Roberto Sampaio. **Direito constitucional tributário e due process of Law**. 2.ed. Rio de Janeiro: Forense, 1986, p.141.

aprisione seus aspectos mais fundamentais. Contudo, o direito visa a *realizar* o princípio da isonomia a partir de outros princípios dele derivados, que devem ser observados pelo legislador que institui normas, como veremos quando tratarmos dos princípios informadores dos tributos.

O que nos interessa, nesse momento, contudo, é assinalar a nítida relação entre isonomia e legalidade, que se explicam por duas razões. A primeira delas é que aquilo que enunciamos como "isonomia formal" revela a necessidade de que o aplicador do direito dialogue com a lei e paute suas decisões em critérios legais e, portanto, genéricos, suscetíveis de serem aplicáveis nos mais variáveis casos.

A fundamentação das decisões em dispositivos legais, que é uma decorrência da completude pragmática, conforme vimos no capítulo anterior, é uma das condições para satisfação do primado da isonomia. Quanto mais critérios aleatórios, individualistas e não habituais – não dotados de terceiridade – forem empregados para se fundamentar decisões, quanto mais a isonomia, em seu caráter formal, para utilizarmos a acepção de Konrad Hesse, estará frustrada.

Por outro lado – eis a segunda razão – Konrad Hesse nos chama a atenção de que a isonomia material não é realizada, diretamente, pelo aplicador da lei, mas pela autoridade legislativa. Em outras palavras, no jogo de linguagem da positivação do direito, a diferenciação entre os desiguais é efetivada pelo regramento, pela lei: trata-se de uma atividade própria do legislador. Se a lei perfaz tal diferenciação de modo retoricamente fraco, surge um ruído no percurso comunicativo do direito, que pode ser sanado por meios próprios: pela modificação da lei, ou por declaração de inconstitucionalidade pelo Poder Judiciário. Nesse sentido, Diva Prestes Marcondes Malerbi ensina o seguinte:

> No que se tange ao alcance do princípio da isonomia, uníssona se faz soar a doutrina no sentido de que tal princípio contém uma diretriz voltada ao legislador – a

ELISÃO E NORMA ANTIELISIVA

> fazer com que a própria lei não possa ser editada em desconformidade com a isonomia de modo a fazer com que todos sejam nivelados diante da norma posta.
>
> Mas dizer-se que uma lei, para ser observada é preciso que todos os abrangidos por ela devam receber tratamento parificado, significa o mesmo que afirmar que o órgão aplicador do direito não pode levar em consideração senão as distinções feitas na própria lei.
>
> E como as normas jurídicas nada mais fazem que discriminar situações, de modo a que as pessoas compreendidas em uma ou outra norma venham a ser colhidas por regimes jurídicos diferentes, então só a lei poderá indicar o critério válido para distinguir situações em classes separadas, para se emprestar a elas tratamentos jurídicos diversificados.[110]

Agora, por ser a isonomia material voltada ao legislador, um controle de constitucionalidade da norma por parte do Poder Judiciário é amplamente restritivo. O Poder Judiciário atua como "legislador negativo", declarando a inconstitucionalidade da norma, mas não pode atuar como "legislador positivo" reestabelecendo um critério de diferenciação que pareça isonômico, como veremos adiante.

Além de não poder atuar como legislador positivo, a quebra de isonomia, por ausência de lei alcançando certa ocorrência não poderá ser resolvida de forma retroativa. Ora, a retroatividade esvazia a aplicação do primado da legalidade, porque impede saber como o direito valora certa conduta antes que seja realizada. Perde-se a confiabilidade no ordenamento jurídico.

Segundo Misabel Abreu Machado Derzi, a não retroatividade é própria da natureza das leis. Vejamos suas explicações:

---

110. MALERBI, Diva Prestes Marcondes. **Elisão tributária**. São Paulo: RT, 1984, p. 42.

> A Constituição de 1988 diz o que é da natureza das leis, elas não retroagem, pois o passado é o "agora" que não mais se dá. Traz elementos da teoria subjetivista – os direitos adquiridos, mas, também se curva ao objetivismo, afirmando a irretroatividade (Direito Penal) ou a proteção dos fatos jurídicos, inclusive atos, já ocorridos ao tempo de produção da lei. Esse é o teor do art. 150, III, a. Enfim, a retroatividade protege o passado contra a ação da lei nova, mas admite que os efeitos dos fatos pretéritos invadam o presente e o futuro, já no tempo da lei nova.[111]

Então, legalidade não retroativa é o instrumento juridicamente adequado para se realizar a isonomia. É com a legalidade que a sociedade positiva a isonomia: em um primeiro momento, criando uma norma geral e abstrata adequada sob o ponto de vista isonômico; em um segundo momento, pela aplicação em conformidade com a lei, a partir de decisões que busquem amparo na lei. Nesse sentido, quanto mais o direito se realizar mediante decisões justificadas e motivadas a partir da lei, mais a comunidade jurídica estará contribuindo para perfazer o primado da isonomia.

2.3 Completude e sistema tributário: análise estrutural do direito tributário

2.3.1 Considerações genéricas

Nosso sistema tributário é pautado pela polifonia, isto é, pela participação simbólica do povo na tomada de decisões e na participação simbólica de todos os Estados da Federação.[112] Em outras palavras, toda a repartição de competências foi

---

111. DERZI, Misabel Abreu Machado. **Modificações da jurisprudência no direito tributário**. São Paulo: Noeses, 2009, p. 547.

112. MCNAUGHTON, Charles William. **Hierarquia e sistema tributário**. São Paulo: Quartier Latin, 2011.

ELISÃO E NORMA ANTIELISIVA

delineada com a participação de "muitos", de forma rigidamente estabelecida pela Constituição da República.

Empregamos o signo "rigidez" para indicar uma estabilidade procedimental, de tal sorte que a modificação do texto constitucional exigirá a edição de emendas constitucionais, importando a aprovação de três quintos do Congresso Nacional. Se tomarmos em consideração, ainda, que os termos utilizados pelo Constituinte compõem parte da língua do direito, isto é, são dotados de uma historicidade que lhes concede um caráter convencional, logo perceberemos que a competência para o legislador instituir um tributo é estabelecida de forma rígida pelos ditames constitucionais, ainda que toda interpretação seja dotada do elemento poético que lhe é imanente.

Ao mesmo tempo em que a Constituição é rígida, procedimentalmente, a repartição de competência é minuciosa e delicada, dada a complexidade em que o ordenamento tributário é instituído. Essa complexidade é baseada em uma característica dúplice porque, de um lado, o Constituinte esgotou as materialidades passíveis de serem tributáveis e, por outro, buscou evitar a sobreposição de tributos da mesma espécie em uma mesma materialidade. Geraldo Ataliba é efusivo, sobre a minúcia da Constituição da República:

> A Constituição (...) atual é minuciosa demais; trata de coisinhas mais pequenininhas, é extremamente detalhada. Em termos de matéria tributária é fantástica a minuciosidade dessa Constituição. Isso permite que o intérprete qualifique essa constituição como exaustiva. Quer dizer, ela exaure o campo da matéria tributária.[113]

Essa minúcia da Constituição importou aplicar uma repartição de competência entre os diversos entes tribu-

---

113. ATALIBA, Geraldo. **Lei complementar em matéria tributária**. São Paulo: RT, 1989, p. 86.

tantes, efetivadas em diversos níveis, conforme explicaremos a seguir.

Para essa repartição de competência, houve a divisão entre União, Estados, Municípios e Distrito Federal, das diversas espécies tributárias a que cada um competiria instituir.

De fato, o artigo 145, inciso I, II e III, da Constituição da República[114], previu que os impostos, taxas e contribuições de melhoria seriam instituídos, por União, Estados, Municípios e Distrito Federal; já o artigo 148[115] previu que certa espécie tributária designada de "empréstimo compulsório" seria instituída, exclusivamente, pela União; o artigo 149 previu que as contribuições seriam destinadas à União[116], salvo (a) as contribuições para custeio da previdência pública de Estados, Municípios e Distrito Federal, que ficariam a cargo dos respectivos Estados e Municípios, nos termos do § 1º do artigo 149 e (b) a Contribuição de Iluminação Pública, que

---

114. Art. 145. A União, os Estados, o Distrito Federal e os Municípios poderão instituir os seguintes tributos:

I – impostos;

II – taxas, em razão do exercício do poder de polícia ou pela utilização, efetiva ou potencial, de serviços públicos específicos e divisíveis, prestados ao contribuinte ou postos a sua disposição;

III – contribuição de melhoria, decorrente de obras públicas.

115. Art. 148. A União, mediante lei complementar, poderá instituir empréstimos compulsórios:

I – para atender a despesas extraordinárias, decorrentes de calamidade pública, de guerra externa ou sua iminência;

II – no caso de investimento público de caráter urgente e de relevante interesse nacional, observado o disposto no art. 150, III, "b".

Parágrafo único. A aplicação dos recursos provenientes de empréstimo compulsório será vinculada à despesa que fundamentou sua instituição.

116. Art. 149. Compete exclusivamente à União instituir contribuições sociais, de intervenção no domínio econômico e de interesse das categorias profissionais ou econômicas, como instrumento de sua atuação nas respectivas áreas, observado o disposto nos arts. 146, III, e 150, I e III, e sem prejuízo do previsto no art. 195, § 6º, relativamente às contribuições a que alude o dispositivo.

ficou destinada aos Municípios, conforme redação do artigo 149-A, do Texto Maior.

Se pretendermos aplicar aquele núcleo normativo, formalmente escancarado por Tácio Lacerda Gama, que indica, estruturalmente, como os regimes jurídicos de cada espécie tributária, acima veiculada, é possível verificar que há cinco núcleos de competência distribuídos entre União, Estados, Municípios e Distrito Federal, que iremos discriminar. Para isso, pedimos vênia para citar, novamente, o âmbito estrutural do núcleo normativo de competência proposto por Tácio Lacerda Gama:

> Njcom = H{[s.p (p1,p2,p3...)].(e.t.)]} → R(S(s.sp).m(s.e.t.c)]
>
> Onde se lê: norma jurídica de competência Njcom é igual ao vínculo que se estabelece entre um tipo de enunciação e uma matéria: {[s.p (p1,p2,p3...].(e.t.)]}, onde estão prescritos o sujeito, o procedimento, as referências de espaço e de tempo. Outro ponto relevante, o vínculo entre antecedente e consequente, expressa decisão de ligar certa matéria a determinado tipo de enunciação. A programação sobre a matéria é feita por dispositivos que determinam um sujeito e uma conduta, indicando o espaço e tempo de sua realização. Além disso, essa programação de matéria é feita no interior de uma relação jurídica onde dois ou mais sujeitos se unem pelo dever de editar enunciados de forma vinculada ou discricionária.[117]

Exposto o ponto, se preenchermos tal esquema lógico sintático, com o material colhido pelos enunciados dos artigos 145, 148, 149 e 149-A da Lei Maior, anteriormente citados, poderemos atingir os seguintes resultados:

Âmbito de Competência I – Taxas

Njcom Taxas = H {[s S.P = União, Estados, Municípios e Distrito

---

117. GAMA, Tácio Lacerda. **Competência tributária**. Fundamentos para uma teoria da nulidade. 2.ed. São Paulo: Noeses, 2011, p. 94.

Federal; (p1 = Lei Ordinária); e = território de vigência do ente tributante; t = a qualquer tempo]}; → R (S(s =União, Estados, Distrito Federal ou Municípios.sp= toda sociedade). m (instituir tributo cuja materialidade revele um serviço específico e divisível de titularidade do ente tributante ou o exercício do Poder de Polícia de titularidade do ente tributante, para custeio de tais atividades, ressalvados os casos de imunidade); espaço = território nacional; tempo = facultativo]

Âmbito de Competência II – Contribuições de Melhoria

Njcom Contribuição de Melhoria = H{[s S.P = União, Estados, Municípios e Distrito Federal; p1 = Lei Ordinária; e= território de vigência do ente tributante; t = a qualquer tempo; → R(S(s=União, Estados, Distrito Federal ou Municípios à medida que tenham competência para instituir certa obra pública.sp= toda sociedade).m(instituir tributo cuja materialidade revele uma valorização de imóvel decorrente de obra pública, para custeio de tal obra; (espaço = território nacional; tempo = facultativo)]

Âmbito de Competência III: Impostos

Njcom Impostos = H{[s S.P = União, Estados, Municípios e Distrito Federal); (p1 = Lei Ordinária ou Complementar, conforme o caso); e= território de vigência do ente tributante; t = a qualquer tempo; → R(S(s=União, Estados, Distrito Federal ou Municípios, observada a repartição dos artigos 153 a 156 da Constituição da República.sp= toda sociedade).m(instituir tributo que tenha por materialidade um dos comportamentos previstos no artigo 153 a 156 da Constituição sem destinação de sua arrecadação, ressalvados os casos de imunidade). (espaço = território nacional; tempo = facultativo)]

Âmbito de Competência IV: Empréstimo Compulsório

Njcom Empréstimo Compulsório = H{[s S.P = União); (p1 =

ELISÃO E NORMA ANTIELISIVA

lei complementar), (e= território federal; t = quando forem previstas despesas extraordinárias, decorrentes de calamidade pública, de guerra externa ou sua iminência ou em caso de investimento público de caráter urgente e de relevante interesse nacional)]} → R(S(s=União, Estados, Distrito Federal ou Municípios.m(instituir tributo restituível para fazer frente a despesas extraordinárias ou de calamidade pública e guerra externa), (espaço = território nacional; tempo = facultativo)]

Âmbito de Competência V: Contribuições

Njcom Contribuições = H{[s S.P = União, no caso do artigo 149 *caput,* Estados ou Distrito Federal no caso do § 1º do artigo 149 da Constituição e os Municípios no caso do 149-A); (p1 = lei ordinária ou lei complementar, conforme o caso), (e= território federal, no caso da União, ou dos Estados, Municípios e Distrito Federal, conforme o caso; t = a qualquer momento} → R(S(s=União, Estados, Distrito Federal ou Municípios.m(instituir tributo que cumpra uma das finalidades do artigo 149 ou 149-A e, observadas as materialidades do artigo 195, no caso das Contribuições à Seguridade Social, ressalvados os casos de imunidade), (espaço = território nacional; tempo)]

Explico que os esquemas normativos acima indicados revelam uma profunda simplificação, para fins de conhecimento, dos regimes jurídicos que regem taxas, contribuições de melhoria, impostos, empréstimos compulsórios e contribuições.

Contudo, são suficientes para demonstrar a existência de 05 (cinco) estruturas normativas que regem a competência para instituição de 05 (cinco) espécies tributárias, previstas nos artigos 145, 148 e 149 da Constituição da República.

Poderíamos enunciar que o critério de pertinência para que um tributo pertença a cada uma dessas espécies é a possibilidade de subsunção ao ditame previsto na hipótese e consequência de cada um desses feixes de competência, tal que o tributo que se subsuma aos ditames do âmbito de competência I será uma taxa; aos ditames do âmbito de competência II será uma contribuição de melhoria; aos ditames do âmbito de competência III, um imposto; aos ditames do âmbito de competência IV, um empréstimo compulsório; e aos ditames do âmbito de competência V, uma contribuição.

Por essa proposta, os termos "taxa", "contribuição de melhoria", "imposto", "empréstimo compulsório" e "contribuições" não designam predicados monádicos, ou meras qualidades, das normas que instituem tributos, mas sim, predicados relacionais, que indicam a relação de retirada de validade de uma norma de um certo regime jurídico que lhe rege.

Note-se que estou me afastando, um pouco, da linha adotada por juristas do mais alto calibre do direito tributário brasileiro que buscaram classificar tributos a partir de critérios unitários, critérios esses que poderiam ser combinados de forma coordenada ou subordinada, tais como o fato de serem ou não restituíveis, de seus recursos serem ou não destinados, de serem ou não vinculados.[118]

Entendo que essas classificações, nos moldes efetivados, são importantes redutores de complexidade e com isso contribuem, de forma grandiosa, para a ciência do direito. Mas, a esses critérios, poderíamos adicionar outros para explicar a complexidade do direito, em certas circunstâncias. Assim, apresento uma proposta alternativa de classificação, não para se sobrepor ou substituir os modelos atualmente apresentados, mas para buscar fornecer outros instrumentais de aproximação do direito positivo.

Quando se utiliza uma classificação do tipo vinculado/ não-vinculado, restituível/não-restituível, destinado/não-des-

---

118. Como exemplo, citamos: MARQUES, Márcio Severo. **Classificação constitucional de tributos**. SANTI, Eurico Marcos Diniz. **As classificações no sistema tributário brasileiro**. Justiça Tributária, p. 125.

ELISÃO E NORMA ANTIELISIVA

tinado, obtém-se logicamente, oito classes de tributos que poderão ser reduzidas, à medida que uma ou outra espécie seja incompatível com o sistema tributário brasileiro. E essas classificações são, efetivamente, relevantes à conversação jurídica. Por outro lado, não acredito que com elas se explique o núcleo rígido do que seja um imposto, do que seja uma contribuição ou, por exemplo, um empréstimo compulsório, nos moldes traçados pela Constituição da República. Com a lógica apurada da classificação empreendida por Tárek Moysés Moussallem, isso se verifica com nitidez, quando esse grande jurista indica que a classe "empréstimo compulsório" poderia ser reconduzida a espécies diferentes de tributos.[119]

E, de fato, se tomarmos, por exemplo, os empréstimos compulsórios, costuma-se dizer que sua característica marcante é o fato de serem restituíveis. Sucede que os impostos e contribuições podem ser restituíveis, seja pela criação de técnicas de arrecadação, – como por exemplo, o Imposto sobre a Renda retida na fonte, a contribuição de 11% prevista no artigo 31 da Lei n. 8.212/91, com a redação dada pela Lei n. 9.711/98 – seja em razão de incentivos ou benefícios fiscais, comodamente denominados de "ressarcimento" – tais como o PIS e COFINS ressarcidos em caso de exportação – seja, até mesmo, pelo recolhimento indevido.

Esses exemplos nos mostram que empréstimo compulsório não se qualifica como tal apenas por ser restituível. Uma exação é empréstimo compulsório quando atende aos requisitos do artigo 148 da Constituição da República e não meramente por ser restituível. O que proponho assim é que a observância do regime jurídico X, Y ou Z, que busquei sintetizar nos âmbitos de competência I a V, é o que faz determinado tributo ser de uma espécie ou outra.

---

119. MOUSSALLEM, Tárek Moysés. Classificação dos Tributos. Uma visão analítica. **IV Congresso Nacional de Estudos Tributários**. São Paulo, 2007, p. 631.

Caso um tributo não se subsuma a nenhum dos feixes de competência acima, não será taxa, contribuição de melhoria, imposto, empréstimo compulsório ou contribuição: será, meramente, um tributo sem fundamento de validade em norma constitucional. Nesse caso de aparente lacuna, a pragmática do direito aplica uma norma geral proibitiva, no sentido de que não é juridicamente admitido um tributo que não guarde fundamento de validade em algum dos regimes jurídicos destinados a cada tributo.

Esse modo de solução de lacuna semântica é instituído pela pragmática do direito que cria uma norma geral proibitiva para o Poder Público de efetivar uma conduta que não seja autorizada por norma permissiva forte.

Assim, é possível inferir que as espécies tributárias previstas pela Constituição da República não esgotam o âmbito de espécies logicamente passíveis de serem instituídas pelo legislador. Elas esgotam o âmbito de espécies juridicamente possíveis, isto é, permitidas pela Constituição da República.

Agora, enunciar que há cinco espécies de tributos não significa afirmar que todas surgem em uma mesma classificação. Por exemplo, a classe das palavras femininas é distinta da classe das palavras plurais. Mas tais classes se manifestam em diferentes classificações das palavras: uma que toma como critério o "gênero", como instância diferenciadora das classes e outra que toma o critério "grau".

Em termos lógicos, para identificar se um tributo específico compõe uma das 05 (cinco) espécies, acima indicadas, o ser cognoscente terá que operar com 05 (cinco) classificações distintas: uma que separa os tributos entre taxas e não taxas, conforme retirem, ou não, fundamento de validade no que denominamos âmbito de competência I ("A.C.I"); a segunda classificação repartirá os tributos em contribuições de melhoria e não contribuições de melhoria, conforme se enquadrem no âmbito de competência II (" A.C.II"); ainda, em impostos e não impostos, conforme retirem, ou não, fundamento de validade do âmbito de competência III ("A.C.III"); há, ainda, uma quarta classificação que teríamos de lidar que distingue o tributo em empréstimo compulsório e não empréstimo compulsório, conforme retire, ou não, fundamento de validade no âmbito de competência IV ("A.C. IV"); e por fim, classificaríamos os tributos em contribuições e não contribuições, tendo como critério, a retirada de fundamento de validade, ou não, do âmbito de competência V ("A.C.V").

Assim, combinadas essas classificações a partir do cálculo lógico denominado de multiplicação de classes, notaremos que há 32 (trinta e duas) espécies de tributos aparentemente possíveis. Vejamos:

Subsunção no A.C.I	Subsunção no A.C. II	Subsunção no A.C. III	Subsunção na A.C. IV	Subsunção na A.C. V	Espécie
SIM	SIM	SIM	SIM	SIM	1
SIM	SIM	SIM	SIM	NÃO	2
SIM	SIM	SIM	NÃO	SIM	3
SIM	SIM	SIM	NÃO	NÃO	4
SIM	SIM	NÃO	SIM	SIM	5
SIM	SIM	NÃO	SIM	NÃO	6
SIM	SIM	NÃO	NÃO	SIM	7
SIM	SIM	NÃO	NÃO	NÃO	8
SIM	NÃO	SIM	SIM	SIM	9
SIM	NÃO	SIM	SIM	NÃO	10
SIM	NÃO	SIM	NÃO	SIM	11
SIM	NÃO	SIM	NÃO	NÃO	12
SIM	NÃO	NÃO	SIM	SIM	13

SIM	NÃO	NÃO	SIM	NÃO	14
SIM	NÃO	NÃO	NÃO	SIM	15
SIM	NÃO	NÃO	NÃO	NÃO	16
NÃO	SIM	SIM	SIM	SIM	17
NÃO	SIM	SIM	SIM	NÃO	18
NÃO	SIM	SIM	NÃO	SIM	19
NÃO	SIM	SIM	NÃO	NÃO	20
NÃO	SIM	NÃO	SIM	SIM	21
NÃO	SIM	NÃO	SIM	NÃO	22
NÃO	SIM	NÃO	NÃO	SIM	23
NÃO	SIM	NÃO	NÃO	NÃO	24
NÃO	NÃO	SIM	SIM	SIM	25
NÃO	NÃO	SIM	SIM	NÃO	26
NÃO	NÃO	SIM	NÃO	SIM	27
NÃO	NÃO	SIM	NÃO	NÃO	28
NÃO	NÃO	NÃO	SIM	SIM	29
NÃO	NÃO	NÃO	SIM	NÃO	30
NÃO	NÃO	NÃO	NÃO	SIM	31
NÃO	NÃO	NÃO	NÃO	NÃO	32

Vimos, então, acima, que um quadro lógico pode passar a falsa impressão que há 32 (trinta e duas) espécies logicamente concebíveis de tributo. Essa falsa impressão apenas transparece porque ao sintetizarmos cada feixe de competência simbolicamente em ACI, ACII, ACIII, ACIV e ACV não se vislumbram as propriedades que qualificam cada um desses feixes

Mas, se levarmos em consideração que ACI, ACII, ACIII, ACIV e ACV possuem critérios mutuamente excludentes, percebemos que é impossível uma norma ser instituída com a observância concomitante de I, II, III, IV ou V. Com isso, podemos eliminar, logicamente, as seguintes espécies tributárias: 1, 2, 3, 4, 5, 6, 7, 8, 9, 10, 11, 12, 13, 14, 15, 17, 18, 19, 20, 21, 22, 23, 25, 26, 27 e 29.

Restariam, assim, como espécies logicamente possíveis, no âmbito meramente lógico: a 16, 24, 28, 30, 31 e 32. São essas as espécies tributárias concebíveis, adotando-se os critérios constitucionais, quando se aplica a intersecção das 05 (cinco) classificações adotadas pela Carta Magna.

Porém, a espécie 32 caracteriza-se, justamente, pela não subsunção de nenhuma norma de competência que autorize a instituição de um tributo. Assim, embora se caracterize como um tributo logicamente possível de ser criado, trata-se justamente da sexta espécie que é a do tributo inconstitucional, por não encontrar fundamento de validade em nenhuma norma da Constituição da República.

Restam, portanto, apenas 05 (cinco) classes de tributos constitucionalmente autorizados que são, justamente, as taxas, contribuição de melhoria, impostos, empréstimos compulsórios e contribuições. Convém repetir que elas são frutos de cinco classificações distintas, tal como o ser feminino é uma classificação diferente do ser plural. Ainda assim, feminino e plural são classes de palavras distintas, por revelarem critérios e extensões diferentes.

Apenas em um ato de economia de pensamento dizemos "esse tributo é uma taxa e não um imposto". Essa fala esconde uma operação lógica prévia que nem sempre nos damos conta: "na classificação que distingue os tributos entre impostos e não impostos, esse tributo se enquadra na segunda classe; na classificação que divide os tributos entre taxas e não taxas, essa exação se enquadra na primeira classe."

Mas, nosso espírito sintetiza essas operações lógicas, tendo-se em vista que a classe das taxas e classe dos impostos é disjunta: é um logicismo dizer que um tributo T é um imposto, uma não-taxa, uma não-contribuição de melhoria, um não-empréstimo compulsório e uma não-contribuição. Enunciar que T é imposto é o que basta para qualquer finalidade jurídica a que se pretenda aplicar.

O importante, nesse momento, é compreender que há cinco faixas de competência de tributos na Constituição definidas entre União, Estados, Municípios e Distrito Federal.

Se pensarmos que âmbito de competência I, II, III, IV e V conferem critérios jurídicos ricos, para que uma norma possa neles se enquadrar, verificaremos o quão complexa é a atividade legislativa que cria um tributo. Ela terá de observar critérios procedimentais, pessoais, temporais, finalísticos, sob pena de se enquadrar no que podemos denominar de sexta espécie tributária.

2.3.2 Subdivisão nas faixas

Vimos, no item anterior, que a Constituição da República autoriza a instituição de 05 (cinco) espécies distintas de tributos, mediante sofisticados requisitos, que em uma simplificação drástica, reduzi aos cinco âmbitos de competência I, II, III, IV e V, graças ao expediente que a figura da regra-matriz de incidência da norma de competência nos permite.

Mas o Texto Constitucional, naquela minúcia rígida a que alude Geraldo Ataliba, não se esgota em repartir as diversas espécies entre os entes tributantes.[120] Quase todas as espécies de tributos são subrepartidas a partir de novos critérios, que iremos apontar e que têm como finalidade distribuir a competência entre cada ente.

---

120. ATALIBA, Geraldo. **Sistema constitucional tributário**. São Paulo: RT, 1968, p.18.

ELISÃO E NORMA ANTIELISIVA

Para os empréstimos compulsórios, não há que se falar em subdivisão, haja vista que são exclusivos da União. Não é o caso dos demais tributos.

As contribuições, por exemplo, são repartidas entre União, Estados e Municípios por sua finalidade. Nos termos do artigo 149, à União compete instituir contribuição social – isto é destinada a demandas sociais, conforme estipulado na ordem social – contribuição de intervenção no domínio econômico e contribuição sindical e de órgãos, sendo que a contribuição social, ainda é subdividida em duas classes: a social geral e as destinadas a seguridade social, nos termos do artigo 195 da Constituição da República; os Estados, Municípios e Distrito Federal poderão instituir contribuição para custear a previdência de seus funcionários públicos; e os Municípios poderão instituir contribuição de iluminação pública.

As taxas e contribuições de melhoria, por sua vez, são repartidas entre os diversos Entes, conforme o âmbito de competência destinado a cada tipo de atividade pública, no caso da taxa, ou de obra, no caso da contribuição de melhoria.[121] Assim, os serviços públicos específicos e divisíveis e o exercício de poder de polícia exercidos pela União poderão ensejar a incidência de taxas federais, assim como a valorização imobiliária decorrente de obras efetivadas pela União poderão ser tributadas por tal ente tributante e assim por diante.

Já os impostos são repartidos materialmente, conforme hipótese de incidência e base de cálculo estipuladas no artigo 153

---

121. Segundo Geraldo Ataliba: "Já com referência às exações vinculadas, nenhuma necessidade há de prévia descrição delas – quer genérica, quer específica – nem de repartição da competência para exigi-las, entre titulares privativos. Este regime mais fraco, no que concerne às exações vinculadas se deve que seus fatos geradores hão de ser sempre a atuação concreta da pessoa pública exigente...". (ATALIBA, Geraldo. **Sistema constitucional tributário**. São Paulo: RT, 1968, p.144).

a 156 da Constituição da República.[122] Caso uma materialidade não puder ser enquadrada nos artigos 153, 155 e 156 do Texto Constitucional, a competência será da União, nos termos do artigo 154, inciso I, do mesmo dispositivo, que prescreve o seguinte:

> Art. 154. A União poderá instituir:
>
> I – mediante lei complementar, impostos não previstos no artigo anterior, desde que sejam não-cumulativos e não tenham fato gerador ou base de cálculo próprios dos discriminados nesta Constituição;

Assim, percebe-se que os tributos não-vinculados são repartidos entre União, Estados, Distrito Federal e Municípios, por um critério de materialidade. Além disso, também, é possível concluir que, no plano constitucional, qualquer comportamento signo presuntivo de riqueza que seja um ato não vinculado, com exceção dos alcançados pelas normas de imunidade, poderá ser tributado a título de imposto, bastando que a competência tributária seja exercida.

Além de ter repartido a competência material, a Constituição teve uma preocupação específica em evitar a bitributação de impostos, especialmente, nos casos de conflitos de competência.[123] Assim, determinou que cabe à lei complementar dispor sobre conflitos de competência e fatos geradores e base de cálculo dos impostos (art. 146, I e III "a"). Isso demonstra um valor pela certeza do direito, um valor que as materialidades dos diversos impostos estejam suficientemente claras para os diversos operadores do direito.

---

122. CARRAZZA, Roque Antonio. **Curso de direito constitucional tributário.** 29.ed. São Paulo: Malheiros, 2013, p. 605.

123. "Verifica-se do exame das disposições constitucionais sobre a matéria tributária em conjunto – como um sistema a impossibilidade de bitributação jurídica. (...) atribuiu a cada entidade política um fato gerador distinto e identificável só consigo mesmo." (ATALIBA, Geraldo. **Sistema constitucional tributário brasileiro.** São Paulo: RT, 1968, p. 27).

ELISÃO E NORMA ANTIELISIVA

Além de serem onerados pelos impostos, os comportamentos não-vinculados a uma atuação estatal poderão ser tributados a título de empréstimo compulsório e contribuições, desde que haja lei instituindo o tributo, observando os requisitos dos âmbitos de competência IV e V, anteriormente assinalados.

Disso se pode concluir que, para a instituição de tributos não-vinculados a uma atuação estatal que revelem uma riqueza (fato signo presuntivo de riqueza), há uma relativa completude semântica, no que tange à discriminação de competência, porque a permissão para instituição de tributo sobre certa materialidade estará invariavelmente prevista na Lei Maior ou proibida, expressamente, por norma de imunidade.

2.3.3 Capacidade contributiva e crítica à interpretação econômica do direito tributário

O regime jurídico de cada espécie tributária é colorido por certos princípios, fundados no primado da isonomia, designados, cada um deles, de "princípio informador dos tributos". Cada um desses princípios revela o critério de diferenciação para imputação da obrigação tributária a certos contribuintes. Por isso que vêm ao encontro da concretização do preceito da isonomia na esfera tributária.

As taxas, por exemplo, submetem-se ao princípio da retributividade, eis que o contribuinte deverá remunerar o sujeito ativo pelo serviço público específico ou divisível que usufruir ou que for posto à sua disposição – nos casos de serviços potenciais – ou pelo exercício de poder de polícia que o Estado desempenhar em face desse mesmo contribuinte. Nessa linha, o Professor Roque Antonio Carrazza enuncia que o ente público:

> Só poderá exigir a taxa daquela pessoa diretamente alcançada pela tributação estatal e desde que o tributo tenha por base de cálculo o custo da atuação.[124]

---

124. CARRAZZA, Roque Antonio. **Curso de direito constitucional tributário**. 29.ed. São Paulo: Malheiros, 2013, p. 625.

O princípio da retributividade é corolário da isonomia porque o critério de discrímen que motiva a tributação é a relação entre o contribuinte e um gasto público. Note-se, porém, que a retributividade não é condição suficiente para cobrança da taxa: é preciso que haja lei instituindo o tributo e é preciso que o caso concreto, devidamente relatado em linguagem se subsuma à hipótese de incidência tributária prevista pela norma legalmente prevista.

A contribuição de melhoria, por sua vez, tem como princípio informador a proporcionalidade ao benefício especial recebido pelo proprietário do imóvel em razão da obra pública realizada.[125] Na medida em que o titular do imóvel recebe um benefício, individual, oriundo de uma obra pública, é discriminado para fins de cobrança do referido tributo, o que vai ao encontro, mais uma vez, do primado da isonomia.

Já para as contribuições, entendemos que o princípio informador é a referibilidade no sentido de que:

> Quem contribui para fundo, órgão ou despesa, mediante pagamento de tributo da espécie de contribuição (...) deve fazê-lo em virtude de uma vantagem ou benefício que decorra da atividade estatal financiada pela contribuição, e que se volte para o grupo de contribuintes.[126]

Assim, o critério de discrímen das contribuições importa colher, pela tributação, contribuinte que seja beneficiado de uma vantagem decorrente de uma atividade estatal que se volte para um grupo de contribuintes.

Os empréstimos compulsórios, por sua vez, como vimos, não possuem um princípio informador específico, porque as

---

125. CARRAZZA, Roque Antonio. **Curso de direito constitucional tributário.** 29.ed. São Paulo: Malheiros, 2013, p. 643.

126. BARRETO, Paulo Ayres. **Contribuições, regime jurídico, destinação e controle.** São Paulo: 2006, p.117.

ELISÃO E NORMA ANTIELISIVA

despesas que esses tributos cobrem, que são as vinculadas com despesas extraordinárias, decorrentes de calamidade pública, de guerra externa ou sua iminência ou relacionadas a investimento público de caráter urgente e de relevante interesse nacional, são relevantes de modo geral, a toda sociedade, assim, não viabilizam, per se, qualquer forma de diferenciação.

Contudo, à medida que a materialidade que componha a hipótese de incidência ou a base de cálculo do tributo for escolhida para a instituição do empréstimo compulsório, o princípio informador relativo à taxa, imposto ou de contribuição de melhoria haverá de justificar eventual discriminação entre contribuintes.

No caso dos impostos, o princípio informador é o da capacidade contributiva.[127] Esse princípio vem ao encontro do que poderíamos designar, com Konrad Hesse, de isonomia material. Com efeito, dele se infere que a:

> Lei deve tratar de modo igual os fatos econômicos que exprimem igual capacidade contributiva e, por oposição, de modo diferenciado, os contribuintes que não se encontram em posição jurídica equivalente.[128]

O princípio da capacidade contributiva pressupõe que a lei que institui um imposto deve considerar "manifestações objetivas de riqueza do contribuinte".[129] Assim, em razão do primado da capacidade contributiva, o binômio hipótese de incidência/base de cálculo dos impostos deve revelar um acontecimento que indique uma riqueza do contribuinte.

---

127. CARRAZZA, Roque Antonio. **Curso de direito constitucional tributário.** 29.ed. São Paulo: Malheiros, 2013, p. 607.

128. CARRAZZA, Roque Antonio. **Curso de direito constitucional tributário.** 29.ed. São Paulo: Malheiros, 2013, p. 607.

129. CARRAZZA, Roque Antonio. **Curso de direito constitucional tributário.** 29.ed. São Paulo: Malheiros, 2013, p.102.

No que tange às alíquotas, a capacidade contributiva tem nítida relação com a progressividade. Fernando Aurélio Zilvetti menciona a "teoria do sacrifício" que prega que "os mais afortunados devem pagar mais", em atendimento à justiça redistributiva.[130] Por sua vez, o artigo 145, § 1º, prescreve o seguinte:

> Artigo 145 § 1º – Sempre que possível, os impostos terão caráter pessoal e serão graduados segundo a capacidade econômica do contribuinte, facultado à administração tributária, especialmente para conferir efetividade a esses objetivos, identificar, respeitados os direitos individuais e nos termos da lei, o patrimônio, os rendimentos e as atividades econômicas do contribuinte.

Abstraindo-se a expressão "sempre que possível", expletiva já que o direito, ontologicamente, regula apenas as condutas possíveis, nota-se do dispositivo acima transcrito que os impostos devem ostentar caráter pessoal e devem ser graduados segundo a capacidade econômica do contribuinte, sendo facultado à administração tributária, especialmente para conferir efetividade a esses objetivos, identificar, respeitados os direitos individuais e nos termos da lei, o patrimônio, os rendimentos e as atividades econômicas do contribuinte.

O signo "graduado" indica uma progressão das alíquotas, isto é, a alíquota deve ser crescente à medida que há aumento da capacidade econômica do contribuinte de arcar com o ônus fiscal. Geraldo Ataliba, nesse sentido, exprime o seguinte:

> Impondo a Constituição que, sempre que possível os impostos tenham caráter pessoal, está postulando incessante empenho do legislador, no sentido de aprimorar a legislação, para ir atendendo às peculiaridades, características

---

130. ZILVETTI, Fernando Aurélio. **Princípios de direito tributário e a capacidade contributiva**. São Paulo: Quartier Latin, 2004, p.164.

ELISÃO E NORMA ANTIELISIVA

e singularidades dos contribuintes, de modo a considerar suas diferenças – de cunho econômico – fazendo com a que a carga tributária de cada qual reflita suas condições individuais.[131]

Não há dúvidas, portanto, que o primado da capacidade contributiva, tal como manifesto na Constituição da República, tem um aspecto estreitamente vinculado à igualdade material, tendo-se em vista que a carga tributária será variável em conformidade com a capacidade econômica do contribuinte.

Mas, também, a igualdade formal foi contemplada pelo enunciado veiculado pelo referido artigo do Texto Maior. Prescreve o dispositivo que é "facultado à administração tributária, *especialmente para conferir efetividade a esses objetivos*, identificar, respeitados os direitos individuais e *nos termos da* lei, o patrimônio, os rendimentos e as atividades econômicas do contribuinte".

Nesse sentido, quando o texto faculta à administração tributária identificar o patrimônio, os rendimentos e as atividades econômicas do contribuinte, essa identificação deve dar efetividade à necessidade de graduação dos impostos e deve ser moldada nos termos da lei.

Em outras palavras, a função constitucional de fiscalizar há de observar o mandamento de se dar efetividade à lei que gradua o imposto em proporção à capacidade econômica do contribuinte.

Estamos com o Professor Marco Aurélio Greco, nesse sentido, quando enuncia que o princípio da capacidade "se dirige ao aplicador" e "servirá como critério de aplicação da lei".[132]

---

131. ATALIBA, Geraldo. **Hipótese de incidência tributária**. 6.ed. São Paulo: Malheiros, 5ª tiragem, 2004, p.14.

132. GRECO, Marco Aurélio. **Planejamento tributário**. São Paulo: Dialética, 2013, p. 340.

De fato, o aplicador da lei deve *realizar* esse princípio, atuar para lhe conferir efetividade. Assim, parece-nos adequada a assertiva que atesta que, dada a interpretação de um determinado artigo de lei, "é preciso verificar qual a manifestação de capacidade contributiva ele quer alcançar"[133], sob o ponto de vista de vista de que a materialidade dos impostos não pode ser interpretada de maneira desconexa a esse princípio.

Mas, me distancio do argumento que o referido Professor emprega para provar a assertiva acima citada, o de que o objeto do "ser graduado" é o "imposto em si", e não a lei que o institui.[134]

Ora, se o artigo 150, inciso I, da Constituição da República, prescreve que é vedado "exigir ou aumentar tributo sem lei que o estabeleça", não se pode conceber que o tributo possa ser graduado sem base em lei, isto é, que possa ter sua carga tributária aplicada progressivamente sem qualquer previsão legal. Surgiria de tal antinomia uma fissura de grande magnitude no sistema tributário, decorrente do choque desses dois primados fundamentais, que acabaria por esvaziar tanto a isonomia – que deve ser realizada pela capacidade contributiva decorrente da lei – tanto a própria legalidade – a carga tributária não seria decorrente de lei.

Mais coerente seria admitir que a graduação dos impostos é positivada por lei e efetivada e concretizada pela autoridade administrativa no ato de aplicação da lei. Pudesse a autoridade administrativa realizar, ela mesma, a graduação dos impostos, não amparada em lei, haveria um caso de *anomia* – graduação sem base em norma específica – e não *isonomia* – aplicação de normas iguais.

---

133. GRECO, Marco Aurélio. **Planejamento tributário**. São Paulo: Dialética, 2013, p.341.

134. GRECO, Marco Aurélio. **Planejamento tributário**. São Paulo: Dialética, 2013, p.351.

ELISÃO E NORMA ANTIELISIVA

O próprio § 1º do artigo 145 da Constituição da República toma o cuidado de enunciar que a atividade da autoridade administrativa que efetiva o primado da capacidade contributiva deve ser concretizada "nos termos da lei" e com respeito "a garantias individuais". Não há assim como se apartar a capacidade contributiva, mesmo aquela mais próxima à concretude do direito, e a regra-matriz de incidência tributária que institui o tributo.

Feita essa ressalva, vale discutir em que sentido a capacidade contributiva pode influenciar a interpretação dos textos legislativos, ou seja, em que sentido a lei é influenciada por esse princípio. Marco Aurélio Greco propõe que, quando uma norma tributária preveja um contrato de compra e venda, deva ser interpretado que a norma alcance não o contrato de compra e venda, mas "o tipo de manifestação de capacidade contributiva que se dá em um contrato de compra e venda".[135]

Essa proposta rompe com um padrão interpretativo consolidado pelo artigo 110 do Código Tributário Nacional. Esse artigo prescreve o seguinte:

> Art. 110. A lei tributária não pode alterar a definição, o conteúdo e o alcance de institutos, conceitos e formas de direito privado, utilizados, expressa ou implicitamente, pela Constituição Federal, pelas Constituições dos Estados, ou pelas Leis Orgânicas do Distrito Federal ou dos Municípios, para definir ou limitar competências tributárias.

Pela disposição do artigo, acima citado, nota-se a proibição de que o legislador altere definições, conteúdo e alcance de institutos, conceitos e formas do direito privado utilizados,

---

135. GRECO, Marco Aurélio. **Planejamento Tributário**. São Paulo: Dialética, 2013, p. 341.

CHARLES WILLIAM MCNAUGHTON

expressa ou implicitamente pela Constituição Federal para definir ou delimitar competências tributárias. O pressuposto desse dispositivo, portanto, é que a Constituição da República emprega institutos, conceitos e formas do direito privado para delimitar competência tributária.

Assim, há incompatibilidade frontal entre o que prescreve o artigo 110 do Código Tributário Nacional – os conceitos do direito privado utilizados para delimitar competência tributária – e o que propõe Marco Aurélio Greco, isto é, que a lei não toma como objeto o conceito do direito privado, mas a manifestação de capacidade contributiva típica de determinado ato ou negócio do direito privado.

É claro que o artigo 110 do Código Tributário Nacional cederia diante da superioridade estrutural e axiológica do primado da capacidade contributiva, caso incompatíveis fossem, de sorte que sua recepção ficaria comprometida. Esmiuçaremos melhor essa aplicação do artigo 110 do Código Tributário Nacional no próximo capítulo.

A grande questão que se põe, nesse momento, é cogitar se o primado da capacidade contributiva autoriza essa "guinada" de uma competência tributária que passa a alcançar "a capacidade contributiva típica de um negócio" e não o "próprio negócio". Essa pergunta, porém, envolve elucidar o que significa "capacidade contributiva típica de um negócio" e como ela se diferencia do "próprio negócio".

Nessa linha, temos que se a capacidade contributiva se manifesta por uma riqueza, a capacidade contributiva típica de um contrato de compra e venda, de uma prestação de serviços é a intensidade de riqueza revelada nessas transações. Trata-se de um componente identificável por mensuração e não por qualificação.

Assim, a capacidade contributiva é uma instância binária, do tipo existe/não existe. Esse caráter dualista da capaci-

90

dade contributiva permite responder, de forma mais ou menos precária, uma pergunta que pressuponha uma resposta sim/não, do tipo, "Incide ou não tributação no caso *in concreto*"[136], mas não permite que se responda a pergunta "qual tributo deve incidir na situação concreta".

Alfredo Augusto Becker havia observado isso ao assinalar que, economicamente, existem apenas duas materialidades de tributos: tributos que incidem sobre a renda e tributos que incidem sobre o capital.[137]

Quando Marco Aurélio Greco propõe que o âmbito de competência material de cada tributo seja visto não a partir de conceitos do direito privado, mas como a capacidade contributiva exprimida por esses conceitos, acaba-se lidando com a dualidade "o imposto deve ou não incidir sobre uma situação tal que revele capacidade contributiva".

Mas um questionamento como esse, em um sistema tributário que prevê de maneira plena as espécies de eventos signos presuntivos de riqueza aptos e não aptos a serem tributados, carece de sentido. Com exceção das hipóteses de imunidade, qualquer comportamento signo presuntivo de riqueza poderá ser alvo de tributação, desde que a competência tributária tenha sido exercida pelo agente habilitado. Então, o problema não é saber "se determinado acontecimento que perfaz uma típica capacidade contributiva de contrato de compra e venda é passível de ser tributado". A grande questão, após serem afastados os casos de imunidade, é saber "qual tributo deve incidir sobre tal operação".

---

136. A precariedade a que nos referimos decorre do aspecto de que a Constituição da República prevê imunidades que impedem a tributação sobre certos fatos signos presuntivos de riqueza.

137. BECKER, Alfredo Augusto. **Teoria geral do direito tributário**. São Paulo: Noeses, 2007, p. 383. No mesmo sentido: ATALIBA, Geraldo. **Sistema constitucional tributário**. São Paulo: RT, 1968, p. 25.

Imaginemos, por exemplo, que certo imóvel de valor de dez milhões de reais seja vendido pela quantia de cem mil reais. Juridicamente, a operação perfaz uma compra e venda, porque se trata de uma transferência mediante dinheiro.

Mas será que a operação acima descrita revela "a capacidade contributiva típica da doação", em razão da distinção entre o valor da alienação e o preço do bem? Onde se encontra o critério para definir essa "típica capacidade contributiva"? Se a parte teve uma finalidade extratributária para efetivar a operação – exemplo uma necessidade imediata de recursos para tratamento de doença com risco fatal de vida – esse fator garantiria "a típica capacidade contributiva da compra e venda?" E o seu o objetivo foi meramente para eliminar o ITCMD? Então, a repartição de competência tributária entre ITCMD e ITBI poderia ser repartida pela vontade das partes?

O interessante das questões, acima, é que se o Estado pode ter sido "lesado" ou "fraudado" porque as partes, "abusivamente", colocarem um preço "ínfimo" na operação para evitar, "ardilosamente" a incidência do Imposto sobre Doações, a Municipalidade teria experimentado um ganho, em razão dessa escolha das partes. Assim se questiona: por que o interesse do Estado, no caso acima, poderia ser tido como mais relevante do que o interesse da Prefeitura? Seria por que a tributação estadual é maior? E, se, por uma questão de alíquota, a tributação fosse a mesma ou a tributação municipal fosse mais elevada? Então a competência tributária seria do Ente que institui a maior carga?

Se respondêssemos que o motivo que anima o contribuinte é circunstância, relevante, sim, para fins de repartição de competência tributária, de tal sorte que a pessoa que vende o imóvel por um preço baixo por necessidade está sujeita ao ITBI e a que vende o imóvel por preço baixo para fins elisivos está sujeita ao ITCMD, então, o critério de discrímen para fins de isonomia deixa de ser a manifestação de riqueza do contribuinte passando a ser motivos que animaram o contribuinte.

É essa a exata posição de Amilcar Araújo Falcão, quando assinala que a chamada "interpretação econômica do fato gerador" é cabível excepcionalmente, para permitir a tributação de fatos elisivos. Para que expliquemos esse entendimento, registre-se que, para o saudoso jurista, a interpretação econômica parte da premissa de que:

> No mundo das relações econômicas, a cada intenção empírica ou *intentio facti* corresponde uma intenção jurídica ou *intento juris* adequada que se exterioriza a partir de uma forma jurídica típica.[138]

Há, portanto, segundo o fundamento que embasa a "interpretação econômica do direito tributário", uma correlação entre objetivos do mundo econômico e objetivos do mundo jurídico. Entre esses dois domínios emergiria a forma jurídica que faria "a ponte" ou a linguagem tradutora entre os dois mundos. Desta maneira, "o abuso de forma" seria um problema de tradução em que a linguagem jurídica deixaria de registrar, adequadamente, a linguagem econômica.

Assim, não poderia ser o caso de o contribuinte buscar uma intenção empírica escolhendo, para isso, uma forma jurídica não usual – ou abusiva –, para fins exclusivos de evitar a incidência da norma tributária. Nesse caso, segundo a interpretação econômica do direito tributário, existiria abuso de forma, autorizando a incidência do tributo. Mas, como já adiantamos, a interpretação econômica apenas seria aplicável caso a intenção do contribuinte seja de economizar tributos. Vejamos:

> Resulta, daí, que a interpretação econômica só é autorizada, em cada caso, quando haja uma anormalidade da

---

138. FALCÃO, Amilcar de Araújo. **Fato gerador da obrigação tributária**. 7.ed. São Paulo: Noeses, 2013, p. 45.

forma jurídica para realizar o intento prático visado, e assim obter a evasão do tributo. Inversamente, se o ato praticado, a conduta seguida, o procedimento eleito são formas normais ou típicas de manifestação do conceito adotado pelo legislador tributário, jamais poderá o intérprete, utilizando interpretações econômicas, alterar aquele conceito ou a sua amplitude, restringi-lo ou modificá-lo, *vi interpretationis tantun,* para suprimir, na generalidade dos casos, modalidades de atuação nele contidas.[139]

Parece-me que essa conclusão, proposta pelo saudoso jurista, apresentaria uma antinomia clara tanto perante o princípio da isonomia, como perante o princípio da própria capacidade contributiva. Alberto Pinheiro Xavier expele crítica contundente a essa vertente, que vale a pena ser lembrada:

Se a eficácia positiva da capacidade contributiva só se manifesta se um particular praticou um ato com um fim exclusivo de pagar ou não pagar menos imposto, a capacidade contributiva deixa de desempenhar uma função objetiva e igualitária, exclusivamente baseada em uma manifestação de riqueza, para funcionar como um fator igualitário e discriminatório em função de um critério psicológico de todo estranho à premissa de que a tese assenta.[140]

O que pretendemos ilustrar com o exemplo acima é que a importância de se buscar materialidades claras na legislação ao invés de uma noção obscura como "a capacidade contributiva que se revela no negócio jurídico" é fundamental para uma repartição precisa das competências impositivas entre os diversos entes tributantes.

---

139. FALCÃO, Amilcar de Araújo. **Fato gerador da obrigação tributária.** 7.ed. São Paulo: Noeses, 2013, p. 49.

140. XAVIER, Alberto. **Tipicidade da tributação, simulação e norma antielisiva.** São Paulo: Dialética, 2001, pp.134-135.

ELISÃO E NORMA ANTIELISIVA

Parece-me, também, que o atributo de "anormalidade" e "atipicidade" entre a "forma jurídica adotada" e aquele fim econômico seria de difícil apuração. Como se identificar uma "anormalidade"? Por estatística? Há algum órgão que atesta tal estatística para se comprovar tal fato? Ou seria pela mera experiência de vida da própria autoridade administrativa? E se os contribuintes comumente realizarem esse ato "atípico" – para fins de economia fiscal – ele passa a ser típico? Ou não passaria a ser típico enquanto realizado com fim específico de gerar economia tributária? E se o ato atípico, por mudança de alíquota, passasse a gerar tributação mais elevada, o panorama se altera?

Gostaria, aqui, de colocar parênteses. A ideia de anormalidade de gestão surgiu na França, relacionada à questão da dedutibilidade de despesas.[141] Ora, no Brasil há instituto semelhante quando se observa que a despesa dedutível deve ser normal àquela atividade, como veremos no capítulo VIII. Acredito que a normalidade de um gasto possa ser cogitada quando se examina a renda da pessoa jurídica, no sentido de se coibir gastos que não sejam relacionados ao intuito de criar receitas. Agora, não se pode descontextualizar tal instituto colocando-o como um mecanismo genérico de se coibir a elisão tributária.

Quando um sistema rígido como o nosso institui todo um pacto federativo, com a preocupação viva de se impedir conflitos de competência, seja estipulando a materialidade dos diversos impostos em seus artigos 153 a 156, seja determinando que a lei complementar defina a hipótese de incidência e base de cálculo nos impostos (artigo 146, inciso III, "a" e "b") e dispor sobre conflitos de competência (artigo 146, inciso I), parece-nos que todo esse esforço seria em vão, se o aplicador não

---

141. ROLIM, João Dácio. **Normas antielisivas tributárias.** São Paulo: Dialética, 2001, p.198.

CHARLES WILLIAM MCNAUGHTON

precisasse se guiar por esses conceitos, inseridos pela própria Constituição da República, e tivesse de observar instâncias de difícil verificação como "anormalidade", "atipicidade", "intenções" etc.

Se, como vimos com Alfredo Augusto Becker, a língua econômica conhece a tributação da renda e do capital e se a língua do direto conhece a tributação de inúmeros conceitos como "a prestação de serviços", "a circulação de mercadorias", "doação" etc., se, em suma, a família semântica jurídica é muito mais rica do que a família semântica econômica, para empregarmos o conceito de Fernand Saussure, poderemos entender com Paulo de Barros Carvalho[142] e Fabiana Del Padre Tomé[143], porque a tradução da economia para o direito, mediante formas jurídicas, é tão difícil de ser implementada.

Por isso que se, em ordenamentos menos rígidos, em que a diferenciação entre conceitos não se configura no altiplano da Constituição, esse passar do intelecto do econômico para o jurídico é mais possível por existir menos diferenciação: a mesma facilidade não se verifica no sistema jurídico brasileiro, como vimos sustentando no presente capítulo.

Quando disse que concordo com Marco Aurélio Greco que o primado da capacidade contributiva deva ser aplicado para compreensão das leis, quis exprimir que cada materialidade dos impostos deve ser interpretada como uma parcela de manifestação de capacidade contributiva. Mas daí a entender que cada materialidade deva corresponder ao máximo de capacidade contributiva potencial significa uma impossibilidade semântica, própria da seleção, própria da noção de construção

---

142. CARVALHO, Paulo de Barros. A livre iniciativa no direito tributário brasileiro. In: **Derivação e positivação no direito tributário.** V. II. São Paulo: Noeses, 2013, p. 71.

143. "O direito positivo, como sistema autopoiético que é, só admite juridicização daquilo que passe por seu filtro." (TOMÉ, Fabiana Del Padre. **A prova no direito tributário.** 2.ed. São Paulo: Noeses, 2011, p. 349).

ELISÃO E NORMA ANTIELISIVA

semântica de uma língua: quanto mais extensão de capacidade contributiva se confere a uma materialidade mais se reduz de outra – ou quanto maior o campo de extensão da significação de uma palavra da família semântica de uma língua, menor configura-se o campo de extensão dos termos da mesma família semântica.

A título de ilustração do que pretendemos exprimir na frase acima, se entendermos que a compra e venda de imóvel a um valor relativamente baixo compõe hipótese de incidência de ITCMD, teremos de concluir que não perfaz a hipótese de incidência do ITBI. Isso significa que, em tal caso, é possível optar entre a "máxima extensão de capacidade contributiva" do ITBI ou do ITCMD, mas não os dois de forma concomitante. Mas, com que direito se incrementa o máximo de extensão de capacidade contributiva do ITCMD, estadual, reduzindo-se o campo de incidência do ITBI, Municipal?

Assim, parece-me que a realização do primado da capacidade contributiva, em toda sua efetividade, não é resolvida por um imposto específico, é resolvida pelo conjunto de todos os impostos à disposição dos entes tributantes. De fato, no exemplo acima, ainda que a transação frustre a incidência do ITCMD, a capacidade contributiva será atingida com a tributação do ITBI.

De tudo o que vimos é possível concluir que a realização dos princípios informadores dos tributos é uma condição necessária para a tributação e, especificamente, para concretização da isonomia. Mas, não suficiente.[144] É preciso uma

---

144. Nesse sentido Paulo Ayres Barreto enuncia: "Em síntese, descabe, em face da estrutura do nosso ordenamento jurídico, uma intelecção do princípio da capacidade contributiva que autorize as autoridades administrativas a motivar seus lançamentos tributários com fundamento exclusivo nesse princípio." (BARRETO, Paulo Ayres. **Elisão tributária, limites normativos.** Tese apresentada ao concurso de livre-docência do Departamento de Direito Econômico e Financeiro, área de Direito Tributário da Faculdade de Direito da Universidade de São Paulo. São Paulo: USP, 2008, p.121).

lei, instituindo o tributo, especificando seus critérios, como veremos no item a seguir.

2.4 Estrita legalidade, incidência, norma geral includente e norma geral excludente

Já tratamos do princípio da estrita legalidade e sua intrínseca relação com o primado da isonomia e verificamos a importância da lei como mecanismo de materialização da igualdade. Agora, é chegado o momento de refletir sobre o princípio da estrita legalidade no direito tributário, especialmente no ato de instituição de tributos.

Nesse campo, vale dizer que quando se pensa na legalidade, há pelo menos dois tipos de alcances desse princípio.

No primeiro deles, denominado de legalidade formal, fundado no artigo 5º, inciso I, da Constituição da República, exige-se que qualquer norma individual e concreta que constitua obrigações deva retirar fundamento de validade na lei.

Assim, contratos, decisões judiciais, decisões administrativas, licenças, enfim, qualquer tipo de norma individual e concreta deve ser reconduzida, mediata ou imediatamente, a uma lei que lhe dê fundamento de validade.

Na segunda espécie de primado de legalidade – legalidade material – que se manifesta em alguns segmentos do ordenamento jurídico e alcança algumas matérias, como o penal e o tributário, não basta que determinada norma individual e concreta retire fundamento de validade na lei. É preciso que a lei veicule enunciados que possibilitarão ao operador do direito construir, mediante interpretação, normas gerais e abstratas.

Em outras palavras, a legalidade meramente formal admite lacunas semânticas no escalão das leis e admite que essas

ELISÃO E NORMA ANTIELISIVA

lacunas sejam completáveis à medida que o direito se positiva por normas de inferior hierarquia. Nessa hipótese, a legalidade das normas derivadas da lei é observada à medida que as lacunas são preenchidas, limitando-se esse preenchimento ao espaço destinado pela lei.

A legalidade material, por sua vez, importa a solução de problema de lacuna semântica mediante a aplicação de uma norma geral exclusiva, de tal sorte que a ausência de texto expresso prevendo a obrigatoriedade ou proibição de se realizar certa conduta é resolvida com a permissão de praticá-la.

Em outras palavras, na chamada legalidade material ou estrita legalidade, a norma geral e abstrata proibitiva ou obrigatória de certa conduta há de ser construída com amparo em enunciados dos textos legislativos, de tal modo que tanto proposição antecedente como proposição consequente sejam fundamentadas em uma aplicação digital do direito. Na impossibilidade de se efetivar tal desiderato, tanto a omissão como realização da conduta deverá ser tida como permitida pelo direito positivo.

No processo de positivação do direito, esse caminhar que envolve a aplicação de enunciados dos textos de lei para fundamentação de normas individuais e concretas, há múltiplas traduções: a tradução do enunciado de lei em norma geral e abstrata, é uma; a tradução de índices em provas, ou fatos jurídicos em sentido lato, é outra; há, ainda, a tradução de fatos jurídicos em sentido lato, para fatos jurídicos em sentido estrito, mediante o processo de subsunção da situação concreta à norma, cujo resultado é a qualificação jurídica do fato.

Enquanto sucessivos atos de tradução, esse "direito se fazendo", para empregarmos a expressão de Lourival Vilanova, é poético, ou seja, exige atos criativos do aplicador da norma. Por outro lado, no plano da legalidade material ou estrita legalidade, há regras semânticas de seleção mais rígidas do que se opera com a mera legalidade formal, haja vista que o contato

99

com o próprio texto legislativo já condicionará o aplicador do direito a dialogar, nesse processo de "ir para o outro" que é a interpretação, com os enunciados que deverão motivar a construção da norma geral e abstrata.

Nesse processo do direito tributário se positivando, o jogo de linguagem jurídica pressupõe um contato com conceitos que classificam distintas materialidades repartindo em diversos campos os tributos destinados a cada Ente. É um jogo de linguagem distinto do que envolveria o uso de "tipo" que seria uma espécie de produto de uma intuição generalizante fluída, relevando um campo aberto de aplicação.

Os tipos são indefiníveis e abertos pelo seu próprio conceito. Como diz Misabel Abreu Machado Derzi:

> Quando o direito "fecha" o tipo o que se dá é sua cristalização em um conceito de classe. Nesse contexto, a expressão tipo fechado será uma contradição de uma impropriedade.[145]

Ora, a Constituição da República confere diversos indicativos de que a significação de seus termos revelam campos definíveis. Se o tributo fosse instituído por tipos, fluidos, não haveria preocupação tão grande em repartição de competência, em se determinar que a lei complementar defina o fato jurídico tributário – tal como determinado no artigo 146, inciso III, "a" – em outras evidências que implicam *um jogo de linguagem* que leve em conta uma rigidez, que veremos adiante.[146]

---

145. DERZI, Misabel Abreu Machado. **Modificações da jurisprudência no direito tributário**. São Paulo: Noeses, 2009, p. 97.

146. Sobre a não aplicação dos tipos abertos no direito tributário, vide: BARRETO, Paulo Ayres. **Elisão tributária, limites normativos.** Tese apresentada ao concurso de livre-docência do Departamento de Direito Econômico e Financeiro da Faculdade de Direito da Universidade Católica de São Paulo. São Paulo: USP, 2008, p. 229.

ELISÃO E NORMA ANTIELISIVA

No âmbito da legalidade estrita, a atividade de subsunção de um fato à norma, inerente à qualificação do fato jurídico, é construtiva, mas fortemente condicionada. Ela exige uma legitimação icônica que revele qualidades comuns entre signo indicial próprio do fato e signo simbólico do enunciado do texto de lei.

Lembremos que a primeiridade, como categoria fenomenológica de Charles S. Peirce, importa qualidades, pensadas, em si mesma, sem qualquer vivência concreta ou objetivação. Essas qualidades estão presentes tanto na concretude da secundidade, como na racionalidade ou lei que caracteriza a terceiridade.

A possibilidade de se comparar enunciados concretos, ou indiciais, com enunciados abstratos e mais abrangentes, próprios da terceiridade, decorre de qualidades comuns, revelando um signo que funciona como uma carga icônica. Clarice Von Oertzen de Araujo identificou essa propriedade da subsunção, indicando que "o caráter icônico do conceito de incidência é a sua força de juridicização".[147]

Em outra oportunidade, Clarice Von Oertzen de Araujo deu ainda mais ênfase a essa fase icônica do processo de subsunção:

> A relação icônica é uma possibilidade de representação do objeto pelo signo, mediante uma associação por similaridade, por um interpretante efetivo se e quando essa inferência for realizada. Isso efetivamente é o que ocorre com uma subsunção jurídica ao se verificar que a um caso concreto pode-se aplicar uma determinada norma.[148]

Assim, a legalidade material, ou estrita legalidade, requer as seguintes operações do aplicador do direito que aplica certa

---

147. ARAUJO, Clarice Von Oertzen. **Incidência jurídica**. Teoria e crítica. São Paulo: Noeses, 2011, p.128.

148. ARAUJO, Clarice Von Oertzen. **Semiótica do direito**. São Paulo: Quartier Latin, 2005, p. 60.

norma veiculada por lei: (1) a norma geral e abstrata construída deve ser motivada por enunciados do texto legislativo, seja na hipótese, seja no consequente[149]; (2) o fato jurídico em sentido estrito, há de estar amparado em fatos jurídicos em sentido lato que lhe dê suporte; (3) há de existir semelhança icônica que permita identificar qualidades comuns entre hipótese e fato, e também qualidades comuns entre relação jurídica, que é o consequente da norma concreta, com a relação jurídica conotada pela norma geral e abstrata.[150]

No campo da legalidade material, a inexistência de uma das três operações, acima, importa um problema de lacuna que pode consistir em lacuna de fato, quando não se encontra motivação retoricamente forte entre o fato jurídico em sentido lato e o fato jurídico em sentido estrito; ou um problema de lacuna de direito, seja pela ausência de motivação satisfatória entre a transformação de enunciados em normas gerais e abstratas, seja pela ausência de semelhança icônica entre a hipótese da norma geral e abstrata e o fato provado pelos fatos jurídicos em sentido lato.[151]

Note-se, assim, que a qualificação do fato jurídico poderá sofrer transformações no curso do processo de positivação, seja pela (1) desqualificação do fato, que importa refutar (i) a motivação que retoricamente concebe o elo entre fatos jurídicos em sentido lato e o fato provado ou (ii) a relação icônica entre hipótese da norma geral e abstrata e fato; ou pela (2) requalificação do fato jurídico tributário que importa (i) enunciar que os fatos jurídicos em sentido lato provam outro fato

---

149. Nesse sentido: CARVALHO, Paulo de Barros. **Direito tributário, linguagem e método**. 5.ed. São Paulo: Noeses, 2013, p. 301.

150. Nesse sentido: CARVALHO, Paulo de Barros. **Direito tributário, linguagem e método**. 5.ed. São Paulo: Noeses, 2013, p. 305.

151. Sobre a necessidade de o fato jurídico ser "completo", vide: DIAS, Karem Jureidini. **Fato tributário**. Revisão e efeitos jurídicos. São Paulo: Noeses, 2012, p. 53.

jurídico em sentido estrito ou (ii) enunciar que deve ser aplicada norma geral e abstrata distinta da originalmente utilizada para qualificar o fato jurídico, sendo que esse caso se divide em dois, a saber, a (ii.a) diferente tradução dos enunciados legislativos em norma geral e abstrata ou (ii.b) indicação de outros enunciados legislativos para motivar a norma geral e abstrata aplicável.

Karem Jureidini Dias, tratando especificamente do fato jurídico tributário, designa de "ato de revisão" a norma individual e concreta que complementa o fato jurídico ou lhe impõe uma nova configuração. Por exemplo, o lançamento seria um desses atos.[152] Assim, verifica-se que, por meio de ato de revisão, há uma possível desqualificação (negação) ou requalificação (complementação) do fato jurídico anteriormente produzido.

Muito bem. Expostos tais elementos, nota-se que no direito tributário, vigora o princípio da estrita legalidade que se alcança aos atos de instituir tributos. Nesse sentido, o mandamento do artigo 150, inciso I, "a", da Constituição da República, que enuncia o que segue:

> Art. 150. Sem prejuízo de outras garantias asseguradas ao contribuinte, é vedado à União, aos Estados, ao Distrito Federal e aos Municípios:
>
> I – exigir ou aumentar tributo sem lei que o estabeleça;

Como se infere do referido enunciado, é a lei que "estabelece" o tributo. Nesse sentido, Paulo de Barros Carvalho enuncia que desse princípio se infere que a estrutura lógica da norma "há de estar saturada com as significações do direito positivo." Assim:

---

152. DIAS, Karem Jureidini. **Fato tributário**. Revisão e efeitos jurídicos. São Paulo: Noeses, 2012, p. 54.

> Seja pela menção genérica do acontecimento factual, com seus critérios compositivos (material, espacial e temporal), seja a regulação da conduta, firmada no consequente, também com seus critérios próprios, vale dizer indicação dos sujeitos ativo e passivo (critério pessoal), bem como da base de cálculo e alíquota (critério quantitativo), tudo há de vir expresso em enunciados legais.[153]

Como norma que cumpre a função de regulamentar os limites-objetivos previstos no artigo 150 da Constituição da República, designado pelo Texto de "limitações constitucionais ao Poder de Tributar", o artigo 97 do Código Tributário Nacional reforça essa noção de que todos os critérios compositivos inerentes à norma que estabelece o tributo devem estar previstos em lei. Sua redação é a seguinte:

> Art. 97. Somente a lei pode estabelecer:
>
> I – a instituição de tributos, ou a sua extinção;
>
> II – a majoração de tributos, ou sua redução, ressalvado o disposto nos artigos 21, 26, 39, 57 e 65;
>
> III – a definição do fato gerador da obrigação tributária principal, ressalvado o disposto no inciso I do § 3º do artigo 52, e do seu sujeito passivo;
>
> IV – a fixação de alíquota do tributo e da sua base de cálculo, ressalvado o disposto nos artigos 21, 26, 39, 57 e 65;
>
> V – a cominação de penalidades para as ações ou omissões contrárias a seus dispositivos, ou para outras infrações nela definidas;
>
> VI – as hipóteses de exclusão, suspensão e extinção de créditos tributários, ou de dispensa ou redução de penalidades.
>
> § 1º Equipara-se à majoração do tributo a modificação da sua base de cálculo, que importe em torná-lo mais oneroso.

---

153. CARVALHO, Paulo de Barros. **Direito tributário, linguagem e método**. 5.ed. São Paulo: Noeses, 2013, p. 301.

ELISÃO E NORMA ANTIELISIVA

> § 2º Não constitui majoração de tributo, para os fins do disposto no inciso II deste artigo, a atualização do valor monetário da respectiva base de cálculo.

Para interpretação desse artigo, devemos lidar com a noção de regra-matriz de incidência tributária. A regra-matriz de incidência tributária é a norma jurídica em sentido estrito que institui um tributo. É constituída por critérios que colorem a hipótese e a consequência. Esses critérios, na hipótese, permitem identificar um evento relevante ao direito e, no suposto, a caracterização de uma relação jurídica.[154]

Para reconhecimento do evento, aplica-se o critério material que descreve um comportamento[155], o critério temporal, que indica o instante em que se reputa ocorrido o acontecimento pressuposto da tributação[156] e o critério espacial, que define as coordenadas de lugar em que esse acontecimento deve ocorrer.[157]

Já o suposto ou consequente é caracterizado por um critério pessoal e quantitativo.

O critério pessoal aponta os polos ativo e passivo que devem nortear a relação jurídico-tributária.

O critério quantitativo, por sua vez, vem para quantificar o objeto da obrigação tributária. Nesse sentido, a base de cálculo mensura a hipótese de incidência tributária, confirmando, afirmando ou infirmando o pressuposto da regra-matriz, e

---

154. CARVALHO, Paulo de Barros. **Direito tributário, linguagem e método.** 5.ed. São Paulo: Noeses, 2013, p. 613.

155. CARVALHO, Paulo de Barros. **Curso de direito tributário.** 25.ed. São Paulo: Saraiva, 2013, p. 260.

156. CARVALHO, Paulo de Barros. **Curso de direito tributário.** 25.ed. São Paulo: Saraiva, 2013, p. 266.

157. CARVALHO, Paulo de Barros. **Curso de direito tributário.** 25.ed. São Paulo: Saraiva, 2013, p. 263.

permite a determinação do valor do crédito tributário. Já a alíquota é um número, percentual ou não, que, aplicado sobre a base de cálculo, acaba por definir o valor da obrigação tributária.

Cada critério é uma porta a ser atravessada pelo evento para que entre no mundo jurídico. Quanto mais critérios, maior a dificuldade de se ingressar nesse mundo.

No campo tributário, o preenchimento de critérios por uma ocorrência tanto importa para que um evento seja qualificável como fato jurídico, como também para se determinar o valor do objeto da prestação tributária a ser adimplida pelo sujeito passivo, na medida em que, por vezes, o percentual de alíquota incidente e a base de cálculo correspondente são variáveis e aplicáveis em conformidade com diferentes espécies de acontecimentos.

Ora, como se vê dos enunciados do artigo 97 do Código Tributário Nacional, tanto o "fato gerador", isto é, o critério material, temporal espacial da hipótese de incidência tributária, como a base de cálculo, a alíquota e o sujeito passivo, hão de estar previstos em lei.[158]

Esse dispositivo, que é um interpretante legitimado do artigo 150, inciso I, da Constituição da República, nos termos do artigo 146, inciso I, da mesma Constituição, inviabiliza a pretensão de se aplicar uma norma geral inclusiva para se buscar a tributação de um determinado tributo T em certa

---

158. Note-se que o dispositivo não trata especificamente do sujeito ativo da obrigação tributária e, normalmente, as legislações não preveem expressamente quem o será. Porém, o artigo 119 do mesmo Código dispõe que será a pessoa de direito público titular para exigir o seu cumprimento, enquanto o artigo 7º prevê que a competência para fiscalizar e arrecadar o tributo deve ser expressamente veiculada em lei. Da conjugação de artigos, infere-se que a lacuna semântica do texto de lei em apontar o sujeito ativo pode ser superada por uma regra expressa do próprio direito positivo, ou seja, por aplicação digital do direito, no sentido de que será considerada como sujeito ativo a própria pessoa que instituiu o tributo.

situação S que não possa ser subsumida a uma norma geral e abstrata construída a partir de enunciados constantes de leis.

Quando a lei perfaz o princípio da estrita legalidade, nos termos do artigo 97 do Código Tributário Nacional, está nos permitindo exercer aquela atividade de enquadramento em uma das cinco espécies tributárias autorizadas pela Constituição.

Registre-se, ainda, que um momento antecedente do processo de positivação, que é a edição de leis complementares para instituir normas gerais de direito tributário em matéria de impostos, já se exige que um componente importante dos impostos, que é o binômio hipótese de incidência/base de cálculo esteja discriminada em lei complementar. Alberto Xavier percebeu isso ao buscar responder uma pergunta formulada por Marco Aurélio Greco que é a seguinte: "onde está na CF a tipicidade fechada?". Vejamos o que sustenta o jurista:

> A missão da lei complementar, nos termos da alínea a do inciso III do artigo 146 consiste na definição dos respectivos fatos geradores, bases de cálculos e contribuintes. "Definir" significa determinar as extensões e limites de um conceito, enunciando de modo preciso seus atributos essenciais e específicos. A definição da lei complementar é, pois, uma função estritamente interpretativa do núcleo essencial do conceito constitucional de modo a torná-lo determinado. [159]

E complementa em nota de rodapé:

> Pode sem dúvida, afirmar-se que o artigo 146, III, "a" encerra uma proibição explícita de indeterminação conceitual, incompatível com a ordem de definição. A indeterminação conceitual começa onde termina a previsibilidade

---

159. XAVIER, Alberto. **Tipicidade da tributação, planejamento e norma antielisiva.** São Paulo: Dialética, 2001, p. 22.

do cidadão. Repare-se que o artigo 5º, XXXIX, utiliza a expressão definir para caracterizar a tipicidade dos crimes. Essas considerações respondem à pergunta de Marco Aurélio Greco "onde está na CF a tipicidade fechada"?[160]

Mas, além dos preceitos do artigo 97 do Código Tributário Nacional, a lei que institui o tributo deve indicar todos os elementos que permitam identificar a exação tributária em um dos cinco âmbitos de competência que indicamos no item anterior, permitindo ao intérprete averiguar se aquele tributo compõe uma das cinco espécies autorizadas pelo Texto Constitucional – imposto, taxa, contribuição de melhoria, contribuição e empréstimo compulsório – ou se pertence a uma sexta espécie que é a dos tributos inconstitucionais.

Daí porque concordo com Marco Aurélio Greco de que a tipicidade atualmente não é apenas condicional, mas também finalística. Ou seja, além da legislação prever os ditames do artigo 97 do Código Tributário Nacional, deve prever, conforme o caso, as finalidades que lhe sejam exigidas pela Constituição da República.[161] Nesse sentido, podemos concluir que o princípio da tipicidade é ainda mais exigente, atualmente, do que quando formulado pelo Código Tributário Nacional.

Agora, de todas essas reflexões, podemos concluir que, do princípio da estrita legalidade, infere-se que há uma norma geral exclusiva em matéria tributária, ao menos no que tange ao ordenamento tributário brasileiro, no sentido de que não se está obrigado a pagar um tributo qualquer, salvo na possibilidade de que certo fato provado possa ser, iconicamente, subsumido a uma hipótese de incidência de um tributo. Nesse caso, o tributo deve ser pago, conforme os critérios previstos por lei.

---

160. XAVIER, Alberto. **Tipicidade da tributação, planejamento e norma antielisiva.** São Paulo: Dialética, 2001, p. 22.

161. Greco, Marco Aurélio. **Planejamento tributário.** 3.ed. São Paulo: Dialética, p. 155.

ELISÃO E NORMA ANTIELISIVA

Assim, nota-se que, ao contrário do texto constitucional, que pressupõe uma completude semântica no âmbito da competência tributária, ao menos no que se refere aos comportamentos não vinculados a uma atuação estatal, haja vista que os impostos residuais poderão incidir sobre qualquer materialidade não prevista na Constituição, no campo legal, existe certa lacuna semântica, atinente à seguinte particularidade: é possível que haja situações intersubjetivas reveladoras de riqueza não alcançadas por tributação.

Esse caráter revela-se pela possibilidade de ausência de exercício de competência tributária, em sua plenitude, por União, Estados, Municípios ou Distrito Federal. Nesse sentido, é preciso discutir se o exercício da competência tributária é, ou não, facultativo, ou seja, se existe um "dever fundamental de instituir tributos".

Penso que nossa língua do direito consolidou a ideia de que, salvo em certos tributos, como o Imposto sobre Circulação de Mercadorias ("ICMS") e Imposto sobre Serviços de qualquer natureza ("ISS"), em que há exigência de instituição por convênio, no primeiro caso, e há existência de alíquota mínima para instituição, em outro, existe facultatividade no exercício de competência tributária. Tanto assim, que até o presente momento, não foi instituído Imposto sobre Grandes Fortunas.

Nesse sentido, entendo que há uma permissão jurídica que o ente tributante não esgote sua competência tributária integral, ou seja, que haja uma legislação com critérios mais rígidos de incidência, com maior profundidade conotativa e menor extensão denotativa, do que a amplitude máxima prevista pela Lei Maior. Paulo Ayres Barreto enunciou essa potencial ausência de plenitude do exercício de competência tributária com muita propriedade, enunciando o seguinte:

> Não raro, o ente político, ao criar tributo no plano legal com base na competência constitucionalmente outorgada,

não esgota os limites existentes à sua atuação. A competência impositiva não é exercida em sua plenitude. Conquanto a possibilidade de esgotá-la remanesça em aberto, a limitação construída no plano legal produz seus respectivos efeitos, até que lei superveniente a altere. Há competência, há manifestação de capacidade contributiva não alcançada pela lei, mas não há possibilidade de afastamento do primado da legalidade.[162]

Convém ainda acrescentar os escólios de Paulo de Barros Carvalho que, com exceção do ICMS, também admite a característica da facultatividade no exercício de competência tributária. Vejamos o que ensina, sobre esse tema, o Emérito Professor da Universidade de São Paulo e da Pontifícia Universidade Católica de São Paulo:

> E sobrerresta a facultatividade do exercício, que parece resistir a uma análise mais demorada. Por sem dúvida que é a regra geral. A União tem a facultatividade ou permissão bilateral de criar impostos sobre grandes fortunas na forma que estatui o inciso VII do art. 153 da CF. Até agora não o fez, exatamente porque tem a faculdade de instituir ou não o gravame.[163]

Agora, tal facultatividade seria neutralizada caso existisse uma norma geral inclusiva que determinasse a tributação de certo evento, circunscrito no âmbito de competência do ente tributante, ainda que não pudesse ser subsumido a uma norma geral e abstrata motivada pela tradução de enunciados de textos legislativos.

---

162. BARRETO, Paulo Ayres. **Elisão tributária, limites normativos**. Tese apresentada ao concurso de livre-docência do Departamento Econômico e Financeiro da Faculdade de Direito da Universidade de São Paulo: USP, 2008, p.197.

163. CARVALHO, Paulo de Barros. **Curso de direito tributário**. 25.ed. São Paulo: Saraiva, 2013, p. 222.

ELISÃO E NORMA ANTIELISIVA

Assim, a superação da lacuna semântica da lei – ausência de tributação de certo evento – para configuração de completude pragmática não pode conviver com a aplicação de uma norma geral inclusiva, em matéria tributária. Além de vedado, expressamente, pelo primado da estrita legalidade, importaria uma quebra da característica da competência tributária que é sua facultatividade.

Se o legislador exerce sua facultatividade em desconformidade com o princípio da isonomia, isto é, se existir uma quebra da isonomia material, discriminando-se certos contribuintes sem um critério axiologicamente aceitável para determinar a tributação em certos casos e outros não, essa inconstitucionalidade deve ser superada mediante os instrumentos próprios admitidos em direito positivo.

Nesse sentido, o sistema deve ser eficaz para que seja ajuizada uma Ação Direta de Inconstitucionalidade por Omissão determinando que o Congresso legisle para alcançar o aspecto não tributado em dissonância com o primado da isonomia. Evidentemente, para não violar a irretroatividade, tal norma deverá ser aplicada após a edição da respectiva norma geral e abstrata pelo Congresso Nacional.

Enquanto o direito não se completar, nesse sentido, isto é, por seu meio próprio, a ausência de tributação é resolvida pela norma geral exclusiva, haja vista a proibição da autoridade administrativa de tributar, sem expressa previsão em lei.

Agora, outro aspecto sobre a norma geral inclusiva seria uma aplicação para casos que estejam cobertos pela competência residual da União. Por exemplo, na hipótese em que contribuinte pratica certo evento que se subsome apenas ao âmbito de incidência do imposto residual da União.

Como já vimos, o Constituinte criou impostos sobre as diversas áreas da economia – serviços, comércio e indústria, atividades financeiras, seguros e valores mobiliários, importação

111

CHARLES WILLIAM MCNAUGHTON

e exportação – e também sobre a propriedade predial e de automóveis, bem como sobre a renda. Não bastasse isso, ainda foi criada uma competência residual, de tal sorte que qualquer materialidade não prevista pode ser tributada pela União, mediante lei complementar, desde que seja não-cumulativa e não possua a base de cálculo de outros impostos,[164] o mesmo se aplicando para contribuições destinadas à seguridade social que não previstas pelo artigo 195 da Lei Maior.[165]

Esse elemento deve nortear a aplicação do princípio da estrita legalidade, segundo o qual o tributo não pode ser cobrado ou majorado sem lei. Note-se que a lei que cria o tributo é carregada de todo um condicionamento constitucional, todo um regramento minucioso estampado pelo "peso de uma determinação constitucional".

Por esse prisma, a autoridade administrativa, quando aplica a "lei tributária", não está apenas concretizando os ditames da "lei tributária", está dando vida à vontade de uma Constituição, de tal sorte que a violação à lei importa o descumprimento a todo esse delineamento constitucional.

Então, uma norma geral inclusiva que prescrevesse a tributação de um imposto I sobre certo acontecimento que estivesse no âmbito de competência residual da União – ou de uma contribuição à seguridade social sem materialidade prevista no artigo 195 da Lei Maior – importaria não apenas uma violação à legalidade, mas também uma invasão da competência no âmbito do imposto residual da União.

Vale apontar que o artigo 8º do Código Tributário Nacional prevê que o não exercício de competência por um ente

---

164. Art. 154. A União poderá instituir: I – mediante lei complementar, impostos não previstos no artigo anterior, desde que sejam não-cumulativos e não tenham fato gerador ou base de cálculo próprios dos discriminados nesta Constituição;

165. §4º – A lei poderá instituir outras fontes destinadas a garantir a manutenção ou expansão da seguridade social, obedecido o disposto no art. 154, I.

ELISÃO E NORMA ANTIELISIVA

tributante não autoriza que essa competência seja exercida por outra Pessoa Política de Direito Público Interno.[166] Disso decorre que o não exercício de competência residual pela União não autoriza que qualquer ente tributante, ou pior, que a autoridade administrativa de um ente tributante, com fulcro em uma tal "norma geral includente" determine, por analogia, a tributação de tal evento por um tributo de sua competência.

Tal tributação analógica não importaria, apenas, violação à estrita legalidade, como também uma invasão do âmbito de competência da União.

Assim, não há cabida em se falar em "frustração do princípio da capacidade contributiva pelo contribuinte" que justificasse a aplicação de uma norma geral includente. Como vimos, a Constituição da República permite meios para esgotamento da capacidade contributiva, com exceção das hipóteses submetidas à imunidade. Cabe aos entes tributantes, facultativamente, exercer sua competência para tanto. Nesse sentido, podemos concluir os seguintes pontos:

(i) em termos de materialidade, quando se observa o sistema tributário em camada constitucional, no que tange aos impostos não-vinculados, não há que se falar em lacuna eis que todas as materialidades são passíveis de serem tributáveis, desde que o legislador exerça sua competência nesse sentido;

(ii) a competência tributária é facultativa. Em razão disso, apesar de previsão constitucional possibilitar o esgotamento de materialidades sujeitas à tributação, é possível que nem toda materialidade tributável, nos termos da Constituição, seja tributável, nos termos da lei;

---

166. Art. 8º. O não-exercício da competência tributária não a defere a pessoa jurídica de direito público diversa daquela a que a Constituição a tenha atribuído.

(iii) o princípio informador dos tributos (exemplo, a capacidade contributiva no caso dos impostos) é um dos elementos empregados pela Constituição para delimitar a regra-matriz de incidência tributária de cada tributo, mas não o único.

Em razão do exposto acima, parece-nos que a completude pragmática do sistema tributário referente ao plano da lei, no que tange à temática da incidência de tributos sobre as diversas materialidades, é alcançada por uma norma geral exclusiva e não por uma norma geral inclusiva.

2.5 Relativização da legalidade e o espantalho

Tomemos por "artifício do espantalho" como o mecanismo retórico de se "transformar" certa doutrina adversária em um "espantalho" para facilitar sua refutação. Esse recurso há de ser respeitado como mecanismo legítimo de convencimento, e mais ainda, como instância que obriga a autorreflexão e avanço na conversação.

Creio que a estratégia acima descrita tenha sido utilizada, com brilhantismo, pelos que convidam a uma relativização do princípio da estrita legalidade no direito tributário, fundada em uma "superação de um positivismo ingênuo". Essa provocação engrandece a ciência do direito, impedindo uma "certeza cômoda" que nada contribuiria para a evolução do diálogo jurídico.

Ricardo Lobo Torres, por exemplo, cita três posições firmadas no campo da teoria geral da interpretação, a saber: a "jurisprudência dos conceitos", a "jurisprudência dos interesses" e a "jurisprudência dos valores" e sustenta que a primeira doutrina seria adotada pelos que pregam a estrita legalidade no campo de aplicação das normas jurídico-tributárias, a segunda doutrina, como contraponto à primeira, seria aplicada pelos que militam pela interpretação econômica do direito

ELISÃO E NORMA ANTIELISIVA

tributário e a terceira doutrina embasaria uma síntese que culminaria em uma aproximação do direito e ética, consagrada pelo chamado pós-positivismo jurídico.

Ao tratar da jurisprudência dos conceitos em seara tributária, esse grande jurista enuncia o seguinte:

> A interpretação fundada na "jurisprudência dos conceitos" parte da crença de que os conceitos e as categorias jurídicas expressam a realidade social e econômica subjacente à norma, de modo que ao intérprete não cabe se preocupar com os dados empíricos. Aparece muitas vezes como interpretação sistemática ou lógico-sistemática, segundo a qual os conceitos e institutos devem ser compreendidos em consonância com o lugar que ocupam e com o sistema em que promanam.
>
> A jurisprudência dos conceitos, com raízes no pandectismo alemão, defende, no campo da fiscalidade, as teses do primado do direito civil sobre o direito tributário, a legalidade estrita, da ajuridicidade da capacidade contributiva, da superioridade do papel do legislador, da autonomia da vontade e do caráter absoluto da propriedade.
>
> Corresponde, historicamente, ao apogeu do Estado Liberal que cultiva o individualismo possessivo.
>
> (...) O conceptualismo levou ao abandono da consideração da situação econômica e social e à convicção ingênua de que a letra da lei tributária capta inteiramente a realidade, posto que existe a plena correspondência entre a linguagem e o pensamento.[167]

Pois bem. Nos moldes acima descritos, se os defensores da "autonomia da vontade", da "estrita legalidade" e do direito

---

167. TORRES, Ricardo Lobo. Normas gerais antielisivas. **Revista Eletrônica de Direito Administrativo**. Salvador: Instituto de Direito Econômico da Bahia, n. 4, nov. 2005. Disponível em: http://www.direitodoestado.com.br. Acesso em: 2 jul. 2013, p. 4.

de um "planejamento fiscal ilimitado, condicionado apenas pelas normas do direito positivo" se baseiam em "jurisprudência dos conceitos", pautada em uma interpretação "lógico--sistemática" e na "convicção ingênua de que a letra da lei capta inteiramente a realidade", fica claro que a posição desses juristas seria inaceitável, por se valerem de pressupostos metodológicos que não são mais aceitos no paradigma jurídico atualmente vigente.

De fato, uma interpretação do direito "lógico-sistemática" é, para nos aproveitarmos da expressão tão utilizada por Lourival Vilanova, um "logicismo". A visão lógica do direito é parcial.[168] Não se consegue, por meio da lógica, e nem tampouco, por uma visão lógico-sistemática do direito, a incursão semântica e axiológica necessária para se descrever o direito e se interpretar suas diversas normas.

Também seria insustentável essa tal convicção ingênua de que "a letra da lei tributária capta inteiramente a realidade", pois, como diz Lourival Vilanova, norma incide sobre a realidade não "coincide".[169] A ideia de que o direito viria coincidir com a realidade, ou captá-la integralmente, ignora que o direito é concebido em função prescritiva de linguagem, ou como diz Hans Kelsen *la ley del derecho prescribe que las personas deben comportar-se de certa maneira*.[170]

Agora, podemos refletir o quanto a teoria da elisão tributária defendida por autores como Gilberto Ulhôa Canto e Antônio Roberto Sampaio Dória – tidos como autores que

---

168. "A lógica é um ponto de vista sobre o conhecimento". (VILANOVA, Lourival. Lógica jurídica. **Escritos jurídicos e filosóficos**. V. II. São Paulo: Axis Mundi/IBET, 2003, p.158).

169. VILANOVA, Lourival. Lógica jurídica. **Escritos jurídicos e filosóficos**. V.II. São Paulo: Axis Mundi/IBET, 2003, p. 200.

170. KELSEN, Hans; KLUG, Urig. **Normas juridicas y analisis logica**. Madrid: 1988, Centro de Estudios Constitucionales, p. 36.

ELISÃO E NORMA ANTIELISIVA

adotam a jurisprudência dos conceitos no âmbito tributário – seriam embasadas nessa visão ingênua e superada.

Tenhamos, assim, que essa dita jurisprudência dos conceitos, ou pandectismo iniciou-se a partir de uma tentativa de sistematização do direito e de concebê-lo a partir de uma ciência. Georg Friedrich Puchta, um de seus grandes cultores, sustentava que o direito era composto por proposições derivadas umas das outras, todas recorridas de um princípio informador do sistema. Assim, Georg Friedrich Puchta coloca o direito como um sistema dedutivo, o que não significa que seja reduzido ao formalismo. É preciso atentar que, para Georg Friedrich Puchta, as normas são logicamente derivadas umas das outras, e todas elas derivadas de um princípio da liberdade.[171] Em outras palavras, Puchta, lida com um sistema jusnaturalista em que as normas são racionalmente inferidas umas das outras.[172]

Outro grande teórico da "jurisprudência dos conceitos" é Benrhard Windscheid que cria a ideia de "legislador racional". A lei, para Bernard Windscheid, não é dotada de arbítrio – como, por exemplo, em um Hans Kelsen – e deve ser interpretada a partir da razão. Isso significa que a literalidade da lei deva ser superada a partir uma busca da "vontade racional do legislador".

---

171. GOMES, Nestor Castilho. **A teoria da norma de Friedrich Müller**: reflexos na metódica jurídica. Florianópolis: Dissertação apresentada ao Programa de Mestrado do Curso de Pós-Graduação em Direito da Universidade Federal de Santa Catarina, como requisito parcial à obtenção do título de Mestre, 2009, p. 26.

172. "A análise realizada permite afirmar que Puchta integra a escola histórica e pode ser considerado um jusnaturalista racionalista. Jusnaturalista, no sentido de que, para justificar seu sistema, lança mão de um conceito fundamental de conteúdo fixo pré-determinado pela Filosofia do Direito, um fundamento suprapositivo, racionalista na maneira como constrói os conceitos posteriores, ou seja, na utilização do processo lógico-dedutivo." (PEPINO, Elsa Maria Lopes Seco Ferreira; GAVIORNO, Vieira Soeiro de Castro; FIGUEIRA, Sofia Varejão. **Importância da jurisprudência dos conceitos para a metodologia jurídica**. Disponível em: http://www.fdv.br/publicacoes/periodicos/revistadepoimentos/n7/6.pdf). Acesso em: 10 jun. 2013.

Segundo Ricardo Lobo Torres, o conceptualismo levou ao abandono da consideração da situação econômica e social em razão da "convicção ingênua de que a letra da lei tributária capta inteiramente a realidade".

Agora, examinando as obras de Antônio Roberto Sampaio Dória e Gilberto Ulhôa Canto não consegui identificar uma análise meramente "lógico-sistemática", nem tampouco, essa visão de que o direito capta, integralmente, a "realidade social".

Ora, quando Gilberto Ulhôa Canto assinala que "a realidade econômica se apresenta como pressuposto lógico relevante dos tributos, mas só é presente na obrigação tributária se estiver sido juridicizada por lei" não parece estar prescrevendo uma interpretação "lógico-sistemático" – que prescinde do conteúdo – nem muito menos dizendo que o direito "capta integralmente a realidade", mas apenas assinalando que a realidade econômica relevante juridicamente é aquela prevista por norma jurídica e não aquela "decorrente da convicção de um agente da administração pública".[173]

Também não me parece que um Antônio Roberto Sampaio Dória parta do pressuposto metodológico de que o direito deva ser visto sem um diálogo com elementos que lhe são tangentes. Por exemplo, em *Discriminação de Rendas Tributárias* há um nítido diálogo com o contexto político que embasou a Constituição de 1946[174], a Emenda Constitucional n. 18 e Constituição de 1967.[175]

Segundo ainda Ricardo Lobo Torres, o positivismo normativista e conceptualista – aqui, aparentemente, o grande

---

173. COELHO, Gilberto Ulhôa. Elisão e evasão fiscal. In: **Elisão e evasão fiscal.** São Paulo: Caderno de Pesquisas Universitária n. 13. Resenha Tributária e Centro de Estudos de Extensão Universitária, 1988, p.19.

174. DÓRIA, Antônio Roberto Sampaio. **Discriminação de rendas tributárias.** São Paulo: José Bushatsky, 1972, p.102.

175. DÓRIA, Antônio Roberto Sampaio. **Discriminação de rendas tributárias.** São Paulo: José Bushatsky, 1972, p.152.

ELISÃO E NORMA ANTIELISIVA

jurista equipara o positivismo normativista à jurisprudência dos conceitos – defende "com base na autonomia da vontade, a possibilidade ilimitada de planejamento fiscal"[176]. Mais uma vez, aqui, o positivismo normativo e o conceptualismo tidos como adotados pelas teorias defendidas por Antônio Roberto Sampaio Dória e Gilberto Ulhôa Canto se tornariam impraticáveis: afinal, o termo "ilimitado", aplicado no campo jurídico é, praticamente, um paradoxo, salvo, se estivermos tratando dos poderes conferidos ao Constituinte Originário.

Mas, como veremos melhor no capítulo IV, Antônio Roberto Sampaio Dória e Gilberto Ulhôa Canto, segundo interpretamos, não sustentam a "possibilidade ilimitada de planejamento fiscal", apenas dizem que cabe à legislação tributária – e não à autoridade administrativa – estabelecer os limites em que se opera esse planejamento. Assim, Antônio Roberto Sampaio Dória é incisivo ao assinalar que "na elisão a licitude dos meios é condição *sine qua non* de sua realização efetiva."[177] Já Gilberto Ulhôa Canto admite a possibilidade de se restringir a elisão tributária, desde que seja mediante lei. Vejamos:

> Se o legislador tributário não quiser que as formas do direito privado sejam lícitas e legais em face das normas deste ramo do direito e produzam os efeitos que os agentes poderiam ter em vista quando eles recorrem, o que ele tem a fazer é simplesmente dizer que para fins especificamente tributários os atos que no direito tributário seriam lícitos e eficazes serão tratados como se fossem idênticos a um modelo predeterminado.[178]

---

176. TORRES, Ricardo Lobo. Normas Gerais Antielisivas. **Revista Eletrônica de Direito Administrativo**. Salvador: Instituto de Direito Econômico da Bahia, n. 4, novembro de 2005. Disponível em: http://www.direitodoestado. com.br. Acesso em: 2 jul. 2013, pp. 4-5.

177. DÓRIA, Antônio Roberto Sampaio. **Elisão fiscal**. São Paulo: Lael, 1971, p. 32.

178. CANTO, Gilberto Ulhôa. Elisão e evasão fiscal. In: **Elisão e evasão fiscal**. São Paulo: Caderno de Pesquisas Universitária n. 13. Editora Resenha Tributária e Centro de Estudos de Extensão Universitária, 1988, p.16.

Em síntese, ao colocar a legalidade estrita amparada em uma doutrina típica de pensadores do século XVIII e XIX, constituída em contexto filosófico distinto e inaceitável no espaço hermenêutico do final do século XX e início do século XXI, condena-se esse princípio a uma formulação já superada e inocente.

A teoria contraposta a ela, por sua vez, que é a jurisprudência dos interesses, da qual teria resultado a interpretação econômica do direito, guarda sua origem legislativa no artigo 4º do Código Tributário Alemão de 1919.

Segundo Ricardo Lobo Torres, essa corrente despreocupou "dos conceitos e categorias jurídicas". A partir de 1931, a aplicação da jurisprudência dos interesses no direito tributário tomou força com o nacional socialismo, amparada na máxima de que "as leis fiscais devem ser interpretadas de acordo com a visão de mundo nacional socialista", assim como os fatos geradores.

Nessa linha, uma das grandes distinções da jurisprudência dos conceitos da jurisprudência dos interesses, no campo tributário, seria no sentido de que a primeira pregaria uma prevalência do direito privado sobre o direito tributário e a segunda uma independência do direito tributário.[179]

Superando, dialeticamente, essas duas "jurisprudências", surge, nas últimas décadas do século XX, a "jurisprudência dos valores" que adviria de "virada kantiana"[180], designada de pós-positivismo, embora o pressuposto filosófico seja o imperativo categórico que marcou o jusnaturalismo de Kant.

---

179. CARVALHO, André Luis. **A norma antielisão e seus efeitos. Artigo 116, parágrafo único do CTN.**

180. TORRES, Ricardo Lobo. Normas gerais antielisivas. **Revista Eletrônica de Direito Administrativo.** Salvador: Instituto de Direito Econômico da Bahia, n. 4, nov. 2005, Disponível em: http://www.direitodoestado.com.br. Acesso em: 02 jul. 2013, p. 4.

ELISÃO E NORMA ANTIELISIVA

Nesse retorno tardio ao jusnaturalismo que o "pós-positivismo" propõe, em que o direito é novamente submetido a valores suprapositivistas, postula-se uma aproximação da "ética ao direito". Assim, se a jurisprudência dos conceitos é desenvolvida no contexto do Estado Liberal, em que imperava um "individualismo possessivo", a jurisprudência dos valores é construída com amparo em valores como cidadania, dignidade da pessoa humana, valorização do trabalho, ponderação entre capacidade contributiva e legalidade, equilíbrio entre os Poderes do Estado, harmonização entre direito e economia, entre outros.[181]

Com base na jurisprudência dos valores, Ricardo Lobo Torres indica a existência de um princípio implícito na Constituição da República que seria o da transparência fiscal. Segundo esse princípio:

> A sociedade deve agir de tal forma transparente que no seu relacionamento com o Estado desapareça a opacidade dos segredos e da conduta abusiva fundada na prevalência da forma sobre o conteúdo dos negócios jurídicos.[182]

Com a sociedade de risco, a segurança jurídica, que no Estado Liberal Clássico servia à "proteção dos direitos individuais dos cidadãos", agora é contrabalanceada com a Segurança Social, fundada na solidariedade social e solidariedade de grupo.[183]

---

181. TORRES, Ricardo Lobo. Normas gerais antielisivas. **Revista Eletrônica de Direito Administrativo**. Salvador: Instituto de Direito Econômico da Bahia, n. 4, nov. 2005, Disponível em: http://www.direitodoestado.com.br. Acesso em: 02 jul. 2013, p. 5.

182. TORRES, Ricardo Lobo. Normas gerais antielisivas. **Revista Eletrônica de Direito Administrativo**. Salvador: Instituto de Direito Econômico da Bahia, n. 4, nov. 2005, Disponível em: http://www.direitodoestado.com.br. Acesso em: 02 jul. 2013, p. 6.

183. TORRES, Ricardo Lobo. Normas gerais antielisivas. **Revista Eletrônica de Direito Administrativo**. Salvador: Instituto de Direito Econômico da

Nesse sentido, o risco social do "abuso da forma jurídica" seria coibido pelo princípio da "transparência fiscal" que dá, por assim, dizer, fundamento de validade a normas antielisivas.

Não será nesse tópico que examinaremos se as normas antielisivas são toleradas em nosso sistema jurídico. Para esse desiderato, teremos de investigar o conceito de elisão e entender a relação dessas normas antielisivas com o tributo e o regime jurídico tributário, delineado na Constituição da República.

O que eu pretendo pontuar, nesse momento, é que essa "superação da estrita legalidade" se faz em um sistema de referência em que o direito é submetido a valores suprapositivos. E devemos respeitar, por toda sua dignidade, a adoção desse modo de ver o direito.

Por outro lado, a adoção de valores como "solidariedade" detrimento da "livre iniciativa" e "segurança" não pode ser amparada por pressupostos metodológicos, ou mais ainda, por uma suposta superioridade metodológica de certo modo de se encarar o direito. O acesso aos valores, como vimos, se dá pela imediaticidade da intuição emocional e não pela via metodológica.

Assim, se para certo operador do direito a imposição de tributação em casos que manifestam capacidade contributiva é mais importante do que a legalidade e segurança, essa preferência é tão intuitiva e emotiva, quanto a que caminha em direção oposta na bipolaridade dos valores. Quando se sustenta, no pós-positivismo, ou jusnaturalismo do século XXI, uma "virada kantiana", pressupõe-se que os valores tais ou quais, aceitos pelo jurista, devam ser tidos como universais e adequados, superiores, na escala da hierarquia axiológica, a outros

---

Bahia, n. 4, nov. 2005, Disponível em: http://www.direitodoestado.com.br. Acesso em: 02 jul. 2013, p. 8.

ELISÃO E NORMA ANTIELISIVA

vetores de preferência adotados por uma corrente adversária ou mesmo positivados pela legislação. Cria-se, assim, um monopólio ideológico da ética.

Agora, o princípio da estrita legalidade, antes de estar amparado em um "individualismo exacerbado", pressupõe que o resultado do processo polifônico de produção de normas deva ser respeitado por toda a comunidade e nos convida à modéstia de aceitar que nossos valores individuais, não acatados ou positivados por norma legislativa, não são superiores aos escolhidos pelos representantes do povo. Um trecho de Hans Kelsen, em uma defesa apaixonada pela democracia, é bem ilustrativo dessa postura própria do positivista:

> O Capítulo XVIII do Evangelho segundo São João descreve o julgamento de Jesus. Essa história simples, com suas palavras singelas, é uma das composições mais sublimes da literatura mundial, e, sem pretendê-lo, transforma-se em símbolo do antagonismo entre absolutismo e relativismo.
>
> Foi na época da Páscoa que Jesus, acusado de pretender-se Filho de Deus e Rei dos Judeus, foi levado a Pilatos, o delegado romano. E Pilatos, não vendo nele mais que um pobre diabo, perguntou ironicamente: 'Então tu és o rei dos Judeus?' Mas Jesus tomou a questão com muita seriedade, e no ardor de sua missão divina, respondeu: 'Tu o dizes. Sou rei. Nasci e vim ao mundo para dar testemunho da verdade. Tudo o que está do lado da verdade ouve minha voz'. Pilatos perguntou então: 'O que é a verdade?' E porque ele, o cético relativista, não sabia o que era verdade, a verdade absoluta na qual este homem acreditava, procedeu – com muita coerência – de forma democrática, delegando a decisão ao voto popular. Segundo o Evangelho, foi ter novamente com os jurados e disse-lhes: 'Não encontro nele crime algum. Mas é costume que eu, pela Páscoa, vos solte um prisioneiro. Quereis, pois que eu vos solte o rei dos judeus?' Então, gritaram todos novamente dizendo-lhes: 'Não este, mas Barrabás. Acrescenta o evangelho: 'O Barrabás era

um ladrão'. Para os que creem que o Filho de Deus e Rei dos Judeus seja testemunho da verdade absoluta, este plebiscito é sem dúvida um forte argumento contra a democracia. E nós, cientistas políticos, temos de aceitar este argumento. Mas como uma condição apenas: que nós tenhamos tanta certeza de nossa verdade política – a ponto de defendê-la, se necessário, com sangues e lágrimas – quanto tinha, de sua verdade, o Filho de Deus.[184]

É a dúvida bem fundamentada, assim, é um pensar sem certezas de que suas escolhas individuais pudessem ser superiores, moralmente ou eticamente, às escolhas de uma maioria, que faz o positivista buscar uma fundamentação jurídica amparada na *lei* e não em suas preferências individualizadas e monológicas. Não se trata de afastar o valor na interpretação jurídica. Trata-se de se exigir que a interpretação, ainda que condicionada pelo valor de quem interpreta, seja fundamentada em critérios jurídicos amparados por textos legislativos, isto é, amparados pela escolha dos representantes do povo.

Antes de encerrarmos essa defesa do primado da estrita legalidade, positivado, expressamente nos artigos 146, inciso III, "a" e 150, inciso I, de nossa Constituição da República e no artigo 97 do Código Tributário Nacional, gostaríamos de sublinhar que a realização da isonomia pressupõe a eliminação do arbítrio para que a igualdade material e formal possam se realizar no plano individual e concreto.

Creio que o perigo de se afastar e substituir critérios jurídicos por critérios "suprapositivos", como econômicos, éticos ou quaisquer outros que revelem preferência individual do intérprete, sem a necessidade de uma fundamentação retórica na legalidade, é o surgimento de decisões monológicas

---

184. KELSEN, Hans. **A democracia.** São Paulo: Martins Fontes, 2000, p. 203.

e imprevisíveis. Valores próprios da administração pública como impessoalidade, isonomia e legalidade, pautados em um jogo de linguagem que pressupõe a objetividade, seriam relegados a um segundo plano na escala axiológica de valores sem a possibilidade de um controle intersubjetivo dos novos valores fundantes.

2.6 Legalidade, conotação e denotação

Outro modo de se transformar o primado da legalidade em um "espantalho" é a mistura das funções conotativas e denotativas que devem servir à lei. É importante termos noções sobre esses modos de se criar classes.

A norma geral e abstrata, normalmente, é constituída de linguagem conotativa. Isso significa que a lei institui critérios que serão aplicados pelo agente competente para verificar a ocorrência do pressuposto de fato e para constituir a obrigação tributária.[185]

A linguagem da facticidade jurídica, por sua vez, própria da atividade de qualificar, é denotativa. Em outras palavras o legislador aponta que certo elemento pertence à classe constituída pelos critérios da regra-matriz de incidência tributária.[186]

Sem embargo, o legislador, por vezes, cria tributos subdividindo um gênero – que a é hipótese de incidência tributária – em diversas espécies. Normalmente isso é efetivado quando o legislador tem por intuito instituir diferentes regimes jurídicos ou cargas tributárias para cada espécie de acontecimento.

---

185. CARVALHO, Paulo de Barros. **Curso de direito tributário**. 25.ed. São Paulo: Saraiva, 2013, p. 343.

186. CARVALHO, Paulo de Barros. **Curso de direito tributário**. 25.ed. São Paulo: Saraiva, 2013, p. 344.

O exemplo típico é o do Imposto sobre Serviços de qualquer natureza – ISSQN. A lista de serviços veiculada por cada Município indica a alíquota aplicável a cada um deles. Na legislação do Imposto sobre a Renda, ao diferençar rendimentos oriundos do capital percebidos no mercado bolsístico ou em renda fixa, a legislação cria regimes jurídicos distintos.

Isso não significa que a estrita legalidade pressuponha a necessidade da legislação denotar todos os tipos de acontecimentos que se enquadram em certo gênero tributado. Muitas vezes, o que o legislador faz é criar um gênero com uma alíquota genérica e em seguida passa a instituir regimes tributários específicos, criando subclasses próprias.

Pode ser o caso, por sua vez, que o legislador, ao exercer sua competência, não preveja tributação atribuível ao gênero, mas apenas às espécies. Por exemplo, no ISS, os Municípios normalmente aplicam uma alíquota para cada espécie de serviços, inexistindo uma alíquota para "outros tipos de serviço". Nesse caso, há outra discussão subjacente sobre a taxatividade dos itens da lista, que não pretendemos desenvolver aqui por questão de corte metodológico.

O importante é que cabe ao legislador, ao exercitar sua competência tributária, escolher qual a extensão dessa competência será alcançada pelo tributo, não podendo, evidentemente, discriminar de forma desigual contribuintes em situações semelhantes.

Pois bem, Marco Aurélio Greco lida, implicitamente, com essa diferença entre conotação e denotação para fazer seu ataque a uma tal "concepção clássica" de legalidade que impediria a aplicação de uma norma geral inclusiva. As palavras do justributarista são as seguintes:

> Além disso, a legalidade vista na sua concepção clássica encontra dificuldade para resolver certos problemas práticos quando vista da perspectiva do tempo.

> Suponha-se o momento n. 1 em que os fatos se apresentam; nesse momento é elaborada uma lei que cobre exatamente todos os fatos existentes possíveis, conhecidos naquele momento. Nesse momento n. 1 o legislador esgotou sua competência constitucional.
>
> Vamos ao momento n. 2 em que a lei continua com a mesma amplitude, só que os fatos se diversificam, crescem espécies pois surgem hipóteses não expressamente previstas na lei editada no momento n. 1. Os defensores da legalidade vista da perspectiva clássica dirão que há necessidade de uma lei nova para alcançar esses fatos. Mas isto gera uma perplexidade: por que é preciso elaborar uma nova lei se a competência tributária foi totalmente exercida no momento n. 1? (...)[187]

É preciso refletir que há uma distinção entre a norma tributária "alcançar um indivíduo que se enquadra em uma classe ou situação", pelo mecanismo da incidência e "prever expressamente a subespécie em que se enquadra esse fato".

Por exemplo, o Imposto sobre Doações incide sobre uma doação de diversos bens, tais como que tenham por objeto uma quantia em moeda, obras de arte, imóveis e assim por diante. Basta que a legislação tributária preveja a incidência sobre o ato de doar que todas as subclasses próprias "doação de moeda", "doação de obra de arte" e "doação de imóveis" estarão no campo de extensão de incidência da norma.

Se depois de certo tempo surgir um novo tipo de bem – por exemplo o bem virtual ou da internet – não é por isso que a norma deixará de incidir sobre essa situação. Não vejo os "defensores da estrita legalidade" exigindo uma nova lei para alcançar cada nova espécie de acontecimento que surja, desde que tal espécie se enquadre na classe prevista pela hipótese de incidência tributária.

---

187. GRECO, Marco Aurélio. **Planejamento tributário**. 3.ed. São Paulo: Malheiros, p.146.

Agora, há uma escolha do legislador se a classe tributável seria criada mediante a técnica da conotação e denotação. O que o princípio da estrita legalidade pressupõe é que essa escolha do legislador seja respeitada pela autoridade que aplica a norma de ofício.

Marco Aurélio Greco retoma esse tema ao tratar da eficácia positiva do princípio da capacidade contributiva, colocando mais perguntas:

> Por exemplo, a lei visa tributar a renda obtida no mercado financeiro e, na sua formulação, tributa dez tipos de contratos que existem no mercado, deixando de prever um que tem feição equivalente. Pergunta-se: é possível afirmar que houve violação à isonomia e inconstitucionalidade por omissão, porque a manifestação de capacidade contributiva existe nas onze operações, inclusive naquela não expressamente prevista? Admitindo-se, para argumentar, que a tributação se submete à estrita legalidade, isso significa que todos os fatos que ensejam a incidência fiscal devem estar "expressa e literalmente ou a legalidade estará atendida pelo fato de estar apenas prevista?"[188]

A ideia de conotação e denotação na norma tributária pode nos fornecer subsídios para um diálogo fecundo com essas profundas indagações de Marco Aurélio Greco.

Suponhamos assim que, no caso do imposto sobre a renda, certo dispositivo legal preveja a tributação de trinta classes de rendimentos oriundos do mercado financeiro e se omita sobre determinada classe. Nessa hipótese, é preciso verificar se a tributação prevê, ou não, uma classe genérica de rendimentos em que esse contrato, em questão, pode se subsumir para imputação de certa alíquota. O ponto crítico é se a legislação,

---

188. GRECO, Marco Aurélio. **Planejamento Tributário**. 3.ed. São Paulo: Malheiros, p. 353.

em total desatendimento ao primado da generalidade, que impera sobre o Imposto sobre a Renda, escolhe, seletivamente, certos rendimentos para serem tributados.

Concordo com o Professor Marco Aurélio Greco que tal situação acarretaria uma inconstitucionalidade, mas acrescentaria não só violaria o primado da isonomia como também da generalidade que é específico ao Imposto sobre a Renda. Nesse caso, uma ação direta de inconstitucionalidade por omissão é instrumento adequado para se resolver o problema. Quanto mais rápida for a resposta do sistema a essa antinomia axiológica, tanto mais rápida a situação será resolvida.

Só me distancio das vertentes do ilustre Professor quando assinala que o sistema resolveria essa lacuna semântica concedendo à autoridade administrativa a aptidão de realizar a isonomia por meio de uma norma geral inclusiva, prevendo tributação sobre o que não foi alcançado pela legislação.

Note-se que estamos, aqui, tratando de um problema de fundamentação retórica do ato administrativo. Uma situação é a autoridade administrativa conseguir traduzir os enunciados da lei a uma hipótese da norma geral e abstrata que abarque certa situação concreta. Nesse sentido, a autoridade poderá se basear na capacidade contributiva ou na solidariedade como instrumento retórico para assinalar, por exemplo, que quando o legislador emprega o termo "faturamento", para definir a hipótese de incidência da COFINS no regime cumulativo, também alcançaria a atividade de locação de imóveis. Nesse exemplo, diversos elementos serão levados em consideração em eventual controle da legalidade do ato administrativo, incluindo-se, aí, o conceito semântico "faturamento", o princípio da solidariedade etc.

Agora, se se admite que, em certos casos, a autoridade administrativa não tem recursos retóricos suficientes para traduzir enunciados da lei a um conceito inserido em norma abstrata que seja aplicável sobre certa ocorrência, sem que recorra a uma norma geral inclusiva, e se se admite que essa ausência de previsão na lei geral acarreta uma inconstitucionalidade por omissão que seria sanável pela aplicação da norma geral includente, então a aplicação da norma geral inclusiva para se tributar o fato não previsto em lei seria equivalente a um controle de inconstitucionalidade exercido pela própria autoridade administrativa.

Mas, o sistema jurídico conta com seus próprios instrumentos para resolver casos de inconstitucionalidade como esse, tal como a ação direta por omissão, nos moldes do artigo 103, §2º da Constituição da República, em que o Poder Judiciário ordenará que o legislador institua o tributo sobre todos os fatos alcançados pela lei.[189] O problema não é resolvido sem a participação da autoridade legislativa. Esse trâmite, porém, envolverá uma discussão intrincada como por exemplo, a faculdade da União de não tributar certa operação para se estimular tal ou qual comportamento.

E daí vale sublinhar o registro de Paulo Ayres Barreto, como sempre, muito preciso, assinalando que não cabe à autoridade administrativa exercer controle de constitucionalidade sobre a legislação tributária. Vejamos as palavras do renomado jurista:

> Entendemos que, se houver ofensa à capacidade contributiva, deve o Poder Judiciário declarar sua inconstitucionalidade. Se a lei em vigor propiciar a elisão tributária diante de fatos que revelam a mesma capacidade contributiva de outros devidamente tributados, que o legislativo promova as alterações que entender pertinentes.

---

189. Segundo o § 2º do artigo 103 da Constituição da República: "§ 2º – Declarada a inconstitucionalidade por omissão de medida para tornar efetiva norma constitucional, será dada ciência ao Poder competente para a adoção das providências necessárias e, em se tratando de órgão administrativo, para fazê-lo em trinta dias."

ELISÃO E NORMA ANTIELISIVA

> Enquanto remanescerem silentes um e outro, não resta outra alternativa ao exercente da função administrativa senão a lei de ofício.[190]

Esse controle é destinado ao Poder Judiciário, como aliás, se depreende do próprio § 2º do artigo 103 da Constituição da República.

Assim, não se trata de negar à capacidade contributiva uma eficácia positiva, trata-se de impedir que a autoridade administrativa aja como um legislador positivo. É preciso notar que mesmo o Poder Judiciário, quando trata de sua intervenção sobre o Poder Legislativo, é autorrestritivo, evitando atuar como Poder Legislativo. Por essa linha, vejamos as decisões das Colendas Primeira e Segunda Turma do Egrégio Supremo Tribunal Federal, a seguir citadas:

> AGRAVO REGIMENTAL NO RECURSO EXTRAORDINÁRIO. TRIBUTÁRIO. IMPOSTO DE RENDA DE PESSOA JURÍDICA E CONTRIBUIÇÃO SOCIAL SOBRE O LUCRO LÍQUIDO – CSLL. ALÍQUOTA DIFERENCIADA. INEXISTÊNCIA DE CONTRARIEDADE AO PRINCÍPIO DA ISONOMIA TRIBUTÁRIA. IMPOSSIBILIDADE DE ATUAR O PODER JUDICIÁRIO COMO LEGISLADOR POSITIVO. PRECEDENTES. AGRAVO REGIMENTAL AO QUAL SE NEGA PROVIMENTO.[191]

> AGRAVO REGIMENTAL NO RECURSO EXTRAORDINÁRIO. TRIBUTÁRIO. 1. INSTITUIÇÕES FINANCEIRAS. ALÍQUOTA DIFERENCIADA DA CONTRIBUIÇÃO SOCIAL SOBRE O LUCRO LÍQUIDO – CSLL.

---

190. BARRETO, Paulo Ayres. **Elisão tributária**. Tese apresentada ao concurso à livre-docência do Departamento de Direito Econômico e Financeiro da Universidade de São Paulo. São Paulo: USP, 2008, p.122.

191. RE 552118 AgR, Relator(a): Min. CÁRMEN LÚCIA, Primeira Turma, julgado em 15/02/2011, DJe-076, divulg. 25-04-2011, public. 26-04-2011, ement. vol. 02508-01, pp-00072.

INEXISTÊNCIA DE AFRONTA AO PRINCÍPIO DA ISONOMIA TRIBUTÁRIA. PRECEDENTES. 2. PRINCÍPIO DA ANTERIORIDADE NONAGESIMAL OBSERVADO PELO TRIBUNAL DE ORIGEM: AUSÊNCIA DE INTERESSE RECURSAL. 3. AGRAVO REGIMENTAL AO QUAL SE NEGA PROVIMENTO.[192]

Por essa linha, a ideia de norma geral inclusiva implicaria um controle de legalidade da autoridade administrativa à lei tributária ainda mais abrangente do que o conferido ao próprio Poder Judiciário, gerando situação inaceitável por se atribuir à administração pública função legislativa e suprajudiciária, incompatível com o princípio da separação dos poderes, seja por prever a criação de uma norma inaugural no sistema pela própria autoridade administrativa – em relação de coordenação com a lei e não em relação de inferioridade junto à lei – seja por conceder à administração pública uma função típica que é de julgar a constitucionalidade da lei.

2.7 Fundamento de validade para requalificação dos negócios jurídicos: direito privado, norma antielisiva e norma antievasiva

O exame da temática da elisão e sua relação com as lacunas e completude pragmática do direito exige do investigador do direito que equacione certos pontos.

O primeiro, que investigamos no presente capítulo, é buscar entender se a passagem da lacuna semântica para a completude pragmática, no campo tributário, se faz com uma norma geral inclusiva ou uma norma geral exclusiva. Esse é

---

192. RE 528160 AGR/SP – São Paulo. AgReg. no Recurso Extraordinário. Relatora Min. Cármen Lúcia. Julgamento: 21 mai. 2013. Órgão julgador: Segunda Turma.

um exame da estrita legalidade do direito tributário e de sua posição no ordenamento jurídico.

Um segundo problema, que será nosso esforço do próximo capítulo, é pensar na relação das normas tributárias com as normas do direito privado, especialmente, se há identidade entre certos conceitos de outros segmentos do direito, especialmente, do direito privado e os do direito tributário. Essa discussão já foi iniciada quando busquei refletir sobre a aplicabilidade da teoria da interpretação econômica no sistema brasileiro, mas é preciso aprofundar no tema, pois há outros aspectos a serem enfrentados.

Creio que essa continuação de nosso exame não se identifique com a existência da estrita legalidade, nem tampouco com uma tolerância, ou não, do sistema jurídico, à elisão tributária, embora sirva para demarcar os limites semânticos da elisão tributária. De fato, é possível cogitar uma estrita legalidade e um regime tributário dissociado, semanticamente, de normas do direito privado, desde que o direito tributário utilize seus próprios conceitos que, em razão da completude pragmática enquanto valor, deveriam ser paulatinamente delimitados pelos operadores a fim de gerar a certeza do direito.

A dissociação entre conceitos do direito tributário e de outros segmentos do direito não guardaria, necessariamente, uma relação com a vedação de práticas elisivas, embora acabe por determinar, semanticamente, quais esses limites – salvo se a interpretação econômica for utilizada, exclusivamente, para coibir a elisão. Assim, se adotado esse modo de se enxergar o direito, o contribuinte, para se pautar na elisão tributária, teria de buscar uma não incidência ou economia fiscal baseada nesse outro marco conceitual e cairia em evasão sempre que buscasse uma não-incidência, levando em consideração, equivocadamente, a aplicação do conceito privado na norma tributária. Dessa maneira, o estabelecimento da relação entre direito tributário e direito privado importa a delimitação das bases para se diferenciar a elisão e evasão tributária.

A questão da relação do direito privado para o direito tributário também importa pensar nos vícios dos negócios jurídicos realizados no campo do direito privado e quais as consequências no campo fiscal, o que também será um esforço do próximo capítulo.

Outra ordem de problema é diferenciar, sintaticamente, a elisão da evasão – ou seja, como a elisão e evasão se relacionam com a regra-matriz de incidência tributária e demais normas do direito tributário – que faremos nos capítulos IV e V, para se poder compreender como uma norma antielisiva e antievasiva operam no sistema tributário, conforme esforço de nossos capítulos VI e VII. Como veremos, a norma antielisiva não se confunde, necessariamente, com a interpretação econômica do direito tributário embora a identidade da interpretação econômica do direito e abuso de formas, isto é, uma interpretação econômica seletiva para coibir a elisão, seja uma maneira de combater certas espécies de atos elisivos.

Devemos pensar, por fim, se há uma tutela constitucional ao direito de se efetivar uma elisão tributária e qual o alcance dessa tutela e como essas questões são tratadas por nossos tribunais, conforme será o esforço dos capítulos VIII e IX de nossa obra.

3 COMPLETABILIDADE E DIREITO PRIVADO: INTERAÇÃO ENTRE DIREITO TRIBUTÁRIO E DIREITO PRIVADO

3.1 Colocação do problema

Duas ordens de problemas surgem quando se examinam as relações entre o direito público e o direito privado. A primeira é a da unidade do sistema jurídico, que é uma questão epistemológica. A segunda refere-se à necessidade de determinação do tipo de diálogo que as normas de direito público travam com as normas de direito privado, que é um problema de interpretação do dado jurídico.

Entre as soluções propostas para o questionamento acerca da unidade, há aquela apresentada por Hans Kelsen, que aqui adotamos, mediante o recurso da alusão à norma fundamental. Por ter reconduzido o fundamento de validade da Constituição à uma norma *a priori* e partindo da premissa de que qualquer norma positiva infraconstitucional retira seu fundamento de validade da Constituição, o jusfilósofo estabeleceu um ponto de origem comum a todas normas que compõem o ordenamento jurídico.[193]

---

193. KELSEN, Hans. **Teoria pura do direito**. São Paulo: Martins Fontes, 1985, p. 207.

CHARLES WILLIAM MCNAUGHTON

Com esse instrumento, estamos partindo de uma noção de unidade do sistema jurídico brasileiro.

Ainda assim, podemos pensar em subsistemas, internos ao direito positivo, tomando-os como conjuntos de normas unificadas a partir de certos princípios comuns. Nessa ordem, o conjunto de normas que regem as relações de índole privada é um subsistema próprio do direito positivo brasileiro, assim como o sistema jurídico tributário, também o é. Empregarei as expressões "direito privado" e "sistema jurídico privado" para indicar o conjunto de normas que regem as relações dos particulares e "direito tributário" ou "sistema jurídico tributário", para indicar o conjunto de normas que têm como núcleo aglutinador o tributo. Apesar dessas nomenclaturas, utilizadas para facilitar o discurso, registramos que ambos os segmentos normativos compõem uma unidade maior que é o direito e gozam de autonomia apenas didática.[194]

Agora, essa unidade sistemática não implica a unidade semântica porque o direito, expresso em linguagem técnica, é passível de estar dotado de termos plurívocos.

É apenas por um estudo empírico, do conteúdo das normas jurídicas, que poderemos concluir se o signo "serviço", constantemente utilizado pelo direito privado, denota significados comuns no âmbito do artigo 156, inciso III, da Constituição da República e na norma artigo 593 do Código Civil. Paulo Ayres Barreto percebeu esse ponto com muita acuidade:

> A proclamação da unidade do sistema normativo, com o consequente reconhecimento de que se divide o estudo do direito em ramos apenas para fins didáticos, não autoriza a conclusão de que conceitos e institutos previstos em um ramo do Direito possam ser, automática e

---

194. CARVALHO, Paulo de Barros. **Curso de direito tributário**. 25.ed. São Paulo: Saraiva, 2013, p. 42.

ELISÃO E NORMA ANTIELISIVA

infalivelmente, transplantados para outro ramo. É certo que, diante da inexistência de óbices estabelecidos dentro do próprio sistema normativo, esse será o caminho natural. Ocorre que tais óbices existem e devem ser rigorosamente observados.[195]

Além desse exame semântico, caso concluído que o direito tributário é de superposição – incide sobre conceitos delineados por outros ramos – teremos de enfrentar outro questionamento acerca da relação entre validade, eficácia no direito civil e os respectivos efeitos tributários do ato jurídico.

Ao se examinar a relação entre sistema jurídico tributário e sistema jurídico privado, determina-se até que medida o último influencia o âmbito material de competência inserto na esfera tributária, eliminando-se potencial lacuna pragmática de se estabelecer a materialidade passível de ser tributada pelos diversos entes tributantes. E também, delimita-se a divisa que norteia a distinção entre elisão e evasão fiscal que depende, diretamente, do campo de incidência das normas tributárias.

Tratarei, em seguida, sobre a relação semântica que se trava entre normas do sistema jurídico tributário e do sistema jurídico privado.

Após tal exame, passarei a examinar a questão da validade e eficácia dos atos praticados no contexto do sistema jurídico privado e sua relação com o direito tributário.

Finalmente, passarei pelo problema dos casos de requalificação ou desqualificação que as autoridades podem empreender no campo tributário e buscarei relacioná-los com

---

195. BARRETO, Paulo Ayres. **Elisão tributária, limites normativos.** Tese apresentada ao concurso de livre-docência do Departamento de Direito Econômico e Financeiro da Faculdade de Direito da Universidade de São Paulo. São Paulo: USP, 2008, p.165-166.

certas patologias dos atos e negócios jurídicos, como simulação, fraude à lei e abuso de direito.

Exposto esse campo de problemas, esclareço que pretenderei explicar, nesse capítulo, as seguintes ideias:

(i) há tributos, mas não todos, cuja materialidade prevista na Constituição da República dialoga com normas de direito privado, no sentido de que o conceito pressuposto na hipótese de incidência coincide com certos conceitos estabelecidos pelo ramo didaticamente autônomo do direito privado;

(ii) a validade e eficácia de atos do direito privado são irrelevantes para fins de qualificação do fato jurídico tributário tal ou qual, porém, a qualificação que se dá a um fato jurídico no âmbito do direito privado é relevante para a qualificação jurídica de tal fato no campo do direito tributário;

(iii) é possível a simulação que tenha por intuito o não cumprimento da norma tributária;

(iv) a fraude à norma tributária pressupõe a incidência da norma tributária;

(v) o ato praticado com fins precípuos de economia tributária não é, per se, abuso de direito.

3.2 Texto Constitucional

No presente item pretendo sustentar a tese de que, para certas espécies tributárias previstas na Carta Magna, mas não todas, o âmbito de competência guarda conceitos coincidentes com conceitos de direito privado.

Para fundamentar essa proposta interpretativa, partirei de assertiva já mencionada no capítulo anterior: a de que a Constituição da República teve preocupação em repartir a

138

ELISÃO E NORMA ANTIELISIVA

competência tributária entre diversos Entes, a partir de um âmbito material para as taxas, contribuições de melhoria e impostos e a partir de um panorama finalístico para empréstimos compulsórios e contribuições.

Esse intuito de repartir competências e, consequentemente, de se evitar bitributações não autorizadas, pode ser evidenciado, primeiro, pelo próprio cuidado e minúcia no Texto Constitucional em que essa competência foi discriminada, disponibilizando, apenas no capítulo I do Título IV, oito artigos para esse fim (artigo 145, 148, 149, 153, 154, 155 e 156), sem contar com disposições dispersas (vide por exemplo, artigo 195) que cumprem esse mesmo sentido. Assim, salvo uma tentativa robusta de se buscar esvaziar o Texto Constitucional, não me parece muito verossímil que se negue essa característica da Lei Maior.

Não bastasse isso, a ideia pode ser reforçada pelo artigo 146, inciso II,[196] da Constituição da República, que prevê para a lei complementar a função de dispor sobre conflitos de competência em matéria tributária. Ora, o conceito de "conflito de competência", a ser disposto pela lei complementar, pressupõe (i) uma delimitação de competência prévia – e, portanto, realizada no seio constitucional e (ii) um problema de lacuna pragmática a ser completada no processo de positivação do direito, especificamente pela lei complementar.

Chamo atenção, ainda, para a redação do artigo 154, inciso I, da Constituição da República, que proíbe a instituição de imposto residual com a mesma base de cálculo dos impostos já previstos pela Constituição.

Pois bem. Admitida a assertiva de que a repartição de competência tributária é uma grande preocupação que norteia

---

196. Art. 146. Cabe à lei complementar: (...) II – regular as limitações constitucionais ao poder de tributar.

o delineamento do Texto Constitucional, haveremos de concluir uma segunda ideia: a de que as palavras utilizadas em tal Texto possuem um significado convencionalmente estabelecido.

Não pretendo, aqui, ignorar a função construtiva do intérprete que dá vida ao sentido do texto. Mas, o intérprete, nesse ato de adjudicar sentido aos signos, é condicionado por um código, ou no caso do direito, é condicionado pelo que venho designando de "língua do direito". Sublinho, aqui, aquela "pretensão de validade do texto" a que enuncia Hans-George Gadamer que nos lembra que o intérprete "não se apodera do texto", como já citado no capítulo I.

Sobre a relação entre os signos da Constituição da República e as convenções que nos cercam, ricas são as palavras de José Joaquim Gomes Canotilho, que tratando da interpretação do Texto Constitucional anuncia que:

> (..) o conteúdo semântico vinculante da norma constitucional deve ser o conteúdo semântico dos seus enunciados linguísticos, tal como eles são mediatizados pelas convenções linguísticas relevantes.[197]

Então, há de se concluir que quando se examina a Constituição da República lida-se com um arcabouço de "preconceitos", no sentido de Hans-George Gadamer, de padrões culturais que nos convidam a observar certas convenções que foram sendo constituídas ao longo da história, pelas diversas legislações, pela doutrina e pela jurisprudência.

Nesse sentido, se a Constituição da República emprega um termo que historicamente guarda certa convenção jurídica consolidada como "imóvel", "propriedade", "doação", "oneroso", entre outros, é razoável supor que o sentido desse termo seja

---

197. CANOTILHO, Joaquim Gomes. **Direito constitucional**. Coimbra: Livraria Almedina, 1993, p. 218.

preservado no Texto Constitucional. Esse entendimento foi indicado pelo Plenário do Supremo Tribunal Federal no Recurso Extraordinário n. 116.121, cuja ementa veicula o seguinte:

> TRIBUTO. FIGURINO CONSTITUCIONAL. A supremacia da Carta Federal é conducente a glosar-se a cobrança de tributo discrepante daqueles nela previstos. IMPOSTO SOBRE SERVIÇOS – CONTRATO DE LOCAÇÃO. A terminologia constitucional do Imposto sobre Serviços revela o objeto da tributação. Conflita com a Lei Maior dispositivo que imponha o tributo considerado contrato de locação de bem móvel. Em Direito, os institutos, as expressões e os vocábulos têm sentido próprio, descabendo confundir a locação de serviços com a de móveis, práticas diversas regidas pelo Código Civil, cujas definições são de observância inafastável – artigo 110 do Código Tributário Nacional.[198]

Como se infere da ementa acima, quando o Texto Constitucional emprega institutos e expressões próprias do direito privado para compor a norma de competência tributária, o significado do termo convencionado pela língua do direito considera-se atribuível àquele signo específico.

Esse modo de se enxergar o Texto Constitucional foi positivado pelo artigo 110 do Código Tributário Nacional. Tal dispositivo estabelece um critério semântico para quem interpreta o âmbito de competência tributária da Lei Maior, prescrevendo o seguinte:

> Art. 110. A lei tributária não pode alterar a definição, o conteúdo e o alcance de institutos, conceitos e formas de direito privado, utilizados, expressa ou implicitamente, pela Constituição Federal, pelas Constituições dos Estados, ou pelas Leis Orgânicas do Distrito Federal ou dos Municípios, para definir ou limitar competências tributárias.

---

198. RECURSO EXTRAORDINARIO. Tribunal Pleno em 11.10.2000. Publicação: 25.05.2001.

Nesse sentido, nos termos do dispositivo acima citado, a definição, o conteúdo e o alcance dos institutos, conceitos e formas do direito privado utilizados pela Constituição não poderão ser alterados pelo legislador ordinário.

Rubens Gomes de Sousa, na 4ª edição de seu *Compêndio de Legislação Tributária*, datada, portanto, de 1964, tece observação que possivelmente explique a gênese desse artigo 110 do Código Tributário Nacional. Suas palavras são as seguintes:

> Sendo o Brasil uma federação, as relações do Direito Tributário com o direito privado levantam um problema constitucional. Veremos adiante (§51) que a Constituição reserva certos impostos à União, outros aos Estados e ainda outros aos Municípios. Mas, como vimos esses impostos repousam sobre atos ou fatos regulados pelo direito civil ou pelo direito comercial, e quanto a estes a competência para legislar é de competência da União (Const., art. 5º, n. xv, letra "a"). Assim, a competência tributária dos Estados e Municípios ficaria cerceada, ou mesmo ilusória se a União, legislando sobre direito civil ou comercial, pudesse alterar as bases de imposição destinadas a outros governos.
>
> Este problema foi estudado na mesa redonda de debates promovida pelo Instituto Brasileiro de Direito Financeiro, cujas conclusões foram as seguintes: os Estados e Municípios podem, para efeitos de seus próprios tributos, dispor sobre matéria de direito civil e comercial, exceto porém para alterar seus conceitos referidos na Constituição ao definir competência tributária.[199]

Diante desse registro, penso que tal dispositivo, de certa forma, cumpre aquele papel da lei complementar previsto pelo artigo 146, inciso II, da Constituição da República, que

---

199. SOUSA, Rubens Gomes. **Compêndio de legislação tributária**. 4.ed. Rio de Janeiro: Edições Financeiras S.A., p. 44.

é justamente o de dispor sobre conflitos de competência. Em outras palavras, ao acentuar um critério semântico para interpretação do alcance das diversas faixas de competência esse dispositivo serve de importante balizador para se evitar conflitos de competência entre os diversos entes tributantes, na esteira que lhe destina a Constituição da República. Nesse sentido, vale observar as palavras de Paulo de Barros Carvalho:

> O empenho do Constituinte cairia em solo estéril se a lei infraconstitucional pudesse ampliar, modificar ou restringir os conceitos utilizados naqueles diplomas para discriminar as faixas de competências oferecidas às pessoas políticas.[200]

Mas, esse não é o único artigo do Código Tributário Nacional que trata sobre esse aspecto do sistema tributário que é ser um campo normativo de superposição, ou seja, que colhe situações jurídicas no âmbito de sua incidência. Do próprio artigo 116, incisos I e II, do Código Tributário Nacional, também é possível construir essa interpretação. Vejamos o que determina tal dispositivo:

> Art. 116. Salvo disposição de lei em contrário, considera-se ocorrido o fato gerador e existentes os seus efeitos:
>
> I – tratando-se de situação de fato, desde o momento em que se verifiquem as circunstâncias materiais necessárias a que produza os efeitos que normalmente lhe são próprios;
>
> II – tratando-se de situação jurídica, desde o momento em que esteja definitivamente constituída, nos termos de direito aplicável.

Com base no inciso II do dispositivo acima transcrito, é possível sustentar que a hipótese de incidência de tributos

---

200. CARVALHO, Paulo de Barros. As operações de *factoring* e o Imposto sobre Operações Financeiras. In: **Derivação e positivação no direito tributário**. V. II. São Paulo: Noeses, 2013, p.18.

poderá descrever situações jurídicas, constituídas nos termos do direito aplicável. Nesse caso, o tempo no fato, indicado no enunciado protocolar que constitui o fato jurídico tributário, deverá corresponder ao momento em que tal situação esteja constituída, *nos termos do direito aplicável*.

Parece-me que é amplamente defensável o entendimento de que a materialidade de certos tributos é pautada com base em conceitos, institutos e formas do direito privado – até mesmo de outros feixes normativos, como do direito administrativo, trabalhista, entre outros. Valiosas, nesse ponto, são as palavras de Alberto Pinheiro Xavier que distinguem as materialidades tributárias previstas na Constituição da República em duas espécies distintas:

> (...) Tipos estruturais são aqueles em que a norma jurídica utiliza para descrever a sua hipótese conceitos de atos e negócios jurídicos de direito privado, sem alusão expressa aos efeitos econômicos por eles produzidos; tipos funcionais são aqueles em que a hipótese da norma tributária é caracterizada pela obtenção de um certo fenômeno econômico, independentemente da natureza jurídica dos atos ou negócios para ele concorrerem.[201]

Tenhamos, nessa linha, que as materialidades tributárias, por vezes, se servem de conceitos oriundos do direito privado.

3.3 Efeitos de fatos jurídicos do direito privado na legislação tributária

Assentamos, no item anterior, que há uma coincidência de extensão semântica entre certos conceitos utilizados

---

201. XAVIER, Alberto. **Tipicidade da tributação, simulação e norma antielisiva**. São Paulo: Dialética, 2001, p. 35.

pelo sistema jurídico tributário e outros empregados no âmbito de normas de direito privado, justificando aquela assertiva tão empregada que enuncia que "o campo tributário é um direito de superposição" ou seja, que há normas tributárias que incidem sobre relações jurídicas já constituídas com fundamento em preceitos de outros segmentos do direito positivo.

Agora, não se confundem o campo de extensão dos conceitos oriundos do direito privado com a eficácia jurídico-tributária decorrente de atos e negócios jurídicos constituídos com base em outros campos do direito. Podemos sublinhar, nesse quesito, três artigos relevantes para estabelecer essa relação. O terceiro deles que seria o artigo 116, parágrafo único, do Código Tributário Nacional, reservo-me a estudá-lo no capítulo IX.

Assim, vale apontar, inicialmente, a redação do artigo 109 do Código Tributário Nacional. Esse dispositivo prescreve o seguinte:

> Art. 109. Os princípios gerais de direito privado utilizam-se para pesquisa da definição, do conteúdo e do alcance de seus institutos, conceitos e formas, mas não para definição dos respectivos efeitos tributários.

De tal enunciado se depreende que os princípios gerais de direito privado serão úteis para definição do conteúdo e alcance dos institutos do direito privado, mas não para a determinação dos efeitos tributários. Dessa maneira, as normas que definirão os efeitos tributários são aquelas de índole tributária, ou seja, que tenham como eixo nuclear o tributo.

Assim, o direito tributário poderá decretar a ineficácia, para fins fiscais, do que é eficaz para o direito privado e pode, ainda, considerar eficaz o que para o direito privado é ineficaz. A escolha será do legislador.

O jurista Ricardo Mariz de Oliveira fornece relevantes considerações sobre esse ponto:

> A consequência do artigo 109 é o reconhecimento legislativo de que o direito privado tem objetos específicos e finalidades próprias e que o direito tributário toma aqueles objetos, que são específicos do direito privado, mas finalidades que não são próprias do direito privado, pois são próprias do direito tributário. Assim, enquanto as finalidades do direito privado são as relações interpessoais quanto a objetos regulados por ele mesmo, as do direito tributário são as incidências tributárias sobre tais inter-relações, ou tais objetos, ou os efeitos produzidos por essas inter-relações.
>
> Por isso, quando vemos normas tributárias dizendo que, para seus fins, considera-se que algo do direito privado seja isto ou aquilo, quer para encará-lo diferentemente do que o é no direito privado – por exemplo, para que uma pessoa natural exercente de certa atividade seja considerada pessoa jurídica para fins de imposto de renda –, quer para equiparar um ente de direito privado a outro que no direito privado lhe é distinto – por exemplo, aluguel e "royalty" tenham o mesmo tratamento para efeito de dedução da base de cálculo do imposto sobre a renda –, a lei tributária não lhes está dando nova identidade, mas apenas lhes atribuindo efeitos tributários.[202]

Não confundamos, portanto, os conceitos jurídicos do direito privado com os efeitos que são gerados na esfera tributária. Assim, uma norma do âmbito privado pode prever que um sócio e uma pessoa jurídica são dotados de personalidades autônomas e a norma de direito tributário poderá atribuir responsabilidade aos sócios para quitar os tributos devidos pela pessoa jurídica; ou, ainda é possível que uma

---

202. OLIVEIRA, Ricardo Mariz de. **Fundamentos do imposto de renda**. São Paulo: Quartier Latin, 2008, p. 51.

ELISÃO E NORMA ANTIELISIVA

alíquota tipicamente aplicada para as pessoas físicas seja atribuível para o rendimento obtido por certa pessoa jurídica; e assim por diante.

O importante, contudo, é que ao estabelecer tais diferenciações, para fins tributários, a legislação se baseie em um critério que seja retoricamente condizente com o princípio da isonomia, isto é, que passe pelo teste da intuição emocional dos julgadores que examinarão a legitimidade de tal norma.

Outro dispositivo relevante para se compreender a relação entre sistema jurídico privado e sistema jurídico público é o artigo 118 do Código Tributário Nacional. Esse artigo veicula a seguinte prescrição:

> Art. 118. A definição legal do fato gerador é interpretada abstraindo-se:
> I – da validade jurídica dos atos efetivamente praticados pelos contribuintes, responsáveis, ou terceiros, bem como da natureza do seu objeto ou dos seus efeitos;
> II – dos efeitos dos fatos efetivamente ocorridos.

O dispositivo acima citado é de difícil interpretação, inicialmente, por veicular o signo "validade", objeto de tantas interpretações.

Observemos, por exemplo, que há os que diferenciam, como Francisco Cavalcanti Pontes de Miranda, validade e existência de uma norma jurídica. Pela visão do grande mestre do direito privado, a norma gozaria de validade sempre que estiver em consonância com normas de maior hierarquia, de tal sorte que o inválido também poderia existir. Vejamos suas palavras:

> A invalidade passa-se no mundo jurídico. O negócio jurídico nulo ou ato jurídico *stricto sensu* nulo corres-

ponde a suporte fático que, nulamente embora, entrou no mundo jurídico.[203]

Vale pontuar que Francisco Cavalcanti Pontes de Miranda, ao discorrer sobre a nulidade, busca distinguir os conceitos de validade e existência. Ao assim fazer, sua preocupação marcante é sustentar a existência da norma nula ou anulável, refutando os que sustentam que um vício normativo acarretaria sua inexistência.

Para se compreender essa crítica, levemos em consideração que, entre os que equiparam existência e validade, verificam-se dois modos distintos de se estabelecer essa relação. Alguns sustentam que a validade, entendida como inexistência de lacuna entre norma N e as normas de superior hierarquia que regulam sua produção, é pressuposto da existência de uma norma. Assim, por exemplo, uma lei ordinária que trata de matéria de âmbito da lei complementar seria inconstitucional, e, portanto, inexistente em nosso sistema, porque antinômica com a Constituição da República. Acredito que essa seja a acepção outorgada, por exemplo, pelo Professor Roque Antonio Carrazza:

> O ordenamento jurídico é formado por um conjunto de normas, dispostas hierarquicamente. Das inferiores, criadas por particulares (os contratos), às constitucionais, forma-se aquilo que se chamou convencionar de pirâmide jurídica. Nela, as normas ordenam-se segundo uma relação sintática, pelas quais as inferiores recebem respaldo de validade daquelas que as encimam, até o patamar máximo que é o constitucional.
>
> (...)

---

203. PONTES DE MIRANDA, Francisco Cavalcanti. **Tratado de direito privado**. Atualizado por Vilson Rodrigues Neves. Tomo III. São Paulo: Bookseller Editora e Distribuidora, 2000, p. 63.

ELISÃO E NORMA ANTIELISIVA

> As normas subordinadas devem guardar harmonia com as superiores, sob pena de deixarem de ter validade no ordenamento jurídico. Assim, o ato interno da administração (portaria, instrução, norma administrativa etc.) deve buscar fundamento de validade no *decreto*; este na lei; aquela, na Constituição. Caso, por exemplo, o ato interno contrarie o decreto, ou este entre em testilhas com a lei, ninguém poderá ser compelido a observá-los, porquanto estarão fora da supramencionada pirâmide jurídica. O mesmo podemos dizer da lei, se em descompasso com a Constituição.[204]

A segunda visão seria tomar a validade como existência, de modo que bastaria a norma existir para ser válida. Essa é a acepção, por exemplo, de Paulo de Barros Carvalho, como se depreende do texto a seguir citado:

> É intuitivo crer que a validade se confunde com a existência de sorte que afirmar que u'a norma existe implica reconhecer sua validade, em face de determinado sistema jurídico. Do que se pode inferir: ou a norma existe, está no sistema, e é portanto válida, ou não existe como norma jurídica. Sempre que o juiz deixa de aplicar u'a norma, por entendê-la inconstitucional, optando por outra por ele mais adequada às diretrizes do ordenamento, nem por isso a regra preterida passa a inexistir permanecendo válida e pronta a ser aplicada em outra oportunidade.[205]

Examinando-se a teoria de Hans Kelsen – e creio que as duas maneiras de se enxergar o problema da validade estabelecidas por Paulo de Barros Carvalho e Roque Antonio Carrazza são baseadas na obra do referido jurista – é possível encontrar

---

204. CARRAZA, Roque Antonio. **Curso de direito constitucional tributário.** 28.ed. São Paulo: Malheiros, 2013, p. 33.

205. CARVALHO, Paulo de Barros. **Curso de direito tributário.** 25.ed. São Paulo: Saraiva, 2013, p. 94.

subsídio para esses dois modos de se relacionar a existência e validade, conforme a interpretação que se dê de sua teoria.

Quando tal jurista trata do problema da unidade do sistema jurídico, o conceito de validade é associado a uma relação de fundamento de validade, entre duas normas, tal que a norma é válida quando encontra fundamento de validade em norma superior. Diz Hans Kelsen:

> Que a validade de uma norma fundamenta a validade de uma outra norma, de um modo ou de outro, constitui revelação entre uma norma superior e uma norma inferior. Uma norma está em relação com uma outra norma; a superior em relação com a inferior, se a validade desta é fundamentada pela validade daquela. A validade da norma inferior é fundamentada pela validade da norma superior pela circunstância de que a norma inferior foi *produzida* como prescreve a norma superior.[206]

Tomadas como premissas as ideias acima dispostas, é possível inferir que uma norma N é válida quando produzida nos moldes prescritos por norma válida superior. Caso contrário, N seria inválida e, portanto, inexistente no sistema jurídico já que esse jurista, insistentemente, identifica validade e existência em só conceito: "uma norma que não vale não é norma porque não existe".[207]

Por essa linha, seria fácil concluir que qualquer norma apresentando um vício seria inválida e, portanto, sem qualquer efeito no sistema jurídico.

Por outro lado, Hans Kelsen, quando diz que uma "norma inconstitucional" é uma contradição em termos – norma que

---

206. KELSEN, Hans. **Teoria geral das normas**. Porto Alegre: Sérgio Antônio Editor, 1986, p. 330.

207. KELSEN, Hans. **Teoria geral das normas**. Porto Alegre: Sérgio Antônio Editor, 1986, p. 36.

ELISÃO E NORMA ANTIELISIVA

existe não pode ser inconstitucional porque não pode ser inválida – enuncia que a Constituição concede fundamento de validade para que as normas lhe cumpram ou lhe descumpram. A norma que descumpre um mandamento da Lei Maior também é constitucional, porque, em tal veículo, existiria uma norma alternativa que permitiria o descumprimento de mandamento previsto pela própria Constituição. Porém, nessa segunda hipótese, surgiria a competência de um Tribunal Constitucional expulsar tal norma do sistema. Vejamos:

> A Constituição dá ao legislador competência para, através de um processo diferente do determinado pelas próprias normas constitucionais, criar normas jurídicas gerais e dar a essas normas um conteúdo diferente daquele que as normas da Constituição diretamente determinam. E as normas constitucionais apenas representam uma das duas possibilidades criadas pela Constituição.[208]

Disso se infere que qualquer norma posta, criada por um órgão do direito positivo, seria válida, ainda que apresentasse incompatibilidade com certo mandamento de superior hierarquia. Então, a existência da norma firmaria sua própria validade que apenas seria desfeita após a edição da linguagem competente, reconhecendo o vício tal ou qual. Entendemos que essa segunda visão sobre validade estaria mais próxima ao modo em que o direito se positiva, porque inúmeras normas com vícios irradiam efeitos e geram marcas indeléveis no seio do ordenamento jurídico.

Assim, vimos, pelo menos, três visões diferentes: a que diz que há distinção entre validade e existência, que poderíamos chamar de (1); a que diz que a norma que apresenta uma

---

208. KELSEN, Hans. **Teoria pura do direito**. Tradução de João Baptista Machado. São Paulo: Martins Fontes, 1985, p. 289.

incompatibilidade perante outra superior não é válida e não está no direito, que chamaremos de (2); e aquela que enuncia que toda norma que existe é válida, ainda que haja incompatibilidade com a norma superior (3).

Creio que as teorias (1) e (2) são realmente divergentes, mas a visão (3) encara o signo validade em outra acepção semântica do que fazem (1) e (2): Assim, embora (2) e (3) concordem que existência e validade são o mesmo, acredito que elas não concordem no que seja, propriamente validade e existência, isto é, empregam os termos em sentidos diferentes, importando diferentes soluções práticas. E julgo que (1) e (3) possuem efeitos práticos muito semelhantes, mas a partir de conceitos diferentes.

Acredito que a teoria de Hans Kelsen, ao equiparar "validade" e "existência", no sentido de que a existência para o direito é o valer, seja muito rigoroso do ponto de vista metodológico. Por outro lado, entendo que no Brasil vigora um jogo de linguagem em que a associação do signo "validade" com uma adequação das normas de máxima hierarquia seja muito forte.

Para evitar essa ambiguidade do termo validade em nossa língua do direito, exposta nessa tricotomia que indicamos acima, empregaremos o signo de "validade em sentido lato", para designar a existência da norma, pensada a existência enquanto positividade, ou seja, enquanto enunciado prescritivo inserido em veículo introdutor de normas e "validade em sentido estrito", para designar a norma posta que seja compatível com as de superior hierarquia.

Utilizaremos, ainda, a expressão "invalidade em sentido lato" para indicar a inexistência da norma, a sua não criação, a sua não positividade; já a "invalidade em sentido estrito" indicaria o atributo da norma N que pode ser alvo de expulsão do sistema, em razão de uma antinomia entre N e outra N' de superior hierarquia.

ELISÃO E NORMA ANTIELISIVA

Dada essa explicação, sustentamos que o artigo 118, inciso I, do Código Tributário Nacional, quando emprega o signo "validade", está se referindo ao que denominamos de "validade em sentido estrito", ou seja, à compatibilidade de uma determinada norma com as que lhe outorgam fundamento de validade.

Defendo essa ideia porque se o Código Tributário Nacional estivesse se referindo à validade como existência, ou seja, como positividade, e prescrevesse que a validade do ato deve ser abstraída na qualificação do fato jurídico tributário, então deveríamos inferir que um ato inexistente, juridicamente, deveria ser tido como existente, ou seja, que o direito tributário estaria operando com ficções jurídicas. Esse resultado interpretativo me parece um contrassentido jurídico, especialmente se levarmos em consideração que o artigo 116, inciso II, do Código Tributário Nacional prescreve que a situação jurídica reputa-se ocorrida nos termos determinados pelo direito positivo.

Assim, tenhamos que o intuito do artigo 118, inciso I, do Código Tributário Nacional, seria de evitar que o contribuinte alegue a invalidade, em sentido estrito, de um ato, para se furtar da tributação. Nesse sentido, desde que o ato jurídico praticado ostentasse validade em sentido lato, ou seja, existência, a tributação seria aplicável, ainda que o ato apresentasse um ou outro defeito que lhe acarretasse nulidade ou anulabilidade.

Assim, a partir do referido dispositivo, entendo que a invalidade, em sentido estrito, de um ato jurídico, é inoponível ao Fisco.

Ao mesmo tempo, se o Fisco deve abstrair a validade, em sentido estrito, de ato jurídico praticado pelo contribuinte, não há como esse mesmo Fisco tomar tal invalidade como pressuposto de requalificação ou desqualificação do ato jurídico. É preciso interpretar os textos com coerência.

Por exemplo, se A vende certa propriedade para B, e não poderia vendê-la, por ofensa de norma do direito de família, o artigo 118, inciso I, do Código Tributário Nacional, impediria que o Fisco estadual tomasse tal vício como pressuposto para aplicação do Imposto sobre Transmissão de Causa Mortis ("ITCMD"), sustentando que se trata de uma doação. Trata-se de uma questão de coerência interpretativa.

Isso não significa que o Fisco não esteja dotado da competência de requalificar ou desqualificar os atos praticados pelos contribuintes que envolvam a prática de negócios jurídicos ou conceitos de outros segmentos do ordenamento jurídico. A qualificação ou requalificação pode acontecer quando os requisitos de qualificação de um fato, previstos pelo direito civil, não forem observados pela linguagem que o constitua juridicamente, ou ainda, quando certa linguagem mencionar a existência de negócio jurídico inexistente tal como descrito – isto é, com a linguagem indicativa dos elementos genéricos do negócio jurídico infirmadas pela linguagem das provas. Caso isso ocorra, poderemos enunciar que o contribuinte estará dissimulando a ocorrência do fato jurídico tributário ou de elementos que constituam a obrigação fiscal.

Ao mesmo tempo, a segunda dificuldade que emerge do inciso I do artigo 118 do Código Tributário Nacional está relacionada à expressão "natureza do seu objeto" que trata da necessidade de abstração da natureza do objeto do ato jurídico praticado pelo contribuinte, pelo responsável ou por terceiros, para fins de interpretação da definição legal do fato jurídico tributário.

O signo "natureza" gera indagações significativas. Quando se tem uma visão convencional da linguagem, não-essencialista, as palavras deixam de revelar a "natureza das coisas", para exprimir convenções consolidadas pela comunidade. Nesse sentido, podemos pensar que um ato pode ter uma ou

ELISÃO E NORMA ANTIELISIVA

mais qualificações jurídicas – conforme as normas que os regule – pode ter uma significação econômica, social, política, enfim, pode ser vislumbrado a partir de diversos ângulos. Daí porque a expressão "natureza do objeto" leva às indagações: "Qual natureza? A natureza jurídica? A natureza econômica? A natureza social?".

Mas, justamente porque esse dispositivo prescreve a necessidade de abstração da natureza do objeto do ato praticado pelo contribuinte ou por terceiros – e não a necessidade de consideração da natureza de tal objeto – a dificuldade acima exposta pode ser contornada. Ao determinar que se deve abstrair a "natureza" do objeto de um ato, seja qual natureza for, a legislação nos convida, nesse processo de qualificação dos fatos jurídicos tributários, a observarmos a regra-matriz de incidência tributária e o modo em que essa regra "corta" a realidade social, para que a intencionalidade de nossa consciência se despoje de qualquer elemento do suporte fático[209] que não seja relevante para configuração do conceito veiculado por tal norma, ainda que pensemos que tal elemento seja significativo para se determinar a "natureza" de certo ato.

Para os que adotam a interpretação econômica do direito, a expressão acima mencionada será interpretada no sentido de que a "forma jurídica é irrelevante" para a qualificação do fato jurídico tributário. Para os que não adotam tal viés, por sua vez, o dispositivo será compreendido no sentido de que a natureza econômica, política, social, contábil do ato é irrelevante para determinação de sua significação jurídico-tributária, especialmente quando se tratar de uma situação jurídica descrita pela norma tributária. Como não tomo a interpretação econômica do direito como um norte, estou nesse segundo viés interpretativo.

---

209. A expressão "suporte fático" se refere à empregada por Francisco Cavalcanti Pontes de Miranda. Vide: PONTES DE MIRANDA, Francisco Cavalcanti. **Tratado de direito privado**. Tomo I. 2.ed. Campinas: 2000, p. 67.

155

Feitas tais observações, resta-me, ainda, tratar sobre a parte final do inciso I do artigo 118 do Código Tributário Nacional e do inciso II do mesmo artigo. As disposições de tais enunciados podem ser assim sintetizadas: os efeitos de determinada situação jurídica ou fática devem ser abstraídos para a qualificação jurídico-tributária de um ato.

Nesse sentido, é preciso considerar o seguinte: se a norma tributária conota, em sua hipótese de incidência, certo ato, a identificação desse ato é o que basta para sua determinação jurídica.

Se, por exemplo, há uma venda de mercadoria e existir inadimplência por parte do comprador no pagamento do preço, nem assim será afastada a incidência do ICMS, porque a situação superveniente é irrelevante para delimitação da incidência do imposto; se certa doação é efetivada, mas logo depois desfeita por aplicação de condição resolutiva, nem assim, a incidência do ITCMD estará afastada.

Agora, se a hipótese de incidência tributária conotar certo acontecimento que é efeito de certo ato, então a eficácia de tal ato será relevante para fins tributários. Por exemplo, disponibilidade econômica da renda de pessoa física pode ser efeito de um ato de compra e venda em que há ganho de capital. Nessa hipótese, se a compra e venda estiver suspensa por causa suspensiva, não se perfaz o critério material desse tributo.

Acredito que com os exemplos acima mencionados tenha ficado claro o que penso sobre a necessidade de abstração dos efeitos dos atos para fins de interpretação da definição legal do fato jurídico tributário.

Agora, para aprofundamento dessas ideias, devemos estudar a estrutura dos negócios jurídicos e a diferença que se firma entre as (i) categorias destinadas à qualificação do negócio jurídico, (ii) os elementos que condicionam sua validade em sentido lato do negócio jurídico, (iii) os requisitos da validade em sentido estrito dos negócios jurídicos e (iv) os fatores que determinam sua eficácia.

3.4 Diferenças entre elementos, categorias e fatores dos negócios jurídicos

Tomemos, no campo do direito privado, três conceitos, sendo primeiro o gênero, o segundo uma espécie e o terceiro a subespécie.

O gênero, que se permeia, aliás, por todo direito, é o de fato jurídico. Fato jurídico é todo acontecimento, revestido em linguagem competente, que se subsome ao acontecimento descrito em uma norma abstrata. Assim, os fatos jurídicos são aqueles que interessam ao direito.[210]

Se a hipótese de uma norma abstrata conota um comportamento humano, conscientemente praticado para a realização de valores, e manifestado pela linguagem competente, há atos jurídicos.

Os atos jurídicos podem ser obrigatórios, proibidos ou facultados. Tenhamos por negócios jurídicos os atos praticados, no âmbito de direito privado, de forma facultativa e que veiculem uma ou mais normas individuais e abstratas.[211] Em outras palavras, o negócio jurídico é uma manifestação de vontade exercida nos moldes do direito positivo.

Partindo da ideia de que um ato complexo é (i) composto de elementos, (ii) dotado de requisitos para se atingir certas

---

210. "Os fatos do mundo ou interessam ao direito ou não interessam. Se interessam entram no subconjunto do mundo a que se chama mundo jurídico e se tornam fatos jurídicos, pela incidência de regras jurídicas que assim assinalam. (PONTES DE MIRANDA, Francisco Cavalcanti. **Tratado de direito privado**. Campinas: 2.ed., 2000, p.52).

211. Dizer que o negócio jurídico é uma conduta facultada é outro modo de assinalar que se trata de uma manifestação de vontade.

finalidades e (iii) dependente de fatores para atingir certos resultados, Antônio Junqueira de Azevedo diz que são os elementos que condicionam a existência do negócio jurídico – em nossa terminologia, validade em sentido lato – o preenchimento de requisitos o que determina a validade – validade em sentido estrito – e a verificação de certos fatores que geram a eficácia do ato.[212]

Com relação aos elementos dos negócios jurídicos, o Professor Antônio Junqueira de Azevedo os classifica em elementos gerais – que devem estar presentes em qualquer espécie de negócio jurídico – e os elementos categoriais que determinam a natureza (espécie) de negócio jurídico. Os elementos gerais[213], por sua vez, se dividem em elementos intrínsecos, ou constitutivos do ato e extrínsecos, ou pressupostos do ato.[214]

O primeiro elemento intrínseco que condiciona a existência dos negócios jurídicos é a forma que é o suporte físico em que o negócio se manifesta, ou seja, o canal no qual a mensagem é transmitida. Nas palavras de Antônio Junqueira de Azevedo a forma é o tipo de "manifestação que veste a declaração".[215]

Francisco Cavalcanti Pontes de Miranda, que define forma como "a expressão"[216], também indica esse elemento como

---

212. AZEVEDO, Antônio Junqueira. **Negócio jurídico**. Existência, validade e eficácia. 8.ed. São Paulo: Saraiva, 2002, 3ª tiragem, p. 30.

213. AZEVEDO, Antônio Junqueira. **Negócio jurídico**. Existência, validade e eficácia. 8.ed. São Paulo: Saraiva, 2002, 3ª tiragem, pp.34-35.

214. AZEVEDO, Antônio Junqueira. **Negócio jurídico**. Existência, validade e eficácia. 8.ed. São Paulo: Saraiva, 2002, 3ª tiragem, p.34.

215. AZEVEDO, Antônio Junqueira. **Negócio jurídico**. Existência, validade e eficácia. 8.ed. São Paulo: Saraiva, 2002, 3ª tiragem, p.32.

216. PONTES DE MIRANDA, Francisco Cavalcanti. **Tratado de direito privado**. 2.ed. Tomo III. Campinas: Bookseller, 2001, p.389.

ELISÃO E NORMA ANTIELISIVA

um dos condicionantes de existência de qualquer ato jurídico: "só se levam em conta as vontades que se enformam.[217] Porém, chama atenção que, por vezes, a observância de determinadas formas pode ser requisito para validade ou eficácia de certos atos.[218] Assim, o ato, para existir, deve ter *alguma forma*. Para ter validade em sentido estrito deve ter a forma prevista pelo direito.

O segundo elemento intrínseco para existência do ato, para Antônio Junqueira de Azevedo, é o conjunto de seus enunciados prescritivos que compõem as diversas cláusulas, disposições testamentárias e assim por diante.[219]

Por fim, o terceiro elemento intrínseco seriam as "condições negociais". Entendo que esse elemento representa as condições pragmáticas, adotadas por uma determinada comunidade jurídica, para que certo ato de fala seja tido como a declaração de uma vontade. Em outras palavras, indica o saudoso professor da Universidade de São Paulo que "há de se entender como negócio jurídico aquela conduta socialmente qualificada como negócio.[220] E exemplifica:

> Por isso mesmo é que um ato de vontade realizado em um palco, durante uma representação, ou numa sala de aula, durante uma preleção, ainda que todos os outros elementos de existência e, até, os requisitos de validade (proveniência de vontade séria, forma prescrita etc.), não é um negócio jurídico. (...) Pois bem, se tivermos em mente que toda manifestação de vontade tem forma e conteúdo e que, para se constituir uma declaração, é

---

217. PONTES DE MIRANDA, Francisco Cavalcanti. **Tratado de direito privado**. 2.ed. Tomo III. Campinas: Bookseller, 2001, p.389.

218. PONTES DE MIRANDA, Francisco Cavalcanti. **Tratado de direito privado**. 2.ed. Tomo III. Campinas: Bookseller, 2001, p.390.

219. AZEVEDO, Antônio Junqueira de. **Negócio jurídico**. Existência, validade e eficácia. 4.ed. São Paulo: Saraiva, 2002, p. 32.

220. AZEVEDO, Antônio Junqueira de. **Negócio jurídico**. Existência, validade e eficácia. 4.ed. São Paulo: Saraiva, 2002, p.120.

> reconhecida que seja socialmente reconhecida como tal, torna-se fácil, agora dizer em que consiste esse *quid novi* que vimos chamando de "circunstâncias negociais.[221]

Sobre as necessidades dos fatos serem reconhecidos socialmente como tal – ou, satisfazerem as condições pragmáticas para exprimirem a língua do direito – Emílio Betti, assim enuncia:

> Se qualquer negócio é, essencialmente, um fato social, e a autonomia da vontade é um fenômeno social, é fácil compreender que o negócio jurídico deve, também, satisfazer a exigência de recogniscibilidade que domina toda a vida social, isto é, deve ser um fato socialmente reconhecível.[222]

Os elementos extrínsecos, por sua vez, seriam o agente que pratica o ato, o tempo e o local em que o negócio é firmado.[223]

Gostaria de acrescentar, contudo, um outro elemento atinente à existência dos negócios jurídicos que é a possibilidade de serem eficazes. Já vimos que os valores compelem um impulso à sua realização frente ao espírito que lhes experimentam. A norma jurídica, enquanto ente dotado de valor, deve estar atribuída da possibilidade de ter eficácia, de se realizar, para ser entendida como tal.

Kelsen coloca a possibilidade de eficácia como um dos requisitos para validade (em sentido lato) de qualquer norma jurídica. A norma, necessariamente ineficaz, é um sem-sentido deôntico.[224]

---

221. AZEVEDO, Antônio Junqueira de. **Negócio jurídico**. Existência, validade e eficácia. 4.ed. São Paulo: Saraiva, 2002, p.122.

222. BETTI, Emílio. **Teoria geral do negócio jurídico**. Campinas: Servanda, 2008.

223. AZEVEDO, Antônio Junqueira de. **Negócio jurídico**. Existência, validade e eficácia. 8.ed. São Paulo: Saraiva, 2002, p. 150.

224. KELSEN, Hans. **Teoria geral das normas**. Tradução: José Florentino Duarte. São Paulo: Sergio Antônio Fabris Editor, 1986, p.178.

ELISÃO E NORMA ANTIELISIVA

Além de elementos gerais, de qualquer negócio, há elementos categoriais, ou seja, aqueles que são variáveis conforme a espécie de negócio que se leva em consideração.

Alguns elementos categoriais são implícitos ao tipo – chamados de naturais ou derrogáveis – de sorte que a inexistência expressa deles em um contrato é irrelevante para o aperfeiçoamento do negócio jurídico. Outros elementos categoriais são inderrogáveis, isto é, têm de estar no negócio para determinação do tipo e do regime jurídico do negócio jurídico. Diríamos que a presença de elementos categoriais inderrogáveis é requisito para que um determinado negócio seja de determinada espécie.[225]

A título de exemplo, na compra e venda é preciso que haja a determinação do objeto e a potencialidade de se determinar o preço para que um contrato possa ser qualificado como compra e venda.

Nos chamados negócios abstratos, os elementos categoriais inderrogáveis são vinculados à forma. Assim, a natureza jurídica (qualificação) é identificada a partir da seleção e combinação dos símbolos expressos no suporte físico em que se manifesta o negócio. A título de exemplo, certos títulos de crédito são abstratos porque sua qualificação jurídica é determinada a partir de seu suporte físico, isto é, a partir da seleção e combinação dos símbolos (*representamen*) que são expressos no canal que transmite a mensagem jurídica. Note-se, portanto, que os negócios jurídicos abstratos são assim qualificados por um elemento relacionado à primeiridade, isto é, aos signos que transparecem no suporte físico.

Nos negócios jurídicos causais, por sua vez, os elementos inderrogáveis estão vinculados à secundidade e terceiridade dos planos semióticos do negócio jurídico.

---

225. AZEVEDO, Antônio Junqueira de. **Negócio jurídico**. Existência, validade e eficácia. 4.ed. São Paulo: Saraiva, 2002.

De fato, todo negócio causal recebe certa qualificação jurídica em razão de seu objeto, isto é, as prestações jurídicas a serem cumpridas pelas partes, e não em razão de sua forma. Se a causalidade está, precipuamente, na secundidade, a qualificação do negócio dependerá de um segundo elemento, que não se confunde com as qualidades do suporte físico, que é o objeto ou a espécie de prestação a que se visa ver adimplida pelo negócio jurídico.

Esse tipo de causa, marcada pela secundidade, é denominada de causa pressuposta, de sorte que o elemento categoria inderrogável do negócio de causa pressuposta há de se referir a essa causa para fixar a qualificação jurídica do negócio como tal.

Por essa linha, o negócio causal pressuposto convive com certas condições necessárias, inerentes ao objeto do negócio jurídico, para que se apresente como tal. Por exemplo, no perdão de dívida, a existência do débito é pressuposto para que seja perdoado. Por isso que a existência da dívida seria a causa do negócio jurídico.[226]

Na causalidade marcada pela terceiridade, torna-se necessário um terceiro elemento que é a finalidade ou o resultado esperado pelo negócio e, portanto, não se confunde com ele mesmo. Assim, a sociedade é o negócio jurídico mediante o qual duas ou mais pessoas pretendem contribuir com bens ou serviços para que seja partilhado certo resultado. Sem esse terceiro elemento finalístico, não há que se falar em sociedade.

---

226. "Continuando no exame do elemento categoria inderrogável objetivo, próprio de todos os negócios causais, quer-nos parecer que ele pode ser típico, ora por se referir a um fato logicamente anterior (ainda que cronologicamente não o seja) ao próprio negócio que o justifica (causa pressuposta), ora por se referir a um fato futuro para o qual tende (causa final)." (AZEVEDO, Antônio Junqueira de. **Negócio jurídico**. Existência, validade e eficácia. 4.ed. São Paulo: Saraiva, 2002, 8ª tiragem, p.147).

ELISÃO E NORMA ANTIELISIVA

Portanto, ora, o direito valoriza a forma – isto é o conjunto de signos selecionados e modo em que eles se combinam – ora o objeto – as prestações jurídicas modalizadas deonticamente – ora a finalidade como elementos ínsitos que hão de estar presentes nos negócios jurídicos para que eles recebam as tutelas jurídicas que lhe sejam próprias.

Interessante observar que Antônio Junqueira de Azevedo busca distinguir o elemento categorial inderrogável da causa. Assim, assinala que o elemento categorial inderrogável é a cláusula que faz referência à causa e a causa é algo extrínseco ao negócio jurídico, seja pressuposta, seja finalística.[227]

Por outro lado, se pensarmos que a linguagem constitui realidade, pelos motivos que exprimimos no capítulo I, poderemos concluir que os elementos categoriais inderrogáveis constituem juridicamente a causa. Ao mencionarem a causa, tornarão essa condição do negócio como uma realidade constituída pelo próprio negócio, embora passível de refutação pelas diversas autoridades competentes.

Assim, uma linguagem posterior que infirme a existência de causa, anteriormente referida pelos elementos categoriais inderrogáveis, estará negando o próprio sentido que se atribui àqueles elementos categorias inderrogáveis e, portanto, estará requalificando ou desqualificando a natureza mesma do negócio.

Nesse sentido, creio que a qualificação de certo negócio jurídico com a natureza X ou Y, não depende apenas da presença de elementos categoriais inderrogáveis, enquanto enunciados do suporte físico, mas depende da aceitação desses elementos categoriais, como instâncias que se referem a uma causa que não esteja infirmada por linguagem competente habilitada para tanto.

---

227. AZEVEDO, Antônio Junqueira de. **Negócio jurídico**. Existência, validade e eficácia. 4.ed. São Paulo: Saraiva, 2002, 8ª tiragem, p.149.

Em outras palavras, se há negócio jurídico de perdão de dívida e se comprova, pela linguagem competente do direito, que a dívida não existia, o elemento categorial inderrogável que é a menção à dívida, em cláusula contratual, perde sua habilidade de atuar como elemento qualificador do negócio jurídico, de tal sorte que não se dirá mais, a partir de desconstituição da causa, que "existe" tal negócio jurídico.

Portanto, sustento que a aceitação jurídica da existência de causa – isto é a causa como fato jurídico e não como evento – é o elemento que fixa a qualificação jurídica do negócio causal.

Avançando, com relação aos requisitos de validade (em sentido estrito), Antônio Junqueira de Azevedo os relaciona com (i) a própria declaração de vontade que perfaz o negócio jurídico e (ii) com o modo em que os elementos gerais do ato se constituem.

Nesses termos, para fins de validade em sentido estrito do negócio jurídico, a declaração de vontade deve ser:

> a) resultante de um processo seletivo; b) querida com plena consciência da realidade; c) escolhida com liberdade; e d) deliberada sem má-fé.[228]

No tocante aos demais elementos gerais do negócio jurídico, a validade requer que o objeto seja lícito, possível e determinável[229], ao passo que a forma deve ser livre ou conforme a prevista pelo direito positivo.[230]

---

228. Esses requisitos de validade estão inseridos nos artigos 138 a 156 do Código Civil.

229. AZEVEDO, Antônio Junqueira de. **Negócio jurídico**. Existência, validade e eficácia. 4.ed. São Paulo: Saraiva, 2002, 8ª tiragem, p. 43. Essa é a previsão do artigo 104, inciso II, do Código Civil.

230. AZEVEDO, Antônio Junqueira de. **Negócio jurídico**. Existência, validade

ELISÃO E NORMA ANTIELISIVA

Quanto aos requisitos extrínsecos do negócio jurídico, o agente deve ser competente e o ato deve ser realizado conforme as condições de tempo e espaço previstos pelo direito.[231]

Finalmente, além dos elementos existenciais e dos requisitos de validade, há os fatores que determinam eficácia do negócio jurídico. Se tomarmos que a eficácia técnica se divide em sintática e semântica, haverá eficácia técnica sempre que inexistir, no direito, óbice para realização das normas inseridas no negócio jurídico e eficácia semântica quando o objeto puder ser concretizado. De novo, é preciso levar em consideração que a potencialidade de eficácia técnica e semântica é requisito para a própria existência do ato.

3.5 Requalificação e desqualificação dos fatos jurídicos no direito tributário

Esqueçamos, por ora, o parágrafo único do artigo 116 do Código Tributário Nacional, que será objeto de análise do capítulo IX, e foquemos o problema da requalificação ou desqualificação a partir uma ótica contextualizada entre os artigos 116 e 118 do Código Tributário Nacional, de um lado, os elementos existenciais, requisitos de validade e fatores de eficácia, por outro lado.

Do artigo 116, incisos I do Código Tributário Nacional, verifica-se que as situações jurídicas são tidas como ocorridas desde o momento em que estejam definitivamente constituídas, nos termos de direito aplicável.

Isso significa que os elementos existenciais dos negócios jurídicos, que os constituem enquanto instâncias portadoras

---

e eficácia. 4.ed. São Paulo: Saraiva, 2002, 8ª tiragem, p. 43. Vide artigo 104, inciso III, do Código Civil.

231. AZEVEDO, Antônio Junqueira de. **Negócio jurídico**. Existência, validade e eficácia. 4.ed. São Paulo: Saraiva, 2002, 8ª tiragem, p. 43.

de validade em sentido lato, haverão de estar presentes para que o negócio seja tido como instituído.

Assim, sem a manifestação de vontade, formalizada por linguagem competente, sem as normas introduzidas que objetivam essa manifestação e sem as condições pragmáticas para que o negócio venha a ser, socialmente, tido como enunciando uma linguagem jurídica, o negócio não existirá e, portanto, será inoponível às autoridades administrativas. Nesse sentido, Karem Jureidini Dias esclarece:

> Insistimos que não há competência jurídica para a autoridade administrativa no âmbito fiscal desconstituir um fato ou um ato de natureza civil, mas tal autoridade administrativa tem o dever-poder de averiguar a suficiência da prova do suporte fático na constituição do fato jurídico tributário.[232]

Por esse prisma, se a parte alega que determinado recurso financeiro é oriundo de mútuo, mas não consegue provar a respectiva manifestação de vontade, mediante documento hábil, o Fisco não está obrigado a acatar existência de tal negócio, enquanto válido em sentido lato no direito brasileiro. Vejamos, nesse sentido, a ementa de decisão emanada do antigo 1º Conselho de Contribuintes do Ministério da Fazenda, a seguir citada:

> ACRÉSCIMO PATRIMONIAL A DESCOBERTO. SALDOS REMANESCENTES EXISTENTES AO FINAL DO ANO. FALTA DE COMPROVAÇÃO. EFEITOS. Os saldos remanescentes não comprovados ao final de cada ano-calendário consideram-se consumidos dentro do próprio ano, não servindo como recursos para justificar acréscimo patrimonial apurado no ano-calendário subsequente.

---

232. DIAS, Karem Jureidini. **Fato tributário.** Revisão e efeitos jurídicos. São Paulo: Noeses, 2011, p.190.

ACRÉSCIMO PATRIMONIAL A DESCOBERTO. DINHEIRO EM ESPÉCIE. DECLARAÇÕES DE AJUSTE ANUAL ENTREGUES TEMPESTIVAMENTE. Devem ser aceitos como origem de recursos aptos a justificar acréscimos patrimoniais os valores informados a título de dinheiro em espécie, em declarações de ajuste anual entregues tempestivamente, salvo prova inconteste em contrário, produzida pela autoridade lançadora, no sentido da inexistência dos numerários quando do término dos anos-calendário em que foram declarados.

ACRÉSCIMO PATRIMONIAL A DESCOBERTO – ÔNUS DA PROVA – Se o ônus da prova, por presunção legal, é do contribuinte, cabe a ele a prova da origem dos recursos informados para acobertar seus dispêndios gerais e aquisições de bens e direitos. EMPRÉSTIMO. O mútuo deve ser comprovado mediante documentação hábil e idônea, não sendo suficiente estar consignado nas declarações do mutuante e do mutuário. MÚTUO ENTRE CÔNJUGES. Quanto a empréstimos efetuados entre ascendentes/descendentes e cônjuges, basta que mutuante e mutuário os declarem e que o primeiro disponha de condições de efetuar o mútuo e ainda, que as respectivas declarações tenham sido entregues dentro do prazo legal, para que o respectivo valor seja aceito para cobrir acréscimo patrimonial. GANHO DE CAPITAL. ALIENAÇÃO DE BENS. São tributáveis os ganhos auferidos na alienação de bens, representados pela diferença entre o valor da venda e o custo de aquisição. Preliminares rejeitadas Recurso parcialmente provido. Por unanimidade de votos, REJEITAR as preliminares arguidas pelo Recorrente e, no mérito, DAR provimento PARCIAL ao recurso para excluir da base de cálculo o valor relativo ao Acréscimo Patrimonial a Descoberto do ano-calendário de 1998. Maria Helena Cotta Cardozo – Presidente. Publicado no DOU em: 28.01.2009. Relator: Antonio Lopo Martinez. Recorrida: 4ª TURMA/DRJ-CURITIBA/PR.[233]

---

233. 1º Conselho de Contribuintes. 4ª. Câmara. Acórdão 104-22.817 em 07.11.2007. IRPF – Ex(s): 1998 a 2001.

CHARLES WILLIAM MCNAUGHTON

O negócio jurídico para ocorrer também há de conter seus elementos extrínsecos como agente, tempo e espaço. A emissão de nota fiscal inidônea por "empresa laranja" – inexistente – não gera de crédito de ICMS, justamente, por faltar um dos elementos do negócio de circulação de mercadorias que é um dos agentes, isto é, o vendedor. [234]

Além dos elementos genéricos, a presença de elementos categoriais inderrogáveis e a sustentabilidade da causa por eles afirmados – no caso dos negócios jurídicos causais – é outra instância que influencia na qualificação jurídica do fato.

Explique-se que, nos chamados negócios abstratos, é a forma, isto é, o conjunto de signos selecionados e o modo em que esses signos são combinados no suporte físico que são relevantes para que o negócio jurídico seja qualificado desta ou daquela maneira. Assim, se for instituído um tributo sobre a emissão de notas promissórias, se determinado título de crédito T não for composto daquelas notas tais ou quais que caracterizam as notas promissórias, não haverá incidência da norma tributária sobre a emissão de T.

Nos negócios causais, por sua vez, a inexistência de um elemento categorial inderrogável ou a inexistência provada de causas pressupostas ou finalísticas, previstas pelo direito positivo para que os negócios jurídicos sejam qualificados desta ou daquela maneira, permite a requalificação ou desqualificação do ato praticado pelo contribuinte, em razão de lacuna ou ausência de um dos requisitos que o negócio jurídico deve ostentar para ser aquilo que deve ser.[235]

---

234. Nesse sentido, a decisão das Câmaras Reunidas do Tribunal de Impostos e Taxas do Estado de São Paulo: TIT – SP, DRT. 1 – 23214/78 – 23/07/1981, Relator Durlec Dias Conrado.

235. Sobre a importância da causa no direito tributário, vide: DIAS, Karem Jureidini. **Fato tributário**. Revisão e efeitos jurídicos. São Paulo: Noeses, 2012, p.194.

ELISÃO E NORMA ANTIELISIVA

Assim, por exemplo, se certo documento designa uma operação de compra e venda, mas a mercadoria vendida não existe, ou não foi determinado preço, negócio jurídico de compra e venda não há, de sorte que o Fisco estará habilitado para requalificar – em outra situação jurídica – ou desqualificar – para não enquadrá-la em nenhuma outra situação jurídica – a linguagem produzida pelo contribuinte, para fins de perfazer a incidência da norma tributária.

A jurisprudência administrativa costuma designar esses descompassos de "abuso de forma", ou de desqualificá-los em razão de um princípio da "substância sobre a forma" o que, muitas vezes, é outro modo de dizer que o negócio está provido da causa jurídica que lhe qualifica como tal.[236]

Examinaremos, melhor, a teoria da "substância sobre a forma", especialmente sua origem, no campo do direito norte-americano e na jurisprudência administrativa brasileira, no capítulo VIII. Por ora gostaríamos de exprimir a impropriedade terminológica de tal qualificação.

Ocorre que, como vimos, não há negócio jurídico sem forma. Assim, conteúdo e forma são instâncias coimplicantes, de sorte que a disputa entre "forma" e "conteúdo" é um sem-sentido semiótico, se pensarmos que cada signo tem seu objeto e cada objeto tem seu signo.

Uma teoria da prevalência da substância sobre a forma só poderia ser admitida se pensássemos no descompasso entre certos signos utilizados em um suporte físico pelo contribuinte e o objeto prevalecente após a realização do procedimento

---

236. A título de exemplo, o Acórdão 101-95552, emitido pelo então 1º Conselho de Contribuintes do Ministério da Fazenda, que teve como relator Paulo Roberto Cortez, indica, em sua ementa "abuso de forma", para desqualificar o planejamento tributário, mas trata, no corpo do voto, da operação "casa-separa" que será mais bem explicada no capítulo VIII, indicando, expressamente, a existência de simulação.

probatório inerente ao processo de positivação tributário – especificamente, após fiscalização e litígio tributário – de tal sorte que esses signos seriam infirmados por outros signos. Mas, note-se que há sempre a interação entre forma e conteúdo A versus forma e conteúdo B, ou seja, há disputa entre linguagens, em todas as suas dimensões (signo/objeto/interpretante), porque, repita-se, não há conteúdo sem uma forma que o materialize e sem um interpretante que o entenda como tal.

Pois bem, examinada a possibilidade de requalificação dos negócios jurídicos a partir de elementos genéricos ou categoriais dos negócios jurídicos, passarei a examinar outro problema que é o da validade em sentido estrito.

Genericamente, diria que os requisitos de validade em sentido estrito dos negócios jurídicos não são relevantes para se determinar a incidência de certo tributo, justamente, em razão do mandamento veiculado pelo artigo 118, inciso I, do Código Tributário Nacional, que prescreve que para a ocorrência do "fato gerador" – isto é do acontecimento previsto no antecedente da regra-matriz de incidência tributária – é indiferente a validade dos atos jurídicos praticados.

Assim, o fato de que o objeto é ilícito, de que o agente é incapaz, ou de que a forma do ato está em descompasso com certa prescrição, não são, genericamente dizendo, elementos que condicionam a qualificação de certo fato jurídico tributário, desde que ostentem validade em sentido lato e desde que possam ser qualificados como o tipo de negócio jurídico que receba aquela incidência normativa específica.

Quando se examina a distinção entre elementos genéricos e categorias do ato jurídico, de um lado, e requisitos de validade, de outro, é possível compreender e compatibilizar os artigos 116, inciso I, do Código Tributário Nacional e 118, inciso I, do mesmo Código.

ELISÃO E NORMA ANTIELISIVA

Quando o primeiro diz que as situações jurídicas são tidas como ocorridas desde o momento em que estejam definitivamente constituídas, nos termos de direito aplicável, trata dos elementos genéricos que condicionam a existência do negócio jurídico e dos elementos categoriais que importam à qualificação da situação jurídica e à norma tributária que coincide sobre determinada situação jurídica; quando o artigo 118, inciso I, do mesmo Código trata da irrelevância da validade para fins de determinação dos efeitos dos atos jurídicos, está enunciando que a observância dos pressupostos de validade em sentido estrito por um ato não é requisito de qualificação do evento tributável.

A título de exemplo, se a venda de uma mercadoria é realizada por pessoa absolutamente incapaz, isso não retira a validade em sentido lato da venda – ela existe porque possui um objeto, partes e no tempo e no espaço – e nem a qualificação da venda como tal – ela não deixa de ser venda porque presente sua causa. Porém, ela será um ato nulo nos termos do artigo 166, inciso I, do Código Civil.

Nos termos do artigo 116, inciso I, do mesmo Código, porque o negócio existe e porque presentes seus elementos categoriais, poderá a autoridade administrativa reputá-la como uma venda para fins tributários. Agora, nos termos do artigo 118, inciso I, do mesmo Código, nem a autoridade administrativa e nem o contribuinte poderão alegar que tal operação não se trata de compra e venda para fins fiscais.

Se por outro lado, uma suposta compra e venda é realizada e não existe mercadoria, preço ou partes, estarão faltando tanto elementos categoriais como existenciais do ato jurídico. A operação, nessa hipótese, deverá ser desqualificada ou requalificada por autoridades administrativas, conforme o caso. Nesse mesmo sentido, Karem Jureidini Dias, assim sustenta:

> A autoridade administrativa não pode arguir a invalidade do ato ou negócio formalmente apresentado pelo contribuinte, devendo proceder, como dissemos, nos

estritos limites de sua competência. Isso quer dizer que não tem o poder de negar a relação jurídica que efetivamente nasceu, seja no âmbito cível ou em qualquer outro. A revisão fiscal tem somente competência da suficiência da prova de ocorrência do ato formalmente apresentado e desde que no pressuposto de prova de ocorrência de outro fato ou ato que compõem o conjunto suficiente a denotar o fato colhido pela incidência fiscal.[237]

Avançando em nosso exame sobre a interação entre negócio jurídico e aplicação da norma tributária, voltemos agora a outro aspecto do negócio jurídico que é sua eficácia. Nesse ponto, vale lembrar que, nos termos do artigo 118, inciso II, do Código Tributário Nacional, os efeitos do "fato gerador" são irrelevantes para fins de incidência da norma tributária.

É preciso, nesse ponto, lembrar que efeito é algo distinto do fato jurídico. Assim, quando se examina a incidência de certa norma tributária é preciso perquirir se incide sobre (i) a manifestação de vontade que é o negócio jurídico ou se incide sobre (ii) os efeitos jurídicos dessa manifestação de vontade.

Por exemplo, se pensarmos acerca da hipótese de incidência do Imposto sobre Circulação de Mercadorias ("ICMS") verificaremos que o critério temporal é a saída da mercadoria do estabelecimento vendedor. Assim, o critério temporal desse imposto dependeria, por exemplo, da satisfação de eventual cláusula suspensiva que impedisse a eficácia do negócio jurídico de compra e venda.

Por outro lado, uma vez eficaz o negócio jurídico e saída a mercadoria, efeitos posteriores serão irrelevantes para condicionar o negócio. Assim, se a mercadoria foi devolvida ou se houve inadimplência por parte do comprador, enfim, qualquer

---

237. DIAS, Karem Jureidini. **Fato tributário**. Revisão e efeitos jurídicos. São Paulo: Noeses, 2012, p. 214.

outro efeito proveniente do acontecimento constituído pelo fato jurídico tributário é irrelevante para fins de se examinar a incidência tributária de certa norma sobre a situação tal ou qual.

Em síntese, é possível concluir que os elementos genéricos e os elementos categoriais inderrogáveis do negócio jurídico, a causa prevalecente juridicamente e os fatores que condicionam a eficácia do negócio jurídico, quando o fato jurídico tributário for oriundo do resultado dessa eficácia, são as instâncias relevantes para a autoridade administrativa examinar o negócio jurídico para fins de qualificação jurídico-tributária.

Por outro lado, são irrelevantes, no campo tributário, os requisitos de validade em sentido estrito do negócio jurídico e os fatores de eficácia, quando for o próprio negócio, e não um efeito seu, que estiver conotado no antecedente da regra geral e abstrata que institui o tributo.

Feito esse exame genérico, passaremos a estudar três defeitos típicos do negócio jurídico, a saber, a simulação, a fraude à lei e o abuso de direito e entender como esses defeitos podem interagir no campo tributário.

3.6 Simulação

3.6.1 O problema da simulação e da verdade

Pelo menos, duas ordens de dificuldades se postam diante da empresa ao se definir o conceito de simulação no âmbito jurídico.

A primeira, que trataremos no presente item, é o da diferença de planos de valência: o critério lógico de verdade/falsidade que parece informar o conceito de simulação, próprio das linguagens com pretensão veritativa, não se aplica à linguagem prescritiva do direito positivo.[238]

---

238. VILANOVA, Lourival. O universo das formas lógicas. In: **Escritos jurídicos e filosóficos**. V.II. São Paulo: Axis Mundi/IBET, 2004, p. 33.

De fato, há uma nítida associação entre simulação e falsidade. Nesse sentido, Francisco Ferrara diz:

> Aquele que recorre à simulação quer criar uma aparência falsa para enganar o público, levando a opinião errônea da verdade do fato alegado.[239]

O próprio Código Civil Brasileiro associa a noção de simulação com a "falsidade". Com efeito, o artigo 167 do Código Civil prescreve o seguinte:

> Art. 167. É nulo o negócio jurídico simulado, mas subsistirá o que se dissimulou, se válido for na substância e na forma.
>
> § 1º Haverá simulação nos negócios jurídicos quando:
>
> I – aparentarem conferir ou transmitir direitos a pessoas diversas daquelas às quais realmente se conferem, ou transmitem;
>
> II – contiverem declaração, confissão, condição ou cláusula não verdadeira;
>
> III – os instrumentos particulares forem antedatados, ou pós-datados.

Como se nota do §1º, inciso II, do artigo 167 do Código Civil, a declaração, confissão, condição ou cláusula não verdadeira é uma das hipóteses para configuração da simulação. Creio que dos três incisos do referido parágrafo, o segundo seja o mais genérico, abrangendo, inclusive, os casos previstos no inciso I e III. Mas, como o não verdadeiro interessa ao direito?

Direito é dever-ser. Mesmo à linguagem da facticidade jurídica, só importa a descrição de um evento, enquanto pressuposto de imputação de relação jurídica. E o enunciado

---

239. FERRARA, Francisco. **Simulação dos negócios jurídicos.** Tradutor: Doutor A. Bossa. São Paulo: Saraiva, 1939, p. 49.

que constitui o fato, em uma sentença judicial, em um documento, em uma multa, é ele mesmo dotado de uma autoridade que lhe é conferida por ser introduzido pelo veículo adequado: a linguagem competente constitui realidade jurídica, não por guardar correspondência com os eventos, mas por ser produzida mediante procedimento anteriormente previsto e por autoridade jurídica.

Se a verdade não é a tônica da linguagem prescritiva, mesmo a que compõem o fato jurídico, ainda assim é possível tentar justificar a nítida relação entre simulação e a falsidade, pelo caráter não exclusivo das funções de linguagem.

Por um lado, o enunciado que constitui o fato jurídico é prescritivo em razão das relações que firma com outros enunciados: com o enunciado do veículo introdutor que lhe insere no ordenamento, com o enunciado que constitui a relação jurídica, implicada pelo antecedente da norma individual e concreta, enfim com todo o conjunto de enunciados que o circundam. Mas ele mesmo, cortado em sua unidade, e dissociado por uma acessão de seu próprio universo, é descritivo. Ele, mesmo, tem vocação descritiva.

Então, é nessa vocação da facticidade jurídica para descrever que parece residir a associação entre a simulação e a falsidade. Ainda assim, o problema não se esgota.

Simulados não são apenas os fatos. Os próprios negócios jurídicos, os contratos, os atos dos mais diversos tipos, podem ser alvos de simulação. E negócios, atos, contratos são mais do que fatos jurídicos. São conjuntos de normas, com mandamentos, com previsão de relações jurídicas. Para esse campo do direito, não convém assinalar que a simulação é um "dizer que é o que não é", eis que esses enunciados não dizem "o que é", mas o "que deve ser".

Essa dificuldade pode ser superada, se abandonada, por ora, a ligação entre simulação e verdade por correspondência. Simulação pode ser tratada como um caso especial de incompatibilidade de signos.

Mas, para a compreensão de como essa incompatibilidade se verifica, vale pensarmos no segundo problema que antecipamos existir, que é, justamente, o relativismo que aceita uma postura de "tolerância entre pontos de vista".

Se "aquilo que é", ou mesmo o "aquilo que deve ser", é uma variável que pode ser preenchida por mais de um argumento, como uma visão relativista parece importar, a interpretação de que tal ou qual negócio deva ser qualificado juridicamente como X e não como Y, não anula a possibilidade de que outra proposição confira a esse mesmo negócio a natureza de ser Y e não X. E uma acepção de tolerância de pontos de vista há de admitir essa possibilidade.

Uma postura relativista, de certa maneira, torna ainda mais complexo um conceito como o de simulação, tão apegado à ideia de "natureza jurídica" dos negócios, tão apegado a uma acepção essencialista da linguagem.

Ora, se a simulação é a "mentira", ou algo muito próximo à ideia que temos de "mentira", e se a não-simulação é o verdadeiro, ao relativista a afirmativa de que "aquilo parece mas não é o negócio jurídico X", torna-se um tanto quanto delicada.

Mas, uma acepção de tolerância entre pontos de vista há de ser uma linguagem superior em referência aos discursos antagônicos tomados como objeto. Um discurso, em seu próprio nível, adota apenas uma possibilidade, em termos lógicos, para suas próprias assertivas. Mesmo que, em um mesmo suporte físico, considerem-se possibilidades contrárias, ou contraditórias, como aceitáveis, por entendê-las como distintos e legítimos sistemas de referências, essa aceitação, logicamente, encontra-se em nível superior ao das proposições aceitas. Se o nível fosse o mesmo, haveria um contrassentido que macularia a consistência discursiva.[240]

---

240. Segundo Edmund Husserl, "la proposición no existe ninguna verdad equivale por su sentido a proposición es verdad que non existe ninguna

ELISÃO E NORMA ANTIELISIVA

Ao considerarmos o relativismo possível enquanto linguagem de sobrenível a dois discursos antagônicos, podemos voltar a "pensar com certezas", não como atitude definitiva, mas como uma "abstração isoladora" do intelecto que, deixando o relativismo em sua alçada de discurso em plano superior, anima-se a tecer afirmações sobre o mundo, sem maiores hesitações. Se, com essa postura, ainda não há lugar para a verdade definitiva, ou a verdade *do* discurso, há lugar para a verdade *no* discurso, ou seja, a verdade em nome da qual se fala.[241]

Após essa reflexão, podemos contornar a dificuldade do conceito de simulação, concebendo, não a captura da essência de um negócio simulado – que importaria uma visão essencialista da linguagem – mas indagando quais critérios determinado discurso pode adotar para considerar um ato jurídico como fruto de simulação.

Tomemos esse discurso, portanto, como uma metalinguagem que trata de uma linguagem-objeto, identificando, nela, um ato simulado. Esse discurso há de apontar, nesse caso, que a linguagem objeto está permeada de signos representando certo objeto (os "signos simuladores") e que nessa mesma linguagem ou no contexto a ela circundante há a presença de índices que negam a presença desse objeto (os "índices negadores"). O discurso, ainda, há de fundamentar uma escolha que justifique a aceitação dos índices negadores, em detrimento dos símbolos simuladores, concluindo, assim, que o objeto representado e negado é um objeto simulado.

---

verdad. El contrasentido de la tesis exige el contrasentido de la hipotesis". (HUSSERL, Edmund. **Investigaciones logicas**. Trad. Manuel G. Morente e José Gaos Madrid: 2001, Alianza Editorial S.A., p.115).

241. Segundo Fabiana Del Padre Tomé "sempre que alguém transmite uma mensagem de teor descritivo, o faz em nome de uma verdade que pretende ver aceita. Sem essa pretensão veritativa, a informação não tem sentido". (TOMÉ, Fabiana Del Padre. **A prova no direito tributário**. São Paulo: Noeses, 2011, p.17).

Em termos jurídicos, o discurso que aponta a simulação há de indicar o uso deliberado de signos ou expressões que denotem certo estado jurídico, quando a presença dos requisitos para a composição de tal estado jurídico não é reconhecida por tal discurso. Apontar a simulação, por essa ótica, seria identificar uma modalidade especial de lacuna que é a lacuna do objeto do signo jurídico.

A prova da simulação há de ser índices que desconstruam o objeto simulado e comprovem o dolo no emprego dos signos simuladores. Nesse jogo de linguagem, a verdade importa como uma espécie de relação entre o elemento categorial derrogável e a causa do negócio jurídico, ou entre o enunciado que constitui o elemento geral e a prova que o infirma, de tal sorte que ao se quebrar esse vínculo desconecta-se uma relação entre o signo e seus objetos muito próximo ao que se pode chamar de um conceito de verdade. Trata-se de uma verdade lógica no interior do direito porque inserida ou refutada mediante norma jurídica.[242]

Denominaremos de 'simulação de direito' – sob a ótica de um recurso que lhe reconhece como tal – aquela em que os signos simuladores postulam a presença de uma relação jurídica constituída com fundamento de validade em determinada norma N, sem que os requisitos estampados por essa norma N tenham sido observados. Essa definição nos remete que a simulação de direito é um instituto próximo ao erro de direito, com a diferença de que foi intencionalmente produzida pelo agente.

A simulação de direito é um problema de indevida qualificação de um ato jurídico, por ausência de verificação de seus requisitos categoriais. Nesse sentido Francisco Ferrara enuncia que

---

242. "A verdade entra sim, em boa parte, no mundo jurídico, mas entra mediante norma, através de valoração que a norma toma como seu fundamento axiológico." (VILANOVA, Lourival. **As estruturas lógicas e o sistema do direito positivo**. 4.ed. São Paulo: Noeses, 2010, p.116).

ELISÃO E NORMA ANTIELISIVA

entre os casos de simulação há aquela em que se visa a iludir sobre a "natureza do negócio jurídico"[243], isto é, sobre sua qualificação.

Já a simulação de fato caracteriza-se pelo emprego de signos simuladores contrapostos por índices que apontam uma situação tida como inexistente, ou distinta daquela representada pelos signos simuladores. Trata-se de um problema relacionado às provas, sendo assim, muito próximo ao erro de fato. Entendemos que as simulações relativas aos elementos genéricos do negócio jurídico, que se referem à sua existência, normalmente estão associadas à simulação de fato. Francisco Ferrara lembra que além da natureza do negócio jurídico, a própria existência também pode ser simulada.[244]

Nesse contexto, o discurso que aponta a simulação há de indicar:

(1) A existência de signos que se assemelhem a uma determinada situação jurídica, ou seja, os signos simuladores;

(2) A existência de signos que indiquem que a situação jurídica não se configurou, ou seja, os signos negadores;

(3) A motivação da opção dos signos negadores em detrimento dos signos simuladores.

Se observarmos, especificamente, o discurso que trata da simulação de direito, os seguintes elementos deveriam ser identificáveis:

(1) Requisitos jurídicos para a configuração de certo estado jurídico – tomando estado jurídico em uma acepção bem ampla que pode ser a existência de uma norma que

---

243. FERRARA, Francisco. **A simulação dos negócios jurídicos**. Tradução A. Bossa. São Paulo: Saraiva, 1939, p. 51.

244. FERRARA, Francisco. **A simulação dos negócios jurídicos**. Tradução A. Bossa. São Paulo: Saraiva, 1939, p. 51.

prescreva determinado mandamento, a ocorrência de um evento, entre outros;

(2) A presença de signos simuladores, ou seja, signos que indiquem que os requisitos jurídicos foram observados em determinado caso;

(3) A presença de signos negadores da configuração dos referidos requisitos;

(4) A motivação que destaque por que os signos negadores devem se sobrepor aos signos simuladores;

(5) A prova da ciência do agente enunciador que (i) o estado jurídico inexiste, (ii) o documento jurídico por ele emitido emprega signos que indicam a configuração do estado jurídico.

Já no discurso que identifica a simulação de fato, os seguintes elementos são identificáveis:

(1) A presença de signos que simulem, por qualidades presentes, a configuração de certa situação de fato;

(2) A presença de signos que indiquem a não existência de tal situação de fato;

(3) A prova da ciência do agente enunciador que (i) o estado de fato inexiste, (ii) o documento jurídico por ele emitido emprega signos que indicam a configuração do estado jurídico.

Com essa postura, estaremos abandonando, por ora, o conceito de "simulação em si", para identificar a simulação como objeto de um discurso, ou melhor, dizendo, de uma norma individual e concreta.

3.6.2 O problema da simulação e da validade

Outra dificuldade acerca da simulação é o da validade do ato jurídico praticado.

ELISÃO E NORMA ANTIELISIVA

Tomado o signo validade, em seu sentido lato, e considerando, como válido, o ato jurídico existente para determinado sistema jurídico, parece-me que para examinar as relações que se firmam entre validade e simulação é útil pensar em três ordens de problemas que são (i) o da validade do ato jurídico, como veículo que insere normas no sistema, (ii) a validade das normas por ele inseridas e (iii.a) a qualificação atribuída às relações jurídicas decorrentes dessas normas, no caso da simulação internormativa, ou (iii.b) da consistência dos fatos jurídicos constituídos, no caso da simulação de fato.

Uma vez posta a tríade, tenha-se em conta que a simulação de direito envolve um problema de subsunção de um conceito de uma ou mais relações jurídicas, estabelecido por norma geral e abstrata, frente a uma situação concreta constituída pelos agentes simuladores, ou seja, está estreitamente vinculada à qualificação que se atribui às relações jurídicas, em razão de um descompasso do negócio com seus requisitos categoriais.

Com efeito, o discurso que aponta a simulação de direito em determinado ato jurídico tem por objeto uma ou mais norma individual que emprega signos que representam a consecução de determinada prática regulada por certa norma geral e abstrata, sem que os requisitos para a constituição do negócio por ela referida tenham sido atendidos.

Se assim for, é possível pensar a simulação de direito como um caso especial em que determinada norma N individual postula fundamento de validade em outra norma N' da qual não logra êxito – segundo o discurso que aponta a simulação – retirar. O termo "postular", aqui, é empregado no sentido de que os signos que compõem o suporte físico dessa norma individual N produzem um ícone entre N e uma norma N'', sendo que N'' efetivamente retiraria fundamento de validade em N'.

Então, com a simulação de direito, há um ruído nessa tentativa da norma de retirar fundamento de validade em

181

outra. Isso não necessariamente macularia a validade de N. De fato, o problema da validade, em sentido estrito, do ato simulado, implica a análise se este ato retiraria fundamento de validade em outra norma, que não aquela que pleiteia retirar.

Isso certamente seria operado no caso da simulação relativa, ou dissimulação, haja vista que o ato simulado, nessa hipótese, busca encobrir a existência de outro ato praticado pelas partes.[245]

Mesmo no caso da simulação absoluta, há cláusula genérica que outorga fundamento de validade ao ato simulado que é o § 1º do artigo 167 do Código Civil. Esse dispositivo prescreve que ficam ressalvados, na simulação, os direitos de terceiros de boa-fé, em face do contraente do negócio jurídico simulado, demonstrando que nem sempre o ato simulado é nulo, para todos os efeitos.

Assim, se pensarmos em um veículo introdutor que insere um complexo de enunciados jurídicos no sistema, o discurso competente, ao identificar a simulação absoluta, há de reconhecer a ausência de validade em sentido estrito das normas individuais por ele inseridas, salvo aquelas normas que atribuam direitos perante terceiros de boa-fé.

Isso significa que a nulidade, ou seja, a ausência de validade em sentido estrito, não alcança, necessariamente, o veículo introdutor de normas, em sua completude mas, pelo menos, parte dele.

Já no caso da simulação de fato, o fenômeno é diverso. A linguagem produzida pela norma individual e concreta é

---

245. Segundo Francisco Ferrara, "Mas a simulação emprega-se muitas vezes para ocultar um negócio que as partes realizaram seriamente: por detrás do negócio jurídico fingido oculta-se outro verdadeiro, cuja existência se quer subtrair ao conhecimento de terceiros. Dessa maneira entra-se no campo da simulação relativa ou dissimulação." (FERRARA, Francisco. **Simulação dos negócios jurídicos**. Tradução A. Bossa. São Paulo: Saraiva, 1939, p.160).

ELISÃO E NORMA ANTIELISIVA

consistente com aquela estampada pela norma geral e abstrata, porém, os fatos constituídos são incompatíveis com certas provas, identificadas pelo discurso que reconhece a simulação. Tal discurso não aponta um problema de subsunção de conceitos internormativos, mas uma inconsistência entre os enunciados factuais e as provas.

Nesse caso, o problema da nulidade não seria decorrente de uma desconformidade perante certa norma que o ato simulado postula retirar fundamento de validade – salvo se os elementos infirmados pelas provas forem requisitos para a produção do ato – mas sim de não observância do próprio artigo 167 do Código Civil, que proíbe a prática do ato simulado, atribuindo, como sanção, a nulidade.

Mesmo assim: a simulação relativa importará a validade do negócio encoberto e a simulação absoluta implicará a validade do negócio para direitos atribuíveis a terceiros de boa-fé.

3.6.3 Nulidade e requalificação

São operações distintas, as de (i) decretar a nulidade do ato jurídico simulado e (ii) requalificar ou desqualificar o ato jurídico simulado, essa última dividida entre (ii.a) a requalificação ou desqualificação da retirada de fundamento de validade de certa norma ou (ii.b) a reconstrução ou desconstrução de um enunciado factual que aponta uma certa situação jurídica.

Decreta-se a nulidade da norma individual – inserida pelo veículo jurídico, produzido mediante simulação – que não retira fundamento de validade em norma geral e abstrata que possa lhe garantir a validade em sentido estrito, ou por violar especificamente, prescrição de certa norma jurídica.

Já o ato de requalificar, no caso da simulação internormativa, importa assinalar que determinada norma N não retira

183

fundamento de validade em certa norma, mas em outra. Note--se que a requalificação não tem nada que ver com a nulidade: ela pressupõe a ausência de nulidade.

No ato de desqualificar ou desconsiderar, ainda na simulação de direito, há a negação da retirada de fundamento de validade em certa norma, sem que se busque identificar outra possível norma de maior hierarquia que possa legitimar o ato simulado, negando-se, consequentemente, o efeito jurídico postulado pelo ato simulatório.

Tenhamos em conta que a desqualificação é expediente muito próximo de decretação de nulidade, mas com ele não se confunde. Para desqualificar, basta infirmar relação de derivação que a norma individual e concreta NIC postula firmar com certa norma geral e abstrata N. A nulidade importaria um exame mais abrangente, porque o operador deveria atestar a ausência de qualquer norma, no sistema jurídico, que outorgue fundamento de validade ao ato simulado, não bastando a mera indicação de que NIC não retira, efetivamente, fundamento de validade de norma específica N.

Com a desqualificação, a autoridade competente nega certa eficácia ao ato jurídico simulado, eficácia que os signos simuladores postulariam. Assim, requalificar ou desqualificar está estreitamente relacionado à extensão dos efeitos que o negócio jurídico deve gerar – um problema de eficácia – mas não propriamente de validade.

Quanto aos atos de reconstruir ou desconstruir situações fáticas, neles se verifica a não aceitação da situação tal ou qual indicada no ato simulado: no primeiro caso, apontando-se outra situação relevante que se sucedeu encoberta pelo ato simulatório, e, no segundo, apontando-se uma lacuna de fatos relevantes. Trata-se, portanto, de um problema de consistência dos fatos jurídicos. Essa inconsistência é *pressuposto* de aplicação da sanção de nulidade, preconizada pelo artigo 168 do Código Civil e não *decorrente* da aplicação de tal sanção.

ELISÃO E NORMA ANTIELISIVA

Nesses termos, apesar de o artigo 168, parágrafo único, do Código Civil, prescrever que as nulidades devem ser pronunciadas pelo juiz – e não pela autoridade administrativa – isso não significa que tal autoridade administrativa não possa desconstruir ou reconstruir a situação fática simulada ou requalificar ou desconsiderar a situação jurídica indicada no ato simulatório: identificar a realidade afirmada pelas provas ou qualificar as circunstâncias regidas por normas é aptidão da autoridade jurídica competente para constituir a obrigação tributária.

Assim, o artigo 116, parágrafo único, do Código Tributário Nacional, que prevê a possibilidade de desconsiderar ou requalificar os atos ou negócios praticados com dissimulação, não é incompatível com o artigo 168 do Código Civil: a autoridade tributária desconsidera, desqualificando ou requalificando, como meio de aplicar adequadamente as normas tributárias cabíveis à situação, ou desconstruindo ou reconstruindo, a partir das provas disponíveis.

Em um ou outro caso, porém, a requalificação ou desqualificação prescinde da negação de validade da norma jurídica que insere tal ato no ordenamento jurídico. Não se trata de enunciar que tal norma não está inserida no sistema jurídico, e sim de enunciar que a determinado ato não pode ser outorgada qualificação tal ou qual. Trata-se de um problema de interpretação do conceito aplicável a determinado "ato jurídico".

3.6.4 A relação entre o ato praticado e o fato jurídico tributário

3.6.4.1 Considerações iniciais

No item anterior, tratamos sobre a requalificação do ato simulado. Não se confunde a requalificação do ato simulado, com a requalificação do fato jurídico que interessa ao regime jurídico tributário.

185

Pelo prisma das normas que regem a tributação, o ato simulado poderá dar causa a não aceitação por parte da autoridade competente de determinada norma individual e concreta tributária firmada pelo sujeito passivo.

Assim, quando se diz que uma operação é "pagamento de salário" e não "empréstimo", há uma requalificação no plano das normas individuais e concretas cíveis, mas que são efetivadas apenas como pressuposto para enunciar que norma tributária N, que incide sobre pagamento de salário, deve ser aplicada ao caso concreto.

A desqualificação do ato simulado poderá ensejar uma requalificação do fato jurídico tributário. Por exemplo, a desqualificação do serviço tomado, de forma simulada, para gerar despesa, pode importar a requalificação do prejuízo apurado por tal pessoa jurídica, passando-se a considerar a existência de lucro.

Assim, é preciso distinguir os dois planos que são o da (i) requalificação do fato jurídico simulado e o da (ii) requalificação da situação tributária. A requalificação da situação tributária, pela autoridade fiscal, não chega a interferir na validade, vigência ou eficácia da norma geral individual de direito privado, produzida pelo sujeito passivo, porque importa um problema de interpretação do alcance do ato inserido por tal norma.

3.6.4.2 Sobre os signos simuladores

Os signos simuladores hão de servir para induzir o intérprete a aceitar que houve a constituição de certos fatos jurídicos, tais quais documentados no suporte físico simulador, e acatar a existência das relações jurídicas que seriam decorrentes desses fatos.

Esses signos são caracterizados por manifestarem no suporte físico simulador elementos como (i) o respectivo nome dos fatos ou relações simuladas, (ii) o cumprimento da solenidade exigida pelo direito positivo para constituição desses fatos ou dessas relações, bem com (iii) cláusulas típicas das eventualmente previstas no regime jurídico do ato simulado.

A tais signos é atribuído um marcante caráter icônico, pelo discurso que aponta a simulação, por possuírem qualidades em comum com um objeto cuja existencialidade é refutada pelos signos negadores. Os signos simuladores, assim, criam uma semelhança de que certa relação jurídica é efetivada, o que será desconstituído pelo discurso que aponta a simulação.

3.6.4.3 Sobre os signos negadores

O núcleo que caracteriza a simulação, como tal, é a presença dos signos negadores, que convencem pela existência do descompasso, pela relação não-indicial, entre os signos simuladores e o objeto. Os signos negadores, portanto, apontam a uma lacuna, a uma incompletude situada no plano do direito factual, ou seja, naquela esfera jurídica que tanto se aproxima das condutas humanas. É pela identificação dos signos negadores que se lida com a linguagem das provas que, nos dizeres de Fabiana Del Padre Tomé "desconstitui o fato simulado, constituindo, em seu lugar, o fato que se pretendeu dissimular".[246]

Agora, o tipo de negação que esses signos colocam, ou a lacuna que eles apontam é um dos aspectos mais controvertidos da simulação.

A corrente subjetivista aponta a lacuna da vontade, isto é, sustenta que na simulação o agente não quis, não pretendeu

---

246. TOMÉ, Fabiana Del Padre. **A prova no direito tributário.** São Paulo: Noeses, 2011, p. 352.

efetivar o ato que aparece ter praticado. A simulação seria caracterizada pela ausência do ato de vontade para se constituir um estado jurídico, o ato tal como aparenta ser.[247]

Os defensores da corrente objetivista sustentam a lacuna da causa, ou seja, o ato jurídico simulado é desprovido do objeto que o configura como tal.

Mas, essas correntes não são incompatíveis, no que têm de mais significativas, embora observem o objeto de estudo – o ato simulado – sob perspectivas diferentes.

Se tomarmos como causa do negócio jurídico a presença dos requisitos que compõem a definição de seu conceito, a simulação há de ser caracterizada pela ausência desses requisitos. Caso contrário, simulação não haveria e sim a prática do ato, mesmo. Já vimos que para Francisco Ferrara, há simulação se o negócio jurídico não ostenta a natureza que aparenta ter.

Agora, se o ato simulado é dolosamente forjado, então, a vontade que é núcleo desse dolo é a não-vontade de se praticar aquilo que se parece praticar. Lacuna de vontade e lacuna de causa são elementos coimplicantes da simulação.

Há os casos em que a não-vontade é caracterizada pela ausência consciente de causa. Se as partes realizam negócio com causa, o ato de vontade juridicamente relevante existe, independente de um querer íntimo intrassubjetivo. No direito, há um jogo de linguagem para se manifestar certa vontade. A vontade que não é apta a se manifestar nesse jogo de linguagem não é juridicizada, não compõe o diálogo jurídico.

---

247. Os requisitos do negócio simulado são, portanto, os três seguintes: 1º) uma declaração deliberadamente não conforme com a intenção; 2º) concertada de acordo entre as partes; 3º) para enganar terceiras pessoas." (FERRARA, Francisco. **A simulação dos negócios jurídicos**. Tradução A. Bossa. São Paulo: Saraiva, 1939, p. 52).

ELISÃO E NORMA ANTIELISIVA

Por esse contexto, a vontade jurídica – não a vontade intrassubjetiva, mas a vontade que se manifesta a partir da linguagem do direito – é um requisito, juridicamente pressuposto, isto é, nem sempre expresso, do ato jurídico: ela mesma faz parte da causa. Isso porque o direito pressupõe o valioso, pressupõe a preferência da autoridade ponente da norma.[248]

Nesse sentido, um dos elementos que os signos negadores podem revelar, na simulação de direito, é um desvalor que os agentes concebem ao ato praticado. A regência daquelas proposições prescritivas simuladas sobre as condutas humanas não é querida: é não-querida, pelos agentes.

O desvalor faz surgir lacuna fundamental que caracteriza a simulação, faz surgir um certo sem-sentido, porque assim como o "falar em nome da verdade" é um pressuposto do discurso com pretensões veritativas para que se possa transmitir certa mensagem, o "dever-ser valioso" é um pressuposto do discurso prescritivo, para que tenha sentido como tal. Sem a preferência de se realizar a prática pretendida, não há aquela possibilidade de um mínimo de eficácia que, em Hans Kelsen, é um dos requisitos de validade lato sensu da norma jurídica – no caso, da norma inserida pelo veículo introdutor de norma.

A ordem prescritiva é valiosa quando há um querer que se manifesta, por parte do agente enunciador, de que os sujeitos de direito se comportem tal como prescrito. Se a norma é acompanhada de mecanismos que assegurem sua não-realização, ou seja, que negue qualquer implicação jurídica a seu descumprimento, há dissonância entre o signo e as condutas tal que o signo perde qualquer significado que o pragmatismo possa lhe

---

248. Segundo Miguel Reale, "Toda norma jurídica assinala uma tomada de posição perante os fatos em função tensional com os valores." (REALE, Miguel. **Teoria tridimensional do direito**. 5.ed. São Paulo: Saraiva, 7ª tiragem, p. 96).

conceber. Mesmo Emilio Betti que é um objetivista no que tange a simulação aduz que ela pode ser caracterizada por uma eficácia "contraoperante", isto é, um "contranegócio" que elimina a eficácia do negócio convencionado. Vejamos suas palavras:

> Esta eficácia negativa, ou "contraoperante" é própria do acordo simulatório expresso numa contradeclaração, qualquer que seja o caráter da simulação, quer esta seja absoluta ou relativa quando a simulação é relativa.[249]

Não estamos tratando, aqui, de um caso de ineficácia técnica, semântica ou pragmática, porque a ineficácia, como defeito que é, há de ser, ou não-querida pelo agente ponente da norma, ou há de ser limitada pelo tempo. Uma norma concebida para ser ineficaz de forma constante, neutralizada, desde sempre e para sempre, é um sem-sentido jurídico.[250]

Nessa ordem de ideias, designarei de signo "negador da valiosidade do ato" todo aquele que indicar uma não preferência das partes pela concretização do negócio realizado.

Por outro lado, se requisito determinante do ato é ausente, tal que a qualificação do ato não pode ser a postulada pelos signos simuladores, a desqualificação ou requalificação é embasada nessa ausência. Nesse caso, a ausência de vontade é presente mas acidental e se revela pela consciência da ausência de tal elemento.

Por exemplo, na acusação-tipo chamada de "ágio interno"[251], as autoridades administrativas argumentam pela impossibilidade

---

249. BETTI, Emilio. **Teoria geral do negócio jurídico.** Campinas: Servanda, 2008, p. 579.

250. Com Miguel Reale tem-se que "valor que não se realiza é quimera, simples aparência de valor". **Teoria tridimensional do direito.** 5.ed. São Paulo: Saraiva, 7ª tiragem, p. 94.

251. O artigo 21 da Medida Provisória n. 627/13 buscou neutralizar a possibilidade de aproveitamento de ágio interno.

ELISÃO E NORMA ANTIELISIVA

de se gerar ágio de expectativa de rentabilidade futura na aquisição de quotas ou ações de uma sociedade sem a presença de partes independentes entre si, inviabilizando a dedutibilidade prevista pelo direito positivo para fins de IRPJ e CSLL[252], sobre a amortização do ágio contabilizados. A contabilização do ágio, nesse caso, seria inconsistente, se aceitássemos o discurso do fisco, com o próprio conceito de ágio. Examinaremos melhor esse exemplo no próximo capítulo quando tratarmos da elisão tributária.

Chamaremos esses signos, reveladores desse descompasso entre uma suposta situação jurídica formalizada e uma norma que a regula, de "signos negadores de conformidade do ato".

Os signos negadores de conformidade se concentrarão em indicar a não subsunção do conceito legal a determinado fato ou relação jurídica constituída pelas partes, isto é, uma incompatibilidade entre a norma de competência aplicável e o negócio jurídico dela, supostamente, derivado.[253]

Aqui, repita-se, a simulação é acidental para fins de requalificação. Porém, uma vez comprovada, pode importar sanções que o direito prescreve.

Isso mostra que, na presença de signos negadores de valiosidade, a prova de ausência de vontade é elemento determinante para a requalificação; quando a simulação é identificada pelos signos negadores de conformidade, a requalificação independe da ausência de vontade das partes, embora possa ser relevante para se aplicar determinadas espécies de sanção.

---

252. A previsão está no artigo 7º da Lei n. 9.532/97. Examinaremos exemplo dessa acusação no capítulo IV.

253. Segundo Tácio Lacerda Gama, "no conteúdo da relação jurídica de competência está a disciplina da validade das normas de inferior hierarquia naquilo que diz respeito a seus limites subjetivos (s), espaciais (e), temporais (t) e materiais em sentido estrito (c)." (GAMA, Tácio Lacerda. **Competência tributária**. São Paulo: Noeses, 2009, p. 90).

3.6.4.4 Sobre os signos simuladores e negadores da simulação de fato

Os signos simuladores na simulação de fato indicarão situações fáticas inconsistentes com a linguagem das provas. Trata-se de uma espécie de lacuna de fato, qualificada pela vontade em se ludibriar terceiros.

Esses signos simuladores da simulação de fato normalmente estão associados aos elementos gerais que remontam a aspectos relacionados à existência do negócio jurídico, tal como partes, objeto, forma, tempo e espaço, ou ainda elementos categoriais derrogáveis. Poderão estar associados, ainda, a elementos categoriais inderrogáveis quando se tratarem de aspectos fáticos desses elementos, mas não pressuponham, exatamente, a falta desses elementos.

O que caracteriza, assim, a simulação de fato é que ela não envolve nem a validade em sentido lato do negócio jurídico, nem sua qualificação jurídica. Por isso, não se trata de um problema preponderantemente internormativo, mas uma questão de prova.

Em outras palavras, esses signos descreverão aspectos inseridos em situações objetivas incompatíveis com o contexto probatório.

A título de exemplo, na interposição de partes – que é elemento geral do negócio – indica-se a transmissão de direitos e deveres para entes distintos dos efetivamente transmitidos. Trata-se de caso de simulação prevista no §1º inciso III do artigo 167 do Código Civil.

Quanto aos elementos categoriais derrogáveis, a simulação poderá envolver a não valiosidade por ausência de vontade das partes de uma parte acessória de certo negócio jurídico. Por exemplo, em um mútuo, se as partes simulam a existência de juros e ficar comprovado que não havia a intenção de sua cobrança, a cláusula do contrato que prevê a cobrança de juros é composta de signos simuladores de fatos.

Quanto às questões de fatos inerentes aos elementos categoriais inderrogáveis, poderemos pensar na simulação do valor de preço de uma compra e venda – por exemplo, o subfaturamento.

Em síntese, os signos simuladores poderão indicar o aspecto material, temporal ou espacial do negócio jurídico suscetível de ser infirmado pelas provas, ou ainda pode indicar um aspecto quantitativo ou pessoal também incompatível com as provas.

Os signos negadores da simulação de fato, por sua vez, são efetivos fatos em sentido lato utilizados para a autoridade administrativa ou a parte para sustentar um fato alegado que negue algum elemento fático do fato ou ato simulado. Uma vez comprovados, o fato alegado se transforma em fato jurídico em sentido estrito, irradiando seus efeitos correspondentes.

3.6.4.5 Sobre os signos simuladores e negadores da simulação de direito

Os signos simuladores da simulação de direito buscarão indicar a existência de uma operação que não possa ser qualificada tal porque ausentes os requisitos jurídicos de sua configuração. Ou seja, a simulação de direito importa indicar uma causa errada a certo negócio ou elementos constitutivos do ato inexistentes. Em outras palavras, os signos simuladores buscam criar uma relação de fundamento de validade com certa norma que é infirmada pelos signos negadores.

Assim, por exemplo, se certo contrato for firmado indicando um mútuo entre pessoa jurídica e pessoa física para ocultar pagamento de remuneração, há um problema de causa jurídica que é a de remuneração de trabalho e não mútuo.

O fundamento de validade do negócio são as normas que regem o trabalho e não as normas que regem o mútuo. Por isso essa simulação é de direito, isto é, internormativa.

Nesse caso, o signo negador implicará a prova que infirme os fatos e também a aplicação dos requisitos jurídicos para configuração de um empréstimo para comprovar que de empréstimo aquela operação não se tratou.

Agora, se não há intenção, entre as partes, de que o recurso financeiro seja devolvido ao suposto mutuante, a linguagem que comprova essa falta de intenção – que é o signo negador – implicará a requalificação do fato.

Se os signos simuladores descrevem elementos materiais, espaciais, temporais, quantitativos ou subjetivos de certo ato ou negócio jurídico, os signos negadores serão os índices que apontarão uma desconformidade entre uma situação objetiva e os enunciados por eles negados, especificamente, os elementos categoriais dos negócios jurídicos.

Nesse sentido, enquanto na simulação de fato, bastará indicar a prova infirmando o signo simulador para se comprovar o ato simulado, na simulação de direito a autoridade deverá recorrer aos requisitos jurídicos do ato para se comprovar que sua natureza é distinta da afirmada pelas partes.

A simulação de direito também pode se efetivar com signos simulados que visem a convencer pela própria existência do negócio jurídico quando este, de fato, é inexistente. Assim, se faltar objeto ou partes, ou mesmo valor para sua configuração, o negócio não gozará de validade em sentido lato isto é, não conseguirá ser reconhecido como o negócio jurídico que guarda fundamento de validade na norma tal ou qual.

O signo negador, assim, para negar validade *lato sensu* a certa aparência de negócio haverá de buscar na legislação os elementos gerais dos negócios e comprovar sua ausência no caso concreto. Note-se que a validade lato sensu interessa ao direito tributário, em razão do que dispõe o artigo 116, inciso II, do Código Tributário Nacional, cujo teor já examinamos.

3.6.5 Uma proposta de distinção entre simulação e negócio jurídico indireto

Não deveria existir grande dificuldade em se distinguir a simulação de direito ou de fato pautada pelos signos negadores de conformidade do negócio jurídico indireto. No caso da simulação de fato, aquele problema típico das provas, que lhe caracteriza, ou, no caso da simulação de direito, aquela desconformidade do negócio, perante certa norma geral e abstrata, apontada pelo signo negador, funcionará como elemento diferenciador entre a simulação e o negócio jurídico indireto.

O negócio jurídico indireto, assim, ao contrário da simulação pela desconformidade, preenche todos os requisitos, previstos pela norma jurídica que o rege, para que seja tido como tal e guarda compatibilidade com a linguagem das provas. Já simulação por desconformidade é caracterizada por uma lacuna que alcança elementos gerais, categorias ou requisitos jurídicos dos negócios jurídicos, seja por questão internormativa ou intranormativa.

Agora, o que irá qualificar o negócio jurídico indireto é a prática de um ato que atinge fins semelhantes aos alcançados por outra espécie de ato, gerando certa vantagem, em decorrência dessa escolha, ao agente que o realiza. Segundo Túlio Ascarelli no negócio jurídico indireto as partes recorrem "a um negócio determinado visando a alcançar, através dele, consciente e consensualmente, finalidades diversas das que, em princípio, lhe são típicas".[254]

---

254. ASCARELLI, Túlio. Negócio Indireto. In: **Problemas das sociedades anônimas e direito comparado**. São Paulo: Quorum, 2008, p.158.

CHARLES WILLIAM MCNAUGHTON

Note-se que o negócio jurídico indireto implica uma dissociação entre um negócio jurídico e um fim usual desse ato. Creio que o negócio jurídico indireto será simulação se o negócio for causal finalístico e tal causa for frustrada pelo desvio de finalidade.

Assim, parece-me que para os negócios abstratos ou de causa pressuposta – ou seja, que não possuam causas finalísticas – a inexistência de certa finalidade ou propósito não poderá ser arguida para se fundamentar eventual simulação. Para esse tipo de negócio, eventual ausência de finalidade poderá importar um negócio jurídico indireto, mas não a simulação.

Por outro lado, se o negócio jurídico tiver uma finalidade como causa, a ausência dessa causa contaminará sua natureza. Ainda assim, o negócio jurídico indireto poderá ser concebível se a atipicidade que lhe envolve for de um elemento acidental e não de sua causa jurídica.

No "caso Martins", objeto de julgamento pelo Acórdão CSRF/01-05.413, a Câmara Superior de Recursos Fiscais do Ministério da Fazenda considerou que o fato de o contribuinte ter sido incorporado por outra pessoa jurídica com prejuízo fiscal não representaria dissimulação para ocultar a operação inversa, ou seja, a incorporação de pessoa jurídica com prejuízo fiscal, com a consequente vedação de aproveitamento de prejuízo fiscal registrado pela incorporadora, para fins de compensação da base de cálculo do IRPJ e CSLL, nos termos do artigo 33 do Decreto-Lei n. 2.341, de 1987. A ementa da referida decisão foi assim prolatada:

ACÓRDÃO CSRF/01-05.413 em 20.03.2006

IRPJ. 1998. INCORPORAÇÃO ÀS AVESSAS. GLOSA DE PREJUÍZOS. IMPROCEDÊNCIA. A denominada "incorporação às avessas", não proibida pelo ordenamento jurídico, realizada entre empresas operativas e que sempre estiveram sob controle comum, não pode ser tipificada como operação simulada ou abusiva, mormente quando, a par da inegável intenção de não perda de prejuízos fiscais acumulados, teve por escopo a busca de melhor eficiência das operações entres ambas praticadas.

196

ELISÃO E NORMA ANTIELISIVA

> Recurso especial negado. Por maioria de votos, NEGAR provimento ao recurso. Vencidos os Conselheiros Cândido Rodrigues Neuber, José Clovis Alves, Marcos Vinícius Neder de Lima e Manoel Antonio Gadelha Dias que deram provimento ao recurso. O Conselheiro Mário Junqueira Franco Junior apresentou declaração de voto. Manoel Antonio Gadelha Dias – Presidente

A qualificação da incorporação às avessas como negócio jurídico indireto – e não como simulação – já houvera sido considerada negócio jurídico indireto pela Câmara Superior de Recursos Fiscais, como se infere da decisão a seguir citada:

> IRPJ. SIMULAÇÃO NA INCORPORAÇÃO. Para que se possa materializar, é indispensável que o ato praticado não pudesse ser realizado, fosse por vedação legal ou por qualquer outra razão. Se não existia impedimento para a realização da incorporação tal como realizada e o ato praticado não é de natureza diversa daquela que de fato aparenta, não há como qualificar-se a operação de simulada. Os objetivos visados com a prática do ato não interferem na qualificação do ato praticado. Portanto, se o ato praticado era lícito, as eventuais consequências contrárias ao fisco devem ser qualificadas como casos de elisão fiscal e não de "evasão ilícita." (Ac. CSRF/01-01.874/94). IRPJ. INCORPORAÇÃO ATÍPICA. A incorporação de empresa superavitária por outra deficitária, embora atípica, não é vedada por lei, representando negócio jurídico indireto.

É interessante notar que o caso da "incorporação às avessas" – é uma típica escolha. O contribuinte pode escolher entre incorporar a pessoa jurídica lucrativa ou a que tem prejuízo. Nessas hipóteses, a escolha da primeira opção é mais econômica sob o ponto de vista fiscal. Confundir essa escolha com simular é negar o direito de se optar pela escolha mais econômica.

Dizer que a incorporação às avessas é uma simulação, em razão de sua anormalidade, implicaria assinalar que a incorporação teria uma causa finalística independente de seu objeto. Por essa via, a incorporação não seria apenas efetivada pela absorção de ativos ou passivos por uma sociedade – que é seu objeto – mas seria qualificada por certos efeitos queridos decorrentes desse acontecimento.

Não creio, contudo, que uma incorporação tenha como causa uma finalidade que ultrapasse seu objeto, ou seja, que implique seus participantes se comportarem de determinada maneira, após a concretização do negócio, para que possa se configurar como tal. Por isso não vejo que a incorporação às avessas qualifique, per se, uma simulação.

Passemos, agora, para uma distinção mais sutil entre negócio jurídico indireto e simulação que é o caráter de desvalor que caracteriza a simulação.

No negócio jurídico indireto, os requisitos previstos para a consecução do negócio ou ato estão presentes, porém, o meio para se atingir certo fim não é aquele consolidado pela pragmática, embora seja permitida pelo ordenamento, por não ser o negócio qualificado finalisticamente. No caso, por exemplo, da incorporação às avessas, o objetivo das partes que é de integrar os ativos e passivos de ambas as pessoas jurídicas é obtido. Não há que se falar em desvalor do ato, ainda, que haja uma anormalidade, não coibida pelo direito.

Assim, no negócio jurídico indireto, a valiosidade não está ausente. As normas, que perfazem o negócio jurídico instituído pelas partes, estão ali, para acarretarem seus efeitos próprios, para criarem direitos e obrigações. Porém, a exemplo da incorporação às avessas, no negócio jurídico indireto há uma quebra de convenção, uma quebra dos costumes praticados por certa comunidade. É essa quebra que faz confundir o negócio jurídico com a simulação.

Na simulação sem valor, contudo, há a formalização de um ato cujo valor para as partes é infirmado pelos signos

ELISÃO E NORMA ANTIELISIVA

negadores. Isto é, em tais casos, valora-se a aparência do ato – o ato enquanto *representamen* – mas, não se valora os interpretantes potencialmente produzidos pelo ato, ou seja, não se valora o ato enquanto instância suscetível de gerar os efeitos que lhe são concebidos pelo direito positivo, quebrando-se, como vimos, uma das características do valioso que é a "realizabilidade".

3.7 Fraude à lei no direito tributário

3.7.1 Considerações iniciais

O regramento introduzido pelo Código Civil de 2002 determina, de modo expresso, em seu artigo 166, inciso VI, a nulidade do ato jurídico de fraude à lei imperativa.

Embora a nulidade, como vimos, não seja determinante para fins de qualificação tributária do fato jurídico tributário, o reconhecimento expresso da figura da "fraude à lei" em nosso ordenamento, obriga ao operador do direito refletir em até que ponto o instituto da fraude à lei seria aplicável ao sistema jurídico tributário.

Examinarei esse problema nesse capítulo, associando fraude à lei ao sistema tributário e à temática da completude.

3.7.2 Fraude à lei na língua do direito

Diversas acepções são adotadas em nossa língua do direito para delimitar o conceito de "fraude à lei".

Na primeira delas que iremos tratar, admite-se que a fraude à lei se dá mediante a aplicação, pelo sujeito de direito, de uma norma de contorno N1 que permita uma conduta proibida por uma norma imperativa N2. Ao assim proceder, o sujeito de direito estaria violando o próprio ordenamento jurídico, de sorte que sua conduta deveria ser repelida.

Manuel Atienza e Juan Ruiz Manero assim explicam tal concepção de fraude à lei, embora a julguem imprecisa:

> La estrutura del fraude consistiria, así, en una conducta que aparentemente es conforme a una norma (a la llamada "norma de cobertura") pero que produce um resultado contrario a outra u outras normas o al ordenamento jurídico em su conjunto ("norma defraudada").[255]

Com essa "violação ao próprio ordenamento jurídico", o agente seria sancionado com a nulidade ou desconsideração do ato por ele praticado, bem como com a respectiva aplicação da norma imperativa "contornada".

Não consigo conceber como se possa violar o ordenamento jurídico sem que se passe por uma violação de uma norma específica. Podemos cogitar que certo ato viola determinado princípio – qualificando-se como um ilícito atípico – ou vai de encontro a certo valor ínsito do sistema, mas ainda assim há violação da norma. Parece-me que esse conceito de violação do "ordenamento jurídico em seu conjunto" pode se confundir com uma ausência de motivação, incompatível com a ideia de legalidade.

Assim, a fraude à lei há de surgir em razão da antinomia de normas em sentido estrito, ou da antinomia axiológica que se concretiza quando o operador do direito aplica norma de forma indissociável com determinado valor jurídico.

No caso de antinomia de normas em sentido estrito, o problema deve ser tratado mediante os critérios que o próprio ordenamento institui para superá-las. Assim, ou agente observa esses critérios e, se assim o faz, sua conduta é irrepreensível, ou o agente passa por cima desses mesmos critérios, o que importa violação à norma imperativa.

---

255. ATIENZA, Manuel; MANERO Juan Ruiz. **Ilícitos atípicos**. 2.ed. Madrid: Editorial Trotta, 2006, p. 74.

ELISÃO E NORMA ANTIELISIVA

O critério preferencial de solução de antinomia é o da hierarquia de normas. Nesse sentido, dada uma norma imperativa N1 hierarquicamente superior a uma norma de contorno N2 e dado o fato de que ambas as normas regem, diretamente, a conduta de certo sujeito de direito, a aplicação da norma de contorno, pelo sujeito de direito, para regular essa conduta se revela inadequada, sendo sancionada pela fraude à lei.

Por outro lado, se a norma de contorno for dotada de hierarquia perante a norma proibitiva, há de se reconhecer o direito do sujeito de aplicar tal norma, sob pena de se inverter estruturalmente o próprio ordenamento jurídico.

Prosseguindo-se no exame sobre os critérios de solução de antinomia de normas, poderemos assinalar que se norma imperativa e norma de contorno estiverem em um mesmo nível hierárquico, será preciso aplicar um segundo critério de solução de antinomias que é o da especialidade, com base no artigo 2º, § 2º do Decreto-Lei n. 4.657, de 4 de setembro de 1942 ("Lei de Introdução às normas do Direito Brasileiro").[256]

Nos termos de tal artigo, "lei nova" que estabeleça disposições gerais ou especiais a par das já existentes, não revoga nem modifica a lei anterior. Disso se infere que a norma especial mais antiga não é revogada pela norma genérica superveniente, ou seja, ela é aplicada, preferencialmente, em relação a essa norma.

Assim, se o sujeito de direito aplica lei antiga especial que lhe permite praticar uma conduta em detrimento da norma genérica proibitiva, sua conduta estará totalmente compatível com o sistema jurídico, não havendo que se falar em qualquer "violação ao ordenamento".

---

256. "§ 2º A lei nova, que estabeleça disposições gerais ou especiais a par das já existentes, não revoga nem modifica a lei anterior."

Já o terceiro critério de solução de antinomia aparente é o da cronologia. Com base no critério cronológico, que tem como fundamento o §2º do artigo 2º da Lei de Introdução às Normas do Direito Brasileiro, a antinomia entre norma de contorno e norma imperativa poderia ser sanada, escolhendo-se a norma editada posteriormente. Nesse caso, a fraude à lei seria verificada apenas na hipótese de o operador do direito aplicar norma permissiva revogada em detrimento de norma imperativa mais recente.

Não se pode ignorar, por fim, a possibilidade de duas normas N1 e N2 serem instituídas no mesmo instante, estarem situadas no mesmo patamar hierárquico e não estarem providas de qualquer relação de espacialidade. Nesse caso, entendo que a antinomia axiológica normativa gera um vácuo que deverá ser preenchido conforme os métodos à disposição do ordenamento jurídico.

Muito bem. Nesse sentido, ou o operador do direito obtém êxito de aplicar a tal "norma de contorno" N1 que lhe permite praticar a conduta vedada pela norma imperativa N2, em razão de N1 ser preferencialmente aplicável, ou estará obrigado a aplicar N2. Nesse sentido, a fraude à lei apenas seria configurada caso o aplicador aplique a norma N1 de forma indevida, ou seja, sem observância aos critérios de solução de antinomias previsto pelo direito positivo.

Note-se, assim, que a fraude à lei, nessa primeira acepção, nada mais é senão um descumprimento de uma norma, qualificada pelo aspecto de que o operador busca a aplicabilidade de outro enunciado normativo não aplicável, a seu caso concreto, na tentativa, inócua, de "contornar" a norma fraudada.

Mas, como dissemos a fraude à lei não se operaria, apenas, pela antinomia de normas em sentido estrito. Pode ser o caso de antinomia axiológica, de sorte que o operador se guie pelos dizeres de certa norma, mas indo de encontro aos valores que tal preceito normativo visa a realizar. Diz-se, nesses casos, que há uma violação ao espírito da lei. Essa segunda acepção de

ELISÃO E NORMA ANTIELISIVA

fraude à lei é mencionada na decisão emitida pelo Supremo Tribunal Federal, a partir da ementa seguir indicada:

> IMPOSTO DE RENDA. SEGURO DE VIDA FEITO PELO CONTRIBUINTE PARA FURTAR-SE AO PAGAMENTO DO TRIBUTO. FRAUDE À LEI. Além da primeira categoria de fraude à lei, consistente em violar regras imperativas por meio de engenhosas combinações cuja legalidade se apoia em outros textos, existe uma segunda categoria de fraude no fato do astucioso que se abriga atrás da rigidez de um texto para fazê-lo produzir resultados contrários ao seu espírito. O problema da fraude à lei é imanente a todo ordenamento jurídico, que não pode ver, com indiferença, serem ilididas, pela malícia dos homens, as suas imposições e as suas proibições. Executivo fiscal julgado procedente. (RE 40518, Relator(a): Min. Lafayette de Andrada, Relator(a) p/ Acórdão: Min. Cândido Lobo – Convocado, Segunda Turma, julgado em 19/05/1959, DJ 13-08-1959, pp-00001, EMENTA VOL-00396-02 PP-00632, RTJ VOL-00010-01, pp-00314, ADJ 27-11-1961, pp-00416).

Para que se compreenda o contexto dos fatos julgados pela Suprema Corte, tenhamos em conta que se tratava de contribuinte que houvera contratado seguro, cujo prêmio foi pago mediante recurso da própria seguradora, havendo extinção do contrato de seguro, logo após o término do ano-calendário, de tal sorte que o contribuinte logrou êxito de abater a despesa do prêmio para fins de base de cálculo de IRPF.

Abrindo parênteses, estou convencido de que o caso acima, tal como descrito, consiste em simulação pela ausência de valiosidade do negócio de seguro – nem a seguradora almejava pagar o prêmio, nem a parte pretendia ver seu bem efetivamente segurado – e não propriamente uma hipótese de fraude à lei, como imputada pela Suprema Corte.[257]

---

257. Nesse mesmo sentido, COÊLHO, Sacha Calmon Navarro. In: **Fraude à lei, abuso do direito e abuso de personalidade jurídica em direito tributário,**

O que interessa, contudo, no julgado acima, é notar essa segunda acepção de fraude à lei, mencionada na ementa, consistindo na violação do "espírito da lei" mediante a observância engenhosa das "palavras da lei".[258]

Agora, essa expressão "espírito da lei" é um tanto quanto obscura. É possível concebê-la como uma relação que se firma entre certa norma e o valor que tal norma visa a realizar. A distância entre o espírito e a letra da lei reside naquele momento trágico dos valores a que já me reportei.

A dificuldade que surge nessa modalidade de fraude à lei é a emotividade que emerge no mundo axiológico. Se o acesso aos valores se dá pela emoção, o "espírito da lei" não é atingido pela via meramente cognitiva.

Creio que um modo adequado de se lidar com a noção de "espírito da lei" seja trabalhar um pouco com dimensão pragmática da linguagem.

Para esse desiderato, consideremos que costumamos inferir certos enunciados de outros. Por exemplo, com a implicação lógica, faz-se a dedução, a partir de elementos que foram possibilitados pelo próprio enunciado. Mas, essa associação também pode ser feita a partir de um contexto que circunda esse enunciado o que é, justamente, o objeto da pragmática. Vejamos as explicações de José Luiz Fiorin sobre esse fenômeno:

---

denominações distintas para o instituto da evasão fiscal, p. 2. Disponível em: http://sachacalmon.wpengine.netdna-cdn.com/wp-content/uploads/2010/12/Elisao-e-Evasao-livro-Douglas-Yamashita.pdf. Acesso em 21 abr. 2013. Também considerou que o caso em testilha é simulação: DÓRIA, Antônio Roberto Sampaio. **Elisão e evasão fiscal**. São Paulo: Lael,1971, p. 90.

258. Segundo Francisco Ferrara: "fraude constitui uma violação indireta à lei, não segundo o seu conteúdo literal, mas segundo o seu espírito." (FERRARA, Francisco. **A simulação dos negócios jurídicos**. Tradutor A. Bossa. São Paulo: Saraiva, 1939, p. 92).

ELISÃO E NORMA ANTIELISIVA

> Certos enunciados têm a propriedade de implicar outros. Assim, quando se diz que João é meu sobrinho, esse enunciado implica que sou Tio de João. Quando se afirma 'Se tivesse chovido, não faltaria energia', essa afirmação implica que Não choveu e há falta de energia. No entanto, em muitos casos, a comunicação não é literal e, por conseguinte, só pode ser entendida dentro do contexto. Nesse caso, *os falantes comunicam muito mais do que as palavras das frases significam*. Os exemplos mostram isso: (a) Não há mais homens no mundo; (b) Você pode me passar esse pacote? (c) A lata de lixo está cheia. No primeiro caso, o que se está dizendo quando se comenta, por exemplo, o fato de que muitos homens cuidam da casa, enquanto as mulheres trabalham fora, e que o papel masculino, tal como era concebido, está mudado. No segundo caso, não se pergunta sobre a capacidade que tem o interlocutor de passar o pacote, mas pede-se que ele passe para o falante. No terceiro caso, quando a patroa diz a frase para a empregada, ela não faz uma constatação, mas indica a interlocutora que deve levar o lixo para fora.[259] (Grifos nossos).

Nos exemplos acima de José Luiz Fiorin, as palavras comunicam mais do que o sentido semântico delas exprimem. Ora, vimos que Ludwig Wittgenstein nos lembra que nas diversas comunicações, há certos jogos de linguagem que utilizamos e que revelam entendimentos comunicativos dos agentes das falas com certa independência perante a semântica da linguagem. Eis o aspecto pragmático da linguagem.

Com o direito, o mesmo pode ocorrer. O legislador, por vezes, pode comunicar mais do que suas palavras do texto relevam no plano S2 da linguagem. Por isso que disse que entre o texto legislativo e a norma há um processo de tradução que passa por uma construção de sentidos.

---

259. FIORIN, José Luiz. A linguagem em uso. In: **Introdução à linguística I**. Objetos teóricos. São Paulo: Contexto, 2002, p.168.

A fraude à lei nesse sentido revela uma violação de certa norma que não é captada quando se examina o que significam os termos dos textos legislativos, mas sim quando se contextualizam esses textos a partir do jogo de linguagem que os circundam.

Imaginemos, por exemplo, que alguém pergunte "Você pode me passar esse pacote?" e o interlocutor "Sim, passo" e não haja a conduta de se passar o pacote. Nesse caso, poderíamos dizer que esse interlocutor age de forma muito semelhante da que atua o sujeito de direito quando pratica uma fraude à lei. Note-se que sua ação foi adequada à literalidade da pergunta, mas não adimpliu a intenção esperada por quem questionava.

Assim, diremos que um comportamento infringe "o espírito da lei" quando não viola, diretamente, o mandamento mencionado explicitamente no texto do direito positivo, mas, sim um comando que pode ser construído pelo intérprete ao relacionar o texto com o contexto que o circunda. Ou, em outras palavras, violar o "espírito da lei" é violar a norma que é construída pelo intérprete a partir de uma interpretação pragmática do direito positivo.

Nesse sentido, parece-me que o instituto da fraude à lei, nessa segunda acepção, é um modo do direito se completar, especialmente no que tange ao trânsito da tradução do texto legislativo à norma jurídica em sentido estrito.

3.7.3 Fraude à norma tributária na primeira acepção

A fraude à norma tributária na primeira acepção que tratei é perfeitamente verificável, desde que haja a aplicação inadequada da norma de contorno pelo sujeito passivo.

A título de exemplo, será fraude à norma tributária a aplicação de código da Nomenclatura do Comum do Mercosul

ELISÃO E NORMA ANTIELISIVA

mais genérico para determinada mercadoria importada, desprezando-se outro código mais específico, em violação ao primado da especialidade, e obtendo-se, com isso, alíquota mais reduzida de IPI do que a normalmente aplicável.

Ora, no caso acima indicado, o código errado faria o papel da "norma de contorno", aplicado indevidamente, pelo sujeito passivo, violando a norma imperativa que seria a previsão indicando o código não aplicado. Identificada a fraude à lei, a autoridade administrativa poderá determinar a aplicação do código correto.

Outra fraude à norma tributária comumente verificada, esta combinada com a simulação, é a aplicação de norma civil de prestação de serviços em detrimento da norma trabalhista que rege o vínculo empregatício. Tenhamos que nos termos do artigo 3º da Consolidação das Leis do Trabalho, em havendo onerosidade, habitualidade e subordinação, estará configurada a relação empregatícia.

Nesse contexto, a norma trabalhista e o regime jurídico decorrente de sua aplicação, deixa de ser observada pelo empregador que opta por simular uma prestação de serviços, e fraudar pelo suporte da norma de contorno – regime jurídico oriundo do direito civil – com a consequente fraude às normas tributárias que regem, por exemplo, as contribuições previdenciárias incidentes sobre a relação de emprego – tal como a contribuição patronal incidente sobre a folha de salários, prevista no artigo 22, inciso I, da Lei n. 8.212/91.

Assim, infere-se que a fraude à norma tributária, na primeira acepção, poderá ser verificada diretamente, mediante a indevida aplicação de norma tributária em detrimento de outra aplicável, ou reflexamente, em razão de fraude à norma de outro ramo didaticamente autônomo do direito que implica, consequentemente, um regime tributário mais privilegiado. Em ambos os casos, deverá a autoridade administrativa tomar as diligências necessárias para que a norma tributária fraudada seja aplicada.

3.7.4 Fraude ao espírito da norma tributária?

Pela segunda acepção de fraude à lei, a norma jurídica é violada quando a conduta praticada pelo agente é incompatível com um contexto implicante de um sentido normativo que não seria construído do sentido vernacular das palavras. No presente item, verificaremos até que ponto uma acepção como essa de fraude à lei pode ser aplicada no direito tributário.

Tenhamos que o sentido contextual, não implicado pela conotação semântica dos termos, requer esforço interpretativo mais abundante e exige que se relacionem signos expressos com outros não mencionados no texto. Em outros termos, diria que aplicação digital do direito perde em importância dando espaço a uma construção de sentido centrada em uma linguagem analógica.

Em certos segmentos do direito positivo, como no direito privado, os textos estão permeados por enunciados que possibilitam uma interpretação mais aberta a uma análise contextual e pragmática. A utilização de "tipos abertos", isto é, sem um significado consolidado pela língua do direito, é expressão dessa característica.

Em outros campos jurídicos, contudo, a significação oriunda da semântica é decisiva: a "previsibilidade" passa a ser um valor privilegiado e perseguido pelo sistema. Uma equivalência entre o "significado do texto" e "o que o texto comunica", se impossível de ser alcançado de forma definitiva, passa a ser um valor em si. Nesses ramos do direito, parece-me não ser apropriado se falar em fraude à lei.

Interessante notar que Manuel Atienza e Juan Ruiz Manero, apesar de entenderem que existe fraude à lei na seara tributária – até mesmo porque a Ley General da Espanha prevê a figura da fraude à lei tributária – indicam que a fraude à lei não é aplicável para campos do ordenamento em que opera a estrita legalidade. Vejamos:

ELISÃO E NORMA ANTIELISIVA

> No sería aceptable (aunque, naturalmente, no por razónes conceptuales, sino del tipo moral y político) que um Código penal contuviera un principio como el que – hemos visto – subyace a esta institución. Pues esse principio – traslado al campo penal – vendría a decir que está prohibido y portanto sua infracción castigada con una pena) causar daño utilizado para ello una norma que confiere poder de ejercicio permitido. Esto es, significaria que se puede cometer delito haciendo lo permitido por una regla, lo que parece contradecir claramente el principio de legalidade em materia penal.[260]

Ora, o direito tributário brasileiro, certamente, encontra-se nessa segunda categoria: no próprio Texto Constitucional, há diversos princípios tais como o da estrita legalidade, anterioridade, irretroatividade que evidenciam a previsibilidade como valor do mais alto calibre na posição hierárquica do sistema. A própria delimitação minuciosa da competência tributária pelo Texto Constitucional, que indiquei anteriormente, é vetor indicativo dessa característica. Mas, não só. A título de exemplo, o fato de que certos tributos residuais serem criados por leis complementares, ou o fato de que cabe à lei complementar definir fatos geradores de impostos, nos termos do artigo 146, inciso III, "a", não combinam com uma valoração da imprevisibilidade.

Efetivamente: de que adiantaria tanto esforço legislativo, com o claro intuito de conferir rigidez ao sistema tributário, se a aplicação, mesma, das normas estivesse dispensada de atentar à minúcia dos significados, semanticamente convencionados, dos termos empregados no texto?

Daí por que digo que no direito tributário, especialmente no que tange às normas que instituem tributos, a precisão semântica é um valor muito prestigiado pelo sistema e não

---

260. ATIENZA, Manuel; MANERO, Juan Ruiz. **Ilícitos atípicos**. 2.ed. Madrid: Editorial Trotta, 2006, p. 82.

pode ser ignorado pelo aplicador do direito, de tal sorte que uma dissociação entre "espírito da lei" e "conteúdo da lei" faz pouco sentido. A estrita legalidade importa que o espírito da lei se aproxime, estreitamente, ao conteúdo inferido do texto, e à significação técnica dos termos.

3.7.5 A distinção entre não subsunção e fraude

A fraude à determinada norma N importa a subsunção de certa situação S a N e a não aplicação adequada de N, pelo sujeito de direito: seja porque não respeita o seu "espírito", isto é, os mandamentos implicados contextualmente pelo seu texto, seja porque aplica indevidamente norma de contorno, deixando de observar a norma adequada.

Agora, não comete fraude aquele sujeito de direito que deixa de se enquadrar na hipótese de incidência de certa norma mediante a prática de um ato que assim o garanta.

A equiparação da não subsunção como fraude importa tomar por consequente jurídico o que é hipótese. Com Lourival Vilanova tem-se que:

> O direito não prescreve que se vão verificar ocorrências naturais e condutas humanas. Nem tampouco descreve o que factualmente acontece no mundo exterior. Descreve possíveis ocorrências nesse mundo, que se alojam em hipóteses, cujos referentes são fatos. Depois vincula (prescritivamente) a essas possibilidades fácticas efeitos, cujo caráter deôntico, (obrigatório, permitido, proibido) somente condutas, com efeitos, podem ser.[261]

Não se pode confundir o direito tomar como hipótese determinada conduta com o direito prescrever que essa conduta

---

261. VILANOVA, Lourival. **Causalidade e relação no direito**. São Paulo: RT, p. 89.

ocorra. Conceber a prescritividade na hipótese, como um dever/realizar-se, importa uma confusão de planos. Se o direito pretende que certa conduta C, hipoteticamente concebida no antecedente de norma N, se concretize, terá de prevê-la em norma jurídica N' que deonticamente obrigue C.

Nesse ínterim, vale apontar que a fraude à lei não guarda relação com a subsunção do pressuposto da norma a um evento mas sim a um descumprimento do consequente do enunciado normativo. Em outras palavras, a "norma fraudada" se subsome à situação que envolve o agente fraudador e, no entanto, o agente deixa de observar sua consequência.

Claro que se o sujeito de direito pratica um ato que não se subsome à descrição do texto de lei, tida como pressuposto de fato para certo efeito jurídico, mas sim à hipótese da norma geral e abstrata, ou seja, àquela hipótese prevista pelo "espírito da lei", e se esse sujeito não age conforme obrigado por tal norma, a fraude à lei se verifica. Caberá ao operador do direito motivar, retoricamente, que apesar de não estar no texto de lei, certa conduta deveria ser considerada pela norma que se constrói a partir desse texto e invocar, então, o desrespeito à norma violada.

Mas, quando, nesse esforço de tradução, entende-se que não é possível motivar adequadamente a construção de certa norma geral e abstrata apta a colher, na extensão de sua hipótese, certo comportamento, então não se pode dizer que o agente agiu com fraude à lei.

Entendo que nessa transformação do texto à norma, apenas uma norma geral inclusiva permitiria que a significação mais ampla da norma do que aquela que se depreende no sistema S2 do processo de interpretação. Na presença da norma geral exclusiva, essa ampliação não se dá. Por isso que a fraude à lei é inviável em tais campos do direito.

Nesse sentido, Tercio Sampaio Ferraz Jr. indica com um

exemplo porque transportar a ideia de fraude à lei no direito tributário suscitaria perplexidades:

> E levar ao pé da letra essa ideia de fraude à norma, ou à lei imperativa transportada para a questão tributária e no exemplo mesmo que você ou na ideia mesmo que você propôs em relação ao fato gerador, eu já disse isso, seria você punir o sujeito que não ganha dinheiro. Enfim, ele não realiza o fato gerador, então ele devia ser punido, o que é um absurdo. Então, no plano tributário a expressão violar lei imperativa, é complicada.[262]

Retenhamos esse ponto quando tratarmos da elisão e evasão tributária.

3.8 Abuso de direito

Tratei no capítulo I sobre as antinomias axiológicas por omissão, indicando se tratar de um problema que se revela entre uma norma e a realização de certos valores. Disse, ainda, que quando há uma regra geral facultando determinadas condutas, havendo norma especial que proíba ou obrigue espécies dessas condutas mas, que por qualquer motivo, o texto expresso veiculado por lei deixe de abranger certo rol de comportamentos, que, axiologicamente, deveriam ser proibidos ou obrigados, conforme determinado por princípio ou valor do direito de maior hierarquia axiológica ou estrutural, o segmento jurídico específico a que pertence tal norma poderá responder o problema mediante de uma norma geral inclusiva ou exclusiva. Muito bem, nesse item, tratarei de uma espécie de norma geral inclusiva denominada pela língua do direito de "abuso de direito".

---

262. FERRAZ JR., Tercio Sampaio. Mesa de Debates de 21/03/2013 do Instituto Brasileiro de Direito Tributário – IBDT. Disponível em: http://www.ibdt.com.br/material/arquivos/Atas/Integra_21032013.pdf. Acesso em: 23 de julho de 2013.

ELISÃO E NORMA ANTIELISIVA

Manuel Atienza e Juan Ruiz Manero tratam abusos como "ilícitos atípicos". Ilícitos atípicos nas visões dos referidos juristas consistem em práticas que vão de encontro a princípios e valores do direito.

Entre os ilícitos atípicos existiria, ainda na visão de Manuel Atienza e Juan Ruiz Manero a figura de abuso de direito. O termo abuso de direito poderia ser definido da seguinte forma:

> La acción A realizada por un sujeto S en las circunstancias X es abusiva si y solo si:
>
> 1- Existe uma regla regulativa que permite a S realizar A en las circunstancias X. Esta regla es un elemento del haz de posiciones normativas em que se encuentra S como titular de um certo derecho subjetivo.
>
> 2- Como consecuencia de A, outro u outros sujetos sofren um daño, D y no existe una regla regulativa que prohiba causar D.
>
> 3- D, sin embargo, aparece como um daño injustificado porque se da alguna de las seguientes circunstancias: 3.1) Que el realizar A, S no persseguía otra finalidade discernible más que causar D o que S realizó A sin ningun fin sério y legítimo discernible. 3.2) Que D és um daño excessivo e anormal.
>
> 4- El caráter injustificado del daño determina que la ación A quede fuera del alcance de los principios que justificam la regla permisiva a que se alude en 1) y que surja una nueva regla que estabelece que e las circunstancias X´ [X mas alguna circunstancia que suponga una forma de realizacion de 3.1 o 3.2] la acción A está prohibida".[263]

Assim, o abuso de direito, segundo o conceito acima delimitado, envolveria certas condutas, permitidas, gerando

---

263. ATIENZA, Manuel; MANERO, Juan Ruiz. **Ilícitos atípicos**. 2.ed. Madrid: Trota, 2006, p. 57.

danos injustificados a terceiros, excessivos e anormais e fora do alcance dos princípios que orientam certa regra permissiva.

Pela definição acima, o abuso de direito teria rígida configuração, porque não bastaria apenas o exercício de um direito configurando dano a terceiro, seria necessário que esse dano fosse excessivo, anormal e o ato fosse praticado sem a observância dos princípios que regem determinado direito.

No Brasil, o abuso de direito viria implícito pelas regras veiculadas pelo artigo 187 do Código Civil, a seguir citadas:

> Art. 187. Também comete ato ilícito o titular de um direito que, ao exercê-lo, excede manifestamente os limites impostos pelo seu fim econômico ou social, pela boa-fé ou pelos bons costumes.

O artigo 187 do Código Civil prescreve que um direito deve ser exercido em comunhão com os limites impostos pelo seu fim econômico ou social, pela boa-fé ou pelos costumes. Isso significa que, em matéria privada, qualquer direito subjetivo estará limitado por tais finalidades, isto é, termina onde se encerram os limites impostos pelo fins econômicos, sociais, pela boa-fé ou bons costumes.

Pela ampla amplitude dos termos, parece-me que essa cláusula acaba servindo de um mecanismo legitimador ao Poder Judiciário para reconhecer a ilicitude de atos, quando a aplicação de normas permissivas a certos casos concretos estiverem em descompasso com certos valores de hierarquia significativa à sensibilidade de quem julga.

Em outras palavras, quando o espírito do julgador, em uma vivência específica, valorar negativamente um ato praticado, poderá reputá-lo como ilícito, desde que possa, retoricamente, fundamentá-lo a partir da norma inclusiva do artigo 187 do Código Civil.

ELISÃO E NORMA ANTIELISIVA

Essa fundamentação, contudo, justamente por provir de uma subjetividade condicionada à vivência emocional, própria, que o contato com os valores exige, deve ser embasada em um robusto discurso legitimador que busque tanto motivar a existência dos fins mencionados pelo referido dispositivo, como indicar as provas que reputem a violação desses fins, concretamente.

Essa necessidade "robustez" a que me referi provém do signo "manifestamente exceda", de tal sorte que esses limites hão de ser convencionalmente estabelecidos. O próprio termo "limite" implica os confins, isto é, o até onde algo pode ir.

Assim, no que tange aos "limites impostos pelos fins econômicos e sociais de um direito", o aplicador deverá questionar qual a utilidade social ou econômica, juridicamente implícita ou explícita, ínsita ao exercício de certo direito. Isso importa, como já vimos, a análise da causa dos negócios jurídicos, ou seja, o direito deverá ser exercido em comunhão com a causa que lhe fundamenta que nada mais é senão a finalidade concebida pelo direito à sua prática.

Nesse sentido, parece-me que um ato que viola os limites causais, impostos pelos fins econômicos e sociais de um direito, incorre tanto em simulação, por ausentes os pressupostos categóricos causais que fazem o negócio ser o que deve ser, como em abuso de direito.

Em outras palavras, uma simulação por falta de causa inocente pode tanto ensejar a nulidade do negócio jurídico com fundamento na simulação, como a indenização por ato ilícito, nos termos do artigo 187 do Código Civil.

Mas, não apenas os atos simulados podem operar com abuso de direito. Se o ato estiver em descompasso com a boa-fé e bons costumes também cometerá a ilicitude mencionada no artigo 187 do Código Civil recaindo-se na esfera do abuso de direito.

215

A expressão boa-fé e bons costumes é inegavelmente apelativa à uma intuição emocional do intérprete. Ao condicionar a licitude dos atos à boa-fé e bons costumes, a norma geral inclusiva do direito privado confere um caráter ético ao direito e proporciona uma válvula para juiz realizar o valor de justiça, naquelas hipóteses que, do ponto de vista do magistrado, a legislação não logra êxito em fazê-lo.

Note-se que a observância da boa-fé e bons costumes é requisito de validade, em sentido estrito do negócio jurídico, mas não chega a ser uma questão que afasta a existência do ato – validade em sentido lato – nem tampouco a natureza jurídica do ato, ou seja, aquilo que determina seu regime jurídico.

Uma vez identificado o abuso de direito, a ilicitude do ato poderá ser fundamento de validade para a sanção de indenização do direito de alguém lesado, nos termos do próprio artigo 187 do Código Civil. Mas, do próprio artigo 166, inciso II, do Código Civil percebe-se que o ato praticado com abuso de direito também é nulo, eis que tem um objeto ilícito, ou seja, repelido pelo direito.[264] Ora, se, nos termos do referido dispositivo, todo ilícito é nulo, e se ato praticado com abuso de direito é ilícito, então o ato praticado com abuso de direito também é nulo.

Parece-me que a grande relevância do estudo do abuso de direito, em matéria fiscal, é determinar até que ponto um negócio jurídico praticado com abuso de direito poderá ser requalificado por autoridades administrativas.

O primeiro ponto que gostaríamos de examinar, nesse sentido, é que a ilicitude do abuso de direito, prevista no artigo 187 do Código Civil, ou a nulidade do ato prevista no artigo 166,

---

264. De fato, o artigo 166, inciso II, do Código Civil prescreve o seguinte: "Art. 166. É nulo o negócio jurídico quando: II – for ilícito, impossível ou indeterminável o seu objeto."

ELISÃO E NORMA ANTIELISIVA

inciso II, do Código Civil, não outorgará, por si só, fundamento de validade para eventual requalificação ou desqualificação do ato jurídico.

De fato, do artigo 118, inciso I, do Código Tributário Nacional, como já vimos, depreende-se que a validade em sentido estrito de um ato é irrelevante para determinação de seus efeitos jurídicos. Assim, o fato de que o abuso de direito confere uma ilicitude ou invalidade não chega a interferir para fins de qualificação jurídica do fato jurídico tributário.

Esse dispositivo é coerente com o artigo 168 do Código Civil que prescreve o seguinte:

> Art. 168. As nulidades dos artigos antecedentes podem ser alegadas por qualquer interessado, ou pelo Ministério Público, quando lhe couber intervir.
>
> Parágrafo único. As nulidades devem ser pronunciadas pelo juiz, quando conhecer do negócio jurídico ou dos seus efeitos e as encontrar provadas, não lhe sendo permitido supri-las, ainda que a requerimento das partes.

Como se nota desse dispositivo, a nulidade do negócio jurídico deve ser pronunciada pelo juiz e não pela autoridade administrativa. Somado esse ponto à prescrição do 118, inciso I, do Código Tributário Nacional, notaremos que a nulidade ou ilicitude é irrelevante para fins tributários.

Isso não significa que o Fisco não possa requalificar negócios jurídicos praticados com abuso de direto. De fato, a autoridade administrativa poderá requalificar um ato jurídico praticado com abuso de direito quando um negócio que deveria ser causal está desprovido de causa. Isso porque, como vimos, para os negócios causais, a causa é pressuposto para qualificação do ato como tal. Interessante notar que isso faz remeter uma intersecção entre a classe abuso de direito e atos simulados.

217

Assim, se certo sujeito de direito pratica ato ou negócio sem causa, terá cometido tanto simulação como abuso de direito. Se ficar registrada tal circunstância, por meio da linguagem das provas, na medida em que a situação jurídica, qualificada pela parte, não se sustenta, ou seja, apresenta um problema de lacuna de fato ou de direito, a requalificação ou desqualificação de prática do contribuinte será viável com fulcro nas normas antievasivas que estudaremos no capítulo VII.

Em outras palavras, o abuso de direito pode ser acidental à requalificação fiscal, isto é, acompanha-lhe sem ser sua causa determinante.

4 ELISÃO TRIBUTÁRIA

4.1 Palavras iniciais

A ideia que pretendo desenvolver a partir de certas noções do presente capítulo é que a elisão tributária importa uma interação de determinado sujeito de direito e a regra-matriz de incidência tributária ou uma norma de "benefício fiscal" – conforme definirei adiante – de tal sorte que norteie suas condutas, guiando-se a partir do conteúdo da tais normas para atingir determinada carga tributária – termo que também será definido adiante – por ele almejada.

Tenho por intuito indicar que a elisão tributária é possível, não apenas porque a própria legislação tributária cria diferenças entre os contribuintes que revelam uma mesma capacidade contributiva, como indicado com mestria por Paulo Ayres Barreto[265], como porque, em razão das diferentes

---

265. "Impende observar, ainda, que é a partir do não-esgotamento da competência impositiva ou da diferença de tratamento tributário estabelecido pelo legislador ordinário que surgem as possibilidades de se buscar uma conduta elisiva. Por vezes, o legislador ordinário não prevê tal possibilidade ao erigir uma norma tributária. Em outras oportunidades, age deliberadamente, induzindo comportamento de caráter elisivo. Em ambas as situações, a atitude do contribuinte que procura a forma menos onerosa de pagar

delimitações de competência tributária atribuídas a cada ente tributante, conforme estabelecido pela própria Constituição, há diversas cargas sobre fatos economicamente semelhantes estabelecidas por cada Ente e, por fim, porque há distinções de tratamentos tributários instituídos por diversas jurisdições no âmbito internacional.

Ainda, gostaria de exprimir que, no Brasil, há uma característica única de possibilidade de elisão tributária, que é pautada pelo modo que nossa estrutura federativa é delineada pela própria Constituição da República. Ao conferir uma repartição rígida de competências, entre diversos entes tributantes dotados de posição isonômica no sistema, criou-se uma autorização constitucional para instituição de regimes jurídicos diferentes aplicáveis para situações que, por vezes, são muito semelhantes sob o ponto de vista econômico. Nesse sentido, a possibilidade de elisão é potencializada e difícil de ser limitada, justamente, por estar embasada em uma cláusula pétrea de nosso sistema jurídico que é o pacto federativo.

Para indicar essa ideia, lidarei com uma análise precipuamente sintática do ato elisivo, que é objeto desse capítulo, para indicar, com clareza, como se dá a interação do ato elisivo e as normas do sistema tributário, especificamente, no plano legal. No Capítulo IX, utilizarei essa definição da elisão para examinar sua interação com o sistema constitucional tributário. Antes, vale acompanharmos certas noções acerca da elisão tributária, cunhadas por nossa doutrina.

---

tributos é incensurável. Decorre da própria decisão do legislador de cuidar, de forma distinta, de realidades que poderiam ser submetidas a um mesmo tratamento tributário." (BARRETO, Paulo Ayres. **Elisão tributária, limites normativos.** Tese apresentada ao concurso de livre-docência do Departamento Econômico e Financeiro da Faculdade de Direito da Universidade de São Paulo. São Paulo: USP, 2008. pp. 200-201).

4.2 Elisão tributária na doutrina do direito tributário

Antes de oferecer uma proposta de definição dos termos "elisão tributária" ou "elisão fiscal" que tomarei como sinônimos, faz-se útil uma análise de como a doutrina encara a elisão tributária e as diferentes definições que surgiram. Esse material doutrinário será útil para que se chegue a uma possível definição do instituto, tanto acolhendo ideias que julgo procedentes, como para estabelecer um diálogo crítico, próprio da conversação jurídica.

Assim, tenhamos que, com Antônio Roberto Sampaio Dória, elisão é "ação tendente a evitar, minimizar, ou adiar a ocorrência do próprio fato gerador."[266]

Devemos sublinhar que, para esse grande norteador do tema da elisão, o campo elisivo poderia ser subdividido em duas espécies: elisão induzida pela lei e elisão decorrentes de lacunas da lei. Enquanto a primeira seria verificada a partir de um estímulo oriundo do próprio texto legislativo, segunda seria concretizada na hipótese de o agente buscar se pautar de uma lacuna semântica da lei para evitar, minimizar ou adiar a ocorrência do fato gerador.[267]

Partindo dessa mesma linha de que a elisão tende a "evitar, minimizar ou adiar a ocorrência do fato gerador", Rubens Gomes de Sousa acentua outra característica que também influenciou diversos tributaristas brasileiros, que é o critério cronológico em que os atos elisivos são praticados. Vejamos suas colocações:

> Fato gerador, no conceito pacífico da doutrina, consagrado entre nós pela lei complementar de normas gerais

---

266. DÓRIA, Antônio Roberto Sampaio. **Elisão e evasão fiscal**. São Paulo: Lael, 1971, p. 25.

267. DÓRIA, Antônio Roberto Sampaio. **Elisão e evasão fiscal**. São Paulo: Lael, 1971, pp. 30-31.

de direito tributário é a "situação definida em lei como necessária e suficiente para que ocorra a tributação necessária". Assim, desde que ocorrido o fato gerador (aspecto definido pelo CTN no art. 16), surge a obrigação tributária e o imposto é devido, mesmo ainda não seja cobrável por depender de ulterior verificação e constituição pelo lançamento do crédito fiscal correspondente (CTN, art. 142). Colocada assim a questão, o problema fica resolvido em tese, tendo-se um roteiro simples e seguro para aplicar a solução a cada caso concreto: (a) se os atos praticados, desde que, como foi dito, sejam objetivamente lícitos, são anteriores à ocorrência do fato gerador, a hipótese é de elisão; ou seja, o imposto será legitimamente evitado, reduzido ou diferido; ao contrário: (b) se os atos praticados, ainda que objetivamente lícitos, são posteriores à ocorrência do fato gerador, a hipótese é de evasão; ou seja, o resultado (obtido ou não) de evitar, reduzir ou diferir o imposto, ainda por atos objetivamente lícitos, será devido.[268]

Como se verifica das palavras do fundador do Instituto Brasileiro de Estudos Tributários, o instante da ocorrência do "fato gerador" seria o marco cronológico seguro para se diferençar elisão e evasão tributária. Com efeito, para Rubens Gomes de Sousa, tanto elisão como evasão seriam instrumentadas por atos lícitos, e o marco temporal seria o critério decisivo para diferenciá-los.

Essas definições de Rubens Gomes de Sousa e Antônio Roberto Sampaio Dória, segundo entendo, influenciaram grandes doutrinadores do direito tributário, todos na ideia de que a elisão visa a impedir, minimizar ou retardar os efeitos do "fato gerador". Assim, por exemplo, Gilberto Ulhôa Canto, ao buscar diferençar elisão de evasão, esboça as seguintes considerações:

---

268. SOUSA, Rubens Gomes de. **Pareceres 3** – Imposto de Renda. São Paulo: Resenha Tributária, 1976, pp. 212-213.

ELISÃO E NORMA ANTIELISIVA

> A diferença entre elisão e evasão fiscal consiste em uma primeira ser a conduta do contribuinte, visando a evitar, reduzir o retardar o pagamento do tributo mediante atos praticados antes da ocorrência do fato gerador, ao passo que a segunda configura-se pelas práticas de tais atos após o fato gerador.[269] (Grifos do próprio autor).

Já Ricardo Mariz de Oliveira, também acatando a ideia do critério cronológico, enuncia:

> A elisão fiscal é a economia tributária lícita, decorrente de atos ou omissões dos contribuintes, anteriores à ocorrência do fato gerador, que, sem violar a lei, inclusive sem simulação, evitam ou postergam a ocorrência da situação legalmente descrita como hipótese de incidência.[270]

Por sua vez, Vittorio Cassone, embora defenda a teoria da interpretação econômica do fato gerador, assinala:

> A diferença entre elisão e evasão fiscal consiste em que a elisão expressa ato formal e substancialmente legítimo praticado antes do surgimento do fato gerador, com o fim de evitar a incidência tributária plena ou a diminuir o tributo.[271]

Nota-se da definição acima o marco da interpretação econômica, especialmente, quando na expressão "substancialmente legítimo", isto é, sem abuso de forma. De qualquer forma, a elisão surgiria também como mecanismo de "evitar a incidência tributária plena ou diminuir o tributo".

---

269. CANTO, Gilberto de Ulhôa. **Elisão e evasão tributária**. São Paulo: Caderno de Pesquisas Tributárias n. 13, 1988, p. 110.

270. OLIVEIRA, Ricardo Mariz. **Elisão e evasão fiscal. Elisão e evasão tributária**. São Paulo: Caderno de Pesquisas Tributárias n. 13, 1988, p. 191.

271. CASSONE, Vitorio. **Elisão e evasão fiscal. Elisão e evasão tributária**. São Paulo: Caderno de Pesquisas Tributárias n. 13, 1988, p. 231.

Ângela Maria da Motta Pacheco, com a acuidade que lhe caracteriza, também segue a mesma tendência:

> Elisão fiscal ou "tax avoidance" é evitar a incidência da lei tributária ao fato imponível pela escolha de uma forma jurídica diversa daquela contemplada pela hipótese de incidência tributária, a qual daria origem ao tributo. É legítima pois preexiste à realização do fato imponível.[272]

Já Hugo de Brito Machado censura a ideia de que a elisão seja anterior ao fato gerador. O argumento é incisivo: se a elisão evita o próprio "fato gerador" não pode ser anterior ao que não existe. Assinala o eminente tributarista cearense:

> A diferença essencial entre elisão e a fraude reside em que na primeira a conduta adotada evita que ocorra o fato gerador. Não é anterior nem posterior ao fato gerador porque este simplesmente não existe.[273]

E concordo parcialmente com as observações de Hugo de Brito Machado, com a única observação de que, nos casos em que a elisão fosse direcionada à redução de carga tributária, o critério cronológico ainda seria aplicável.

Se os doutrinadores acima indicados vinculam elisão a uma conduta – um ato que tem como resultado evitar, minimizar ou retardar o fato gerador –, Alberto Pinheiro Xavier, com amparo em Diva Prestes Marcondes Malerbi, vincula elisão a um "direito subjetivo defensivo" ou um "direito defensivo à abstenção" que resulta "da abertura de um espaço em que o

---

272. PACHECO, Ângela Maria da Motta. **Elisão e evasão fiscal. Elisão e evasão tributária.** São Paulo: Caderno de Pesquisas Tributárias n. 13, 1988, p. 283.

273. MACHADO, Hugo de Brito. **Elisão e evasão fiscal. Elisão e evasão tributária**. São Paulo: Caderno de Pesquisas Tributárias n. 13, 1988, p. 451.

ELISÃO E NORMA ANTIELISIVA

cidadão se pode mover livremente".[274] Nesse mesmo sentido, Diva Prestes Marcondes Malerbi enuncia que:

> A elisão tributária refere-se, pois, a um certo tipo de situações criadas pelo contexto do direito tributário positivo que, por não estar compreendido dentro do catálogo legal das situações tributárias existentes, pertence assim, àquela de proteção jurídica do particular (relacionada com sua liberdade negocial e, precipuamente, com a sua propriedade), constitucionalmente assegurada, na qual o Estado Tributante não pode ingressar.[275]

Assim, verifica-se uma segunda acepção do termo "elisão", que não é mais tida como conduta, mas como direito a se realizar certas condutas.

Paulo Ayres Barreto, por sua vez, sintetiza de forma muito eficiente essas duas maneiras de se lidar com elisão sustentando que:

> Elisão tributária consiste no direito subjetivo assegurado ao contribuinte de, por meios lícitos (i) evitar a ocorrência do fato jurídico tributário; (ii) reduzir o montante devido a título de tributo ou (iii) postergar sua incidência.[276]

O modo acima disposto confere uma visão binária de elisão tributária, para diferenciá-la da evasão. Verificaremos o conceito de evasão no próximo capítulo, mas o que interessa

---

274. XAVIER, Alberto. **Tipicidade da tributação, simulação e norma antielisiva.** São Paulo: Dialética, 2001, p. 33.

275. MALERBI, Diva Prestes Marcondes. **Elisão tributária.** São Paulo: RT, 1984, p. 74.

276. BARRETO, Paulo Ayres. **Elisão tributária, limites normativos.** Tese apresentada ao concurso de livre-docência do Departamento de Direito Econômico e Financeiro da Faculdade de Direito da Universidade de São Paulo. São Paulo: USP, 2008, p. 241).

agora é examinar um outro ponto de vista acerca do planejamento tributário que lhe toma como uma tríade, composta de elisão, elusão e evasão.

Heleno Taveira Torres é o grande expoente de tal vertente no direito nacional. Vejamos suas sempre relevantes explicações:[277]

> (..) Assim cogitamos da "elusão tributária" como sendo o fenômeno do qual o contribuinte usa de meios dolosos para evitar a subsunção do negócio praticado ao conceito normativo do fato típico e a respectiva imputação dos efeitos jurídicos, de constituição da obrigação tributária, tal como previsto em lei.
>
> No caso da elusão, o contribuinte assume o risco pelo resultado, visando a uma tributação menos onerosa, mediante o uso de meios atípicos, seja para evitar a ocorrência do fato gerador, seja para pô-lo em subsunção com uma norma menos onerosa. Aqui já não se trata de *legítima economia de tributos;* outrossim, sem que sua atitude se constitua numa modalidade de simulação, num agir impulsionado por escapatória, ardil, escamoteação, estratagema, subterfúgio, visando a prejudicar a aplicação da legislação tributária.

Da descrição de Heleno Taveira Torres me parece claro que com a elusão o sujeito passivo obtém carga tributária reduzida sem se socorrer a atos ilícitos ou apelar para a simulação. Todavia, esses atos seriam utilizados a partir de "dolo", "estratagemas", "abuso de forma" e "artificialismos" que os tornariam ilegítimos.

Nesse sentido, parece-me que a "elusão" estaria próxima daquela espécie de elisão tributária mencionada por Antônio

---

277. TORRES, Heleno Taveira. **Limites do planejamento tributário e a norma brasileira anti-simulação** (LC 104/01). Org. ROCHA, Valdir Oliveira. São Paulo: Dialética, 2001, pp.114-115.

ELISÃO E NORMA ANTIELISIVA

Roberto Sampaio Dória que lhe qualifica com o aproveitamento de uma lacuna no direito tributário, aproximando-se da elisão ilegítima, condenável eticamente. O próprio Antônio Roberto Sampaio Dória dialoga com essa visão ao enunciar tal modalidade elisiva – que se aproveita de lacunas no direito – seria "aquela que apresenta problemas de legitimidade jurídica e correções éticas".[278]

Assim, independente da designação entre "elisão" e "elusão", surge um campo dos que tomam que o planejamento não evasivo também pode guardar problemas de legitimidade.

Marco Aurélio Greco, por exemplo, aponta, em um primeiro momento, que elisão e planejamento são dois momentos do mesmo fenômeno, sendo o planejamento a conduta do contribuinte e elisão os efeitos dessa conduta.[279] O que caracteriza o planejamento e elisão é proteção que recebem do ordenamento e o aspecto de serem oponíveis às autoridades administrativas.[280]

Porém, em que pese a assertiva de que o efeito da elisão é que o ato planejado seja oponível ao Fisco, Marco Aurélio Greco atesta que o desafio do jurista é entender quais atos são oponíveis ao Fisco, não existindo uma "linha demarcatória", mas uma "região fronteiriça".[281]

Assim, o jurista adverte que utiliza termos "sem grandes preocupações – pelo menos por enquanto – em estabelecer

---

278. DÓRIA, Antônio Roberto Sampaio. **Elisão e evasão fiscal.** São Paulo: Edições Lael, 1971, p. 31.

279. GRECO, Marco Aurélio. **Planejamento Tributário.** São Paulo: Dialética, 3.ed., 2011, p. 86.

280. GRECO, Marco Aurélio. **Planejamento Tributário.** São Paulo: Dialética, 3.ed., 2011, p. 86.

281. GRECO, Marco Aurélio. **Planejamento Tributário.** São Paulo: Dialética, 3.ed., 2011, p. 86.

classificações estanques do objeto de análise".[282] Isso impede, um pouco, que captemos um conceito unívoco de elisão de sua obra, eis que o autor abdica de uma clara definição do objeto de sua análise.

Sem embargo, Marco Aurélio Greco quando, trata do artigo 116, parágrafo único do Código Tributário Nacional, enuncia que tal norma é antielisiva ou antiabusiva e a entende constitucional. Aqui, parece-me que o referido jurista está empregando o termo "elisão", neutralizado pela norma antielisiva, em outra conotação do que a anteriormente firmada em seu livro. Ora, tomada a elisão como um efeito de um planejamento que é tutelado pelo ordenamento, isto é, oponível ao Fisco, não se pode, sem uma contradição admitir uma norma antielisiva, ou seja, que coíba a elisão. Porém, se pensarmos que o próprio jurista advertira que não empregaria os termos de modo firme, podemos entender essas variações semânticas em sua obra.

De qualquer forma, podemos concluir que, para Marco Aurélio Greco, há uma elisão tutelada pelo ordenamento e outra abusiva, repelida pelo parágrafo único do artigo 116 do Código Tributário Nacional. Isso significa que elisão nem sempre obtém o êxito de "impedir, minimizar ou afastar a ocorrência do fato gerador", tanto que, para Marco Aurélio Greco, a norma antielisiva que seria construída a partir do parágrafo único do artigo 116 do Código Tributário Nacional, apenas seria aplicável se o "fato gerador" ou "obrigação tributária estivesse dissimulada" ou seja, tivesse ocorrido e fosse encoberta pelo contribuinte.

Essa visão de elisão abusiva, ou condenável, semelhante, portanto, ao conceito de elusão, também é pactuada por

---

282. GRECO, Marco Aurélio. **Planejamento tributário**. São Paulo: Dialética, 3. ed., 2011, p. 86.

228

Ricardo Lobo Torres, quando enuncia que a norma antielisiva, fundada no princípio da transparência, de que deve "desaparecer a opacidade dos segredos e da conduta abusiva fundada na prevalência da forma sobre o conteúdo dos negócios jurídicos".[283]

Assim, o termo "elisivo" ganha uma divisão entre elisão legítima e não-legítima. Mas, isso implica acepção distinta da efetivada por juristas como Antônio Roberto Sampaio Dória e Rubens Gomes de Sousa e os demais juristas que os acompanham, que pressupõe que a elisão "impede, minimiza e afasta a ocorrência do fato gerador", sendo incompatível com uma ideia de "dissimulação do fato gerador" ou mesmo de "ocultação".

Parece-me, porém, que toda essa discussão da elisão tributária fica comprometida se o termo elisão não é claramente definido. A ausência de clareza gera falácias porque se discutem regimes jurídicos aplicáveis a duas porções distintas do campo das condutas intersubjetivas. Os lógicos costumam apontar isso de "falácia do equívoco".

A pergunta fundamental "será que os autores que defendem elisão, enquanto ato legítimo, têm por base o mesmo fenômeno dos que dividem a elisão em legítima ou não legítima?" exige, como resposta, a demarcação semântica do conteúdo elisivo.

O sentido do vocábulo "elisão" de Antônio Roberto Sampaio Dória, Rubens Gomes de Sousa e outros doutrinadores dessa linha, exprime uma relação de uma conduta com o chamado fato gerador. Isso importa um enfoque de cunho sintático da elisão que perquire a combinação entre um ato e o fato gerador.

---

283. Normas gerais antielisivas. **Revista Eletrônico de Direito Administrativo**, Salvador: Instituto de Direito Econômico da Bahia, n. 4, novembro de 2005. Disponível em: http://www.direitodoestado.com.br. Acesso em: 2 jul. 2013, p. 6.

Quando Alberto Pinheiro Xavier, Diva Marcondes Malerbi e Paulo Ayres Barreto e Marco Aurélio Greco, de outro lado, conceituam elisão como um direito subjetivo e uma conduta protegida pelo comportamento e quando Ricardo Lobo Torres e o próprio Marco Aurélio Greco a tomam como uma conduta potencialmente abusiva, já há uma visão de cunho deôntico, ou seja, que toma o ato elisivo já por um campo valorado.

Meu esforço será partir de uma visão sintática, neste capítulo, para que se possa compreender, exatamente, o que entendo pelo fenômeno, possibilitando um posterior exame da legitimidade de um objeto bem demarcado.

Para entender os fundamentos da definição que buscarei apresentar, examinarei mais de perto a definição de Antônio Roberto Sampaio Dória, e explicarei porque entendo que deve ser complementada com algumas notas que entendo pressupostas em sua definição, mas necessárias. Passarei, agora a explicá-las.

A primeira crítica da definição de que "elisão é o fenômeno tendente a impedir, minimizar e retardar o fato gerador" é a própria terminologia "fato gerador". Sucede que o termo "fato gerador" padece de ambiguidade porque ora pressupõe a hipótese de incidência tributária, ora o evento tributário e ora o fato jurídico tributário (linguagem competente que relata o evento). Na definição de Antônio Roberto Sampaio Dória, a expressão "minimizar o fato gerador" revela, ainda, outra acepção que é de reduzir a obrigação tributária.

Outra crítica que me parece surgir é a que a ação de evitar a ocorrência do evento tributário – se tomado fato gerador nessa acepção – pode não ser proveniente do que na pragmática se chama de elisão. Se certo contribuinte, por exemplo, desiste de praticar uma profissão, terá evitado a ocorrência de inúmeros eventos tributários. Nem por isso me parece que isso possa ser qualificado como uma elisão tributária.

230

ELISÃO E NORMA ANTIELISIVA

O mesmo se refira quanto à figura da "minimizar" ou reduzir a obrigação tributária. Se um comerciante concede um desconto incondicional a seu cliente terá reduzido a base de cálculo da Contribuição à Seguridade Social – COFINS. Mas, acredito que, pragmaticamente, esse ato não seja considerado como elisivo.

Também, estou convencido que a ideia de "reduzir", ou "diminuir" pode levar a uma ideia ilusória se não acompanhada de algumas notas adicionais que indicarei na definição do próximo item. Isso porque "reduzir", "diminuir" pressupõe o que já existe. De fato, entendo que a elisão possa diminuir a obrigação tributária, quando se estuda o que designarei de elisão-benefício. Mas, esses autores pretendem assinalar, segundo penso, que a elisão tributária pressupõe que o contribuinte irá se beneficiar da aplicação de uma norma com uma alíquota ou base de cálculo inferior do que a prevista. Nesse sentido, creio que essas definições mereçam acréscimos de notas, porque sem se explicitar certos pressupostos que possivelmente elas tomam, pode-se chegar ao absurdo de se concluir que a elisão reduz o que não existe.

Ademais, esclareço que não adotarei o conceito de "elusão", porque "elisão" e "evasão" serão definidas a partir da adequação de certa norma individual e concreta perante a regra-matriz de incidência tributária ou a norma de benefício fiscal com que ela interage.

Quando se diferencia elisão e evasão a partir da legitimidade do *meio* utilizado para obtenção de uma economia fiscal, como grande parte da doutrina faz, o conceito de elusão é cabível porque os valores são passíveis de graduação. Nesse sentido, na escala hierárquica de valores, é possível pensar em meios mais ou menos legítimos para se atingir um fim, estabelecendo-se uma ordem de preferência.

Poderíamos, por exemplo, falar em opção fiscal para indicar o meio mais legítimo de obtenção de economia fiscal e descer na escala de legitimidade para situar a elisão na segunda faixa, a elusão em uma terceira e evasão no nível mais baixo como instância repelida axiologicamente. Todas essas escalas são possíveis porque a "legitimidade" é um valor e, portanto, passível de graduação. Por outro lado, ao acentuar a esfera axiológica como marco decisivo para a classificação, parece-me que a intuição emocional do operador do direito será decisiva para efetivá-la, comprometendo a previsibilidade e segurança jurídica própria que se espera no campo tributário.

Outro modo, porém, de se conceber a elisão é a partir de sua interação com as normas tributárias aplicadas para obtenção da economia fiscal e constituição da norma individual e concreta. Nessa acepção, a elisão tributária está mais associada ao aspecto de certo sujeito de direito ter constituído norma individual e concreta em conformidade com a regra-matriz de incidência tributária – ou com uma norma de benefício fiscal – do que ao fato de tal sujeito passivo ter aplicado meios juridicamente aceitáveis para atingir essa conformação.

Nessa ordem, a divisão entre elisão e evasão é binária porque, do ponto de vista de um discurso, ou o sujeito passivo aplicou adequadamente certa norma tributária, obtendo uma economia fiscal legítima, ou não lhe aplicou corretamente e a vantagem fiscal foi indevida.

É possível que o sujeito passivo tenha aplicado a regra-matriz de incidência tributária corretamente e ainda assim cometido um ilícito para outras áreas do direito. Por exemplo, é possível que um comerciante adquira uma mercadoria, induzindo o vendedor a erro, de sorte que o ato é provido de uma nulidade. Mesmo assim o crédito de ICMS da compra da mercadoria deverá ser aproveitado e o ilícito será irrelevante para fins tributário nos termos do artigo 118, inciso I, do Código Tributário Nacional.

É possível, ainda, que a evasão seja cometida sem qualquer ilícito na seara do direito privado. Por exemplo, certa pessoa jurídica tributada pela modalidade de apuração de base de cálculo do IRPJ pelo lucro real efetiva uma doação e reconhece o gasto como despesa dedutível para fins de apuração da base de cálculo desse imposto. Nesse caso, a economia fiscal não será propriamente uma elisão, haja vista o desarranjo entre a norma geral e abstrata e a norma individual e concreta que se aproveitou da despesa, muito embora a doação seja válida para a esfera civil.

Parece-me que a complexidade do tema da elisão decorre do aspecto de ser o direito tributário um campo de superposição, de modo que o jurista fica obrigado a conviver com duas esferas de incidências, a primeira de certo segmento do ordenamento não tributário e a segunda específica do campo fiscal. Portanto, o esforço interpretativo exige que se lide com diversas dimensões normativas.

Creio que, por vezes, deixamos essa complexidade gerar uma invasão desnecessária de problemas próprios de outros ramos do direito para a esfera fiscal, perdendo-se o foco que é possibilidade de incidência de certa norma sobre certo fato.

Quando se buscam examinar temas como "liberdade da prática negocial", "livre iniciativa", de um lado, e "função social da propriedade" de outro, esquece-se que a norma fiscal não está proibindo, nem permitindo certo ato jurídico, previsto em sua hipótese, mas simplesmente imputando-lhes efeitos tributários. Acredito que, para fins de direito tributário, deveríamos nos preocupar menos sobre o maior ou menor grau de autonomia da vontade, que é um problema de direito privado, e mais sobre os regimes jurídico-tributários que devem ser aplicados para os diferentes atos.

Nos próximos dois itens, buscarei demarcar a elisão. Para isso, terei como premissa situar a elisão como um ato que se relaciona de determinada maneira com as normas jurídico-tributárias, como explicarei adiante.

4.3 Nossa definição

Conforme já assinalei, a ideia de elisão costuma a ser associada a uma conduta do sujeito passivo que obtém economia tributária, a partir de atos lícitos praticados para alcançar tal fim.[284]

Agora, entendo que a licitude relevante para qualificar a elisão é da norma individual perante a regra-matriz de incidência tributária ou da norma de benefício fiscal. É claro que essa conformação dependerá, nos casos em que a norma padrão de incidência for aplicável sobre situações jurídicas, da qualificação que se atribui ao ato tal ou qual, conforme determinado por outro ramo didaticamente autônomo do direito. Mas, a adequada qualificação jurídica de tais atos é apenas um pressuposto para a prática do ato elisivo e não seu fator determinante.

É preciso levar em consideração, ainda, que o conceito de elisão envolve mais notas do que a mera aplicação adequada da norma individual e concreta.

Assim, podemos pensar em uma definição um pouco mais formal desse instituto, que certamente seria fecunda para compreendermos em que moldes a elisão fiscal pode ser estimulada ou repelida, por certo sistema jurídico.

Como estratégia para delimitação desse conceito, é possível conceber as etapas que envolvem o que poderíamos chamar de procedimento elisivo. Para isso, se tomarmos certo tributo T, podemos considerar elisão como um procedimento executado da seguinte maneira:

---

284. Segundo Hermes Marcelo Huck, "Elisão, no sentido consagrado termo, implica a subtração a uma norma tributária para obter vantagem patrimonial por parte do agente." (HUCK, Hermes Marcelo. **Evasão e elisão.** São Paulo: Saraiva, 1997, p. 21).

ELISÃO E NORMA ANTIELISIVA

(i) O sujeito passivo prevê um *quantum* Q ("quantum previsto") a ser pago a título do tributo T, em situação S tomada como referência;

(ii) Dada a prática do ato A, não necessariamente praticável em S, há um dever de recolher um quantum Q' ("quantum efetivo"), e não maior do que Q', sendo Q' < Q, na mesma situação tomada como referência S, seja porque:

(a) Em virtude de A, o contribuinte preenche os requisitos de aplicação de benefício fiscal B que lhe permita recolher Q'; ou

(b) Em virtude de A, a eventual aplicação da regra-matriz de incidência T tributária sobre a situação S, não permite a imposição de uma obrigação tributária que tenha por objeto o recolhimento de uma quantia que ultrapasse Q'.

Nessa definição:

Quantum Q = carga tributária projetada caso um conjunto de atos seja efetivado;

Situação S = Contexto fático;

Quantum Q' = carga tributária obtida após praticado o ato elisivo;

A = ato elisivo.

Devo esclarecer que emprego, acima, o termo "benefício fiscal", de maneira bem ampla, abrangendo qualquer dispositivo no ordenamento jurídico que, aplicado de forma conjugada à regra-matriz de incidência tributária, contribua para uma redução na carga tributária suportada pelo sujeito passivo, tomando tal redução como o resultado aritmético da carga tributária suportada após a aplicação de tal dispositivo e a carga que seria suportada caso tal benefício não fosse aplicado e tomando o termo "carga tributária" como a quantia a ser efetivamente paga.

Ademais, situação S será uma constante que indica um contexto que circunda determinado contribuinte, envolvendo a prática de atividades que revelem capacidade contributiva e que se apresentem apesar da prática do ato A e de seus efeitos.

Vale acrescentar, ainda, que designo de "economia fiscal" o resultado da diferença entre o *quantum* previsto (Q) e o *quantum* efetivo (Q'), sendo o (i) *quantum* previsto, a carga tributária projetada, isto é, a diferença entre o objeto da prestação tributária projetada pelo agente elisivo e um subtraendo fundamentado em uma norma de benefício fiscal potencialmente aplicável à situação S, independente da prática de A e o (iii) *quantum* efetivo, carga tributária obtida pelo ato elisivo, isto é, a diferença entre a prestação tributária a ser incorrida pelo agente elisivo, e um subtraendo decorrente de um benefício fiscal qualquer.

Convém esclarecer, ainda, que o ato A ou é previsto em uma norma geral e abstrata do benefício fiscal ou faz com que a situação S não se subsuma a uma situação de fato, prevista no antecedente da regra-matriz de incidência tributária, que implique a imputação da obrigação tributária cujo objeto seja o pagamento de um quantum ou superior a Q', sendo Q' qualquer quantia inferior a Q, inclusive zero. É possível, nessa tônica de possibilidades, que com A, Q' seja zero, o que equivale ao que Antônio Roberto Sampaio Dória designa de "evitar a ocorrência do fato gerador".

Muito bem, tomando o procedimento acima indicado como referência, podemos definir a elisão tributária da seguinte maneira: dada (i) a potencialidade de uma situação S, que importa o exercício de atividades ou de ações reveladoras de capacidade contributiva, submeter-se, em um instante T, ao alcance de uma norma tributária N, cuja aplicação implique um quantum projetado Q, como valor a ser recolhido a título de um tributo e (ii) dado um valor Q' maior ou igual a zero e menor do que Q, a elisão configura-se pela prática de um ato A, em razão de sua vocação de possibilitar uma economia fiscal, decorrente da (a) incidência de um benefício fiscal, aplicável na situação S em razão de A, que determine, em T, o recolhimento de um quantum efetivo Q', ou (b) da não subsunção de S a qualquer situação de fato prevista no antecedente de N que implique a obrigação de se pagar uma quantia superior a Q', depois de subtraído qualquer valor proveniente de um benefício fiscal existente. Lembrando-se que nessa definição:

S = contexto caracterizado pela consecução de uma atividade ou uma ação isolada que revele capacidade contributiva de certo sujeito de direito;

N = norma tributária potencialmente aplicável na situação S, que sem a prática de A, implicaria o dever de recolhimento de um quantum Q;

Q = quantia pecuniária que deveria ser paga sem a prática do ato elisivo;

Q'= quantia pecuniária, inferior a Q, que deve ser paga após a prática do ato elisivo;

A = ato que gera a economia fiscal decorrente da redução da diferença entre Q e Q'.

Ao assinalar que a elisão se reveste na prática de um ato, situamos nosso conceito no campo da ação, isto é, da secundidade. A elisão, certamente, é precedida de um planejamento, ou seja, da tomada de decisão acerca da série de medidas que serão adotadas para fins da economia fiscal. Mas, é a execução desse planejamento, concretizado em normas individuais que revistam atos jurídicos, que revelará o plano elisivo.

A segunda característica dessa definição é que a elisão é efetivada com uma finalidade específica que é da obtenção de redução de uma carga tributária em determinada situação S. Nesse sentido, a economia tributária não é acidental ou involuntariamente atingida. Ela é valiosa para o agente elisivo e é decorrente de um cálculo normativo por ele praticado.

Agora, essa finalidade será preponderante quando a economia fiscal obtida for mais valiosa aos agentes elisivos, do que qualquer outro efeito decorrente do ato A praticado. Estamos lidando, aqui, com hierarquia de valores. De qualquer sorte, para a definição do conceito de elisão, não importa se a economia fiscal é mais, ou menos, valiosa, do que outros efeitos do ato praticado. O nexo decorrente entre um querer/obter a economia e a prática do ato já é suficiente para que seja qualificado como elisivo.

Agora bem, o resultado do ato elisivo, querido pelo agente, há de ser a economia fiscal, cuja expressão já defini anteriormente. Com efeito, o traço marcante da elisão é que dela resulte que o *quantum* efetivo seja inferior ao *quantum* previsto.

Note-se que a definição do conceito de elisão indica que esse instituto importa a comparação entre uma situação jurídica que se realiza e uma situação jurídica hipotética que não chega a se juridicizar. Essa situação hipotética existe, portanto, apenas enquanto potência em um momento prévio à elisão, enquanto possibilidade não-realizada.

Por sua vez, o conceito de economia fiscal tem como núcleo o valor pecuniário que deixou de ser despendido pelo sujeito passivo.

Tomado o direito como instância dinâmica, contudo, tanto a situação hipotética como a elisão, assim o próprio conceito de economia fiscal – que é um dado precipuamente financeiro – ganham relevância para a Ciência do Direito e também para o operador do direito, em sua prática cotidiana, especificamente em razão da conversação cada vez mais frequente nos últimos tempos, sobre a eficácia que uma prática com tais fins teria perante uma autoridade administrativa.

Além disso, é preciso considerar que a própria economia fiscal será justamente o objeto de eventual lançamento de ofício, caso a elisão seja desconsiderada pelas autoridades administrativas.

Portanto, quando se trata de elisão, está-se examinando até que ponto há legitimidade na economia fiscal gerada pelo ato elisivo. Investiga-se, assim, aproveitando-se do conceito de Robson Maia Lins, uma questão relacionada à "causalidade no direito"[285], ou seja, vinculada ao efeito que a aplicação de uma norma acarreta no plano dos fatos, efeito, este, que é justamente a economia fiscal.

Esclarecido esse ponto, registre-se que há dois meios para obtenção da economia fiscal almejada pelo ato elisivo. O primeiro deles é que a prática do ato elisivo interaja com os critérios da regra-matriz de incidência tributária, de tal sorte que dele resulte que o *quantum* efetivo seja inferior ao *quantum* previsto, conforme mecanismo que verificaremos adiante; o segundo deles, é interagindo com uma norma de benefício fiscal – entendido benefício na acepção já definida – conforme, também, teremos oportunidade de examinar, de forma mais detida adiante.

Além dessa classificação, outro critério pode ser aplicado que é a relação entre o ato elisivo e outros objetivos pretendidos pelo contribuinte no seio de uma situação S. São as consequências da aplicação desse segundo critério que iremos nos deter no próximo item.

---

285. LINS, Robson Maia. **A mora no direito tributário.** Tese de Doutoramento apresentada como requisito parcial para a obtenção de título de Doutor perante Banca da Pontifícia Universidade Católica de São Paulo em 2008.

4.4 Classificação da elisão quanto ao meio de obtenção de economia fiscal

No tocante à questão da utilidade do ato elisivo para o contribuinte, é possível dividir a elisão em duas classes que serão a seguir indicadas.

Na primeira classe, que designarei de elisão-meio, o ato elisivo é praticado mediante escolha, entre dois procedimentos possíveis, para se atingir determinado resultado. Nessa hipótese de elisão, a escolha do procedimento X e não Y, para se atingir Z, gera a economia fiscal que é justamente a diferença entre o *quantum* previsto – que seria decorrente da adoção do procedimento Y – e o *quantum* efetivo, que é decorrente da escolha do procedimento X.

Note-se que na hipótese de elisão-meio muitas vezes, X gera um ônus fiscal, ou seja, acarreta a incidência de tributos de sorte que o *quantum* efetivo, no que tange a esses tributos, é superior ao quantum que seria decorrente da omissão ou não-realização do ato elisivo.

Contudo, a economia fiscal ainda assim será revelada quando se observam outros tributos, que não o majorado, de sorte que a carga fiscal da operação é reduzida.

A título de exemplo, no chamado ("caso Kolynos"), os seguintes acontecimentos foram concretizados, como se infere do relatório do Acórdão da Câmara Superior de Recursos Fiscais do Conselho Administrativo de Recursos Fiscais ("CARF"):

> (...) 1 — A empresa American Home Products — AHP, sediada nos Estados Unidos, resolveu vender os seus negócios ligados à higiene bucal, havendo a Colgate-Palmolive dos Estados Unidos saído vencedora no leilão privado para referida compra. Uma grande parcela deste negócio correspondia aos direitos relativos à marca Kolynos, detidos pelo Laboratório Wyeth Whitehall

ELISÃO E NORMA ANTIELISIVA

Ltda, fabricante no Brasil e subsidiária da AHP. Mas a AHP exigiu que o pagamento fosse efetuado no exterior e a Colgate-Palmolive, que já tinha filial no Brasil, quis segregar as operações relacionadas à Kolynos das que já possui, até porque esta transação seria submetida à aprovação do CADE.

2 — Para tanto, a Colgate-Palmolive constituiu uma subsidiária nos Estados Unidos denominada KAC Corporation e, em 30/12/1994, foi constituída, no Brasil, a empresa K & S Aquisições Ltda, com capital de R$ 100,00, composto de 100 quotas de R$ 1,00 cada e cujos titulares eram Carlos José Rolim de Mello, brasileiro, e Moira Virginia Huggard-Caine, argentina; em 9/1/1995, ocorre a primeira alteração contratual da K & S Aquisições Ltda., deliberando sobre a transferência de quotas da K & S Aquisições Ltda para a KAC Corporation (EUA), 99,99% e para a Global Trading and Supply Company (EUA), 0,01%.

3 — Do lado da alienante, tem-se que, em 2 de janeiro de 1995, foi constituída, no Brasil, a empresa Kolynos do Brasil S. A, com capital social de R$ 5.622.213,00; em 10/01/1995, os acionistas da Kolynos do Brasil S. A deliberaram um aumento de capital da sociedade, subscrito e integralizado por laboratórios Wyeth-Whitehallk Ltda (subsidiária da AHP, sediada no Brasil); em seguida, Laboratórios Wyeth-Whitehall Ltda transfere (em realização de capital) suas ações nominativas de Kolynos do Brasil S.A. para YONKERS S.A., sediada no Uruguai.

4 — Ou seja, até aqui, Laboratórios Wyeth-Whitehall Ltda detém ações de Yonkers S. A, que detém a Kolynos do Brasil S. A e KAC Corporation detém 99,99% do capital de K & S Aquisições Ltda.

5 — Em virtude de Laboratórios Wyeth-Whitehall Ltda ter exigido que o fechamento da operação ocorresse no exterior, Colgate-Palmolive, através de K & S Aquisições Ltda constituiu Albala S.A., no Uruguai.

6 — K& S Aquisições Ltda faz um contrato de empréstimo com KAC Corporation, no valor da operação do negócio Kolynos, ou seja, US$ 760.000.000,00, datado de 10/1/95; K & S Aquisições Ltda, nesta mesma data, firma

com Albala S. A, contrato de empréstimo de igual valor. No contrato entre K & S Aquisições Ltda com a KAC Corporation, a tomadora determinou que o valor da linha de crédito fosse remetido diretamente para a Albala S.A, de forma a não transitar por sua conta no Brasil.

7 — Nesta mesma data, Laboratórios Wyeth-Whitehall Ltda vende, então, ações à Albala S.A. As ações vendidas correspondem a ações em Yonlcers S.A, detidas por Laboratórios Wyeth-Whitehall Ltda. Como Yonkers S. A. detinha a Kolynos do Brasil S. A, ao adquirir ações da Yonkers S. A., a Albala S. A passa a ser controladora da Kolynos do Brasil S. A, e como a Albala S. A pertence a K & S Aquisições Ltda, esta passou a deter a Kolynos do Brasil S.A..

8 —Em 11/1/1995, KAC Corporation realizou um aumento de capital em K & S Aquisições Ltda no montante de R$ 226.800.000,00 (US$ 270 milhões de dólares), tendo sido tal montante remetido através do mercado comercial no dia seguinte (11/1/95) e, nesta mesma data, K & S Aquisições Ltda resolve quitar uma parte do empréstimo de US$ 760.000,00 que tomou da KAC Corporation para repassar à Albala S.A. K & S Aquisições Ltda fica, então, com um passivo de US$ 496.279.069,77 para com KAC Corporation, e Albasa S. A tem, em janeiro de 1995, um passivo de US$ 760.000.000,00 para com K & S Aquisições.

9 — Depois da aquisição das ações de Yonkers S. A por Albala S. A., em 17 de janeiro de 1995, o capital social da Yonkers foi reduzido, havendo a Albala recebido em troca um investimento direto na Kolynos do Brasil S. A (Albala S. A passa a ser acionista da Kolynos do Brasil S. A).

10 — Em 30 de janeiro de 1995, Albala S. A promoveu uma dação em pagamento, com o objetivo de extinguir o débito referente ao empréstimo que tinha junto à K & S Aquisições Ltda, dando em pagamento as ações que tinha na Kolynos do Brasil S. A, no valor de US$ 760.000.000,00. Assim K & S Aquisições Ltda passa a ser titular da Kolynos do Brasil S. A., e devendo a KAC Corporation o valor de US$ 496.279.069,77, a qual, em 17 de fevereiro de 1995, passou a ser denominada

ELISÃO E NORMA ANTIELISIVA

Kolynos Corporation. K & S Aquisições Ltda alterou sua razão social para Kolynos do Brasil Ltda em fevereiro de 1995 e, em 20 de abril de 1995, esta incorporou a Kolynos do Brasil S.A.

11 — Em junho de 1995, por meio de um "Contrato de Cessão", a Kolynos Corp (EUA) repassou os direitos do contrato inicial de janeiro de 1995 à Colgate Palmolive Europe S. A, empresa com sede em Bruxelas.

12 — Em 19/9/1996, Colgate-Palmolive Ltda., empresa brasileira criada em 1966, adquire 70% do capital social de Kolynos do Brasil Ltda, assumindo a dívida de US$ 496.279.069,77.

13 — De setembro de 1996 até o final de dezembro de 1996, as despesas passaram a ser deduzidas na contabilidade, então, da Colgate-Palmolive Ltda.

14 — Em 30 de janeiro de 1997, Kolynos do Brasil Ltda incorpora Colgate- Palmolive Ltda., voltando a ser devedora da mesma dívida.[286]

Segundo a fiscalização, conforme citado no referido acórdão, a razão principal da fiscalizada optar por contrair empréstimo no exterior em detrimento de eventual aumento no capital social estaria:

> (...) ligada ao aspecto tributário que diretamente influencia o resultado do exercício, uma vez que todos os encargos decorrentes do pagamento do empréstimo, passam a ser deduzidos do lucro líquido e consequentemente do lucro real, por serem os mesmos contabilizados como despesa financeira e a matriz no exterior além de receber juros certos, os quais poderão em certos casos sofrer tributação menor do que os dividendos advindos de investimento no exterior e ainda preserva, seu capital contra eventuais desvalorizações

---

286. Processo n. 16327.001870/2001-42. Recurso n. 101-138.101. Especial do Procurador. Acórdão n. 9101-00.287. Sessão de 24 de agosto de 2009. Matéria: IRPJ e outro.

da moeda do país da moeda em que se encontra a filial, no caso o Brasil."[287]

Como se nota do caso acima, os agentes elisivos detinham um objetivo que seria de capitalizar a pessoa jurídica K& S Aquisições Ltda., mediante recursos entregues por sua controladora. Ora, para efetivar tal objetivo, algumas alternativas poderiam ser adotadas tais como (i) subscrever aumento de capital social da investida ou (ii) celebrar contrato de mútuo.

No caso sob análise, o percurso adotado foi a celebração do contrato de mútuo. Note-se que tal opção fiscal gera uma tributação, na medida em que acarreta a incidência do Imposto sobre Operações de Crédito ("IOF-Crédito), nos termos do artigo 1º, inciso I, da Lei n. 5.143 de 20 de outubro de 1966.

Contudo, ao deduzir os juros pagos ou creditados à controladora da base de cálculo do IRPJ e da CSLL, o agente elisivo obtém uma economia fiscal potencial de até 34% (trinta e quatro por cento) do valor dos juros pagos, correspondente à alíquota da CSLL (9%), do IRPJ (15%) e do adicional de IRPJ (10%).

Em suma, como se nota da operação acima, para alcançar a finalidade de enviar recursos para o país – resultado esperado – seria possível a opção por dois meios distintos, dentre os quais o meio elisivo e o meio mais gravoso. Eis um exemplo típico de elisão-meio, nos termos definidos anteriormente.

---

287. Registre-se que, no caso em tela, as despesas foram glosadas, o que foi acatado pela Câmara Superior de Recursos Fiscais, como se infere da ementa a seguir citada: Processo n. 16327.001870/2001-42. Recurso n. 101-138.101. Acórdão n. 9101-00.287. Sessão de 24 de agosto de 2009.
DESPESAS NÃO NECESSÁRIAS. Caracterizam-se como desnecessárias e, portanto, indedutíveis do Lucro Real, as despesas de juros e variações cambiais relativas a empréstimo efetuado por meio de um contrato de mútuo, em que a mutuante é sócia-quotista que detém 99,99% do capital social da mutuária e dispunha de recursos para integralizar o capital. Recurso Especial do Procurador admitido em parte.

ELISÃO E NORMA ANTIELISIVA

É preciso anotar que a elisão-meio não deixa de ser combatida e tida como "abusiva" por autoridades fiscais. A título de exemplo, a conduta descrita acima foi combatida por jurisdições em todo o mundo, inclusive, no Brasil, por meio de normas antielisivas, que visam a evitar a chamada "sub-capitalização", ou seja, visam a evitar envio de empréstimos em proporção maior do que o valor aportado a título de capital social nas pessoas jurídicas investidas, instituídas pela Lei n. 12.249/10.

Apesar desse combate a que me refiro, a economia fiscal decorrente da elisão-meio, acima mencionada, não deixa de ser fruto de uma escolha por um procedimento, entre dois possíveis, para envio de recursos a uma sociedade coligada ou controlada.

A segunda modalidade de elisão, nessa classificação que leva em consideração a utilidade do ato elisivo para o contribuinte, seria o que designarei de elisão-fim. Nessa espécie, o ato elisivo não se caracteriza por ser um procedimento adotado, entre diversas alternativas para a obtenção de um fim não tributário, mas por tomar a elisão como um fim em si mesma. Isso não significa que tal prática revelaria, necessariamente, um ato sem propósito negocial. Apenas que o ato elisivo já é o resultado de um procedimento prévio e é tomado como valioso por si mesmo.

A título de exemplo, determinado contribuinte A adquire participação societária com ágio, em razão de expectativa de rentabilidade futura, de pessoa jurídica B. Segundo a legislação aplicável[288], para se aproveitar da dedutibilidade de tal ágio para fins da base de cálculo de IRPJ e CSLL, o contribuinte terá de absorver o patrimônio da pessoa jurídica B, mediante fusão ou incorporação.

---

288. Artigo 7º da Lei n. 9.532/97.

Muito bem, nesse caso, se a incorporação ou fusão é efetivada após a aquisição anteriormente levada a cabo pelo contribuinte, então o sujeito passivo passa a ter direito à dedutibilidade para fins dos tributos anteriormente mencionados. A incorporação, ou fusão, nesse caso, gera uma economia fiscal, para fins de IRPJ e CSLL. Essa economia é identificada a partir da comparação entre a incorporação/fusão e a ausência desses atos e não a partir da escolha de diversos procedimentos para que se atinja um mesmo fim.

Portanto, no exemplo acima, a incorporação, que foi praticada *para* o aproveitamento do ágio é um exemplo do que estamos denominando de elisão-fim.

Se existisse, contudo, distinção de tratamento fiscal entre a escolha pela incorporação ou fusão, note-se que haveria, também, nessa hipótese, um caso de elisão-meio, pautado pela economia gerada pela escolha de uma ou outra opção para o fim, que seria a absorção do patrimônio da sociedade adquirida.

Feitas essas explicações, é possível concluir que na elisão-meio, o procedimento escolhido pelo contribuinte para atingir o fim almejado revela uma economia fiscal em relação a outros procedimentos à disposição para que se atingisse esse mesmo fim; já na elisão-fim, a prática do ato elisivo gera a economia fiscal quando comparada com a abstenção desse mesmo ato.

Cada operação será tida como elisão-meio ou fim, conforme haja justificativas e motivações que contextualizem o ato elisivo em objetivos pretendidos pelo contribuinte. Retenhamos, por ora, contudo, essa classificação.

4.5 Classificação de elisão quanto à norma elidida

4.5.1 Considerações iniciais

Para a obtenção da economia fiscal, a elisão requer interação entre certo ato praticado e uma determinada norma jurídica,

ELISÃO E NORMA ANTIELISIVA

seja para que tal norma seja aplicada, seja para que tal norma deixe de ser aplicada.

Segundo defini na concepção de elisão anteriormente adotada, essa norma jurídica pode ser a regra-matriz de incidência tributária, ou outra norma, normalmente associada a um benefício fiscal.

Nos moldes que verificaremos adiante, estamos convencidos de que, conforme a elisão importe uma interação com a regra-matriz de incidência tributária ou com uma norma de benefício fiscal, haverá diferentes implicações jurídicas, especificamente, no tocante aos limites que o ordenamento pode dispensar à prática do ato elisivo.

De fato, a regra-matriz de incidência de diversas espécies tributárias é norteada por inúmeras normas de índole constitucional que impõem limites tanto à elisão fiscal, como eventual norma antielisiva.

De toda sorte, um esforço analítico sobre a interação entre a elisão tributária e a regra-matriz de incidência, de um lado, e a norma de benefício fiscal, de outro, contribuirá para esclarecer sobre as possíveis reações que o sistema jurídico pode oferecer à elisão tributária.

Assim, para fins de nossas investigações, designarei de elisão-RMIT aquela praticada a partir da interação direta com a regra-matriz de incidência tributária e elisão-benefício aquela que age a partir da aplicação de benefícios tributários, nos moldes acima especificados.

4.5.2 Elisão: regra-matriz de incidência tributária

4.5.2.1 Palavras iniciais

Por meio da elisão-RMIT, a interação entre o ato praticado pelo sujeito passivo e a regra-matriz de incidência tributária permite a redução do *quantum* a título de determinado tributo em certo período.

Para esse fim, o ato elisivo interage com os critérios da regra-matriz de incidência tributária, nos moldes que explicaremos a seguir.

4.5.2.2 Breves palavras sobre a regra-matriz de incidência tributária

Já explicamos que a regra-matriz de incidência tributária é uma norma geral e abstrata que institui certo tributo, delimitando, na hipótese de incidência, um pressuposto cuja ocorrência, devidamente vertida em linguagem, implica, deonticamente, uma consequência que é o surgimento da relação jurídico-tributária entre certo sujeito passivo e sujeito ativo, cuja prestação é o pagamento de certa quantia pecuniária, determinada por uma base de cálculo e uma alíquota.[289]

Também já discorremos que a regra-matriz de incidência tributária é constituída por critérios que colorem a hipótese e a consequência. Tais critérios, na hipótese, permitem identificar o reconhecimento de um evento[290] e no suposto, a caracterização de uma relação jurídica.

Para reconhecimento do evento, conforme, também, apontamos, é relevante identificar o critério material que indica uma situação objetiva, o critério temporal, que aponta o instante em que se dá por ocorrido o evento pressuposto da tributação e o critério espacial, que delimita as coordenadas de lugar em que esse acontecimento deve ocorrer.

---

289. CARVALHO, Paulo de Barros. **Direito tributário, linguagem e método**. 5.ed. São Paulo: Noeses, 2013, p.149.

290. CARVALHO, Paulo de Barros. **Direito tributário, linguagem e método**. 5.ed. São Paulo: Noeses, 2013, p.149.

ELISÃO E NORMA ANTIELISIVA

Por sua vez, o suposto ou consequente é constituído por um critério pessoal e quantitativo. Enquanto o critério pessoal aponta os polos ativo e passivo que hão de estar presentes na relação jurídico-tributária, o critério quantitativo vem para mensurar o objeto da obrigação tributária, mediante a base de cálculo e alíquota. Nesse sentido, a base de cálculo quantifica a hipótese de incidência tributária, enquanto a alíquota é um número, que, aplicado sobre a base de cálculo, acaba por definir o valor da obrigação tributária.

O signo "critério" é rico porque indica a ideia de requisitos aplicáveis para selecionar os elementos que compõem a extensão de uma classe, isto é, a classe dos fatos jurídico-tributários e das relações jurídicas. Nesse sentido, peço vênia para repetir a citação de Francisco Cavalcanti Pontes de Miranda que diz que há a classe dos fatos que interessam ao direito, que são chamados de "fatos jurídicos" e a classe dos fatos que não interessam. Os que interessam entram no "subconjunto do mundo e que se chama mundo jurídico e se tornam fatos jurídicos".[291]

No campo tributário, o preenchimento de critérios por uma ocorrência tanto importa para que um evento seja qualificável como fato jurídico, como também para se determinar o valor do objeto da prestação tributária a ser adimplida pelo sujeito passivo, na medida em que, por vezes, o percentual de alíquota incidente e a base de cálculo correspondente são variáveis e aplicáveis em conformidade com diferentes espécies de acontecimentos.

De fato, como veremos, adiante, conforme o evento se subsuma ou deixe de se subsumir a um ou outro critério da regra-matriz de incidência tributária, a prestação obrigacional poderá, ou não, ser aplicável. Ademais, conforme o evento se

---

291. PONTES DE MIRANDA, Francisco Cavalcanti. **Tratado de direito privado**. 2.ed. Campinas, p. 52.

ajuste a um ou outro subcritério da regra-matriz de incidência tributária, a carga tributária poderá ser maior ou menor.

Assim, será útil, quando tratar da elisão, verificar a extensão do conceito de "subcritério da regra-matriz de incidência tributária", que ora proponho. Para fins do presente estudo, tomarei subcritério como a nota que indica uma subclasse própria de elementos que se enquadram em certo critério da regra-matriz de incidência tributária.

Por exemplo, no caso do IPI, o critério material é composto por um verbo – "industrializar" – e dotado de um complemento – "produtos industrializados". Esse complemento é repartido em dezenas de subclasses próprias que são os diversos produtos inseridos na chamada Tabela de Incidência – TIPI, veiculada pelo Decreto Federal n. 7.660 de 23 de dezembro de 2.011, ou seja, diversos subcritérios. Ora, cada subcritério material do IPI revela uma alíquota diferente no consequente, de tal sorte que, conforme se enquadre em uma ou outra classificação, haverá a imposição de uma ou outra carga tributária.

Assim, tenhamos que cada critério da regra-matriz de incidência tributária poderá ser dotado de distintos subcritérios, revelando diferenças que importarão à aplicação de diferentes cargas tributárias em cada situação específica.

Nesse sentido, a elisão tributária se servirá dessas circunstâncias para gerar a economia fiscal pretendida, seja afastando a subsunção da norma tributária, seja para implicar uma carga tributária desejada pelo agente elisivo.

4.5.2.3 Elisão a partir da hipótese de incidência tributária

a) Elisão a partir do critério material da hipótese de incidência tributária

O critério material da hipótese de incidência tributária

ELISÃO E NORMA ANTIELISIVA

é dotado de um verbo no infinitivo mais um complemento (exemplo, industrializar produtos industrializados), que conota um comportamento praticado por um sujeito de direito que, nos termos do artigo 121 do Código Tributário Nacional, é denominado de contribuinte. Segundo o Professor Paulo de Barros Carvalho nele é contida a "referência de um comportamento de pessoas físicas ou jurídicas".[292]

Conforme assinalei no item precedente, o critério material pode ser dotado de diversos subcritérios, CM1, CM2, CM.n. cada qual revelando subclasses próprias da classe conotada por tal critério.

Já forneci o exemplo do caso do IPI, em que cada tipo de produto recebe um código distinto denominado NCM, importando a aplicação de alíquotas específicas para cada um deles. Assim, diria que, no caso do IPI, há tantos subcritérios C.M.s quantos forem os tipos de produtos existentes na Tabela de Incidência do IPI, veiculada pelo Decreto Federal n. 7.660 de 23 de dezembro de 2011.

No Imposto sobre Serviços de qualquer natureza – ISSQN, a mesma situação se verifica. Conforme o tipo de serviço praticado, pode ser imposta diferente carga tributária, seja pela modificação da alíquota, seja em razão da base de cálculo. Assim, poderia enunciar que a regra-matriz de incidência do ISSQN é dotada de tantos critérios materiais C.M.s quanto forem os tipos de serviços praticados.

Para definirmos o conceito de elisão tributária que interage com o critério material da hipótese de incidência tributária, tomemos S como uma situação tida como referência, A como o ato elisivo, B como um acontecimento resultante do ato elisivo e que é uma situação objetiva que se enquadra na

---

292. CARVALHO, Paulo de Barros. **Direito tributário, linguagem e método.** 5.ed. São Paulo: Noeses, 2013, p. 615.

hipótese de incidência tributária H.I. de certa norma N, C.M. como o critério material de H.I., C.M.n, como um subcritério material que importa a tributação equivalente ao *quantum* X, C.M.n' como outro subcritério material que pressupõe a aplicação de um *quantum* Y, sendo X≠Y e sendo C.Mn ≠C.Mn'.

Pois bem. Por meio da elisão focada no critério material da hipótese de incidência tributária, há a prática de um ato A, conectado a determinada situação S, que faz com que certo acontecimento B, também embutido em S, não se subsuma aos ditames estabelecidos por certo critério material C.M., inserido na hipótese de incidência H.I., de certa norma geral e abstrata N, cuja subsunção importaria a incidência do *quantum* previsto, ou que deixe de se subsumir a certo subcritério C.M.n, subclasse própria de C.M., para que se subsuma a certo subcritério C.M.n', obtendo, assim, a economia fiscal.

Note-se que a prática do ato A fará com que B deixe se subsumir ao conceito da ação descrita pelo verbo ou por algum subcritério da referida hipótese. Em outras palavras, o acontecimento B seria enquadrado em C.M.n, se não houvesse a prática do ato elisivo A.

Com essas observações, é possível inferir que a elisão que interage com o critério material da regra-matriz de incidência tributária pode tanto evitar a subsunção do acontecimento ao critério material, C.M., como um todo, ou seja, evitar a subsunção de C.M.1...C.M.n, como pode garantir a subsunção a certo C.M.n', do qual resulte a aplicação de obrigação tributária que importe um *quantum* efetivo Q'.

Na última hipótese, dar-se-ia a redução da carga tributária atinente ao tributo T, ao passo que na primeira existiria a não-incidência, isto é, ausência de subsunção do fato à norma.

A título de exemplo de elisão que se volta ao critério material da regra-matriz de incidência tributária, se sujeito de direito A, acionista controlador da sociedade C, tenha por fim transmitir a titularidade de um número X de mercadorias, pertencentes a C, a outro sujeito de direito B, a depender do enfoque das tratativas, diversas escolhas podem ser apontadas.

Por exemplo, A pode alienar as ações que possui, de sorte que B adquira não as mercadorias, mas o controle da sociedade B.

Ora, nessa hipótese de elisão-meio, a operação não estaria sujeita ao ICMS, haja vista que a compra e venda de ações não se confundiriam com a circulação de mercadorias. Nesse sentido, em razão de os agentes terem estruturado a operação mediante a alienação de ações, omitindo-se de praticar o negócio jurídico envolvendo a circulação de mercadorias, haverá a economia fiscal decorrente da não subsunção do ICMS ao caso concreto.

Já quanto ao segundo caso, poderíamos cogitar uma elisão que alcance o critério material do IPI, por meio da classificação fiscal de produtos, da Nomenclatura do Mercado Comum. Assim, a título de exemplo, o agente elisivo pode se certificar que a composição química de determinado produto induza o enquadramento na posição de classificação fiscal que determine a imposição de alíquota mais benéfica (exemplo, fabricação de plástico e não alumínio).

Nesse último caso, em que a elisão lida com o subcritério material para redução da carga tributária, haverá a interação com outros subcritérios da regra-matriz, normalmente, situados no consequente.

b) Elisão a partir do critério espacial da hipótese de incidência tributária

Para fins do presente tópico, tomemos o espaço como a forma de todos os fenômenos de sentidos externos, constituindo-se como uma condição subjetiva *a priori* para a intuição de qualquer fenômeno. Por essa linha, o espaço não está nos objetos ou nas coisas em si, mas no próprio modo em que intuímos esses objetos.[293]

Se assim for, nenhum objeto externo à nossa consciência é intuído sem a noção de espaço, de tal maneira que a norma padrão de incidência tributária, nessa manifestação de deôntico, há de conter elementos que indiquem quais as possíveis coordenadas de espaço em que o evento tributário deve ocorrer.

Daí a importância do critério espacial da regra-matriz de incidência tributária, portador das notas que indicam as coordenadas de lugar em que ocorre o acontecimento previsto no antecedente da norma geral e abstrata.[294]

A extensão da coordenada geográfica constituída pelo critério espacial da RMIT pode se confundir com o próprio território vigência da norma tributária, pode indicar pontos predeterminados e exclusivos ou ainda indicar certas regiões específicas demarcadas pela norma.[295]

No primeiro caso, diz-se que a norma tributária cria critérios de conexão, que, uma vez satisfeitos, instituem um vínculo entre determinado contribuinte e certo ordenamento jurídico, legitimando a tributação sobre eventos praticados por esse contribuinte. Os critérios de conexão são delimitados, implicitamente, pela Constituição da República e, explicitamente, por (i) normas gerais de direito tributário, (ii) tratados internacionais e os respectivos veículos que os introduzem no direito interno e por (iii) leis que instituem tributos.

---

293. KANT, Immanuel. **Crítica da razão pura**. 2. ed. São Paulo: Vozes, 2012, p. 76.

294. CARVALHO, Paulo de Barros. **Direito tributário, linguagem e método**. 5.ed. São Paulo: Noeses. 2013, p. 617.

295. CARVALHO, Paulo de Barros. **Curso de direito tributário**. 25.ed. São Paulo: Saraiva, 2013, p. 263.

254

A título de exemplo, no caso do Imposto sobre a Renda – pessoa física, o critério de conexão é alternativo, havendo a incidência, ora em razão do local de produção do rendimento, ora em razão do local do estabelecimento do contribuinte, nos termos do artigo 1º da Lei n. 4.506/64 e do artigo 97 do Decreto-lei n. 5.844/43.

Assim, tenhamos que o ato elisivo praticado pelo contribuinte que interage com os critérios de conexão instituídos pelo regime jurídico de certo tributo faz com que determinado negócio não satisfaça as determinações impostas por esse critério.

Nesse sentido, a elisão-meio ganha relevo ao possibilitar, por atos de escolha, que se delimite o local em que será realizada determinada operação, ora afastando a subsunção da operação à hipótese da norma tributária, ora possibilitando enquadramento do qual resulte a economia fiscal.

Segundo relatório denominado *Adressing Base Erosion and Profit Shifting*, produzido pela Organização do Comércio e Desenvolvimento Econômico ("OCDE"):

> There is a number of studies and data indicating that there is increased segregation between the location where actual business activities and investments take place and the locations where profits are reported for tax purposes. Actual business activities are generally identified through elements such as sales, workforce, payroll and fixed assets. Studies that have analyzed aggregate data on global investment positions between countries show that this segregation is indeed taking place, with in particular profits from mobile activities, being increasingly shifted from where they benefit from a favorable tax treatment. (...)[296]

---

296. OECD, 2013. OECD, Publishing. **Adressing Base Erosion and Profit Shifting**. OECD PUBLISHING. http.dxdoiorg/101787/9787264192744-2en. Acesso em: 29 mar. 2013.

Como se nota, os contribuintes organizam suas atividades, ativos e estabelecimentos, buscando afastar o enquadramento no critério espacial de certas jurisdições e atrair os de outras, focando um tratamento tributário benéfico.

Um exemplo simples de ser visualizado é o da escolha da implantação de estabelecimento prestador de serviço para fins de elisão tributária no tocante ao ISSQN. O contribuinte, nessa hipótese elisiva, insere sua unidade econômica prestadora de serviços no Município com a menor alíquota incidente, possibilitando a economia fiscal.

Já no caso do Imposto sobre a Renda, a instalação de estabelecimentos em jurisdições em que a carga tributária é menos onerosa, garantindo a economia fiscal ao contribuinte. No ato elisivo combatido pela legislação brasileira e por diversas jurisdições, há a instalação de estabelecimento permanente em jurisdições com baixa tributação da renda, geradores de receita submetidas a uma tributação relativamente reduzida que fornece serviços, mercadorias a produtos para estabelecimentos situados em países com tributação mais elevada, gerando despesa dedutível para fins de Imposto sobre a Renda.

No caso acima, o ato elisivo garante a economia fiscal, desde que levada em consideração o baixo percentual a título de alíquota do Imposto sobre a Renda incidente sobre a receita auferida e relativo aumento de despesa na jurisdição de tributação mais elevada.

Muito bem. Como tratamos anteriormente, o critério espacial pode se concretizar em regiões demarcadas pelo legislador. É sobre essa segunda modalidade que passaremos a tratar.

Para delimitar tais regiões, o critério espacial, por vezes, indica certas extensões de espaço em que o ato deve ocorrer, para que seja qualificável como "fato jurídico tributário". O caso típico é o Imposto sobre Propriedade Territorial Urbana,

ELISÃO E NORMA ANTIELISIVA

que incide sobre as áreas urbanas dos Municípios, em contraposição ao Imposto sobre Propriedade Rural, incidindo sobre regiões rurais.

Em tais circunstâncias, a legislação há de indicar notas que caracterizam essa região de espaço.

Ora, aproveitando-se de tal mecanismo, o ato elisivo institui as modificações necessárias em determinada área, ou se omite de fazê-las, para que seja qualificada como urbana ou rural, conforme fiscalmente menos oneroso àquele determinado contribuinte.

Outra hipótese de elisão voltada ao critério espacial da regra-matriz de incidência tributária é por meio da utilização dos subcritérios disponíveis. A título de exemplo, no caso do IPTU, as alíquotas podem ser progressivas em razão do uso e localização do imóvel, nos termos do artigo 156, § 1º, inciso II, da Constituição da República, com a redação dada pela Emenda Constitucional n. 29, de 2000.

Nessa contingência, o contribuinte poderá optar pela localização de certo imóvel em região que implica alíquota menos gravosa do imposto, obtendo a economia fiscal se comparada à alíquota aplicável caso opte por instalar seu imóvel em outra região. Cada local, para fins de aplicação da alíquota, nada mais é do que uma subclasse própria do perímetro urbano, revelando caso de subcritério do critério espacial da regra-matriz de incidência tributária.

No tocante ao critério espacial caracterizado por pontos determinados, tal como se opera nos tributos aduaneiros, a elisão pode se operar a partir da escolha de determinado local que acarrete a incidência de tributo com carga fiscal mais vantajosa ao agente elisivo. No caso dos tributos aduaneiros, que incidem sobre a importação, o contribuinte pode escolher recinto aduaneiro em jurisdição ou local que importe carga fiscal mais vantajosa.

A título de exemplo, nos termos do artigo 3º do Decreto-lei n. 288, de 28 de fevereiro de 1967, a entrada de mercadorias estrangeiras na Zona Franca de Manaus, destinadas a seu consumo interno, industrialização em qualquer grau, inclusive beneficiamento, agropecuária, pesca, instalação e operação de indústrias e serviços de qualquer natureza e a estocagem para reexportação, será isenta dos impostos de importação, e de produtos industrializados.

Nesse sentido, o agente elisivo poderá organizar suas atividades para importar produtos via Zona Franca de Manaus, evitando a incidência dos referidos impostos.

De qualquer sorte, é possível concluir que o ato elisivo, interagindo com o critério especial da regra-matriz de incidência tributária, está apto a gerar a economia fiscal, seja impedindo a tributação, seja importando um *quantum* efetivo inferior ao *quantum* previsto.

c) Elisão a partir do critério temporal da hipótese de incidência tributária

Se o espaço é a forma externa dos fenômenos, tenhamos o tempo como a forma de nosso intuir interno, constituindo, conjuntamente com o espaço, uma das condições *a priori* para qualquer intuição.[297] É a representação do tempo que nos permite pensar no conceito de modificação, sem que se infrinja o princípio da identidade.

Qualquer evento tributário, por importar uma modificação no estado das coisas, há de estar localizado no tempo. Daí a importância do critério temporal da hipótese de incidência tributária, indicando as notas para se demarcar o instante de tempo em que se reputará ocorrido o evento tributário.

---

297. KANT, Immanuel. **Crítica da razão pura**. 2.ed. São Paulo: Vozes, 2012, p. 82.

ELISÃO E NORMA ANTIELISIVA

Nesse contexto, a elisão tributária poderá se servir do critério temporal para que o evento tributário seja reputado como ocorrido em instante tal ou qual, influenciando na geração da economia fiscal.

Para que sejam ilustradas as modalidades elisivas voltadas ao critério temporal da regra-matriz de incidência tributária, consideremos duas classes distintas de critério temporal.

Na primeira delas, o critério temporal indica uma data determinada. Chamarei essa modalidade de critério temporal fixo.

O critério temporal fixo pode indicar certo dia do mês (exemplo, último dia de cada mês) ou dia e mês (todo dia primeiro do mês de janeiro) para se efetivar a incidência do tributo. Exemplos marcantes são o Imposto sobre a Renda pessoa física (31 de dezembro de cada ano), IPTU (1º de janeiro de cada ano), Contribuição Social sobre o Lucro Líquido (que a incidência irá variar entre último dia de cada trimestre ou último dia do ano) que se destacam entre outros.

Na segunda espécie de critério temporal, que designarei de critério temporal relativo, o instante em que se reputará ocorrido o evento será definido, escolhendo-se um ponto específico da evolução dinâmica de certo comportamento.

No caso do ICMS, por exemplo, o critério temporal é a saída da mercadoria do estabelecimento do contribuinte. No caso do Imposto sobre Rendimentos[298] incidente sobre o ganho de capital da pessoa física, a incidência se dará no momento em que o ganho de capital – entendido como a diferença entre o valor de alienação de certo bem ou direito e o custo de sua aquisição – for auferido pelo contribuinte.

Conforme o critério temporal do tributo seja fixo ou

---

298. Por "Imposto sobre Rendimentos" designamos o que a legislação federal denomina de *tributação definitiva do imposto sobre a renda pessoa física*. Isso porque nesses casos, a renda não é tributável e sim o rendimento.

relativo ao estágio evolutivo de certo evento, o ato elisivo pode interagir de diferentes formas.

No primeiro caso, o agente elisivo atua para que o critério material do tributo não se opere na data escolhida pelo legislador para a incidência do gravame. No caso do Imposto sobre a Renda das pessoas jurídicas, na modalidade do lucro real anual, o agente elisivo pode adiantar incidência de certa despesa – firmando antes o negócio – ou retardar o cômputo de certa receita – adiando o prazo de entrega de uma venda – para que, em 31 de dezembro de certo ano, não haja lucro real a ser tributado.

Outro exemplo seria a hipótese de o contribuinte, percebendo que no critério temporal inexistirá base de cálculo do tributo passível de ser tributada, passe a adiantar o recebimento de certas receitas, garantindo que não sejam tributadas. Tomemos o caso de determinado comerciante tributado pelo IRPJ na modalidade de lucro real trimestral que, notando que, no segundo trimestre de determinado ano-calendário, o resultado da companhia apresentará irreversível prejuízo fiscal, concede descontos para que as vendas natalinas ocorram antecipadamente. Ora, nossa hipótese, o critério temporal do tributo é decisivo para que determinada riqueza deixe de ser alvo de tributação.

Na segunda espécie de critério temporal, o contribuinte retarda a conclusão de certa operação jurídica, para que o marco relevante de determinado evento não se opere na data tal ou qual, gerando maior liquidez ao agente elisivo.

4.5.2.4 Elisão a partir do consequente da regra-matriz de incidência tributária

a. Palavras iniciais

A partir da pesquisa sobre casos emblemáticos envolvendo elisão tributária, noto que o ato elisivo que interage com o consequente da norma padrão de incidência tributária

ELISÃO E NORMA ANTIELISIVA

encontra exemplos muito mais pujantes do que os voltados ao antecedente da mesma norma.

A título de exemplo, tomemos os casos que em 2011 foram considerados os "principais planejamentos tributários agressivos" pela Secretaria da Receita Federal do Brasil e logo veremos uma nítida relação com os critérios quantitativos da norma padrão de incidência tributária. De fato, o referido órgão administrativo identificou os seguintes casos:

> a. Ágio interno (dentro do mesmo grupo econômico), que verificaremos adiante;
>
> b. Incorporação às avessas, que já tratamos quando mencionamos o problema da simulação;
>
> c. Operações de casa e separa (visam a disfarçar ganhos de capital na alienação de participações societárias), que examinaremos no capítulo VIII;
>
> d. Desrespeito à trava de compensação de prejuízos fiscais (trava de 30%), conforme verificaremos adiante.[299]

Examinaremos essas hipóteses elisivas oportunamente, mas adiante que elas lidam com a base de cálculo do Imposto sobre a Renda pessoa jurídica ("IRPJ") e da Contribuição Social sobre o Lucro Líquido ("CSLL"), indicando a importância desse elemento constitutivo da regra-matriz de incidência para fins da prática da elisão.

O esforço desta parte será verificar como a elisão pode interagir com o consequente da regra-matriz de incidência tributária.

b. Elisão tributária interagindo com o critério quantitativo da regra-matriz de incidência tributária

Enquanto instância que afirma, infirma ou confirma o

---

299. Disponível em: http://www.receita.fazenda.gov.br/srf/ResultFiscalizacao.htm. Acesso em: 29 mar. 2013.

CHARLES WILLIAM MCNAUGHTON

critério material da hipótese de incidência tributária[300], a ponto de Augusto Alfredo Becker pontuá-la como núcleo da norma tributária, a base de cálculo é um dos elementos mais propícios a ensejar a elisão tributária.

Nesse ponto, vale apontar que a base calculada – base de cálculo aplicada à norma individual e concreta – congrega elementos aritméticos que mensuram o fato jurídico tributário. Ao praticar atos que reduzam a quantificação computada para fins de apuração da base de cálculo, o contribuinte consegue a economia fiscal almejada.

Para examinarmos esse fenômeno de maneira mais profícua, classifiquemos a base de cálculo em duas modalidades, conforme o modo de sua apuração. A primeira delas, que designaremos de "base de cálculo complexa" é apurada mediante o resultado da diferença entre fatores positivos e fatores de decréscimos; a segunda espécie, que designaremos de "base de cálculo atômica" é aquela em que inexistem grandezas redutoras, para fins de determinação do *quantum*.

O exemplo mais eloquente de tributos com fatores redutores para fins de composição da base de cálculo é o Imposto sobre a Renda e Contribuição Social sobre o Lucro Líquido. Ora, sendo a renda e o lucro o resultado aritmético de acréscimos frente a certos decréscimos, esses decréscimos denominados pela legislação como "despesas" são espécies de fatores de redução a que vimos nos referindo.

É possível apontar, ainda, o prejuízo fiscal, que pode, nos termos da legislação vigente, ser utilizado para fins de compensação com o lucro líquido apurado, para fins de apuração do lucro real do IRPJ e lucro ajustado, para fins da CSLL.

---

300. CARVALHO, Paulo de Barros. **Direito tributário: fundamentos jurídicos da incidência**. São Paulo: 9.ed. Saraiva, 2012, p. 212.

Verificaremos os fundamentos jurídicos dessas assertivas adiante.

As bases de cálculo atômicas, por sua vez, importam a quantificação do evento tributário, sem a necessidade de subtração de elementos redutores. Normalmente, implicam a quantificação de uma operação praticada pelo contribuinte – por exemplo, a venda de uma mercadoria.

Assim, passo a examinar como se efetiva a elisão em cada uma dessas espécies.

b.1 Elisão tributária interagindo com a base de cálculo da regra-matriz de incidência tributária

b.1.1 Elisão tributária interagindo com elementos de acréscimo e redutores da base de cálculo da regra-matriz de incidência tributária

Expliquei no item antecedente que a base de cálculo complexa é apurada pela diferença entre elementos positivos e fatores negativos, indicados pela legislação.

Muito bem, o ato elisivo que se aproveita dos fatores de redução importa a prática de atos que ensejam a possibilidade de incidência das normas que possibilitam o aproveitamento desses fatores, ou impede a aplicabilidade de normas que criam restrições ou limitações ao aproveitamento desses fatores.

Essa modalidade elisiva retrata relevante espécie de elisão com os chamados casos de "planejamentos tributários abusivos", que passaremos a examinar, tanto com hipóteses de elisão-fim, como com casos de elisão-meio.

Explicarei assim alguns desses casos típicos de "planejamento tributário abusivo" a partir de exemplos concretos. Dada a complexidade desses exemplos, abrirei itens isolados para tratar da questão do ágio interno e da chamada trava dos 30%, como se nota nos próximos itens.

CHARLES WILLIAM MCNAUGHTON

b.1.1.1 Ágio interno

Já vimos que o Imposto sobre a Renda configura-se a partir de uma base de cálculo complexa, dotada de elementos que correspondem acréscimos e instâncias redutoras, designadas despesas. Dentre as despesas, é possível identificar-se o ágio decorrente de aquisição de ações ou quotas, que até a vigência da Medida Provisória n. 627/13, era regido nos moldes que serão a seguir explicados.

Inicialmente esclareça-se que, nos termos do artigo 6º do Decreto-lei n. 1.598/77, a base de cálculo do Imposto sobre a Renda, na modalidade de lucro real, é o lucro líquido do exercício ajustado pelas adições, exclusões e compensações, previstas pela legislação tributária.[301] O lucro líquido, por sua vez, é aquele apurado com base no artigo 187 da Lei n. 6.404/76, antes das introduções inseridas pela Lei n. 11.638/07[301-A], nos termos dos artigos 15 e 16 da Lei n. 11.941/09.[302]

---

301. Nesse sentido, vide: PEDREIRA, José Luiz Bulhões. **Imposto sobre a Renda**. Pessoas jurídicas. Rio de Janeiro, Justec Editorial,1979, p.122.

301-A. A Medida Provisória n. 627/13 buscou adequar a base de cálculo de IRPJ e CSLL aos ditames da Lei n. 11.638/07. Até o momento da edição deste livro, a referida Medida Provisória ainda não havia sido convertida em lei.

302. "Art. 15. Fica instituído o Regime Tributário de Transição – RTT de apuração do lucro real, que trata dos ajustes tributários decorrentes dos novos métodos e critérios contábeis introduzidos pela Lei no 11.638, de 28 de dezembro de 2007, e pelos arts. 37 e 38 desta Lei. § 1º O RTT vigerá até a entrada em vigor de lei que discipline os efeitos tributários dos novos métodos e critérios contábeis, buscando a neutralidade tributária. § 2º Nos anos-calendário de 2008 e 2009, o RTT será optativo, observado o seguinte: Art. 16. As alterações introduzidas pela Lei n. 11.638, de 28 de dezembro de 2007, e pelos arts. 37 e 38 desta Lei que modifiquem o critério de reconhecimento de receitas, custos e despesas computadas na apuração do lucro líquido do exercício definido no art. 191 da Lei n. 6.404, de 15 de dezembro de 1976, não terão efeitos para fins de apuração do lucro real da pessoa jurídica sujeita ao RTT, devendo ser considerados, para fins tributários, os métodos e critérios contábeis vigentes em 31 de dezembro de 2007. Parágrafo único. Aplica-se o disposto no caput deste artigo às normas expedidas pela Comissão de Valores Mobiliários, com base na competência conferida pelo § 3º do art. 177 da Lei n. 6.404, de 15 de dezembro de 1976, e pelos demais órgãos reguladores que visem a alinhar a legislação específica com os padrões internacionais de contabilidade."

ELISÃO E NORMA ANTIELISIVA

Para apuração do lucro líquido, o sujeito passivo deve contabilizar receitas e despesas. Há uma nítida relação entre receita e despesa, porque as despesas são gastos necessários para a geração de receitas.

Nesse ponto, esclareça-se que a regra geral para cômputo das despesas operacionais na base de cálculo do Imposto sobre a Renda está estampada no artigo 47 da Lei n. 4.506, de 30 de novembro de 1964, ("Lei n. 4.506/64"), incorporada no artigo 299 do RIR/99. Vejamos sua disposição:

> Art. 299. São operacionais as despesas não computadas nos custos, necessárias à atividade da empresa e à manutenção da respectiva fonte produtora (Lei n. 4.506, de 1964, art. 47).
>
> § 1º São necessárias as despesas pagas ou incorridas para a realização das transações ou operações exigidas pela atividade da empresa (Lei n. 4.506, de 1964, art. 47, § 1º).
>
> § 2º As despesas operacionais admitidas são as usuais ou normais no tipo de transações, operações ou atividades da empresa (Lei n. 4.506, de 1964, art. 47, § 2º).
>
> § 3º O disposto neste artigo aplica-se também às gratificações pagas aos empregados, seja qual for a designação que tiverem.

Como se infere do dispositivo acima, citado, os requisitos para que uma despesa seja considerada operacional são os seguintes: (i) não devem ser computadas como custos; (ii) devem ser necessárias à atividade da empresa e à manutenção da respectiva fonte produtora; e (iii) devem ser normais ou usuais no tipo de transações ou atividades da empresa.

Nos termos do primeiro requisito, as despesas são operacionais quando não computadas como custos. Nessa linha, os dispêndios incorridos para formar os ativos da pessoa jurídica não podem ser qualificados como despesas.

CHARLES WILLIAM MCNAUGHTON

Por outro lado, à medida que os bens que componham o ativo sofram amortização, depreciação ou exaustão, haverá reconhecimento de despesa, nos termos da legislação vigente.[303]

Pois bem. Quando se adquirem quotas ou ações de uma pessoa jurídica, o investimento pode ser avaliado pelo custo de aquisição ou pelo valor do patrimônio líquido proporcional à parcela de participação no capital social adquirida.[304] Essa última hipótese é obrigatória nos casos mencionados pelo artigo 384 do Decreto n. 3000/99 que veiculou o Regulamento de Imposto de Renda RIR/99:

> Art. 384. Serão avaliados pelo valor de patrimônio líquido os investimentos relevantes da pessoa jurídica (Lei n. 6.404, de 1976, art. 248, e Decreto-Lei n. 1.598, de 1977, art. 67, inciso XI):
>
> I – em sociedades controladas; e
>
> II – em sociedades coligadas sobre cuja administração tenha influência, ou de que participe com vinte por cento ou mais do capital social.
>
> § 1º São coligadas as sociedades quando uma participa, com dez por cento ou mais, do capital da outra, sem controlá-la (Lei n. 6.404, de 1976, art. 243, § 1º).
>
> § 2º Considera-se controlada a sociedade na qual a controladora, diretamente ou através de outras controladas, é titular de direitos de sócio que lhe assegurem, de modo permanente, preponderância nas deliberações sociais e o poder de eleger a maioria dos administradores (Lei n. 6.404, de 1976, art. 243, § 2º).

---

303. Nesse sentido: SOUSA, Rubens Gomes. **Pareceres-1 Imposto de Renda**. São Paulo: Resenha Tributária, 1975, p. 72.

304. Recentemente foi veiculada a Medida Provisória n. 627/13 que terá vigência a partir de 1º de janeiro de 2015 ou 1º de janeiro de 2014 para os optantes. Nos termos da referida Medida Provisória, todos os investimentos deverão passar a ser avaliados pelo patrimônio líquido, alterando-se a disposição então vigente, quando escrevíamos o presente capítulo.

ELISÃO E NORMA ANTIELISIVA

> § 3º Considera-se relevante o investimento (Lei n. 6.404, de 1976, art. 247, parágrafo único):
>
> I – em cada sociedade coligada ou controlada, se o valor contábil é igual ou superior a dez por cento do valor do patrimônio líquido da pessoa jurídica investidora;
>
> II – no conjunto das sociedades coligadas e controladas, se o valor contábil é igual ou superior a quinze por cento do valor do patrimônio líquido da pessoa jurídica investidora.

Nesse ponto, registre-se que quando o valor do investimento em controlada ou coligada é avaliada pelo valor do patrimônio líquido, o investimento deve ser desdobrado (i) no valor do patrimônio líquido da época da aquisição e (ii) em ágio ou deságio pago na aquisição, que será a diferença entre o custo de aquisição do investimento e o valor do patrimônio líquido, cada uma registrada em subcontas distintas do investimento, nos termos do artigo 20 do Decreto-lei n. 1.598/77.[305]

Por sua vez, nos termos do §2º do referido dispositivo legal, o valor do ágio ou deságio deverá ser justificado pelos seguintes fundamentos:

a) valor de mercado de bens do ativo da coligada ou controlada superior ou inferior ao custo registrado na sua contabilidade;

b) valor de rentabilidade da coligada ou controlada, com base em previsão dos resultados nos exercícios futuros;

c) fundo de comércio, intangíveis e outras razões econômicas.

---

305. A partir da vigência da Medida Provisória n. 627, o investimento deverá ser avaliado pelo patrimônio líquido, mais ou menos valia que corresponde a diferença entre o valor justo dos ativos líquidos e seu valor contábil e o chamado "goodwill" que é o valor residual.

Uma vez contabilizado o ágio, não há, a princípio, dedutibilidade da base de cálculo do IRPJ, justamente porque a participação societária revela um ativo da pessoa jurídica adquirente.

Por outro lado, caso o ágio tenha por motivação a expectativa de rentabilidade futura da pessoa jurídica adquirida – isto é, o valor pago a mais tenha sido um prêmio em razão de uma expectativa da pessoa jurídica adquirida gerar lucro – à medida que essa pessoa jurídica adquirida aufira receita, o valor gasto contribui para a formação do resultado da pessoa jurídica pagadora do ágio. Contudo, tendo-se em vista que, nos termos do artigo 10 da Lei n. 9.249/95, a pessoa jurídica detentora da adquirida é isenta dos lucros auferidos por esta[306], o ágio também não pode ser considerado uma despesa dedutível, na exata medida em que não contribui para gerar uma receita que será incluída na base de cálculo do tributo: eis aquela correspondência entre despesa e receita a que já nos referimos.[307]

Agora, se a investidora absorve o patrimônio da investida, mediante incorporação, fusão e cisão, ou se dá o inverso, então, a receita obtida pela atividade de investida, passará, agora, a gerar receita incluída na base de cálculo do Imposto sobre a Renda para a investidora. Nesse sentido, o valor pago a título de ágio deverá ser amortizado da base de cálculo do IRPJ. E isso, de fato, está previsto pelos artigos 7º e 8º da Lei n. 9.532/97[308], a seguir transcritos:

---

306. Art. 10. Os lucros ou dividendos calculados com base nos resultados apurados a partir do mês de janeiro de 1996, pagos ou creditados pelas pessoas jurídicas tributadas com base no lucro real, presumido ou arbitrado, não ficarão sujeitos à incidência do imposto de renda na fonte, nem integrarão a base de cálculo do imposto de renda do beneficiário, pessoa física ou jurídica, domiciliado no País ou no exterior.

307. Nesse sentido, SCHOUERI, Luís Eduardo. **Ágio em reorganizações societárias e aspectos tributários**. São Paulo: Dialética, 2012, p. 62.

308. Vide previsão do artigo 21 da Medida Provisória n. 627/13.

ELISÃO E NORMA ANTIELISIVA

> Art. 7º A pessoa jurídica que absorver patrimônio de outra, em virtude de incorporação, fusão ou cisão, na qual detenha participação societária adquirida com ágio ou deságio, apurado segundo o disposto no art. 20 do Decreto-Lei n. 1.598, de 26 de dezembro de 1977:
>
> (...)
>
> III – poderá amortizar o valor do ágio cujo fundamento seja o de que trata a alínea "b" do § 2º do art. 20 do Decreto-lei n. 1.598, de 1977, nos balanços correspondentes à apuração de lucro real, levantados posteriormente à incorporação, fusão ou cisão, à razão de um sessenta avos, no máximo, para cada mês do período de apuração; (Redação dada pela Lei n. 9.718, de 1998).
>
> Art. 8º O disposto no artigo anterior aplica-se, inclusive, quando:
>
> (...)
>
> b) a empresa incorporada, fusionada ou cindida for aquela que detinha a propriedade da participação societária.

Explicado o regime legal do aproveitamento do ágio, aponto que a elisão tributária envolvendo o "ágio interno" consiste na compra, com ágio, de uma participação societária de uma pessoa jurídica, que esteja sob controle de outros sujeitos de direito que também controlem direta, ou indiretamente, a pessoa jurídica adquirente. Assim, não há envio de recursos financeiros a terceiros, para fins econômicos, mas há um ganho tributário para aquela pessoa jurídica que paga o ágio.

O ágio interno, portanto, é considerado um aproveitamento de benefício fiscal abusivo pela Secretaria da Receita Federal do Brasil porque não envolve transferência de riquezas a terceiros.

Por outro lado, se as pessoas jurídicas são entidades autônomas no direito, cada uma com tributação própria e personalidade jurídica própria, de tal sorte, por exemplo, que as receitas auferidas umas com as outras geram tributação – apesar de não existir um ganho de riqueza de fora do grupo –

269

parece-me que é incoerente tratá-las como se uma só fossem, para fins fiscais.

A título de exemplo, se estamos tratando de alienação de pessoa jurídica com ágio, o alienante certamente verificará um ganho de capital em sua operação que é uma receita não operacional tributável. Se a alienação fosse no mesmo grupo econômico, poderia o contribuinte alegar ausência de tributação, por inexistir uma riqueza de fora? Mas, para fins de Imposto sobre a Renda, o que vale é a riqueza do grupo econômico ou a riqueza da pessoa jurídica?

Abrindo parênteses, diante desses exemplos, parece-me que uma interpretação econômica como a que considera pessoas jurídicas de controle comum como a mesma pessoa jurídica acaba, muitas vezes, por ser seletiva: é econômica apenas na parcela que convém. Quando não interessa, impera a realidade jurídica.

Avançando um pouco no problema do chamado ágio interno, deve-se levar em consideração que, por vezes, o ágio é gerado sem que a aquisição tenha sido efetivada mediante entrega de recursos. Em um precedente importante julgado pelo Conselho Administrativo de Recursos Fiscais ("CARF"), certo contribuinte A integralizou, na pessoa jurídica D, a participação societária que detinha nas pessoas jurídicas B e C. Em outras palavras, D adquiriu participação societária em B e C e, em contrapartida, concedeu a A participação de seu capital social.

Para fins desse aumento, D "pagou" um ágio para A, não mediante recursos financeiros, mas mediante a própria participação social que A passou a deter em D. Isto é, D adquiriu participação societária em B e C a certo valor contábil X e, disponibilizou a A, como contrapartida, uma participação societária de valor contábil X+Y de tal sorte que Y foi contabilizado, em D, como ágio.

ELISÃO E NORMA ANTIELISIVA

Ato contínuo, a pessoa jurídica C incorporou D e passou a se aproveitar do ágio, como despesa dedutível da base de cálculo do IRPJ, com base no artigo 8º da Lei n. 9.532/97.

A pessoa jurídica C foi autuada, contestando-se a dedutibilidade do ágio por ela aproveitado, sob dois fundamentos jurídicos: (i) o ágio interno inexiste, porque não há pagamento para um terceiro; (ii) o ágio deve envolver um pagamento em dinheiro. O Conselho Administrativo de Recursos Fiscais julgou improcedente o lançamento de ofício, dando provimento ao recurso interposto pelo contribuinte, sob os seguintes argumentos:

> Processo n. 10680.724392/2010-28
>
> Acórdão n. 1101-00.708
>
> Sessão de 11 de abril de 2012
>
> Matéria: IRPJ e CSLL – Amortização de Ágio
>
> ASSUNTO: IMPOSTO SOBRE A RENDA DE PESSOA JURÍDICA. IRPJ Ano-calendário: 2005, 2006, 2007, 2008 ÁGIO. REQUISITOS DO ÁGIO. O art. 20 do Decreto-Lei n. 1.598, de 1997, retratado no art. 385 do RIR/99, estabelece a definição de ágio e os requisitos do ágio, para fins fiscais. O ágio é a diferença entre o custo de aquisição do investimento e o valor patrimonial das ações adquiridas. Os requisitos são a aquisição de participação societária e o fundamento econômico do valor de aquisição. Fundamento econômico do ágio é a razão de ser da mais-valia sobre o valor patrimonial. A legislação fiscal prevê as formas como este fundamento econômico pode ser expresso (valor de mercado, rentabilidade futura, e outras razões) e como deve ser determinado e documentado. ÁGIO INTERNO. A circunstância da operação ser praticada por empresas do mesmo grupo econômico não descaracteriza o ágio, cujos efeitos fiscais decorrem da legislação fiscal. A distinção entre ágio surgido em operação entre empresas do grupo (denominado de *ágio interno*) e aquele surgido em operações entre empresas sem vínculo, não é relevante para fins fiscais. ÁGIO INTERNO. INCORPORAÇÃO REVERSA.

AMORTIZAÇÃO. Para fins fiscais, o ágio decorrente de operações com empresas do mesmo grupo (dito *ágio interno)*, não difere em nada do ágio que surge em operações entre empresas sem vínculo. Ocorrendo a incorporação reversa, o ágio poderá ser amortizado nos termos previstos nos arts. 7º e 8º da Lei n. 9.532, de 1997. ASSUNTO: NORMAS GERAIS DE DIREITO TRIBUTÁRIO. Ano-calendário: 2005, 2006, 2007, 2008 ART. 109 CTN. ÁGIO. ÁGIO INTERNO.

É a legislação tributária que define os efeitos fiscais. As distinções de natureza contábil (feitas apenas para fins contábeis) não produzem efeitos fiscais. O fato de não ser considerado adequada a contabilização de ágio, surgido em operação com empresas do mesmo grupo, não afeta o registro do ágio para fins fiscais.

DIREITO TRIBUTÁRIO. ABUSO DE DIREITO. LANÇAMENTO.

Não há base no sistema jurídico brasileiro para o Fisco afastar a incidência legal, sob a alegação de entender estar havendo abuso de direito. O conceito de abuso de direito é louvável e aplicado pela Justiça para solução de alguns litígios. Não existe previsão do Fisco utilizar tal conceito para efetuar lançamentos de ofício, ao menos até os dias atuais. O lançamento é vinculado a lei, que não pode ser afastada sob alegações subjetivas de abuso de direito. PLANEJAMENTO TRIBUTÁRIO. ELISÃO. EVASÃO. Em direito tributário não existe o menor problema em a pessoa agir para reduzir sua carga tributária, desde que atue por meios lícitos (elisão). A grande infração em tributação é agir intencionalmente para esconder do credor os fatos tributáveis (sonegação).

ELISÃO.

Desde que o contribuinte atue conforme a lei, ele pode fazer seu planejamento tributário para reduzir sua carga tributária. O fato de sua conduta ser intencional (artificial), não traz qualquer vício. Estranho seria supor que as pessoas só pudessem buscar economia tributária lícita se agissem de modo casual, ou que o efeito tributário fosse acidental. SEGURANÇA JURÍDICA. A previsibilidade da tributação é um dos seus aspectos fundamentais.

ELISÃO E NORMA ANTIELISIVA

Como se nota, no caso acima, o ágio interno foi considerado dedutível da base de cálculo do IRPJ, por se entender terem sido cumpridos os requisitos legais para seu aproveitamento. Todavia, há inúmeras decisões em sentido diverso expedidas pela jurisprudência administrativa.

Sem embargo, posso indicar nessa operação, a estrutura do ato elisivo: (i) o ato elisivo será a integralização de ações com ágio; (ii) a carga fiscal projetada será o IRPJ devido no exercício sem se considerar a amortização de ágio; (iii) a carga efetiva é a resultante aproveitamento de ágio; (iv) a elisão foi realizada interagindo com a base de cálculo da regra-matriz de incidência tributária.

Registre-se que com o advento da Medida Provisória n. 627/13, o chamado "ágio interno" restou impossibilitado. Com efeito, o referido ato normativo é expresso, em seu artigo 21, que apenas o ágio ou goodwill decorrente de aquisições entre partes não dependentes poderá ser excluído, em pelo menos 1/60, do saldo existente, para fins de apuração do lucro real.[309]

b.1.1.2 Trava de 30%

Para se compreender a questão da "trava dos 30%", recordemos que a pessoa jurídica pode apurar sua base de cálculo do Imposto sobre a Renda pelo lucro real, presumido e arbitrado.[310] Na hipótese de lucro real é possível que seja apurado uma base de cálculo positiva, nos termos já explicados, ou base de cálculo negativa denominada de prejuízo fiscal.

---

309. Como esse texto foi escrito antes da conversão da referida Medida Provisória em lei, recomendamos que o leitor verifique eventual modificação que possa ter ocorrido sobre esse ponto.

310. Conforme dicção do artigo 44 do Código Tributário Nacional. Nesse mesmo sentido: SOUSA, Rubens Gomes. **Pareceres 1 –** Imposto de Renda. São Paulo: Resenha dos Tribunais, 1975, p. 72.

CHARLES WILLIAM MCNAUGHTON

Já assinalamos que o lucro real equivale ao lucro líquido ajustado das adições, exclusões e compensações previstas pela legislação tributária. Pois bem, o prejuízo fiscal apurado em certos exercícios é uma dessas hipóteses de compensação previstas pela legislação. Nas palavras de Ângela Maria da Motta Pacheco, "o prejuízo fiscal é grandeza negativa a integrar a base de cálculo do lucro real nos períodos posteriores."[311]

Inicialmente, o artigo da Lei n. 154/47[312] permitia a compensação de prejuízo fiscal com o lucro real apurado nos três exercícios seguintes. Tal período foi aumentado, pelo Decreto-lei n. 1.493/76, para os quatro exercícios subsequentes o que foi revogado, posteriormente, pelo artigo 38, §7º da Lei n. 8.383/91[313] e reintroduzido pelo artigo 12 da Lei n. 8.541/99.[314] Finalmente, o artigo 15 da Lei n. 9.065/95, passou a dispor o que segue:

> Art. 15. O prejuízo fiscal apurado a partir do encerramento do ano-calendário de 1995 poderá ser compensado, cumulativamente com os prejuízos fiscais apurados até 31 de dezembro de 1994, com o lucro líquido ajustado pelas adições e exclusões previstas na legislação do imposto de renda, observado o limite máximo, para a compensação, de trinta por cento do referido lucro líquido ajustado.

---

311. PACHECO, Ângela Maria da Motta. Compensação de prejuízos no regime de imposto sobre a renda das pessoas jurídicas. In: **Imposto de Renda**: questões atuais emergentes. São Paulo: Dialética, 1995, p. 25.

312. Art.10. O prejuízo verificado num exercício, pelas pessoas jurídicas, poderá se deduzido, para compensação total ou parcial, no caso da inexistência de fundos de reserva ou lucros suspensos dos lucros reais apurados dentro dos três exercícios subsequentes.

313. Art. 38, § 7º: O prejuízo apurado na demonstração do lucro real em um mês poderá ser compensado com o lucro real dos meses subsequentes.

314. Art. 12. Os prejuízos fiscais apurados a partir de 1º de janeiro de 1993 poderão ser compensados, corrigidos, monetariamente, com o lucro real apurado em até quatro anos-calendários, subsequentes ao ano da apuração.

ELISÃO E NORMA ANTIELISIVA

Parágrafo único. O disposto neste artigo somente se aplica às pessoas jurídicas que mantiverem os livros e documentos, exigidos pela legislação fiscal, comprobatórios do montante do prejuízo fiscal utilizado para a compensação.

Como se percebe, conforme a disposição do artigo acima citado, o prejuízo fiscal apurado poderá ser compensado observando-se o limite de 30% (trinta por cento) do lucro líquido ajustado, sendo criado aquilo que, na linguagem pragmática, restou denominado como "trava dos 30%". Apesar de significativa parcela da doutrina sustentar a inconstitucionalidade da restrição do limite[315], sob o argumento de que o imposto passaria a incidir sobre o patrimônio e não a renda, o Supremo Tribunal Federal considerou a constitucionalidade dessa medida, dispondo o seguinte:

RECURSO EXTRAORDINÁRIO. TRIBUTÁRIO. IMPOSTO DE RENDA. DEDUÇÃO DE PREJUÍZOS FISCAIS. LIMITAÇÕES. ARTIGOS 42 E 58 DA LEI N. 8.981/95. CONSTITUCIONALIDADE. AUSÊNCIA DE VIOLAÇÃO DO DISPOSTO NOS ARTIGOS 150, INCISO III, ALÍNEAS "A" E "B", E 5º, XXXVI, DA CONSTITUIÇÃO DO BRASIL. 1. O direito ao abatimento dos prejuízos fiscais acumulados em exercícios anteriores é expressivo de benefício fiscal em favor do contribuinte. Instrumento de política tributária que pode ser revista pelo Estado. Ausência de direito adquirido 2. A Lei n. 8.981/95 não incide sobre

---

315. "Ao limitarem a compensação dos prejuízos acumulados, as instruções normativas da Receita Federal e a Lei n. 8.981/95 contrariam o conceito de lucro, tal como se encontra disciplinada no direito privado, ofenderam as regras de competência tributária editadas pela Constituição e instituíram um tributo novo (ou empréstimo compulsório) incidente sobre prejuízo ou perda de capital – exatamente noção oposta ao lucro – sem o cumprimento dos requisitos constitucionais, sem a edição de lei complementar." (DERZI, Misabel Abreu Machado. Tributação da renda *versus* tributação do patrimônio. In: **Imposto de Renda**. Questões atuais e emergentes. São Paulo: Dialética, 1995, p.114).

CHARLES WILLIAM MCNAUGHTON

fatos geradores ocorridos antes do início de sua vigência. Prejuízos ocorridos em exercícios anteriores não afetam fato gerador nenhum. Recurso extraordinário a que se nega provimento.[316]

Apesar de tal decisão manifestada pela Colenda Corte, considero que tal permissão de se compensar prejuízo fiscal com a base de cálculo do Imposto sobre a Renda, antes de ser um benefício fiscal, é um efetivo mandamento implícito da regra-matriz de incidência do Imposto sobre a Renda.

Ora, o Imposto sobre a Renda é tributo que incide no último instante do período de apuração previsto pela legislação. A base de cálculo desse tributo é o acréscimo patrimonial obtido pelo contribuinte, como prescrito no artigo 43, inciso II, do Código Tributário Nacional[317] quando enuncia que proventos "são os acréscimos patrimoniais não compreendidos no inciso anterior".

De fato, se o tributo incide sobre a renda e sobre proventos e sendo proventos "outros acréscimos que não a renda",

---

316. RE 344994, Relator(a): Min. MARCO AURÉLIO, Relator(a) p/ Acórdão: Min. EROS GRAU, Tribunal Pleno, julgado em 25/03/2009, DJe-162, DIVULG 27-08-2009, PUBLIC 28-08-2009, EMENT VOL-02371-04, PP-00683, RDDT n. 170, 2009, p. 86-194.

317. Nesse sentido, vide ementa do Supremo Tribunal Federal, a seguir transcrita:

CONSTITUCIONAL. TRIBUTÁRIO. IMPOSTO DE RENDA. RENDA. CONCEITO. Lei n. 4.506, de 30. XI.64, art. 38, C.F./46, art. 15, IV; CF/67, art. 22, IV; EC 1/69, art. 21, IV. CTN, art. 43. I. – Rendas e proventos de qualquer natureza: o conceito implica reconhecer a existência de receita, lucro, proveito, ganho, acréscimo patrimonial que ocorrem mediante o ingresso ou o auferimento de algo, a título oneroso. C.F., 1946, art. 15, IV; CF/67, art. 22, IV; EC 1/69, art. 21, IV. CTN, art. 43. II. – Inconstitucionalidade do art. 38 da Lei 4.506/64, que institui adicional de 7% de imposto de renda sobre lucros distribuídos. III. – R.E. conhecido e provido. (RE 117887, Relator(a): Min. Carlos Velloso, Tribunal Pleno, julgado em 11/02/1993, DJ 23-04-1993, pp. 06923, EMENT. VOL-01700-05, pp 00786, RTJ VOL-00150-02, pp 00578).

tanto renda como proventos hão de ser tidos como acréscimos patrimoniais.

Assim, quando o contribuinte apresenta prejuízo fiscal em certo exercício, a parcela de ganhos obtidos no ano-calendário seguinte que não superar o prejuízo fiscal apresentado, não corresponde à renda, mas à mera recuperação de capital investido. Nesse sentido, parece-me que essa restrição de compensação do prejuízo fiscal surge como uma verdadeira "fraude à Constituição" isto é, um mecanismo oblíquo em que a União institui um imposto sobre o patrimônio, sem observância dos requisitos previstos pelo artigo 154, inciso I, da Constituição da República, que trata da competência residual impositiva da União.

Feito tal panorama, registre-se que uma interpretação advinda do mecanismo de limitação de compensação do prejuízo fiscal tem como fundamento a possibilidade de se poder utilizar o prejuízo para compensar a totalidade do lucro líquido quando a pessoa jurídica fosse extinta por incorporação ou fusão. A interpretação parte do pressuposto de que, se a compensação fosse vedada, haveria um pagamento de Imposto de Renda incidente sobre o patrimônio dessa pessoa jurídica. Assim, vejamos decisões emitidas pelo Conselho Administrativo de Recursos Fiscais nesse sentido:

> "TRAVA" DE 30% PARA COMPENSAÇÃO DE PREJUÍZOS FISCAIS E DE BASES NEGATIVAS NA INCORPORAÇÃO A finalidade da "trava" de compensação não é ceifar a compensação de prejuízos fiscais, mas manter ou aumentar o fluxo de caixa de arrecadação, tanto que se revogou a limite temporal de compensação. A regra de limitação quantitativa da compensação só tem sentido enquanto a pessoa estiver "viva".[318]

---

318. 3ª Turma Ordinária da 1ª Câmara do CARF. Conselheiro Marcos Takata. Assunto: Imposto sobre a Renda de pessoa jurídica – IRPJ. Ano-calendário: 2003-2004.

Por outro lado, a Câmara Superior de Recursos Fiscais já expediu entendimento diverso baseada na ausência expressa de previsão legal para tal possibilidade. Vejamos a decisão:

> Acórdão n. 9101-00.401- 1º Turma da CSRF, de 02 de outubro de 2009. COMPENSAÇÃO DE PREJUÍZOS IRPJ, DECLARAÇÃO FINAL. LIMITAÇÃO DE 30% NA COMPENSAÇÃO DE PREJUÍZOS. O prejuízo fiscal apurado poderá ser compensado com o lucro real, observado o limite máximo, para a compensação, de trinta por cento do referido lucro real. Não há previsão legal que permita a compensação de prejuízos fiscais acima deste limite, ainda que seja no encerramento das atividades da empresa.[319]

Em artigo criticando a referida decisão, Eurico Marcos Diniz de Santi argumenta o seguinte:

> A extinção da pessoa jurídica não é novidade no sistema jurídico brasileiro: o ser sujeito-de-direito – ensina Lourival Vilanova – é o momento eficacial, no interior de uma relação jurídica em sentido amplo. Ninguém é sujeito-de-direito, portador de direitos subjetivos relativos ou absolutos sem estar nessa relacionalidade.
>
> Ocorre que, no mundo da realidade e no mundo do direito dos últimos 60 anos (desde 1947), as pessoas jurídicas, especialmente no início de suas atividades, tendem a acumular prejuízos operacionais e fiscais, pois realizam grandes investimentos com o objetivo de colher lucros futuros.
>
> O fato de a Lei 9.065 não oferecer regulação especial ao caso específico da compensação dos prejuízos fiscais na extinção da pessoa jurídica, significa que a plena compensação nesses casos é norma implícita ou derivada do Sistema Tributário, dispensando menção específica.

---

319. Acórdão n. 9101-00.401. 1º Turma da CSRF, 02 de outubro de 2009.

ELISÃO E NORMA ANTIELISIVA

Além disso, o contexto de crise econômica que envolve a edição da Lei 9.065 parece convergir, mediante a própria justificação expressa do dispositivo, para um pacto entre Fisco e contribuintes. Nesse sentido, reitere-se o texto da exposição de motivos da MP 998:

A limitação de 30% garante uma parcela expressiva da arrecadação, sem retirar do contribuinte o direito de compensar, até integralmente, num mesmo ano, se essa compensação não ultrapassar o valor do resultado positivo.

Neste sentido, texto, contexto normativo e a própria lógica do IRPJ operaram no sentido de acoplar o direito, a prática e a realidade, fazendo com que o antigo Conselho de Contribuintes, atual Conselho Administrativo de Recursos Fiscais ("CARF"), entendesse que a aplicação dessa limitação quantitativa tinha como pressuposto a continuidade da pessoa jurídica, ou seja, a ausência de limitação temporal.[320]

Explicado o contexto da compensação de prejuízos fiscais, registre-se que o planejamento tributário, qualificado pela Secretaria da Receita Federal do Brasil como "abusivo", envolvendo a compensação, consistiria na conduta da pessoa jurídica extinguir suas atividades com o intuito exclusivo de aproveitamento integral do prejuízo fiscal.

Com base em tal ato, normalmente, por meio de uma incorporação, a pessoa jurídica aproveita-se da compensação autorizada pela legislação reduzindo o valor a ser pago a título de Imposto.

---

320. SANTI, Eurico Marcos Diniz de. **Estudo, investigação e análise.** Limitação à compensação de prejuízos fiscais e extinção da pessoa jurídica: normas derivadas, desrespeito ao princípio da divisão dos poderes e uso indevido de decisão do STF para ruptura da jurisprudência do CARF. Disponível em: http://www.fiscosoft.com.br/a/5fp7/estudo-investigacao-e-analiselimitacao-
-a-compensacao-de-prejuizos-fiscais-e-extincao-da-pessoa-juridica-normas-
-derivadas-desrespeito-ao-principio-da-divisao-dos-poderes-e-uso-indevido-
-de-decisao#ixzz2Ygcf6H3P. Acesso em: 10 jul. 2013.

Assim, Susy Hoffmann sustenta que o aproveitamento de prejuízo fiscal, no caso de extinção de pessoa jurídica, apenas deveria ser aceito caso comprovado que houve um propósito negocial para extinção da pessoa jurídica.[321]

Por outro lado, se pensarmos que a vedação de compensação de prejuízo fiscal é uma verdade fraude à Constituição da República, não reconhecida pelo Poder Judiciário, parece-me que a elisão tributária para aproveitamento do prejuízo fiscal surge como um verdadeiro elemento de calibração no sistema jurídico tributário, permitindo a fruição de um direito tolhido pela legislação federal. Aprofundaremos mais esse ponto no capítulo IX.

b.1.2 Elisão tributária envolvendo "base de cálculo simples"

A outra modalidade de elisão proveniente de fatores de redução de base de cálculo é aquela que interage com a qualificação dos negócios jurídicos praticados, de sorte que a economia fiscal seja gerada.

Essa espécie de elisão é um exemplo vivo de como a linguagem jurídica é criadora de suas próprias realidades.

Um exemplo tornará clara essa hipótese de elisão.

Se tomarmos uma pessoa jurídica por quotas de responsabilidade limitada, normalmente aos administradores é pago um valor a título de pró-labore. Ora, esse pró-labore ensejará a incidência de contribuição devida à seguridade social, tendo como sujeito passivo a própria pessoa jurídica[322], e terá por incidência a contribuição para seguridade social, tendo por

---

321. Palestra conferida no III Seminário do ICT, em 30 de novembro de 2012. Material de apoio disponível em: http://www.ictdebates.com.br/apresentacoes/III_Seminario_ICT_2012_10_30/Susy_Hoffmann.pdf. Acesso em: 10 jul.2013.

322. Artigo, 22, inciso III, da Lei n. 8.212/91.

ELISÃO E NORMA ANTIELISIVA

sujeito passivo o trabalhador[323], bem como o Imposto sobre a Renda da pessoa física, importando carga tributária muito superior à incidente sobre a distribuição de lucros, que é isenta de tributação.[324]

Muito bem, conforme seja manipulada a linguagem da facticidade jurídica, em especial atas de reunião de sócios, acordos de quotistas e documentos contábeis, os rendimentos auferidos pelos sócios poderão, ora ser qualificados como pagamento de pró-labore, ora como distribuição de lucros.

Note-se que a tributação, nessa hipótese, dependerá da linguagem produzida pelo contribuinte e do modo em que o contribuinte qualifica certo contexto, para fins de quantificação da base de cálculo.

Outro exemplo semelhante é a prestação de serviços com aluguel de máquinas envolvidas. A depender do modo em que a linguagem é empregada na redação de contratos, na emissão de notas fiscais, ordens de serviços e outros documentos relevantes, o negócio será constituído, ou como prestação de serviços com emprego de material, de sorte que o valor total do serviço será o preço total cobrado, ou poderá ser constituído de forma desmembrada, de sorte que a locação seja tida como um negócio autônomo e independente da prestação de serviços.

Vale acrescentar outro caso nessa mesma linha, em que os agentes elisivos separam suas atividades entre diversas pessoas jurídicas, de tal sorte que certos limites estipulados pela legislação vigente, vinculados à base de cálculo dos tributos, deixam de ser aplicados.

Por exemplo, para adoção do lucro presumido, há um limite de que o faturamento anual não ultrapasse R$ 72.000.000,00 (setenta e dois milhões de reais). Nesse sentido, se certa atividade configurada pela situação S é repartida entre diversas pessoas jurídicas,

---

323. Art. 4º da Lei n. 10.666/03.

324. Artigo 10 da Lei n. 9.249/95.

tal que o faturamento seja dividido entre elas, possivelmente poderá haver a opção pelo lucro por ambas as pessoas jurídicas.

No "Caso Kitchens", houve a constituição de duas pessoas jurídicas, uma atuando na área de venda de móveis, e outra na montagem dos referidos móveis. Ao repartir o faturamento entre as duas pessoas jurídicas, os agentes elisivos conseguiram adotar o lucro presumido para fins de apuração de Imposto sobre a Renda pessoa jurídica, gerando a economia fiscal em relação a um potencial *quantum* previsto, o que gerou imposição de Auto de Infração, que foi julgado procedente pelo então Conselho de Contribuintes do Ministério da Fazenda.[325]

Portanto, é possível que a base de cálculo simples também seja passível da prática de atos elisivos.

b.2 Elisão tributária interagindo com a alíquota da regra-matriz de incidência tributária

Já vimos que a alíquota é um elemento aritmético que, aplicado sobre a base de cálculo, permite a quantificação do valor da prestação tributária.

---

325. Processo n. 13808.000058/97-33. Recurso n. 141793. IRPJ E OUTROS. EX.: 1994. Sessão de: 09 de novembro de 2005. Acórdão n. 107-08.326. PAF. PROVA INDICIÁRIA. A prova indiciária é meio idôneo para referendar uma autuação, quando a sua formação está apoiada num encadeamento lógico de fatos e indícios convergentes que levam ao convencimento do julgador. NORMAS GERAIS DE DIREITO TRIBUTÁRIO. Os elementos probatórios indicam, com firmeza, que as pessoas jurídicas, embora formalmente constituídas como distintas, formam uma única empresa que atende, plenamente, o cliente que a procura em busca do produto por ela notoriamente fabricado e comercializado. IRPJ E OUTROS. OMISSÃO DE RECEITAS. Constatada, ainda que parcialmente, a falta de registro de receitas apuradas a partir de pedidos de compra e ou prestação de serviços, sem que a autuada conteste a veracidade dos referidos documentos, provado está a omissão de receitas que deve ser imputada à empresa considerada como um todo. CSLL E DEMAIS DECORRENTES. O decidido quanto ao lançamento do IRPJ deve nortear a decisão dos lançamentos decorrentes. Vistos, relatados e discutidos os presentes autos de recurso interposto.

ELISÃO E NORMA ANTIELISIVA

Muito bem. A economia fiscal obtida a partir da alíquota efetiva-se quando o contribuinte logra êxito de se submeter a uma alíquota efetiva inferior à alíquota potencialmente vislumbrada como aplicável caso não realizado o fato elisivo.

Há de se levar em conta que o ato elisivo gerador de economia fiscal obtida a partir da alíquota efetiva-se por meio da interação com outros critérios da regra-matriz de incidência tributária. Expliquemos.

A regra-matriz de determinado tributo T pode apresentar uma alíquota única, ou variável (subcritérios). No caso de apresentar alíquota variável, a definição da alíquota aplicável sobre cada caso vincula-se a identificação de outros subcritérios da regra-matriz de incidência tributária.

Um exemplo simples para se vislumbrar isso é TIPI, conforme já adiantamos quando tratamos da elisão interagindo com o critério material da regra-matriz de incidência tributária.

Devemos nos recordar, nesse ponto, que a TIPI aponta diferentes alíquotas sempre identificadas a partir da classificação do produto que é objeto da operação efetivada pelo contribuinte.

Ora, o tipo de produto indicado na TIPI nada mais é senão subclasse do gênero "produto industrializado", de tal sorte que é possível inferir que a TIPI cria subclasses próprias referentes ao critério material da regra-matriz de incidência tributária. Fenômeno semelhante se identifica na definição de alíquotas de ISSQN, pela chamada "lista de serviços" veiculada pelas diferentes leis municipais que instituem o imposto.

No caso do Imposto sobre a Renda pessoa física, o critério quantitativo é elemento determinante para aplicação do primado da progressividade. Assim, a alíquota cabível em cada situação é determinável pela apuração da base cálculo em determinado período de apuração.[326]

_____
326. Vide artigo 1º da Lei n. 11.842/07.

283

Já no caso da Contribuição ao Financiamento da Seguridade ("COFINS"), a alíquota é determinada, entre outros fatores, conforme a pessoa jurídica esteja, ou não, submetida ao regime da não-cumulatividade, previsto no artigo 195, § 12, da Constituição da República. Nesse ponto, vale indicar que o regime não-cumulativo ou cumulativo é aplicado conforme a atividade geradora da receita auferida pela pessoa jurídica. Assim, a definição de alíquota, nesse caso, é efetivada a partir do complemento do critério material da regra-matriz de incidência auferida pela pessoa jurídica – auferir receita inserida na sistemática da cumulatividade e auferir receita não inserida na sistemática da cumulatividade.

Ainda, quanto ao critério pessoal da regra-matriz de incidência tributária, podemos lembrar que no caso do Imposto sobre a Renda, a identificação da classe de sujeito passivos é determinante para apontar a alíquota aplicável. Com efeito, como regra geral, o sujeito passivo pessoa física submete-se à aplicação da tabela progressiva ao passo que o sujeito passivo pessoa jurídica submete-se à aplicação de alíquota de 15% (quinze por cento) além do adicional de 10% (dez por cento) nos casos previstos pela legislação.

Todos esses exemplos indicam a noção de que a variação de percentuais de alíquotas previstas em certa regra-matriz de incidência tributária vincula-se à interação elisiva com subclasses criadas nos respectivos critérios inerentes a essa mesma regra.

De fato, o contribuinte, se pretender realizar ato elisivo para obtenção de economia fiscal a partir da alíquota, há de se buscar enquadrar em subclasse de determinado critério da regra-matriz de incidência tributária que importe a aplicação da alíquota A' e não da alíquota A. Para isso, o ato elisivo pode se valer da interação de um ou mais critérios.

A título de exemplo, o ato elisivo interage com o critério temporal da regra-matriz de incidência tributária, perfazendo o diferimento elisivo. A partir disso, é apurada uma base de cálculo B.C.' no período T que permitirá a aplicação da alíquota A'.

Em se tratando do critério pessoal, o fato de determinada operação ser efetivada por pessoa física ou pessoa jurídica poderá importar diferentes consequências na aplicação da alíquota. Aprofundaremos essa circunstância no próximo tópico.

De qualquer sorte, tenhamos, no presente item, que a aplicação de determinada alíquota A', na situação S, garantindo a economia fiscal, é gerada a partir da elisão tributária em que o contribuinte obtém, a partir do ato elisivo, o enquadramento em determinada subclasse própria, de determinado critério da regra-matriz de incidência tributária, do qual resulte a aplicabilidade da referida alíquota em tal situação S.

b.3 Elisão tributária interagindo com o critério pessoal da regra-matriz de incidência tributária

b.3.1 Elisão tributária interagindo com a sujeição passiva da regra-matriz de incidência tributária

Nos termos do artigo 121 do Código Tributário Nacional, o sujeito passivo da obrigação tributária poderá ser o contribuinte, que é aquele sujeito de direito que pratica ação descrita na hipótese de incidência tributária, ou terceiro, desde que assim determine a legislação.[327]

Por vezes, a legislação estipula diferentes regimes jurídicos tomando como critério para aplicação de cada um deles

---

327. Art. 121. Sujeito passivo da obrigação principal é a pessoa obrigada ao pagamento de tributo ou penalidade pecuniária. Parágrafo único. O sujeito passivo da obrigação principal diz-se:
I – contribuinte, quando tenha relação pessoal e direta com a situação que constitua o respectivo fato gerador;
II – responsável, quando, sem revestir a condição de contribuinte, sua obrigação decorra de disposição expressa de lei.

CHARLES WILLIAM MCNAUGHTON

determinada classe de contribuintes ou de responsáveis, conforme o caso.

Nesse sentido, a elisão que interage com a sujeição passiva da regra-matriz de incidência busca garantir que o evento tributário se relacione com os sujeitos agentes em uma situação S, de tal forma, que o regime jurídico tributário aplicado seja o mais benéfico possível.

Assim, uma modalidade de elisão seria aquela em que, percebendo que o *quantum* previsto, que seria devido caso a situação S importasse a prática de uma ação A, descrita no verbo do critério material da regra-matriz de incidência tributária, por certo contribuinte C, é inferior ao *quantum* efetivo, devido em razão de a situação S envolver a prática da ação A realizada por contribuinte C', o ato elisivo garantiria que a ação A fosse praticada pelo contribuinte C'.

Exemplos emblemáticos dessa modalidade de isenção são os famosos "Caso Ratinho"[328] e "Caso Felipão"[329] que envolveram

---

328. RENDIMENTOS DE PRESTAÇÃO INDIVIDUAL DE SERVIÇOS. APRESENTADOR/ANIMADOR DE PROGRAMAS DE RÁDIO E TELEVISÃO. SUJEITO PASSIVO DA OBRIGAÇÃO TRIBUTÁRIA. São tributáveis os rendimentos do trabalho ou de prestação individual de serviços, com ou sem vínculo empregatício, independendo a tributação da denominação dos rendimentos, da condição jurídica da fonte e da forma de percepção das rendas, bastando, para a incidência do imposto, o benefício do contribuinte por qualquer forma e a qualquer título (art. 3, § 4, da Lei n. 7.713, de 1988). Salvo disposições de lei em contrário, as convenções particulares, relativas à responsabilidade pelo pagamento de tributos, não podem ser opostas à Fazenda Pública, para modificar a definição legal do sujeito passivo das obrigações tributárias correspondentes. Desta forma, os apresentadores e animadores de programas de rádio e televisão, cujos serviços são prestados de forma pessoal, terão seus rendimentos tributados na pessoa física, sendo irrelevante a existência de registro de pessoa jurídica para tratar dos seus interesses. (Abuso de direito. Caso "Ratinho". Acórdão 104-19111. 4ª Câmara do 1º CC do MF).

329. IMPOSTO DE RENDA DAS PESSOAS FÍSICAS. São rendimentos da pessoa física para fins de tributação do Imposto de Renda aqueles prove-

a constituição de pessoas jurídicas, por profissionais pessoas físicas que trabalham, respectivamente, como apresentador de programa de televisão de certa emissora e como técnico de futebol de certo time, para garantir que a tributação incidente sobre os atos por eles praticados estivesse submetida ao regime jurídico destinado às pessoas jurídicas e não às pessoas físicas.

De fato, nos referidos casos, o verbo do critério material de todos os tributos incidentes na prestação de serviços ocorrida na situação S, teve como sujeito a pessoa jurídica e não a pessoa física, garantindo a economia fiscal, haja vista a não incidência de Imposto sobre a Renda pessoa física (alíquota nominal que pode chegar até 27,5%), Contribuição à Seguridade Social, por parte da empresa (alíquota de 20%), Contribuição à Seguridade Social do Empregado (alíquota que pode chegar a 11%), além dos encargos trabalhistas incidentes ao empregador.

A tentativa de se praticar esse tipo de elisão, muitas vezes, pode ser contaminada com a simulação, quando, por exemplo, determinado trabalho é realizado por pessoa física, configurando-se os requisitos do vínculo empregatício que são subordinação, pessoalidade e onerosidade, e é formalizada a constituição de pessoa jurídica para tal fim.

Essa elisão é do tipo meio e envolve uma escolha de se organizar determinada atividade da forma menos onerosa ao contribuinte. Apesar disso, é muito combatida pelas autoridades administrativas, talvez pela incidência de simulações a que já nos reportamos. Assim, visando garantir a liberdade na prática de tal ato elisivo, frequentemente desconsiderado pelas

---

nientes do trabalho assalariado, as remunerações por trabalho prestado no exercício de empregos, cargos, funções e quaisquer proventos ou vantagens percebidos tais como salários, ordenados, vantagens, gratificações, honorários, entre outras denominações." (1º CC do MF. Acórdão 106-14.244, de 20/10/2004).

autoridades administrativas, foi editada o artigo 129 da Lei n. 11.196 de 21 de novembro de 2005, prescrevendo o seguinte:

> Art. 129. Para fins fiscais e previdenciários, a prestação de serviços intelectuais, inclusive os de natureza científica, artística ou cultural, em caráter personalíssimo ou não, com ou sem a designação de quaisquer obrigações a sócios ou empregados da sociedade prestadora de serviços, quando por esta realizada, se sujeita tão-somente à legislação aplicável às pessoas jurídicas, sem prejuízo da observância do disposto no art. 50 da Lei n. 10.406, de 10 de janeiro de 2002 – Código Civil.

Como se infere do dispositivo acima citado, claramente pró-elisivo é expressamente permitida, em nosso ordenamento, a prática de serviços personalíssimos por pessoas jurídicas de serviços intelectuais, científicos, artísticos, entre outros, salvo no caso de abuso da personalidade jurídica, caracterizado pelo desvio de finalidade, ou pela confusão patrimonial, nos termos do artigo 50 do Código Civil.

Muito bem. Outra modalidade de elisão envolvendo a sujeição passiva relaciona-se com terceiros envolvidos na situação S. Esses terceiros com a prática de ato elisivo podem evitar a incidência de normas que ensejam a responsabilidade tributária a eles, atinente a determinados tributos.

Por exemplo, se em determinada situação S, uma parte A pretende adquirir um galpão de outra B, a responsabilidade tributária de A poderá, ou não, ser aplicada, nos termos do artigo 123 do Código Tributário Nacional, conforme a aquisição do galpão seja qualificada, ou não, como aquisição de estabelecimento.

Assim, o negócio jurídico acima descrito poderá ser mais, ou menos abrangente, conforme A decida conviver, ou não, com a responsabilidade tributária anteriormente assinalada. A elisão, nessa hipótese, poderá reger a abrangência do negócio praticado pelas partes, impedindo, conforme o caso, a incidência da norma de responsabilidade.

De qualquer sorte, tenhamos que conforme se escolha que a ação A, praticada em certa situação S, seja realizada pelo contribuinte C ou C', ou conforme determinada prática seja realizada de tal ou qual forma, a economia fiscal pode ser obtida, interagindo com o critério pessoal da regra-matriz de incidência tributária, garantindo a economia fiscal pela aplicação de um regime tributário mais favorável aos agentes que praticam a elisão.

b.3.2 Elisão tributária interagindo com a sujeição ativa da regra-matriz de incidência tributária

É possível conceber a elisão tributária influenciando qual será a pessoa política competente para instituir determinado tributo, ou seja, interagindo com os critérios de conexão previstos em cada ordem ou subsistema jurídico, tal que se escolha a ordem ou subsistema jurídico mais vantajoso para determinado caso, o que pode, reflexamente, alterar a sujeição ativa da norma tributária.

Expliquemos. Determinado ato elisivo garante que a situação S seja colhida pela norma jurídica N, e não pela norma jurídica N'. Ora, em tal caso, provavelmente, o sujeito ativo SA e não o SA' seria titular da obrigação tributária. Assim, o critério pessoal, especificamente, a sujeição ativa, interage de forma reflexa com a elisão tributária.

A elisão que perfaz a escolha de certa norma jurídica em detrimento de outra pode se dar em razão da interação com os diversos critérios da regra-matriz de incidência tributária, especificamente, os critérios voltados à hipótese de incidência, mas também pode ser efetivada em razão de critérios de conexão que vinculam determinada ordem jurídica a certo fato. Nesse caso, a elisão estará associada ao critério espacial da norma de incidência tributária, conforme tratamos anteriormente.

A título de exemplo, recentemente, foi noticiado na mídia que Gerard Depardieu abdicou de sua nacionalidade francesa, passando a ser cidadão russo, para evitar a tributação de 75% (setenta e cinco por cento) de sua renda.[330] Ora, com a renúncia da nacionalidade francesa, o critério de conexão que vincula o artista àquele ordenamento jurídico seria eliminado, inibindo a incidência do tributo sobre os rendimentos por ele obtidos.

Assim, de qualquer maneira fica clara que a elisão envolvendo a sujeição ativa da norma tributária é mediata, no sentido de que se vincula com outros critérios da norma padrão de incidência tributária, eliminando a subsunção de certa norma N a uma situação S tomada como referência.

4.6 Elisão-benefício

4.6.1 Palavras iniciais

Na elisão-benefício, o ato elisivo é praticado com o fim de possibilitar o enquadramento em determinada norma que prevê certa economia fiscal, ao determinado contribuinte.

Conforme já adiantamos, pedimos vênia para tomar o signo benefício fiscal em uma acepção mais ampla do que normalmente outorgada, de sorte que compreenda qualquer norma geral e abstrata N, em que, sendo aplicada a uma situação S, garante que *a* carga tributária suportada em S seja inferior à carga que seria incidente caso N não fosse aplicável a S.

---

330. "Ator Gérard Depardieu recebe passaporte russo". Disponível em: http://www.bbc.co.uk/portuguese/videos_e_fotos/2013/01/130107_depardieu_russo_as.shtml. Acesso em: 10 jan. 2013.

ELISÃO E NORMA ANTIELISIVA

Assim, por benefício fiscal tomaremos normas isentivas, normas que instituem imunidades, normas que permitem o aproveitamento de créditos, normas que instituem regimes jurídicos benéficos, entre outros aplicáveis.

Dessa forma, passaremos a estudar alguns desses "benefícios" a fim de identificar como a elisão pode se servir de cada um deles.

4.6.2 Imunidade e elisão

Partiremos da noção de imunidade do Professor Paulo de Barros Carvalho, que define o instituto como a:

> Classe finita e imediatamente determinável de normas jurídicas, contidas no texto da Constituição Federal, e que estabelecem, de modo expresso, a incompetência das pessoas políticas de direito constitucional interno para expedir regras institucionadoras de tributos que alcancem situações específicas e suficientemente caracterizadas.[331]

Tomada a definição de imunidade como a acima citada, notaremos que essa categoria contribui para a definição da competência tributária atribuída às diversas pessoas políticas de direito público interno ao definir situações que não poderão ser alcançadas pelas diversas normas tributárias.

Nesse sentido, a elisão tributária que interage com as imunidades buscará garantir que determinado acontecimento A ocorrido na situação S enquadre-se no âmbito de abrangência das normas que instituem imunidades, impedindo que sejam alcançadas pela tributação.

---

331. CARVALHO, Paulo de Barros. **Direito tributário, linguagem e método**. 5. ed. São Paulo: Noeses, 2013, pp. 372-373.

CHARLES WILLIAM MCNAUGHTON

A título de exemplo, no que se refere à imunidade prevista no artigo 149, § 2º inciso I, da Constituição da República[332], com a redação dada pela Emenda Constitucional n. 33/01, que imuniza as receitas da exportação da base de cálculo de contribuições sociais e de intervenção de domínio econômico, suponhamos a situação S em que determinada pessoa jurídica prestará serviços a um grupo econômico, com estabelecimento no Brasil e no exterior.

Ora, ao escolher que o contrato seja celebrado com estabelecimento situado no exterior, de sorte que o pagamento represente ingressos de divisa no país, os agentes elisivos terão evitado a aplicabilidade da regra-matriz de incidência da Contribuição à Seguridade Social que seria incidente sobre a receita oriunda de tal prestação de serviços, haja vista a aplicação da norma de imunidade acima prevista.

Esse exemplo indica a mecânica do aproveitamento da imunidade a partir de escolhas efetivadas pelos agentes elisivos, gerando a economia fiscal pretendida.

4.6.3 Isenção e elisão

Tomada isenção como a norma que subtraia parcela do campo de abrangência do antecedente ou consequente da regra-matriz de incidência tributária[333], o ato elisivo que interage com a norma de isenção buscará enquadrar a situação S no âmbito da extensão abrangida pelo critério da regra-matriz de incidência que teria sido mutilado pela norma isentiva.

---

332. Art. 149, § 2º As contribuições sociais e de intervenção no domínio econômico de que trata o *caput* deste artigo: I – não incidirão sobre as receitas decorrentes de exportação (...).

333. CARVALHO, Paulo de Barros. **Direito tributário, linguagem e método.** São Paulo: Noeses, 2013, p. 600.

ELISÃO E NORMA ANTIELISIVA

A título de exemplo, em certo caso em que os agentes elisivos passaram a se aproveitar do instituto da alíquota zero para obtenção de economia fiscal no que tange ao Imposto sobre a Renda retido na fonte ("IRRF"), previsto no artigo 691, inciso IX, do Decreto n. 3.000 de 1999 ("RIR/99")[334], que seria incidente sobre a remessa de certos valores ao exterior, a seguinte estratégia era posta em prática:

> (i) determinada pessoa jurídica, residente no Brasil, constitui subsidiária no exterior, em país com tributação favorecida, com o fim exclusivo de obtenção de atuar como veículo para obtenção de financiamentos externos;
>
> (ii) a subsidiária capta recursos no exterior, junto a instituições financeiras, mediante operações de curto prazo de amortização ("os financiamentos externos");
>
> (iii) o sujeito passivo emite títulos de créditos internacionais, com prazo de resgate superior a 96 (noventa e seis) meses, por meio do qual é formalizada a disponibilização de recursos que lhe são enviados por sua subsidiária (o "financiamento intercompany");
>
> (iv) o contribuinte disponibiliza recursos à subsidiária, mediante mútuo (o "mútuo intercompany"), para que ela possa liquidar suas dívidas junto às instituições do exterior.

Com a prática elisiva acima, a alíquota zero de IRRF prevista para empréstimos no exterior em prazos superior a 96 (noventa e seis) meses passaria a ser aplicada no caso em concreto, nos termos do artigo 691 do Decreto n. 3.000/99.

---

334. Art. 691. A alíquota do imposto na fonte incidente sobre os rendimentos auferidos no País, por residentes ou domiciliados no exterior, fica reduzida para zero, nas seguintes hipóteses (Lei n. 9.481, de 1997, art. 1º, e Lei n. 9.532, de 1997, art. 20). IX – juros, comissões, despesas e descontos decorrentes de colocações no exterior, previamente autorizadas pelo Banco Central do Brasil, de títulos de crédito internacionais, inclusive *commercial papers*, desde que o prazo médio de amortização corresponda, no mínimo, a 96 meses.

CHARLES WILLIAM MCNAUGHTON

Registre-se que a operação foi frequentemente questionada pelo Fisco, sendo que o Conselho Administrativo de Recursos Fiscais considerou legítima a operação como se denota no acórdão de número 104-23.240. Porém, tal decisão foi reformada pela Câmara Superior de Recursos Fiscais, como se denota da ementa a seguir citada:

> Processo n. 10730.003110/200555. Recurso n. 256.694. Especial do Procurador. Acórdão n. 9202002.382 – 2ª Turma. Sessão de 06 de novembro de 2012. Matéria: CONTRIBUIÇÃO PREVIDENCIÁRIA
>
> Recorrente FAZENDA NACIONAL
>
> PROCESSO ADMINISTRATIVO FISCAL. Ano-calendário: 2000, 2001, 2002, 2004. NORMAS PROCESSUAIS. ADMISSIBILIDADE. TEMPESTIVIDADE.
>
> Prevê o art. 23, § 9º do Decreto n. 70.235, de 1972, com redação dada pela Lei n. 11.457, de 2007, que os Procuradores da Fazenda Nacional serão considerados intimados pessoalmente das decisões do Conselho de Contribuintes e da Câmara Superior de Recursos Fiscais, do Ministério da Fazenda, com o término do prazo de 30 (trinta) dias contados da data em que os respectivos autos forem entregues à Procuradoria. Recurso tempestivo.
>
> IMPOSTO SOBRE A RENDA RETIDO NA FONTE – IRRF. Ano-calendário: 2000, 2001, 2002, 2004. REMESSA DE JUROS. CRÉDITOS INTERNACIONAIS. PRAZO MÍNIMO MÉDIO PARA AMORTIZAÇÃO DE 96 MESES DESCUMPRIDO. ALÍQUOTA 25%. SIMULAÇÃO.
>
> O que se discute no presente caso é incidência ou não, no caso concreto, de uma norma, excepcional, o art. 1º, IX da Lei n. 9.481, de 1997, que reduz a zero a alíquota aplicável na apuração do imposto devido, sujeito à retenção na fonte, no caso de remessa de juros e outros encargos financeiros relacionados a títulos de crédito internacionais colocados no exterior, desde que o seu prazo médio de amortização seja superior a 96 meses.
>
> Para adquirir os títulos internacionais de longo prazo, a subsidiária integral do Contribuinte Recorrido se

ELISÃO E NORMA ANTIELISIVA

comprometeu no exterior, no curto prazo, através de empréstimo junto a bancos internacionais.

O êxito dessa operação, evidentemente, dependia da possibilidade de sucessivas rolagens dos empréstimos captados no exterior, até o resgate dos títulos de emissão da controladora, quando, então, aqueles poderiam, enfim, ser liquidados definitivamente.

As remessas de recursos ao exterior, a título contratos de mútuo entre a Recorrida e a sua subsidiária integral, a CERJ Overseas, se destinaram à quitação dos empréstimos contraídos por esta e repassados para a ora Recorrida, representando, de fato, o retorno de parte dos recursos captados no exterior antes do prazo de 96 meses.

Para adquirir os títulos internacionais de longo prazo, a subsidiária integral do Contribuinte Recorrido comprometeu-se no exterior, no curto prazo, através de empréstimo junto a bancos internacionais. Entretanto, em virtude das ditas modificações drásticas no cenário financeiro internacional, provocadas pela crise cambial, a reestruturação da dívida CERJ Overseas não se deu pela captação de recursos no exterior, mas, em grande parte, pela captação de recursos no mercado interno. Os recursos enviados para a subsidiária se destinavam, portanto, à devolução de recursos captados pela Recorrida por intermédio de sua subsidiária, no mercado externo. Isto é, os recursos captados de instituição financeira internacional por intermédio de sua subsidiária passaram a fazer o caminho de volta.

A alíquota aplicável no presente caso é a de 25%, por aplicação do disposto no art. 8º da Lei n. 9.779, de 1999.

O ato realizado pela Recorrida, qual seja, o mútuo, serviu na realidade, para disfarçar sua real intenção de amortizar os empréstimos contraídos, fugindo de ter que recolher IRRF sobre os juros remetidos ao exterior, mascarando um empréstimo que, em verdade, foi amortizado em prazo inferior a 96 meses, simulando que o mesmo só teve o principal pago após 10 anos. Em verdade, a Recorrida valeu-se de um ato simulado, (mútuo), para ocultar outro (amortização de empréstimo).

Recurso especial conhecido e provido.

Vistos, relatados e discutidos os presentes autos.

Acordam os membros do colegiado, por unanimidade de votos, em conhecer do recurso e, no mérito, pelo voto de qualidade, em dar provimento ao recurso. Vencidos os Conselheiros Gonçalo Bonet Allage, Manoel Coelho Arruda Junior, Gustavo Lian Haddad, Rycardo Henrique Magalhães de Oliveira e Susy Gomes Hoffmann. Otacílio Dantas Cartaxo – Presidente – Elias Sampaio Freire – Relator.

Abstraindo-se o aspecto de que a prática foi qualificada como simulação, fica clara a estratégia utilizada de se enquadrar a operação em norma de benefício fiscal para fins de redução da carga tributária.

4.6.4 Créditos e elisão

4.6.4.1 A não-cumulatividade

Nosso regime tributário é dotado de certas exações pautadas pela não-cumulatividade, que se trata de técnica de tributação aplicável para imposições de incidência plurifásica.

Os tributos plurifásicos são providos de suposto normativo que conotam situações que se verificam no que iremos denominar de "cadeia de incidência".[335]

Por cadeia de incidência, designarei uma classe K de fatos jurídicos tributários (i) que se subsomem a uma mesma

---

335. Segundo André Mendes Moreira "cumulação de tributos consiste na incidência do mesmo gravame em mais de uma etapa da cadeia produtiva, o que é passível de ocorrer apenas nos tributos incidentes sobre a produção e comercialização de bens e serviços. Afinal, somente nesses casos tem-se um liame lógico-operacional desde a primeira incidência tributária, no início da cadeia, até a aquisição do bem ou serviço pelo consumidor final." (MOREIRA, André Mendes. **A não-cumulatividade dos tributos**. São Paulo: Noeses, 2010, p. 60).

ELISÃO E NORMA ANTIELISIVA

hipótese de incidência tributária de certo tributo T e (ii) que são praticados por distintos contribuintes pertencentes a uma classe K', dotada de elementos Cn,Cn+1... Cn+X, tal que, dado contribuinte Cy e contribuinte Cy+1, sendo y ≥n e y≤n+X, haverá uma relação jurídica RJy, entre Cy e Cy+1, em que Cy estará obrigado a praticar uma prestação jurídica PJy que se subsuma à hipótese de incidência do tributo T, envolvendo a entrega de um objeto Oy, e Cy+1 estará obrigado, como contrapartida, ao pagamento de um valor Vy, de tal sorte que a prática de tal fato jurídico tributário irradie uma obrigação tributária que tenha por objeto o pagamento de um valor incidente V.I.y. Assim:

T = um tributo plurifásico;

K = classes de fatos jurídicos tributários, correspondente à própria noção de cadeia;

K'=classe de contribuintes que praticam um mesmo comportamento, previsto na hipótese de incidência de uma certa norma que institui o tributo T;

n = número que representa o primeiro elemento da cadeia, seja o primeiro fato jurídico tributário, a primeira relação jurídica entre contribuintes, a primeira prestação jurídica e o primeiro contribuinte da cadeia normativa;

n+1 = expressão que designa certo elemento que se encontre na segunda etapa da cadeia, seja o segundo fato jurídico tributário, a segunda relação jurídica, a segunda prestação jurídica e o segundo contribuinte e assim por diante;

n+x = expressão que designa certo elemento que se encontre na última etapa da cadeia, seja o último fato jurídico tributário, a última relação jurídica, a última prestação jurídica e seja o último contribuinte e assim por diante;

Cn, Cn+1... Cn+x = extensão da classe de contribuintes

K´ que compõem a cadeia plurifásica, sendo que Cn representa o contribuinte que pratica o primeiro fato jurídico tributário da cadeia, mediante uma relação jurídica firmada com Cn+1 que, por sua vez, representa um contribuinte que realiza o próximo fato jurídico e assim por adiante até que se chegue ao contribuinte Cn+x que é o último da cadeia;

Y = igual a variável que representa uma posição qualquer da cadeia, isto é qualquer número, tal que n≤y≥n+x;

Cy = equivale a um contribuinte qualquer, pertencente a K´, que pode ser desde de Cn até Cn+x;

Cy+1 = equivale a um contribuinte situado na próxima etapa na cadeia em relação a Cy;

RJy = relação jurídica que se firma entre um contribuinte Cy e Cy+1;

PJy = prestação jurídica que é objeto da relação jurídica RJy, entre um contribuinte Cy e Cy+1;

Oy = objeto da prestação PJy;

Vy = valor recebido por Cy por entregar o objeto Oy a Cy+1;

V.I y = valor incidente, isto é, o quantum devido apurado a partir da aplicação da alíquota incidente sobre a base de cálculo do tributo T.

Exemplificando, o ICMS é plurifásico por que incide sobre fatos jurídicos tributários –operações de circulação de mercadorias– que são praticados por contribuintes tal que um dado comerciante (Cn) aliena uma mercadoria Oy para outro comerciante (Cn+1) que, por sua vez vende Oy, ou outra mercadoria Oy+1 que guarde certa conexão com Oy, para outro comerciante (Cn+2) e assim sucessivamente até que um comerciante Cn+x efetive uma venda a consumidor final.

ELISÃO E NORMA ANTIELISIVA

Agora, há um pressuposto, no direito positivo, que, dada uma prestação jurídica PJy, que envolva, como contrapartida de sua realização, o pagamento de um valor Vy devido por Cy a Cy+1, será seguido por uma prestação jurídica PJy+1 que importará como, contrapartida, em favor de Cy+1, o pagamento de um valor Vy+1, sendo Vy+1>Vy. Assumida essa premissa, em cada etapa da cadeia haverá um acréscimo Ay que é justamente a quantia que Vy+1 supera Vy. Assim, o preço final da mercadoria corresponderá a soma de Vn (valor inicial) e todos os acréscimos incorridos na cadeia. Poderemos chamar esse acréscimo de "valor agregado".

Pois bem, dada essa definição de cadeia de incidência e de valor agregado, devemos sublinhar que, em cada etapa Y da cadeia, haverá um valor incidente V.I.y. O valor incidente cresce a cada etapa da cadeia, justamente em razão do acréscimo que se verifica em cada etapa.

Por outro lado, haverá um quantum a título de tributo T a ser pago por um contribuinte Cy. Esse quantum não necessariamente corresponde à aplicação da imposição da alíquota aplicável do tributo T sobre a base de cálculo, isto é, não necessariamente corresponde ao que designamos de A.Iy., porque pode ser reduzido por um crédito a ser aproveitado pelo contribuinte, ou por outra técnica de redução.

Se assim é, a classe K, que é a cadeia, firmará relação com uma classe K", composta por quantums Qs a serem pagos por cada contribuinte Cy, cujo somatório é igual Qn+(Qn+1) + ... + (Qn+x). Poderemos chamar a relação entre o quanto Qy pago em cada etapa de cadeia e o valor recebido pelo contribuinte em razão da venda de mercadoria de "proporção que o imposto onera a respectiva etapa da cadeia".

Dadas essas explicações, tomaremos por cumulatividade, em um segmento da cadeia K, a situação em que a soma S de (Qn)+... + (Qn+y) é superior a V.In+x, ou seja, o valor total pago é superior ao valor incidente na última etapa do

299

segmento da cadeia tomado como referência. E não-cumulatividade a situação em que $S \leq V.I.y$, isto é, a situação em que a soma dos valores pagos não supera o valor incidente na última etapa da cadeia.

Em termos não formalizados, a cumulatividade é a situação em que o valor pago por contribuintes de uma cadeia é superior ao valor incidente na última etapa dessa cadeia. Já a não-cumulatividade representa a circunstância de que o valor total pago por contribuintes em uma mesma cadeia é idêntico ao valor incidente na última etapa da cadeia. Nesse sentido, o voto do Ministro Gilmar Mendes no Recurso Extraordinário n. 370.682/SC:[336]

> Tem o referido princípio por objetivo – como já repetidamente afirmado pelo STF – impedir o imposto em cascata, isto é, o imposto sobre imposto dessa forma assegurando que, no preço da venda do produto acabado a parcela alusiva ao tributo não ultrapasse o valor resultante da aplicação da alíquota final.

O termo "não-cumulativo" indica a noção de neutralidade, no sentido de que, caso o tributo fosse monofásico, incidindo, apenas, sobre a última etapa da cadeia, a carga tributária final suportada não seria inferior à carga aplicada na cobrança plurifásica. Se a carga da cobrança plurifásica for superior à que seria incidente caso houvesse uma cobrança única é porque, em alguma etapa da cadeia, o imposto onerou, não apenas, o valor inicial adicionado do valor agre-

---

336. A ementa foi a seguinte: RE 370682/SC. Relator(a): Min. ILMAR GALVÃO. Julg.: 25/06/2007. Tribunal Pleno. Recurso extraordinário. Tributário. 2. IPI. Crédito Presumido. Insumos sujeitos à alíquota zero ou não tributados. Inexistência. 3. Os princípios da não-cumulatividade e da seletividade não ensejam direito de crédito presumido de IPI para o contribuinte adquirente de insumos não tributados ou sujeitos à alíquota zero. 4. Recurso extraordinário provido.

ELISÃO E NORMA ANTIELISIVA

gado em cada operação, mas também onerou valor já sujeito a uma oneração anterior.[337]

Essa maneira de encarar a não-cumulatividade significa tomar o conceito como um modo em que a carga tributária se manifesta em uma cadeia normativa, ou seja, como um resultado aritmético dessa carga, tomada carga como a soma do valor efetivamente pago por todos os contribuintes da cadeia. Agora, a não-cumulatividade, enquanto esse resultado aritmético, não se confunde com (i) o mandamento no sistema jurídico que determina o atingimento desse resultado para certos tributos, normalmente denominado de "princípio da não-cumulatividade" ou limite-objetivo da não-cumulatividade e com (ii) o procedimento previsto, por tal limite-objetivo, para que a não-cumulatividade seja atingida. Juntos, todos esses elementos perfazem o regime jurídico da não-cumulatividade.

O mandamento ou limite-objetivo da não-cumulatividade, como ensina Paulo de Barros Carvalho, visa "realizar valores de lídima grandeza, como o da justiça da tributação, o do respeito à capacidade contributiva e aquel'outro da uniformidade na distribuição da carga tributária".[338]

E, nesse momento, vale acrescentar que o regime jurídico da não-cumulatividade comporta especificidades variáveis conforme certas decisões contingentes adotadas pelo sistema jurídico. Essas decisões dão, digamos, a "cara" do regime jurídico não-cumulatividade.

O primeiro elemento contingente importa definir qual o tipo de conexão entre FJy e FJy+1 que permitirá ao operador

---

337. A ideia de neutralidade que envolve a não-cumulatividade é oriunda do IVA europeu. Vide: MOREIRA, André Mendes. **A não-cumulatividade do ICMS**. São Paulo: Noeses, 2010, p. 69.

338. CARVALHO, Paulo de Barros. **Derivação e positivação no direito tributário**. Vol. II. São Paulo: Noeses, 2013, p.131.

do direito considerar tais fatos jurídicos como pertencentes a uma mesma cadeia de incidência K, para fins de aplicação da não-cumulatividade. Em outras palavras, qual o critério de pertinência para os elementos comporem a cadeia de incidência. Quanto mais rígido o critério de conexão formador de cadeias, mais dificuldades terá o contribuinte em se aproveitar do benefício da não-cumulatividade. Assim, no tocante à rigidez, o crédito poderá ser:

(a) financeiro quando permite ampla dedução dos investimentos em ativo imobilizado, insumos e, ainda, em bens de uso e consumo (que são empregados de forma indireta no processo produtivo da empresa, sendo consumidos em suas atividades diárias);

(b) crédito físico, que somente reconhece créditos das matérias-primas e dos intitulados bens intermediários (insumos que se consomem no processo produtivo, mesmo não se agregando fisicamente ao produto final). [339]

No caso do ICMS, por exemplo, o artigo 155, § 2.º, incisos I e II, com a redação dada pela Emenda Constitucional n. 3, de 1993, dispõe o seguinte:

> Art. 155 § 2.º O imposto previsto no inciso II atenderá ao seguinte:
>
> I – será não-cumulativo, compensando-se o que for devido em cada operação relativa à circulação de mercadorias ou prestação de serviços com o montante cobrado nas anteriores pelo mesmo ou outro Estado ou pelo Distrito Federal;
>
> II – a isenção ou não-incidência, salvo determinação em contrário da legislação:
>
> a) não implicará crédito para compensação com o montante devido nas operações ou prestações seguintes;

---

339. MOREIRA, André Mendes. **A não-cumulatividade dos tributos**. São Paulo: Noeses, 2010, p. 79.

ELISÃO E NORMA ANTIELISIVA

b) acarretará a anulação do crédito relativo às operações anteriores;

O artigo da Constituição, acima citado, coloca o contribuinte do ICMS como o núcleo aglutinador para formação das "cadeias" que importarão a incidência plurifásica. Ora, pela aplicação de tal artigo, todas as mercadorias adquiridas pelo contribuinte outorgam o direito a crédito a ser aproveitado em compensação com o imposto incidente nas operações seguintes, salvo na hipótese de isenção ou não-incidência.[340]

Em outras palavras, uma cadeia poderá ser vislumbrada a partir de um contribuinte Cy, tomado como referência, de tal sorte que, em um instante I, todas as mercadorias adquiridas por Cy representarão uma etapa Y-1 para qualquer mercadoria alienada por Cy. Definido marco Y, poderá ser observado, aplicado o mesmo critério, o marco Y-1, Y-2 e assim por diante e, eventualmente, o marco Y+1, Y+2 etc.

Além do critério de conexão, o meio para se atingir a não-cumulatividade também é contingente.

Por exemplo, com a técnica do "tributo sobre o valor agregado", o que se efetiva é que V.I.y é equivalente a aplicação da alíquota do tributo T sobre o valor acrescido V.Ay na operação, de tal sorte que em K, o valor somatório S, dos quantums Qs devidos, corresponderá a V.I.y+x (a incidência na última etapa da cadeia).

Outra escolha, adotada no Brasil, para o caso do ICMS e IPI seria a de permitir, a Cy, o creditamento dos impostos in-

---

340. Segundo Roque Antonio Carrazza, "o ICMS será não-cumulativo, simplesmente, porque em cada operação ou prestação é assegurada ao contribuinte, de modo peremptório, pela própria Carta Suprema, uma dedução (abatimento) correspondente aos montantes cobrados nas operações ou prestações anteriores." (CARRAZZA, Roque Antônio. **ICMS**. 13.ed. São Paulo: Malheiros, 2009, p. 341).

cidentes nas operações Y-1, de tal sorte que haja: (1) uma incidência sobre determinado valor; (2) um crédito a ser aproveitado e; (3) um valor a ser cobrado. Segundo Paulo de Barros Carvalho, essa técnica pressupõe uma regra-matriz de incidência de crédito de tal sorte que:

> Uma vez ocorrido o fato hipoteticamente previsto na regra-matriz do direito a crédito – no caso da operação relativa à circulação de mercadoria -, surgirá, inexoravelmente, uma relação jurídica que tem como sujeito ativo o adquirente/destinatário de mercadorias, detentor do direito ao crédito do imposto, e como sujeito passivo o Estado.[341]

Ainda, podemos mencionar a técnica inerente à Contribuição ao PIS e inerente à COFINS, importando que todas as operações Y-1 implicarão o direito a crédito ao contribuinte Cy, calculado pelos percentuais respectivamente, de 1,65% (um inteiro e sessenta e cinco centésimos por cento) e 7,6% (sete inteiros e seis décimos por cento).[342]

Nesse caso, também há uma regra-matriz de direito a crédito, mas a hipótese de incidência é a incorrência de certos gastos pelo contribuintes, previstos na legislação e o critério quantitativo composto pelo valor desses gastos e as alíquotas de Contribuição ao PIS e COFINS, anteriormente apontadas.

Por fim, registre-se que o sistema jurídico pode escolher se a não-cumulatividade será total ou parcial. Para o caso do ICMS, são tolerados casos parciais de não-cumulatividade, haja vista o estorno de créditos nos casos de isenção ou não incidência no âmbito da cadeia.

---

341. CARVALHO, Paulo de Barros. **Derivação e positivação no direito tributário**. Vol. II. São Paulo: Noeses, 2013, p.132.

342. Conforme previsão do artigo 3º da Lei n. 10.637/02 e da Lei n. 10.833/03.

ELISÃO E NORMA ANTIELISIVA

Nessa hipótese, a cumulação se dará, a depender da posição na cadeia em que a isenção ou não incidência, por que o imposto cobrado (apurado) na etapa imediatamente anterior ao benefício será cumulado, sobre a mesma parcela agregada, com o imposto incidente na etapa imediatamente posterior.

Assim, poderemos concluir que há (i) uma carga fiscal não-cumulativa (ii) que pode ser obtida mediante uma técnica prescrita pela legislação a fim de realizar (iii) um princípio ou limite-objetivo que tenha por finalidade a obtenção da referida carga fiscal.

4.6.4.2 A elisão e não-cumulatividade

A elisão que interage com não-cumulatividade visa a obter economia fiscal fruto da otimização do aproveitamento de créditos combinado com a incidência da norma padrão tributária, de tal sorte que o valor apurado a título de tributos devidos, ou seja, o *quantum* efetivo, ou oneração, seja o mais reduzido possível.

A elisão focada na não-cumulatividade normalmente também interage com o critério quantitativo da regra-matriz de incidência tributária, especificamente com alíquota e base de cálculo. De fato, o agente elisivo visa a otimização entre a carga decorrente do binômio base de cálculo/alíquota na operação que lhe gera débito e o valor do crédito a ser apurado, de tal sorte que a proporção crédito/débito seja a maior possível.

Portanto, o contribuinte buscará realizar práticas que, cumulativamente, façam a situação S se subsumir aos subcritérios da regra-matriz de incidência de crédito que importem o máximo valor de crédito possível e aos subcritérios da regra-matriz de incidência tributária que importem a menor tributação cabível.

Normalmente, como a técnica da não-cumulatividade visa a atingir uma neutralidade fiscal, o direito positivo não

CHARLES WILLIAM MCNAUGHTON

possibilita que o contribuinte obtenha vantagens com a não-cumulatividade, salvo mediante procedimentos elisivos. Por outro lado, a própria legislação concede tratamento diferenciado a contribuintes, viabilizando a prática da elisão fiscal, normalmente obtida mediante a busca da relação ótima entre créditos e débitos.

A título de exemplo, nos termos da legislação vigente, os exportadores não recolhem ICMS em razão de norma de imunidade prevista no artigo 155, inciso X, "a" da Constituição da República, embora tenham direito a crédito oriundo das operações anteriores. Vejamos sua redação:

> Art. 155. Compete aos Estados e ao Distrito Federal instituir impostos sobre:
>
> (...)
>
> II – operações relativas à circulação de mercadorias e sobre prestações de serviços de transporte interestadual e intermunicipal e de comunicação, ainda que as operações e as prestações se iniciem no exterior;
>
> § 2.º O imposto previsto no inciso II atenderá ao seguinte:
>
> X – não incidirá:
>
> a) sobre operações que destinem mercadorias para o exterior, nem sobre serviços prestados a destinatários no exterior, assegurada a manutenção e o aproveitamento do montante do imposto cobrado nas operações e prestações anteriores;

Em tese, tais contribuintes têm direito a um ressarcimento caso não consigam se aproveitar do crédito integralmente, porém, na prática, o procedimento é muito difícil e moroso, se tornando praticamente não realizável. Assim, para contornar essa dificuldade pragmática de exercer o direito constitucional ao aproveitamento do crédito, os contribuintes utilizam atos elisivos para transferir os créditos aproveitados

ELISÃO E NORMA ANTIELISIVA

pelos estabelecimentos exportadores para outros estabelecimentos. Trata-se, assim, de mais uma maneira de calibração
do sistema, obtendo-se a eficácia de um direito que não seria
exercitável em razão de falhas sintáticas de positivação.

Nesse sentido, Adolpho Bergamini, referindo-se a um
planejamento, em tese, com risco de ser questionado pelas
autoridades administrativas – isto é, configurando-se uma
espécie de zona cinzenta sem uma resposta ainda clara do
sistema que o valor de completude pragmática exigiria – retrata o seguinte procedimento elisivo:

> Empresa industrial exportadora (Empresa), que acumu-
> lava crédito vende mercadoria simbolicamente à outra
> empresa do mesmo grupo (Empresa B), que tinha saldo
> devedor de ICMS. Empresa B exporta a mercadoria
> simbolicamente e a remete simbolicamente à Empresa
> A, que remete fisicamente a mercadoria ao exterior por
> conta e ordem da Empresa B.
>
> Benefícios: Empresa A dá vazão ao seu saldo credor,
> enquanto que a Empresa B passa a acumular créditos
> para abater com o ICMS devido em suas operações
> internas.
>
> Problema s do planejamento: Estado onde se localiza a
> Empresa B pode questionar a operação, argumentando
> que a operação de exportação é, de fato, realizada pela
> Empresa A, de modo que a operação foi montada com
> o fim exclusivo de diminuir a carga tributária da Em-
> presa B. Pode argumentar também que, ainda que a
> operação possa ser tida como válida, a venda à Empresa
> B tem o fim específico para exportação, logo, não deve-
> ria vir tributada.[343]

---

343. BERGAMIN, Adolpho. Reunião da Associação Paulista de Estudos Tributários – APET realizada em 11/08/2011. Material de apoio disponível no site:
http://apet.org.br/eventos/reunioes/matrial-de-apoio/2011-3/Planejamento-
-adolpho.pdf.

CHARLES WILLIAM MCNAUGHTON

Uma transação de estrutura semelhante que foi considerada evasiva pelas autoridades administrativas é a implantada no chamado "Caso Soja Papel". Segundo Vanessa Pereira Rodrigues Domene e Tatiana H. Rusu Campanha, as seguintes operações foram envolvidas em tal caso:

> (i) Empresa paulista adquiria, de empresas sediadas nos Estados da Região Centro-Oeste ("Fornecedoras") a soja em grãos;
>
> (ii) Esta mesma empresa paulista determinava a industrialização por encomenda da soja em grãos, a ser realizada em terceira empresa, também sediada no Estado de São Paulo ("Industrializadora") sendo a remesa a esta feita por conta e ordem da empresa "Adquirente/Encomendante";
>
> (iii) Após industrializada a soja, a "Adquirente/Encomendante" vendia o produto final (farelo ou óleo de soja) a uma "Comercial Exportadora", que recebia a mercadoria diretamente da empresa "Industrializadora".[344]

O procedimento adotado acima seria guiado com base no artigo 402, no já revogado 403 e o 406 do Decreto do Estado de São Paulo n. 45.490/2000 que veiculou o Regulamento de ICMS do Estado de São Paulo[345] implicando as seguintes incidências tributárias:

(i) crédito contabilizado pela empresa paulista quando da aquisição da mercadoria;

(ii) suspensão do ICMS na saída e retorno das mercadorias para remessa na industrialização;

---

344. DOMENE, Vanessa Pereira Rodrigues; CAMPANHA, Tatiana H. Rusu. Caso Soja-Papel. In: **Planejamento fiscal, análise de casos**. V.II. São Paulo: Quartier Latin, 2013, p.1012.

345. DOMENE, Vanessa Pereira Rodrigues; CAMPANHA, Tatiana H. Rusu. Caso Soja-Papel. In: **Planejamento fiscal, análise de casos**. V.II. São Paulo: Quartier Latin, 2013, p.1012.

(iii) imunidade aplicável referente à operação da saída da mercadoria ao estabelecimento exportador.

Normalmente uma operação como a acima mencionada é dotada de neutralidade fiscal – não há economia obtida – porque quando o contribuinte do Estado de São Paulo adquire as mercadorias oriundas do outro Estado surge um crédito que seria utilizado com respectivo débito oriundo da saída do contribuinte paulista a seu cliente. Contudo, como há venda para contribuinte exportador, o crédito não guarda, como contrapartida, qualquer outro débito, gerando um futura redução de carga tributária ao contribuinte.[346]

No caso concreto, quando a operação foi fiscalizada, não se conseguiu comprovar a existência da mercadoria vendida, a saber, a soja. Assim, o Fisco entendeu que se tratava de uma simulação.[347] De qualquer sorte, citamos o exemplo a fim de ilustrar, estruturalmente, um exemplo de se interagir com a norma de não-cumulatividade e de imunidade para a obtenção de uma economia fiscal. Existisse a soja no caso concreto e a operação, em tese, seria tida como elisiva.

4.6.4.3 Elisão mediante interação com tratados internacionais

Visando a evitar a bitributação internacional, ou seja, a aplicação, para o mesmo evento, de duas ou mais normas tributárias, instituídas por diferentes sujeitos de direito público internacionais, e que instituam tributos dotados de uma mesma base de cálculo e hipótese de incidência, o Brasil firmou diversos tratados internacionais para evitar

---

346. DOMENE, Vanessa Pereira Rodrigues; CAMPANHA, Tatiana H. Rusu. Caso Soja-Papel. In: **Planejamento fiscal, análise de casos**. V.II. São Paulo: Quartier Latin, 2013, p.1018.

347. Nesse sentido: processo DRT 655816/05, da extinta 5ª Câmara Efetiva. Juiz Relator José Roberto Rosa. Sessão de 31/10/2006.

esse fenômeno, especificamente, no que tange à bitributação da renda.

Tais Tratados são internalizados no direito interno, primeiro com a edição de decretos legislativos que autorizam sua respectiva ratificação pelas autoridades competentes e depois com os Decretos que os inserem no ordenamento vigente. Assim, como o Brasil, diversas jurisdições agem da mesma forma.

Com algumas variações, os Tratados Internacionais regulam quais Estados-Partes poderão instituir imposto sobre a renda sobre tais ou quais situações e instituem ainda alíquotas máximas sobre determinadas situações, muitas vezes inferiores às vigentes no direito interno.

Nesse contexto, na elisão tributária envolvendo tratados internacionais, o agente elisivo visa a organizar suas atividades, criando vínculos de conexão com países que firmam, entre si, tratados internacionais, buscando a economia fiscal, seja evitando a bitributação, seja não se submetendo a própria tributação, em alguns casos, ou obtendo a carga tributária menos onerosa.

Para exemplificar como esse tipo de elisão pode ser identificado, tomemos uma cláusula padrão dos Tratados internacionais firmados pelo Brasil que é aquela que regula os lucros auferidos pelos estabelecimentos permanentes existentes em cada jurisdição. Para examinar essa cláusula, tomaremos o que enuncia o artigo 7º do Tratado firmado entre Brasil e Espanha, veiculado no país, pelo Decreto Federal n. 76.975, de 02 de janeiro de 1976:

> 1. Os lucros de uma empresa de um Estado Contratante só são tributáveis nesse Estado, a não ser que a empresa exerça sua atividade no outro Estado Contratante por meio de um estabelecimento permanente aí situado. No último caso, os lucros da empresa serão tributáveis no outro Estado, mas unicamente na medida em que forem atribuíveis a esse estabelecimento permanente.

ELISÃO E NORMA ANTIELISIVA

> 2. Quando uma empresa de um Estado Contratante exercer sua atividade no outro Estado Contratante através de um estabelecimento permanente aí situado, serão atribuídos em cada Estado Contratante a esse estabelecimento permanente os lucros que obteria se constituísse uma empresa distinta e separada, exercendo atividades idênticas ou similares, em condições idênticas ou similares, e transacionando com absoluta independência com a empresa de que é um estabelecimento permanente.
>
> 3. No cálculo dos lucros de um estabelecimento permanente, é permitido deduzir as despesas que tiverem sido feitas para a consecução dos objetivos do estabelecimento permanente, incluindo as despesas de direção e os encargos gerais de administração assim realizados.
>
> 4. Nenhum lucro será atribuído a um estabelecimento permanente pelo simples fato de comprar bens ou mercadorias para a empresa.
>
> 5. Quando os lucros compreenderem elementos de rendimentos tratados separadamente nos outros artigos da presente Convenção, as disposições desses artigos não serão afetadas pelas disposições do presente artigo.

Como se percebe do enunciado prescritivo acima citado, quando uma pessoa jurídica, situada em um Estado Contratante, mantém estabelecimento permanente situado no outro Estado, desde que esse estabelecimento permanente aja com independência, os lucros auferidos por esse estabelecimento permanente serão tributados nesse outro Estado.

Ora, essa norma suspende, parcialmente, a eficácia técnica sintática da norma que se constrói a partir da leitura do artigo 74 da Medida Provisória n. 2.158-35/01 que prescreve o seguinte:

> Art. 74. Para fim de determinação da base de cálculo do imposto de renda e da CSLL, nos termos do art. 25 da Lei n. 9.249, de 26 de dezembro de 1995, e do art. 21 desta Medida Provisória, os lucros auferidos por controlada ou coligada no exterior serão considerados

disponibilizados para a controladora ou coligada no Brasil na data do balanço no qual tiverem sido apurados, na forma do regulamento.

Parágrafo único. Os lucros apurados por controlada ou coligada no exterior até 31 de dezembro de 2001 serão considerados disponibilizados em 31 de dezembro de 2002, salvo se ocorrida, antes desta data, qualquer das hipóteses de disponibilização previstas na legislação em vigor.

Registre-se que, a Medida Provisória n. 627/13 veio modificar tal sistemática, instituindo tributação que se volta para as controladas e não para as coligadas, salvo em casos excepcionais.[348]

Muito bem. Como se nota, dispositivo acima citado determinou que os lucros auferidos por controlada ou coligada no exterior serão considerados disponibilizados para a controlada no Brasil na data do balanço no qual tiverem sido apurados. Com isso, efetiva-se a tributação universal da renda e, mais, ainda, uma tributação que incide independentemente da disponibilização dos rendimentos pela controlada ou coligada. Como veremos no capítulo VI, trata-se de norma antielisiva que coíbe eventual elisão no tocante ao critério temporal da regra-matriz de incidência, especificamente, um diferimento – tomando por diferimento a definição anteriormente empreendida.

Por outro lado, com a previsão no tratado de que os lucros auferidos por um estabelecimento, nos moldes acima explicados, são tributados por esse estabelecimento, a legislação coíbe a aplicabilidade do referido dispositivo da legislação interna, quando este estabelecimento estiver situado

---

348. Vide artigos 73 e seguintes da referida Medida Provisória. Como esse texto foi escrito antes da conversão da referida Medida Provisória em Lei, recomendamos que o leitor verifique eventual modificação que possa ter ocorrido decorrente do projeto de conversão.

em Estado que firma tratado semelhante no país, como, por exemplo, a Espanha.

Assim, como medida de elisão tributária, o contribuinte pode optar por constituir um estabelecimento em Estado que mantém tal cláusula com o Brasil, aproveitando-se da não incidência da referida norma tributária ao caso concreto, haja vista sua ineficácia técnico-sintática, resultante da previsão do tratado.

A título de exemplo, no "Caso EAGLE 1", houve transferência de uma controlada por pessoa jurídica brasileira, antes situada no Uruguai, para a Espanha, impedindo-se, com fulcro no artigo 7º do Tratado, a incidência do artigo 74 da Medida Provisória n. 2.158-35/01.

A conduta do contribuinte de não tributar o lucro apurado na controlada da Espanha, com base no referido artigo do Tratado, nesse caso, foi questionado pelas autoridades fiscais e confirmado pelo então Conselho de Contribuintes do Ministério da Fazenda, conforme segue:

> Acórdão n. 101-95.802, julgado em 19 de outubro de 2006.
> LUCROS AUFERIDOS NO EXTERIOR. DISPONIBILIZAÇÃO FICTA PARA A CONTROLADORA AQUI NO BRASIL (MP n. 2.158-34/2001, ART. 74, § ÚNICO). A partir da vigência do art. 74 da MP 2.158-35/2001, para fim de determinação da base de cálculo do imposto de renda e da CSLL, os lucros auferidos por controlada ou coligada no exterior até 31 de dezembro de 2001 serão considerados disponibilizados em 31 de dezembro de 2002, salvo se ocorrida, antes desta data, qualquer das hipóteses de disponibilização previstas na legislação em vigor.
> LUCROS AUFERIDOS POR INTERMÉDIO DE COLIGADAS E CONTROLADAS NO EXTERIOR. Na Lei 9.532/97 o fato gerador era representado pelo pagamento ou crédito (conforme definido no art. 1º da Lei 9.532/97), e o que se tributavam eram os dividendos. A partir da

CHARLES WILLIAM MCNAUGHTON

MP 2.158-35/2001, a tributação independe de pagamento ou crédito (ainda que fictos), deixando, pois, de ter como base os dividendos.

LUCROS ORIUNDOS DE INVESTIMENTO NA ESPANHA. Nos termos da Convenção Destinada a Evitar a Dupla Tributação e Prevenir a Evasão Fiscal em Matéria de Imposto sobre a Renda entre Brasil e a Espanha, promulgada pelo Decreto n. 76.975, de 1976, em se tratando de lucros apurados pela sociedade residente na Espanha e que não sejam atribuíveis a estabelecimento permanente situado no Brasil, não pode haver tributação no Brasil. Não são também tributados no Brasil os dividendos recebidos por um residente do Brasil e que, de acordo com as disposições da Convenção, são tributáveis na Espanha.

Registre-se, contudo, que, no "caso EAGLE 2"[349], o mesmo contribuinte foi autuado por não oferecer à tributação de IRPJ e CSLL, o lucro aferido por uma controlada indireta. No caso, a pessoa jurídica brasileira era controladora de pessoa jurídica situada na Espanha. Esta, por sua vez, era controladora de pessoa jurídica situada no Uruguai. Entenderam, as autoridades fiscais, que o lucro auferido pela entidade uruguaia deveria ser reconhecido, para fins de apuração da base de cálculo dos tributos acima citados, pela pessoa jurídica situada no Brasil. Esse entendimento foi abonado pelo então Conselho de Contribuintes do Ministério da Fazenda, como se depreende da decisão a seguir citada:

1ª Câmara do 1º Conselho de Contribuintes, Acórdão n. 101- 97.070, julgado em 17 de dezembro de 2008.

---

349. Sobre a não oponibilidade das operações praticadas pelos contribuintes, tal como mencionado no referido acórdão vide: BARRETO Jr., Valter Pedrosa. **Planejamento tributário na jurisprudência do Conselho Administrativo de Recursos Fiscais – desafios de uma pesquisa empírica**. Trabalho apresentado à Banca Examinadora no Programa de Mestrado da Escola de Direito de São Paulo da Fundação Getúlio Vargas, como exigência parcial para a obtenção do título de Mestre em Direito e Desenvolvimento: FGV, 2010, p. 30.

ELISÃO E NORMA ANTIELISIVA

> LUCROS AUFERIDOS POR INTERMÉDIO DE COLIGADAS E CONTROLADAS NO EXTERIOR – Na vigência das Leis 9.249/95 e Lei 9.532/97 o fato gerador era representado pelo pagamento ou crédito (conforme definido na IN 38/96 e na Lei n. 9.532/97), e o que se tributavam eram os dividendos. A partir da MP 2.158-35/2001, a tributação independe de pagamento ou crédito (ainda que presumidos), passando a incidir sobre os lucros apurados, e não mais sobre dividendos. LUCROS ORIUNDOS DE INVESTIMENTO NA ESPANHA – Nos termos da Convenção Destinada a Evitar a Dupla Tributação e Prevenir a Evasão Fiscal em Matéria de Imposto sobre a Renda entre Brasil e a Espanha, promulgada pelo Decreto n. 76.975, de 1976, em se tratando de lucros apurados pela sociedade residente na Espanha e que não sejam atribuíveis a estabelecimento permanente situado no Brasil, não pode haver tributação no Brasil. LUCROS AUFERIDOS NO EXTERIOR POR INTERMÉDIO DE CONTROLADAS INDIRETAS. Para fins de aplicação do art. 74 da MP n. 2.158-35, os resultados de controladas indiretas consideram-se auferidos diretamente pela investidora brasileira, e sua tributação no Brasil não se submete às regras do tratado internacional firmado com os países de residência da controlada direta, mormente quando esses resultados não foram produzidos em operações realizadas no país de residência da controlada, evidenciando o planejamento fiscal para não tributá-los no Brasil.

De qualquer forma, independente do mérito dessas decisões, que foram citadas apenas a título de exemplo, tomemos esse tipo de elisão tributária como aquela que se aproveita de disposições contidas em *tratados para evitar a dupla tributação* para que se atinja a economia fiscal.

4.7 Elisão no plano S4 e elisão intersistemática

Até o presente momento, por fins didáticos, vimos examinando a elisão sempre se relacionando com normas específicas, seja a regra-matriz de incidência tributária, seja as normas que instituem benefícios fiscais, nos termos já assinalados. Mas, a elisão, embora efetivamente interaja com essas normas, há de ser efetivada em consonância com um plano que leve em conta o contexto jurídico aplicável, que poderíamos chamar, com Paulo de Barros Carvalho, de plano S4 ou do sistema jurídico.

Não nos olvidemos que, no percurso gerador de sentido, há o plano S1, da literalidade, em que o intérprete se depara com os signos, embutidos no suporte físico, em um primeiro contato com o texto do direito positivo.

No plano S2, por sua vez, o sentido semântico das palavras vem à tona, de sorte que o intérprete vai formando os diversos enunciados, atribuindo-lhes sentido.

No plano S3, por seu turno, a norma jurídica ganha relevo. As diversas significações outorgadas aos signos vão sendo estruturadas, formando uma mínima manifestação do deôntico, de tal forma que apareçam na forma lógica de um juízo hipotético-condicional.

Finalmente, no plano S4, o operador do direito vislumbra as normas já em sua configuração sistemática, enxergando as diversas relações de coordenação e subordinação que as normas formam entre si. Pois bem, é nesse plano que a elisão tributária bem exitosa é obtida. Vejamos.

Quando definimos elisão tributária a partir da economia fiscal gerada a partir de um tributo T, nossa explicação é adequada se levarmos em conta que, para a obtenção da elisão, será necessária a economia relativa, pelo menos, a um tributo. Agora, a elisão, para ser eficaz, ou seja, para gerar uma economia sem, digamos, "um efeito colateral", há de ser efetivada levando em conta a contextualização do sistema jurídico.

É possível que um ato, com pretensões elisivas, obtenha a economia fiscal relativa a um tributo T, mas gere aumento na carga total suportada, considerando-se outros tributos, de sorte que a prática não gere o resultado esperado.

A título de exemplo, certo contribuinte A adquire o controle da pessoa jurídica B, pagando ágio, em razão de rentabilidade futura da pessoa jurídica. Para se aproveitar do benefício fiscal, que já explicamos anteriormente, A incorpora B, passando a amortizar, como despesa dedutível da base de cálculo do IR, a razão de 1/60, obtendo a economia fiscal de IRPJ e CSLL.

Suponhamos, contudo, que a incorporada tivesse registrado, na parte B de seu Livro de Apuração do Lucro Real – LALUR, significativo valor a título de prejuízo fiscal. Ora, considerando essa informação, é possível verificar que a vantagem fiscal que seria decorrente do aproveitamento desse prejuízo seria inviabilizada, em razão da incorporação, haja vista a disposição do artigo 33 do Decreto-lei n. 2.341/87, que proíbe o aproveitamento do prejuízo fiscal de pessoa jurídica incorporada.

Nesse contexto, ainda que o ato elisivo tenha gerado a economia fiscal decorrente do aproveitamento do ágio, certamente terá gerado perda fiscal em razão da proibição de aproveitamento do prejuízo fiscal detido em B, sendo, possivelmente, danoso àquele contribuinte.

Esse exemplo é elucidativo de que a elisão tributária eficaz é efetivada a partir de uma norma, mas não se esgota nela.

Não bastasse isso, com o plano S4, o operador identifica eventuais normas antielisivas, a fim de definir como o ordenamento jurídico lida com a elisão tributária, buscando, assim, efetivar determinada operação elisiva em conformidade com os requisitos necessários para que o ato seja oponível ao Fisco.

Assim, infere-se que a elisão tributária tem de operar com um tributo T, mas também passa pelo exame de todo o sistema jurídico, para que seja eficaz.

CHARLES WILLIAM MCNAUGHTON

Podemos cogitar, ainda, uma elisão intersistemática que leve em consideração direito positivo embutido em diversos ordenamentos. Nesse sentido, o estudo da OCDE, *Adressing Base Erosion and Profit Shifting*[350], relata que a transferência de lucros entre diversas jurisdições é suscetível de gerar economia fiscal – e consequente queda de arrecadação – entre os diversos países. A título de exemplo, entre medidas praticadas com esse intuito, podemos citar:

(i) Segregação entre local de negócios e local onde lucros são reconhecidos, obtendo-se economia fiscal decorrente de tal segregação;

(ii) Instituição de sede em local com alta tributação e de estabelecimento em jurisdição de baixa tributação, de tal sorte que o último firme empréstimos com a primeira, com a previsão de pagamento de juros, obtendo receitas submetidas à tributação baixa e gerando despesas a serem aproveitadas pela sede, em razão dos juros por ela pagos;[351]

(iii) Instituição de entidades híbridas, entendidas como aquelas que são consideradas transparentes por algumas jurisdições e não transparentes por outras jurisdições. Por meio desse ato elisivo, a sociedade híbrida fornece empréstimos a coligadas ou controladas situadas em outras jurisdições, de tal sorte que, por ser transparente, não é tributada em sua jurisdição, ao passo que a controlada ou coligada obtém despesa dedutível;[352]

(iv) Utilização de instrumentos híbridos, considerados como "despesas" em certa jurisdição e "dividendos" em

---

350. OCDE: **Base Erosion and Profit Shifting**. Disponível em: http://www. keepeek.com/Digital-Asset-Management/oecd/taxation/addressing-base-erosion-and-profit-shifting_9789264192744-en. Acesso em: 18 jul. 2013, p. 23.

351. OCDE: **Base Erosion and Profit Shifting**. Disponível em: http://www. keepeek.com/Digital-Asset-Management/oecd/taxation/addressing-base-erosion-and-profit-shifting_9789264192744-en. Acesso em: 18 jul. 2013, p.43

352. OCDE: **Base Erosion and Profit Shifting**. Disponível em: http://www. keepeek.com/Digital-Asset-Management/oecd/taxation/addressing-base-erosion-and-profit-shifting_9789264192744-en. Acesso em: 18 jul. 2013, p. 43.

ELISÃO E NORMA ANTIELISIVA

outra jurisdição. Assim, mediante o uso de tal instrumento, obtém-se dedutibilidade para fins de Imposto sobre a Renda em uma jurisdição e isenção de tributos em outras;[353]

(v) Utilização de "empresas-veículos" para a obtenção de benefícios de Tratados Internacionais;[354]

(vi) Utilização de derivativos em substituição a empréstimos, evitando-se a retenção na fonte de tributos.[355]

Agora, o fato de a elisão não prescindir do plano S4 para se concretizar e o fato de a elisão envolver, inúmeras vezes, mais de um sistema jurídico, não afasta a circunstância de que sua prática passa pela interação com a regra-matriz de incidência tributária, ou com a norma de benefício fiscal, nos termos que já estudamos. A análise macro e micro, portanto, são complementares: a primeira engloba um contexto mais amplo; a segunda importa a análise da minúcia, sem a qual não se perfaz o todo.

---

353. OCDE: **Base Erosion and Profit Shifting**. Disponível em: http://www. keepeek.com/Digital-Asset-Management/oecd/taxation/addressing-base-erosion-and-profit-shifting_9789264192744-en. Acesso em: 18 jul. 2013, p. 44.

354. OCDE: **Base Erosion and Profit Shifting**. Disponível em: http://www. keepeek.com/Digital-Asset-Management/oecd/taxation/addressing-base-erosion-and-profit-shifting_9789264192744-en. Acesso em: 18 jul. 2013, p. 44.

355. OCDE: **Base Erosion and Profit Shifting**. Disponível em: http://www. keepeek.com/Digital-Asset-Management/oecd/taxation/addressing-base-erosion-and-profit-shifting_9789264192744-en. Acesso em: 18 jul. 2013, p. 45.

5 EVASÃO TRIBUTÁRIA

5.1 Considerações iniciais

Enquanto a elisão fiscal se caracteriza pelo legítimo planejamento fiscal, incorre-se na evasão quando se descumpre o mandamento da norma tributária, deixando-se de recolher tributo e utilizando-se de um mecanismo para ludibriar a autoridade fiscal sobre esse evento.[356]

Evasão, assim, é uma espécie de infração tributária. Paulo de Barros Carvalho define infração como "toda ação ou omissão que, direta ou indiretamente, represente descumprimento de deveres instrumentais estatuídos em leis fiscais".[357] Tomando-se sanção tributária como gênero, a evasão é a combinação da infração dolosa de dois mandamentos jurídicos: (i) um é aquele instituído pela regra-matriz de incidência tributária; (ii) o outro é o de cumprir o dever instrumental.

Não vejo distinção entre evasão e sonegação. A conduta de sonegar é definida pelo artigo 71 da Lei n. 4.502/64 e, junto

---

356. Nesse sentido, CANTO, Gilberto Ulhôa. Elisão e evasão fiscal. **Cadernos de Pesquisas Tributárias**. V. 3. São Paulo: Resenha Tributária e Centro de Estudos de Extensão Universitária, 1988, p. 44.

357. CARVALHO, Paulo de Barros. **Direito tributário, linguagem e método**. 5.ed. São Paulo: Noeses, 2013, p. 854.

com o conluio e, supostamente, a fraude, importaria aplicação de multa qualificada de 150% (cento e cinquenta por cento), nos termos do § 1º do artigo 44 da Lei n. 9.430/96. Vejamos a redação do referido artigo da Lei n. 4.502/64:

> Art. 71. Sonegação é tôda ação ou omissão dolosa tendente a impedir ou retardar, total ou parcialmente, o conhecimento por parte da autoridade fazendária:
>
> I – da ocorrência do fato gerador da obrigação tributária principal, sua natureza ou circunstâncias materiais;
>
> II – das condições pessoais de contribuinte, suscetíveis de afetar a obrigação tributária principal ou o crédito tributário correspondente.

Como se percebe, nos termos do referido artigo, sonegação é toda ação ou omissão dolosa tendente a impedir ou retardar, total ou parcialmente, o conhecimento por parte da autoridade fazendária da ocorrência do evento tributário, sua natureza ou circunstâncias materiais, bem como das condições pessoais de contribuinte, suscetíveis de afetar a obrigação tributária principal ou o crédito tributário correspondente.

Nesse sentido, fica claro que sonegação, ou evasão, importa um descumprimento por parte do sujeito passivo de dever instrumental prejudicando a constituição da obrigação do crédito tributário.

Além de sonegação fiscal, a legislação também define a conduta de fraude, especificamente no artigo 72 da Lei n. 4.502/64, a seguir transcrita:

> Art. 72. Fraude é tôda ação ou omissão dolosa tendente a impedir ou retardar, total ou parcialmente, a ocorrência do fato gerador da obrigação tributária principal, ou a excluir ou modificar as suas características essenciais, de modo a reduzir o montante do impôsto devido a evitar ou diferir o seu pagamento.

ELISÃO E NORMA ANTIELISIVA

Em termos semânticos, se interpretado o dispositivo em sua acepção de base, concluiríamos que fraude é qualquer conduta dolosa tendente a impedir ou retardar, total, ou parcialmente, a ocorrência do evento tributário, reduzindo o montante do imposto devido e evitando ou diferindo seu pagamento. Essa conclusão colocaria a fraude e a elisão na mesma categoria.

Não foi essa, contudo, a acepção conferida pela pragmática do direito. Rubens Gomes de Sousa, por exemplo, enuncia que a fraude apenas se verifica após a ocorrência do fato gerador. Vejamos suas colocações:

> Fraude fiscal que pode ser definida como toda ação ou omissão destinada a evitar ou retardar o pagamento de um tributo devido, ou a pagar menor que o devido. Todavia, um problema muito importante é a distinção entre fraude e evasão: também esta é uma ação ou omissão destinada a evitar, retardar ou reduzir o pagamento de um tributo, mas a diferença está em que a fraude fiscal constitui infração da lei e portanto é punível ao passo que a evasão não constitui infração da lei e portanto não é punível. Qual é portanto o critério para distinguir fraude fiscal da evasão? (...) o único critério seguro é verificar se os atos praticados pelo contribuinte para evitar, retardar ou reduzir o pagamento do tributo foram efetivados antes ou depois da ocorrência do fato gerador: na primeira hipótese, trata-se de evasão; na segunda trata-se de fraude fiscal.[358]

Atualmente, Marco Aurélio Greco sustenta a inaplicabilidade do referido dispositivo para o planejamento tributário. Vejamos suas palavras:

> Por isso, a primeira parte do artigo 72 da Lei n. 4.502/64 só tem aplicação se a hipótese for de um fato gerador

---

358. SOUSA, Rubens Gomes de. **Compêndio de legislação tributária.** São Paulo: Edições Financeiras S.A., 1964, p.109.

> que já se encontra em processo formativo e que iria se realizar não fossem as condutas de impedir ou retardar os seus efeitos. Essas condutas se inserem no contexto e provêm *ab externo* do processo de formação do fato gerador, interferindo no que já estava em curso. Essa hipótese é muito diferente de o agente, ainda que apenas a seus olhos, não realizar o fato gerador ou realizar outra hipótese de incidência.[359]

Com relação às observações de Rubens Gomes de Sousa, confesso que tenho certa dificuldade de compreender sua dimensão mais exata. Se o grande jurista diz que fraude é a ação destinada a evitar ou retardar o evento tributável como é possível dizer que ocorre depois desse evento? Como evitar ou retardar o que já ocorreu? Deixo a dúvida para reflexão.

Quanto à interpretação de Marco Aurélio Greco, também não consigo compartilhar dos resultados de seu esforço. Segundo sua visão, a fraude não se confundiria com o planejamento tributário porque efetivada durante o aperfeiçoamento do evento tributável, ao passo que o planejamento seria efetivado antes de se iniciar sua ocorrência.

Tentando aplicar esse critério, em uma tentativa de buscar compreender esse "fato gerador se aperfeiçoando", cogito que se o contribuinte efetivar qualquer elisão tributária a título de IR que tenha impacto no mesmo ano-calendário do ato praticado, será sancionado com a multa de 150% (cento e cinquenta por cento). Por essa linha interpretativa, para evitar a multa, seria obrigado a concluir a elisão no sempre ano-calendário anterior.

Mas, não consigo verificar diferença substancial entre "fato gerador pendente" e "fato não ocorrido". Se os dois são

---

359. GRECO, Marco Aurélio. **Planejamento Tributário**. 3.ed. São Paulo: Dialética, 2011, p. 268.

ELISÃO E NORMA ANTIELISIVA

irrelevantes para fins tributários, por que tratá-los, penalmente, de forma tão distinta?

De minha parte acredito que esse dispositivo não foi recepcionado pela Constituição da República de 1988 porque implicaria uma cláusula que obrigaria o contribuinte a optar, inapelavelmente, pelo ato que implicasse a maior carga tributária possível sob pena de multa de 150% (cento e cinquenta por cento) sobre o tributo economizado.

Por essa linha, esse dispositivo se choca com um enunciado bem particular de nossa Constituição que é o artigo 150, inciso IV. Tal artigo, como se sabe, proíbe a tributação com efeitos de confisco.

Ora, ao equiparar a economia tributária à fraude, esse dispositivo determina que toda economia intencional deva se sujeitar a uma imposição equivalente a 150% (cento e cinquenta por cento) do tributo economizado. Se o evento tributário foi impedido ou retardado, ou obrigação tributária reduzida em razão de ato elisivo, não pode pretender o Fisco exigir a quantia acima do que seria devida a título do próprio tributo.

Não ignoro que o artigo 150, inciso IV, da Constituição da República, utiliza o termo "tributo". Mas instituir uma multa desproporcional em razão da não incidência de um tributo, intencionalmente, obtida pelo contribuinte, seria uma verdadeira fraude à constituição efetiva pelo legislador.

Registre-se, nesse sentido, que o Supremo Tribunal Federal já consolidou a aplicação do princípio do não-confisco para multas, conforme se depreende da ementa abaixo citada:

> RE 657.372 AgR/RS
>
> Relator(a): Min. Ricardo Lewandowski
>
> Julgamento: 28/05/2013
>
> Órgão Julgador: Segunda Turma
>
> DJe-108. DIVULG 07-06-2013. PUBLIC 10-06-2013

> AGRAVO REGIMENTAL NO RECURSO EXTRAOR-
> DINÁRIO. MULTA FISCAL. CARÁTER CONFISCA-
> TÓRIO. VIOLAÇÃO AO ART. 150, IV, DA CONSTITUI-
> ÇÃO FEDERAL. AGRAVO IMPROVIDO. I – Esta
> Corte firmou entendimento no sentido de que são
> confiscatórias as multas fixadas em 100% ou mais do
> valor do tributo devido. Precedentes. II – Agravo regi-
> mental improvido."[360]

Assim, fico convencido de que ao qualificar a conduta de se economizar tributo como fraude, tal como efetivado pelo dispositivo acima citado, acabou-se instituindo norma confiscatória, incidindo a vedação instituída pelo artigo 150, inciso IV, da Constituição da República, anteriormente mencionado.

Por fim, vale apontar que há ainda outra infração defini-da pela referida lei que é o conluio. Vejamos a definição no artigo 73 da referida Lei:

> Art. 73. Conluio é o ajuste doloso entre duas ou mais
> pessoas naturais ou jurídicas, visando qualquer dos
> efeitos referidos nos arts. 71 e 72.

Como se nota, o conluio é qualquer ato intencional pra-ticado por mais uma parte visando o dolo ou a fraude. Como entendo que essa sanção pela "fraude" não foi recepcionada por nosso sistema, creio que o conluio nada mais é senão um qualificador da sonegação pautado no aspecto de que é prati-cado por mais de uma parte.

Feitas essas observações, passo a definir a evasão fiscal da seguinte maneira:

---

360. RE 657.372 AgR/RS. AG.REG. NO RECURSO EXTRAORDINÁRIO. Relator(a): Min. Ricardo Lewandowski. Julgamento: 28/05/2013. Órgão Jul-gador: Segunda Turma.

ELISÃO E NORMA ANTIELISIVA

1) Dado um tributo T que sobre certa situação S é cobrável no quantum Q;

2) Dada a verificação da situação S;

3) Dada a ausência da prática de qualquer ato A, que interagindo com a regra-matriz de incidência tributária ou com a norma de benefício fiscal, permita que a carga suportada pelo contribuinte seja Q';

4) Evasão fiscal é a conduta do contribuinte de se submeter Q', e somente a Q' e de formalizar seus deveres instrumentais, de tal maneira, que seja informada a obrigação de arcar com Q' e não seja formalizada a obrigação de arcar com Q.

Note-se que com a evasão fiscal o agente evasivo deixa de observar os ditames previstos pela norma tributária e visa a dificultar a ciência do Fisco sobre tal situação. Ao ser constituída a linguagem competente constituindo tal aspecto, emerge juridicamente o fato jurídico da evasão.

Na elisão fiscal, por sua vez, o contribuinte obtém uma economia, sem deixar de cumprir qualquer norma de índole tributária.

Nesses termos, a evasão fiscal lida, preponderante, com lacuna no plano individual e concreto, especificamente, o silêncio de informar as autoridades fiscais que determinada situação ocorreu da forma adequada.

Deve-se levar em conta, ainda, que, para a evasão fiscal ser identificada, é preciso uma linguagem da facticidade jurídica que comprove que a linguagem produzida pelo contribuinte não se sustenta perante as provas que contextualizam determinada operação jurídica.

No que denominaremos de evasão-RMIT, a linguagem que aponta a conduta evasiva deverá indicar a ocorrência de determinado evento, no tempo no fato, não relatado em linguagem competente na época devida. Nessa hipótese, o discurso do fisco constituirá o crédito tributário, atinente à carga efetiva Q, constituindo o fato jurídico tributário e a respectiva relação jurídica dele decorrente e indicando qual critério da regra-matriz foi evadido pelo agente evasivo.

Já no caso da evasão-benefício, o contribuinte aplicará, de forma indevida, determinada norma de benefício fiscal, entendido benefício em sua acepção ampla, já anteriormente definida, a fim de amparar uma norma individual e concreta em descompasso com a legislação.

Passaremos mais de perto a compreender como a evasão fiscal interage com a regra-matriz de incidência tributária e com a norma de benefício fiscal.

5.2 Evasão: regra-matriz de incidência tributária

5.2.1 Hipótese de incidência

5.2.1.1 Critério material

Conforme já assinalei, a hipótese de incidência é dotada de três critérios, o material, temporal e espacial, todos já definidos no capítulo anterior.

Nesse sentido, a linguagem que identifica o ato evasivo que interage com o critério material da regra-matriz de incidência aponta a constituição de norma individual e concreta, efetivada pelo agente evasivo, que deixa de relatar a ocorrência de certa ação A, descrita por um verbo e um complemento, obtendo, nessa omissão, a economia evasiva.

Essa omissão pode se qualificar tanto pelo simples silêncio na descrição da situação A, tanto, no caso da dissimulação, pela indicação indevida de uma situação B, no lugar de A, do qual se obtém a economia evasiva, normalmente porque B implica uma tributação inferior a A.

ELISÃO E NORMA ANTIELISIVA

Nesse sentido, linguagem que constitui o ato evasivo deve apontar provas suficientemente convincentes que demonstrem que o comportamento descrito pelo critério material da norma padrão de incidência operou-se no plano concreto, legitimando a cobrança de eventual tributo que seria devido.

5.2.1.2 Critério espacial

O ato evasivo que se conecta com o critério espacial da regra-matriz de incidência tributária pressupõe a formalização de norma individual e concreta com o relato de um evento não ocorrido na coordenada espacial efetivamente apontada pela linguagem das provas predominantes, obtendo-se, com isso, um não enquadramento em determinada norma jurídico-tributária aplicável.

A norma individual e concreta poderá ser amparada por elementos de simulação que não resistam a uma prova mais robusta. A título de exemplo, o caso de agentes evasivos que instituem estabelecimentos que não sejam efetivos prestadores de serviços, para fins de atração do critério espacial de certa norma municipal que institua o ISS com carga tributária mais benéfica do que a prevista em outro Município.

Nesse sentido, o respectivo lançamento de ofício deverá coletar provas que infirmem a localização então indicada pela norma individual e concreta produzida pelo contribuinte, apontando aquela que, amparada na linguagem das provas, se subsuma ao critério espacial de determinada prova tributária evadida.

Essas provas poderão variar entre (i) elementos que indiquem a presença do contribuinte em outro território ou (ii) elementos que indiquem a prática de um fato nesse território, a depender da configuração do critério espacial da regra-matriz de incidência tributária.

329

CHARLES WILLIAM MCNAUGHTON

Note-se que, nesse caso evasivo, não se trata de questionar a escolha do contribuinte do local para a prática de um ato, mas sim de se comprovar que determinada situação não se operou no ponto espacial indicado pelo sujeito passivo. Mais uma vez, a linguagem das provas será predominante, para essa configuração.

5.2.1.3 Critério temporal

A evasão que interage com o critério temporal da regra-matriz de incidência tributária importa a constituição de norma individual e concreta com o relato de um evento não ocorrido no instante temporal mencionado pela linguagem produzida pelo contribuinte, conforme demonstrado pela linguagem das provas.

O ato que identifica a evasão interagindo com o critério temporal da regra-matriz de incidência tributária apontará que o instante de ocorrência do ato mencionado pela norma individual e concreta produzida pelo contribuinte é (I) incompatível com aquele relevado pela linguagem das provas e (II) gerador de certa vantagem indevida ao contribuinte. Tal vantagem pode ser obtida em razão da aparente não-incidência forjada de determinada norma em certa situação concreta, em razão do tempo, ou para se gerar diferimento da tributação, e até mesmo propiciar um adiantamento da incidência, se assim convir ao agente evasivo.

Outra hipótese seria a do contribuinte adiantar o critério temporal de tal norma, para adiantar a fluência do prazo decadencial, ludibriando o fisco.

Daí porque o respectivo lançamento de ofício deverá indicar provas que infirmem a indicação no tempo do evento, então informado pelo contribuinte, indicando aquele que permita enquadrar determinada situação na norma jurídico-tributária evadida.

330

5.2.2 Evasão interagindo com o consequente da regra-matriz de incidência tributária

O ato evasivo interage com o consequente da regra-matriz de incidência tributária buscando eliminar determinada relação jurídica existente, seja reduzindo a base de cálculo, alíquota, obtendo alguma vantagem em relação à sujeição ativa ou passiva, como veremos a seguir.

5.2.2.1 Critério quantitativo

5.2.2.1.1 Base de cálculo

A evasão que interage com a base de cálculo importa a produção de linguagem que valore determinado fato jurídico tributário de forma incompatível e inferior ao que é indicado pela linguagem das provas.

Esse tipo de evasão pode ser diferente em razão da base de cálculo colhida pelo legislador no ato de instituição do tributo.

Efetivamente, naqueles tipos de base de cálculo pautados por fatores de acréscimo e decréscimo, tal como o Imposto sobre a Renda e Contribuição Social sobre o Lucro Líquido, o ato evasivo visa a aproveitar um fator de decréscimo de forma indevida, por exemplo, uma nota fiscal que indica um serviço não ocorrido, para embasar uma despesa, ou omite um fator de acréscimo, como, por exemplo, a omissão de uma receita.

Em outros tipos de base de cálculo, busca-se apontar o valor de uma operação de forma distinta da praticada pelos agentes. Na chamada "meia-nota" ou "caixa-dois", o agente evasivo relata em linguagem determinado negócio por valor inferior ao efetivamente praticado pelas partes.

Seja em um ou outro caso, caberá à linguagem das provas que embasa o lançamento de ofício comprovar o efetivo valor aritmético alcançado pela base calculada, exigindo-se a diferença do tributo que deixou de ser recolhido.

5.2.2.1.2 *Alíquota*

A evasão envolvendo alíquota importa aplicação de alíquota inferior à que seria prevista pela legislação em determinado caso concreto.

A evasão, nesse caso, pode ser o que poderíamos designar de evasão simples, ou coordenada.

A evasão simples seria a indicação da alíquota inferior sem qualquer justificativa, confiando-se que o procedimento efetivado pelo contribuinte não será alvo de qualquer atividade de fiscalização pelas autoridades administrativas.

A evasão complexa, por sua vez, importaria a aplicação de alíquota inferior à devida, acobertada por um ato evasivo voltado à hipótese de incidência, base de cálculo, ou critério pessoal da regra-matriz de incidência.

A título de exemplo da evasão complexa, o contribuinte relata um acontecimento A, que importa a aplicação da alíquota X, sendo que as provas em realidade indicam a ocorrência do acontecimento B, que imputaria a aplicação da alíquota Y, sendo Y superior a X.

O agente evasivo pode, ainda, omitir o valor correto da base de cálculo, nos casos de tributos com tributação progressiva, tal como o IRPF.

Também o critério pessoal pode ser manipulado para possibilitar a aplicação de alíquota indevida. Assim, o agente evasivo poderia simular que determinada operação é praticada por determinado sujeito, quando as provas demonstram ser praticada por outro, obtendo, assim, uma alíquota reduzida, prevista para o comportamento do contribuinte inadequadamente informado.

ELISÃO E NORMA ANTIELISIVA

Retenhamos, por ora, tais exemplos, como circunstâncias que poderiam indicar a evasão por meio da alíquota.

5.2.2.2 Critério pessoal

5.2.2.2.1 Sujeição passiva

O ato evasivo que interage com o critério pessoal, especificamente, quanto à sujeição passiva, busca relatar em linguagem que determinado ato é praticado por sujeito distinto do efetivamente praticado – quando o sujeito passivo for contribuinte – ou que determinado terceiro se relacionou de forma distinta, com determinado ato, da efetivamente operada – quando o sujeito passivo for o responsável – seja para que determinada pessoa se exima de ser imputada como sujeito passivo, seja para obtenção de carga tributária mais benéfica.

Essa linguagem produzida pelo agente evasivo, incompatível com a linguagem das provas, como deve ser posteriormente indicada pelo lançamento de ofício, proporciona que o agente obtenha uma vantagem indevida, seja por se aproveitar de um benefício fiscal, de uma alíquota inferior, entre outros casos.

Nesses moldes, a linguagem que indica o ato evasivo deve comprovar a ocorrência de situação de tal calibre, apontando o efetivo sujeito passivo a que a legislação imputa a obrigação tributária.

5.2.2.2.2 Sujeição ativa

No caso da evasão vinculada com a sujeição ativa, o agente evasivo deixa de aplicar uma norma que detém determinado sujeito ativo como titular aplicando norma distinta, contendo outro sujeito como titular do direito de exigir o crédito tributário. Nessa modalidade, a interação com a sujeição ativa é sempre reflexa, haja vista a vantagem que aplicação da norma inadequada gera, por gerar um quantum Q' inferior ao quantum que seria devido Q.

5.3 Evasão e benefício fiscal

A evasão que se vincula com o benefício fiscal importa a aplicação inadequada de um benefício, lembrando aquela acepção ampla que outorgo ao termo.

Essa inadequação pode ser em razão de determinada situação S não se enquadrar na hipótese da norma que institui o benefício, seja por que o consequente dessa norma é aplicado de forma indevida, de tal sorte que se obtém um ganho incompatível ao que seria adequado.

Há, ainda, casos em que o ordenamento jurídico institui condições a serem satisfeitas após o aproveitamento do benefício, tendo como sanção, pelo não preenchimento, a não aceitação do benefício. Esse ato pode configurar evasão se o contribuinte deixar de retificar seus deveres instrumentais para relatar a perda retroativa do benefício.

A título de exemplo dessa terceira hipótese, no caso do *drawback*-suspensão, o sujeito passivo obtém suspensão do pagamento dos tributos sobre a importação de mercadoria a ser exportada após beneficiamento, ou destinada à fabricação, complementação ou acondicionamento de outra a ser exportada, nos termos do artigo 78, inciso II, do Decreto-lei n. 37 de 18 de novembro de 1966.

Agora, se o contribuinte não efetiva a operação de exportação, há a perda do benefício de *drawback* e a necessidade de se recolher os tributos em atraso, por perda do requisito para aplicabilidade do benefício.

Assim, se deixar de se enquadrar no direito de gozar o benefício e não informar à repartição competente a perda de tal direito, o contribuinte terá incorrido em evasão fiscal, por se beneficiar de uma suspensão não mais aplicável.

6 NORMAS ANTIELISIVAS

6.1 Considerações iniciais

A elisão fiscal pode ser neutralizada, por diferentes meios, que deverão variar conforme se trate de elisão-fim ou meio, ou elisão-RMIT ou elisão-benefício. Emprego aqui, o signo "neutralizar" para indicar que o ordenamento cria mecanismos para evitar que o sujeito de direito obtenha uma economia fiscal por meio de atos elisivos, seja reduzindo o campo de extensão da licitude da elisão – antielisão preventiva – seja permitindo a posterior tributação se existir a prática do ato elisivo – antielisão repressiva.

No que podemos denominar de neutralização preventiva RMIT, o sistema jurídico intervém na própria regra-matriz de incidência tributária para reduzir a potencialidade do ato elisivo.

Essa atuação pode envolver diversos critérios da regra-matriz de incidência tributária, prevenindo a elisão em cada um deles.

No caso da medida antielisiva preventiva específica, há normas lato sensu que alteram a configuração da regra-matriz de incidência tributária prevenindo atos elisivos.

Assim, na hipótese de incidência tributária, esses enunciados visam a garantir que o máximo de extensão da regra-matriz de incidência tributária seja alcançado, evitando interações com o antecedente da norma que gerem atos elisivos.

A título de exemplo, o artigo 2º, inciso VI da Lei n. 9.311/96[361] que instituía a CPMF:

> Art. 2º O fato gerador da contribuição é:
>
> VI – qualquer outra movimentação ou transmissão de valores e de créditos e direitos de natureza financeira que, por sua finalidade, reunindo características que permitam presumir a existência de sistema organizado para efetivá-la, produza os mesmos efeitos previstos nos incisos anteriores, independentemente da pessoa que a efetue, da denominação que possa ter e da forma jurídica ou dos instrumentos utilizados para realizá-la.

Ao instituir o signo "qualquer outra movimentação", a norma antielisiva que se constrói a partir do enunciado lato sensu acima mencionado, previa uma incidência ampla da CPMF, impedindo atos elisivos que pudessem escapar da subsunção da norma.

O § 1º do artigo 43 do Código Tributário Nacional, com a redação que lhe foi dada pela Lei Complementar n. 104/01, também atuou neutralizando, preventivamente, a elisão tributária, ao determinar que "a incidência do imposto independe da denominação da receita ou do rendimento, da localização, condição jurídica ou nacionalidade da fonte, da origem e da forma de percepção.". Mais uma vez, a norma permitirá a ampla tributação do Imposto Sobre a Renda, prevenindo a prática de atos elisivos.

No caso do Imposto sobre Serviços de qualquer natureza, o termo "congênere" que acompanha a lista também pode ser tido como exemplo dessa neutralização preventiva da elisão, evitando que contribuintes interajam com a regra-matriz de

---

361. Sobre a qualificação do referido dispositivo como um ato que visa a neutralizar a elisão fiscal, vide: GAUDÊNCIO, Samuel Carvalho. **CPMF e**

ELISÃO E NORMA ANTIELISIVA

incidência tributária para prestar serviços que não se subsumam às diferentes previsões legais.

Também no critério espacial, a norma poderá agir. A título de exemplo, o artigo 27 da Lei n. 12.249, de 11 de junho de 2010 dispõe o seguinte:

> Art. 27. A transferência do domicílio fiscal da pessoa física residente e domiciliada no Brasil para país ou dependência com tributação favorecida ou regime fiscal privilegiado, nos termos a que se referem, respectivamente, os arts. 24 e 24-A da Lei n. 9.430, de 27 de dezembro de 1996, somente terá seus efeitos reconhecidos a partir da data em que o contribuinte comprove:
>
> I – ser residente de fato naquele país ou dependência; ou
>
> II – sujeitar-se a imposto sobre a totalidade dos rendimentos do trabalho e do capital, bem como o efetivo pagamento desse imposto.
>
> Parágrafo único. Consideram-se residentes de fato, para os fins do disposto no inciso I do caput deste artigo, as pessoas físicas que tenham efetivamente permanecido no país ou dependência por mais de 183 (cento e oitenta e três) dias, consecutivos ou não, no período de até 12 (doze) meses, ou que comprovem ali se localizarem a residência habitual de sua família e a maior parte de seu patrimônio.

Para que se compreenda o caráter antielisivo dessa norma deve-se levar em consideração que o critério de conexão para fins de determinação do âmbito territorial de incidência do IRPF é: (i) o local de residência do contribuinte ou (ii) ou local em que se situa a fonte de produção do rendimento.

Elisão Fiscal. Dissertação apresentada à Banca Examinadora da Pontifícia Universidade Católica de São Paulo, como exigência parcial para a obtenção do título de Mestre em Direito do Estado, sob a orientação do Professor Paulo de Barros Carvalho. São Paulo: 2007, p. 168.

Os contribuintes residentes no país serão submetidos à tributação universal, ao passo que aqueles não residentes apenas são tributados no país com relação aos rendimentos aqui produzidos.

Muito bem, o critério para se estabelecer a residência no Brasil é o contribuinte ficar mais de 183 (cento e oitenta e três) dias em um período de doze meses fora do território nacional ou apresentar declaração de saída definitiva do país. Note-se que o contribuinte que apresenta declaração de saída definitiva do país cessa sua residência de forma imediata, ao passo que a ausência de apresentação de tal declaração posterga a perda de residência no país em, pelo menos, doze meses.

Por outro lado, para o contribuinte que se mude para país ou dependência com tributação favorecida ou regime fiscal privilegiado, a cessação da residência de forma imediata, isto é, antes de completar os doze meses em que está fora do país a mais de 183 dias, não será configurada pela entrega de declaração de saída definitiva, nem pela sequer pela prova de que a residência habitual de sua família se situe em tal localidade. O contribuinte terá de provar que a maior parte de seu patrimônio encontra-se fora do Brasil.

Isso significa que a definição de residência no país, para tais contribuintes, encontra campo de extensão mais amplo do que a aplicável aos demais contribuintes. Em outras palavras, o critério espacial do IRPF, para esses casos, é dotado de alcance mais abrangente do que o estabelecido pela regra geral, de tal sorte que, para os referidos contribuintes, será mais difícil escapar do âmbito de incidência da norma do IRPF do que normalmente ocorre.

Assim, essa norma antielisiva tem o condão de neutralizar ou dificultar a implementação, pelo menos por doze meses, da possível elisão fiscal, pautada pela transferência de residência do contribuinte para país ou dependência com tributação favorecida ou regime fiscal privilegiado.

338

ELISÃO E NORMA ANTIELISIVA

De fato, se o agente elisivo, nesse caso, não se der ao trabalho de transferir a maior parte de seu patrimônio a seu novo local de residência, estará submetido à incidência do IRPF, no Brasil, pelo menos nos primeiros doze meses de sua mudança.

Por sua vez, no consequente, a norma antielisiva preventiva pode eliminar regimes diferenciados entre diversos sujeitos passivos, impor alíquotas mais gravosas para operações típicas elisivas – como por exemplo remessas de países com tributação favorecida, entre outras configurações.

Além de se voltar à regra-matriz de incidência tributária, a norma antielisiva específica preventiva pode ter como alvo um benefício fiscal. Nesse sentido, ela cria uma diferença específica que coíbe o aproveitamento de um benefício fiscal quando tal se desvirtue da intenção do próprio legislador. Diríamos que se trata da mesma fenomenologia que as normas de isenção agem para a regra-matriz de incidência tributária, havendo uma mutilação no campo de extensão de certo benefício fiscal, só que aplicadas para benefícios fiscais.

A título de exemplo, o §4º do artigo 3º, da Lei Complementar n. 123/06, que regula o tratamento diferenciado e favorecido a ser dispensado às microempresas e empresas de pequeno porte no âmbito dos Poderes da União, dos Estados, do Distrito Federal e dos Municípios denominado de SIMPLES NACIONAL prescreve o seguinte:

> Art.3º Para os efeitos desta Lei Complementar, consideram-se microempresas ou empresas de pequeno porte a sociedade empresária, a sociedade simples, a empresa individual de responsabilidade limitada e o empresário a que se refere o art. 966 da Lei n. 10.406, de 10 de janeiro de 2002 (Código Civil), devidamente registrados no Registro de Empresas Mercantis ou no Registro Civil de Pessoas Jurídicas, conforme o caso, desde que:
>
> § 4º Não poderá se beneficiar do tratamento jurídico diferenciado previsto nesta Lei Complementar, incluído

o regime de que trata o art. 12 desta Lei Complementar, para nenhum efeito legal, a pessoa jurídica;

IV – cujo titular ou sócio participe com mais de 10% (dez por cento) do capital de outra empresa não beneficiada por esta Lei Complementar, desde que a receita bruta global ultrapasse o limite de que trata o inciso II do caput deste artigo.

Ora, com o dispositivo acima citado, evita-se que diversas pessoas jurídicas sejam constituídas e desmembradas para fins exclusivos de aproveitamento do SIMPLES NACIONAL.

A norma antielisiva preventiva genérica RMIT, por sua vez, atua como um princípio determinando que qualquer norma tributária deva ser interpretada como se a competência tributária do ente tributante tivesse sido esgotada, ainda que os enunciados contidos nos textos legislativos não indiquem que essa tenha sido a opção do legislador.

Trata-se de uma norma geral inclusiva que teria, em sua hipótese de incidência, a parcela de competência disponível ao ente tributante e não alcançada pela norma tributária e no consequente a autorização para imposição de tributação.

Voltada ao benefício fiscal, a norma antielisiva preventiva genérica proibiria uma interpretação extensiva ao alcance semântico desses benefícios. Seria, portanto, uma norma geral exclusiva. Acredito que o artigo 111 do Código Tributário Nacional, ao indicar uma interpretação literal sobre a isenção e suspensão na exigibilidade do crédito tributário, acabe cumprindo, parcialmente, esse papel, ao menos no que tange à isenção e suspensão da exigibilidade do crédito tributário.

É claro que a expressão "interpretação literal" importa um contrassentido, porque o percurso hermenêutico requer um diálogo que não se esgota no mero campo de acepção de base das palavras. Por outro lado, e, paradoxalmente, "por isso mesmo", não devemos interpretar, literalmente, o signo

ELISÃO E NORMA ANTIELISIVA

"interpretação literal". Podemos concluir que, teleologicamente, o que esse dispositivo prega é que as normas que instituem isenções e benefícios fiscais não admitirão analogias, ou seja, não admitirão aplicações que tenham por fundamento uma norma geral inclusiva. Pragmaticamente, a pretensão do operador de aplicar a isenção ou suspensão de exigibilidade do crédito tributário nos casos tais e quais fica tolhida: torna-se fraca retoricamente.

Note-se, contudo, que essa norma antielisiva genérica preventiva não se aplica para imunidades, em que se convencionou a possibilidade de aplicá-las de forma generosa, indo-se além da mera convenção semântica que colore, individualmente, cada signo empregado nos enunciados do Texto Constitucional.

Explicada a norma antielisiva preventiva, passo a tratar do que denomino de norma antielisiva repressiva genérica voltada para a regra-matriz de incidência tributária.

Nessa modalidade de norma antielisiva, não há uma tentativa de se reduzir o espaço normativo – lacuna semântica – da regra-matriz de incidência tributária, nem de se restringir o campo de aplicação de um benefício fiscal: toma-se a atitude elisiva como pressuposto para (i) se instituir nova regra-matriz de incidência tributária, retroativa e individual, com pelo menos um critério distinto daquele veiculado pela norma geral e abstrata veiculada por lei, ou (ii) se criar uma restrição a aplicação de um benefício não previsto pela legislação. Passemos ao primeiro caso.

A norma antielisiva repressiva genérica permite que a autoridade competente institua nova regra-matriz de incidência tributária. Ela, portanto, atua como uma norma de competência tributária, agindo de forma pretensamente coordenada com as normas de competência instituídas pela Constituição da República, permitindo que a autoridade administrativa institua tributos ou modifique, individualmente, tributos

341

existentes, a fim de se tributar atos elisivos que importem reduções em potenciais cargas tributárias.

Na hipótese de tal norma de competência estará previsto o procedimento para instituição dessa nova regra-matriz de incidência, inclusive o veículo introdutor adequado para tanto que pode ser o lançamento de ofício ou outro meio normativo adequado.

Normalmente o procedimento elisivo pressupõe a comprovação do ato elisivo. A espécie de ato elisivo, tomada como evento autorizador da produção da nova regra-matriz de incidência tributária elisiva poderá ser variável, conforme a norma antielisiva seja mais ou menos ampla.

Assim, signos como "fraude à norma tributária" conotam espécies amplas de atos elisivos, caracterizando, não propriamente a fraude à lei, mas a efetiva conduta de se afastar a subsunção à norma tributária. Outras, como "abuso de forma", "atos artificiais" tomam atos inusitados, ora mais ou menos obscuramente delineados.

Independente da forma de qualificação do ato elisivo, normalmente, ele deverá ser provado. Para nos aproveitarmos da valiosa explicação de Fabiana Del Padre Tomé, que já citamos no capítulo I, esse procedimento, poderá prever que serão colhidos fatos jurídicos em sentido lato que permitam construir um fato jurídico em sentido estrito que é a elisão tributária.

Outras vezes, para nos socorrermos de Maria Rita Ferragut, a própria legislação instituirá casos, na chamada presunção legal, isto é, indicará quais os fatos em sentido lato que permitirão a inferência do ato elisivo.

A norma antielisiva também indica um espaço e tempo em que deve ser instituído o tributo individual e concreto. O espaço normalmente é o campo de competência da autoridade administrativa e o tempo é, geralmente após a ocorrência do ato elisivo.

ELISÃO E NORMA ANTIELISIVA

O sujeito de direito da norma antielisiva é a autoridade administrativa designada por lei e o sujeito passivo, toda a sociedade.

Já a matéria é o direito subjetivo de se instituir uma nova regra-matriz de incidência tributária, individual e retroativa, que tenha como sujeito passivo o agente elisivo, como sujeito ativo um ente tributante que deixou de arrecadar um tributo em razão de elisão.

Quanto ao alcance da regra-matriz de incidência instituí-da pela autoridade administrativa, com fundamento de valida-de na norma geral antielisiva repressiva, a competência nor-malmente é ampla. A autoridade fiscal tem liberdade para modificar os critérios que forem necessários para que possa ser tributado o quantum economizado pelo contribuinte.

A título de exemplo, no sistema jurídico português, vigo-rou, por muito tempo, a seguinte norma antielisiva repressiva genérica, prevista no artigo 32-A do Código de Processo Tri-butário e posteriormente no n. 2 do artigo 38 da Lei Geral Tributária[362]:

> São ineficazes os actos ou negócios jurídicos quando se demonstrem que foram realizados com o único ou prin-cipal objectivo de redução ou eliminação dos impostos que seriam devidos em virtude de actos ou negócios jurídicos de resultado equivalente, caso em que a tribu-tação recai sobre esse último.

Como se nota, do enunciado acima citado, a tributação teria como pressuposto os objetivos do contribuinte, de tal ma-neira que fatos economicamente idênticos seriam diferenciados

---

362. BARRETO, Paulo Ayres. **Elisão tributária, limites normativos.** Tese apresentada ao concurso de livre-docência do Departamento de Direito Econômico e Financeiro da Faculdade de Direito da Universidade de São Paulo, 2008.

em razão dos objetivos buscados pelos sujeitos passivos tributários. Esse rigor lusitano foi posteriormente modificado pela Lei n. 30-G/2000, de sorte que a norma passou a assim dispor:

> São ineficazes no âmbito tributário os actos ou negócios jurídicos essencial ou principalmente dirigidos, por meios artificiosos ou fraudulentos e com abuso de formas jurídicas, à redução, eliminação ou diferimento temporal de impostos que seriam devidos em resultados de factos, actos ou negócios jurídicos de idêntico fim econômico, ou à obtenção de vantagens fiscais que não seriam alcançadas, total ou parcialmente, sem a utilização desses meios, efectuando-se então a tributação de acordo com as normas aplicáveis na sua ausência e não se produzindo as vantagens fiscais referidas.

Portanto, a hipótese de incidência de tal norma genérica repressiva foi atenuada, havendo tríplice requisito: (i) artificialismo ou fraude; (ii) abuso de forma e (iii) ausência de propósito negocial.

De qualquer sorte, a norma antielisiva repressiva genérica geral e abstrata concede à autoridade fiscal uma competência poética, no sentido de que caberá a tal autoridade criar, de maneira inaugural no sistema, um tributo cujos critérios da regra-matriz de incidência tributária são casuisticamente, individualmente e retroativamente estabelecidos.

A norma antielisiva repressiva RMIT também poderá ser específica. Nessa hipótese, o legislador colhe um ato elisivo em que o contribuinte obtém uma economia fiscal e institui um tributo distinto da exação elidida, especificamente em razão de a base de cálculo infirmar a hipótese de incidência do tributo elidido ou da norma de benefício fiscal elidida. Nessa hipótese, contudo, de forma distinta da norma antielisiva genérica, o legislador institui todos os critérios da regra-matriz de incidência por lei.

ELISÃO E NORMA ANTIELISIVA

Ou seja, a norma antielisiva repressiva específica representa uma tributação além do campo de competência do legislador, para permitir a tributação de uma prática elisiva. Entendo que essas normas são repressivas porque não chegam a evitar a elisão tributária referente ao tributo específico, mas criam uma tributação que acaba colhendo o resultado do ato elisivo.

As normas antielisivas repressivas podem se voltar também à norma de benefício fiscal. No primeiro caso, quando o ato elisivo for voltado à regra-matriz de incidência de um tributo e, no segundo caso, quando o ato elisivo for voltado a um benefício fiscal aproveitado pelo contribuinte.

Nos próximos itens do presente capítulo, aprofundarei o estudo das normas antielisivas repressivas, seja genérica, seja a específica. Antes de encerrar, contudo, tenho uma observação.

Porque a generalidade é uma característica, assim como a altura, a clareza etc., ela pode se manifestar em diversos graus. Assim, há normas que são mais genéricas e outras mais específicas em uma escala crescente que percorre os polos.

A classificação entre norma antielisiva genérica e específica pode conviver com um grande campo de penumbra, como, por exemplo, uma norma geral repressiva no âmbito municipal que, certamente, é menos genérica do que uma norma geral antielisiva repressiva veiculada por norma geral de direito tributário. Veremos nos itens a seguir identificados.

6.2 Norma antielisiva repressiva: regra-matriz de incidência tributária

6.2.1 Hipótese de incidência tributária

6.2.1.1 Critério material

A norma antielisiva específica RMIT que interage com o critério material da hipótese de incidência tributária de certo tributo T prevê a prática do ato elisivo em conexão com o critério material de RMIT de T, permitindo, comprovada tal prática mediante o procedimento previsto na legislação, a instituição de critério material que permita a neutralização da economia fiscal obtida pelo contribuinte.

Se a elisão tiver se restringido a interagir com um subcritério do critério material da regra-matriz de incidência tributária possibilitando ao contribuinte se submeter a uma carga tributária menos elevada, a norma antielisiva permitirá que a autoridade fiscal despreze os critérios legais, efetivando a inversão necessária para que a economia fiscal seja neutralizada.

Por outro lado, se a elisão implicar uma não subsunção à hipótese de incidência do tributo, a norma antielisiva outorgará competência para criação de um novo tributo, com critério material absolutamente distinto do previsto na norma tributária.

De fato, essa imposição fiscal antielisiva repressiva não será equivalente ao tributo elidido, haja vista que sua aplicabilidade importará a configuração de hipótese de incidência e base de cálculo distinta da empregada do referido tributo. Sendo assim, aplicando-se o princípio da tipologia tributária,[363] infere-se que o tributo exigido – ainda que a espécie tributária seja a mesma, exemplo, imposto – será distinto do tributo elidido.

A norma antielisiva, nesse caso, permite essa nova e exclusiva tributação que se estabelece a partir do seguinte parâmetro:

1) Verifica-se na situação S, a potencialidade da ocorrência de comportamento C que se enquadre no critério material

---

363. Com Paulo de Barros Carvalho, o princípio da tipologia tributária é aquele que preconiza que "o tipo tributário se acha integrado pela associação lógica e harmônica da hipótese de incidência e da base de cálculo". (**Curso de direito tributário.** 25.ed. São Paulo: Saraiva, 2013, p. 60).

ELISÃO E NORMA ANTIELISIVA

da norma padrão de incidência tributária para que determinado resultado R seja atingido;

2) Verifica-se que o comportamento C não foi concretizado no âmbito jurídico, embora o resultado R tenha sido atingido;

3) Aplica-se a uma tributação inédita, instituída pelo próprio agente fiscal, para alcançar o valor que deixou de ser pago em razão da prática do ato elisivo.

Ao determinar a aplicação do tributo T à situação S, a linguagem produzida pela autoridade administrativa geralmente exprime empregar um mecanismo denominado "desconsideração" ou "requalificação". O signo desconsideração indica que determinada linguagem produzida pelo sujeito passivo é requalificada pela autoridade administrativa, para que o fato jurídico tributário seja constituído.

Mas, o termo "desconsideração" tem um âmbito de aplicação muito abrangente e significações jurídicas díspares. No campo antievasivo, a desconsideração tem como pressuposto a identificação de patologia da linguagem produzida pelo sujeito passivo, incompatível, de alguma forma, com a ordem jurídica. Na esfera antielisiva, especificamente, aquela que interage com o critério material da regra-matriz de incidência tributária, a desconsideração importa a aplicação analógica da norma padrão de incidência tributária à situação S, para considerar como fato jurídico tributário uma circunstância que não se subsome ao conceito da hipótese da regra-matriz.

Ora, se considerarmos como elisivo um ato efetivado por certo contribuinte, haveremos de concluir que esse ato é qualificável, segundo as normas que o regem, tal como designado pelo agente elisivo. Caso contrário, estaríamos lidando com a hipótese de evasão fiscal, isto é, com uma linguagem incompatível com a norma geral e abstrata aplicável, ou incompatível com a linguagem das provas.

347

Agora, qualificar importa assinalar que um signo é suscetível de ser representado por outro signo. Quando a autoridade fiscal qualifica um comportamento (um signo) como "fato jurídico tributário" (exemplo "prestou serviço") ela substitui um conjunto de signos – uma série de provas indicativas de uma conduta – por outro signo que é justamente o fato jurídico tributário (a prestação de serviços).

Essa operação importa um signo icônico. Lembremos que o signo icônico é caracterizado pela presença de *qualidades comuns*" entre dois signos. Qualificar, assim, pelo ponto de vista semiótico, importa assinalar que certo signo possui qualidades equivalentes a outro signo.

Como a qualificação exige a equiparação de iguais, porque a autoridade administrativa não consegue enquadrar o concreto ao abstrato, e porque o concreto compele o nosso espírito a identificar como um objeto tal como é indicialmente oferecido, por ser dotado de uma gramática própria que caracteriza a linguagem das provas, a requalificação elisiva implica uma criação nova do abstrato, de tal sorte que não é o concreto que se espelha no abstrato, mas o abstrato que se espelha no concreto para legitimar o tributo cobrado.

Por isso que quando se trata com elisão costuma-se assinalar que não há previsibilidade, por isso que se diz "que a elisão deve ser vista em cada caso". O fato jurídico é que faz nascer o tributo e não o tributo que fundamenta o fato jurídico.

Portanto: uma eventual "requalificação" ou "desconsideração elisiva" desse ato, para fins fiscais, tal que essa requalificação, ou desconsideração, permita que, na situação S, seja formalizado o fato jurídico tributário, é um mecanismo aplicável para eliminar a contradição que seria decorrente de se afirmar que algo que não se subsome à hipótese de incidência possa ser qualificável como fato jurídico tributário.

Efetivamente: a linguagem que (i) ignora aquilo que se

ELISÃO E NORMA ANTIELISIVA

apresenta, ou (ii) que diz que o A é não A, quando o A é A e se manifesta como tal, carrega em si mesma um contrassentido.

No primeiro caso, esse contrassentido é revelado pela intertextualidade: se um texto – uma norma individual e concreta – nega a existência de outro texto – negócio jurídico – ambos compondo um intertexto – o direito positivo – o negar de um se choca com a presença de outro. Aquilo que faz um ser texto é negado pelo conteúdo do outro, revelando uma incompatibilidade.

No segundo caso, o contrassentido importa negar que o conceito se subsome ao próprio conceito, seja essa negativa implícita ou explícita na norma individual e concreta.

Pois bem: o contrassentido é logicamente insuscetível de transmitir qualquer mensagem logicamente consistente. Porém, se a norma individual e concreta antielisiva tem algum sentido lógico – e devemos admitir que o tem se quisermos tratá-la como categoria digna de estudo – havemos de superar a ideia de "requalificação" como uma interpretação do ato concreto e entendê-la como um mecanismo que se volta à norma tributária, importando um recriar do tributo para que possa alcançar o ato não tributado.

Esse ato individual de criação de tributo, contudo, não é formalizado ou feito intersubjetivo: é pressuposto lógico da atuação da autoridade administrativa. Externamente, manifestado pelos signos, há a requalificação do evento. Essa requalificação é semioticamente possível por pressupor uma criação (poética) de qualidades a serem aplicadas para alcançar a situação S, ainda que esse conjunto de qualidades seja nomeado pela autoridade administrativa por um signo já previsto no ordenamento jurídico, como, por exemplo, a renda.

Portanto, em última análise, a tributação que alcance situação que não subsuma a um tributo implica a criação de tributo individual que seja "espelho" das provas coletadas, permitindo a tributação de qualquer manifestação de capacidade contributiva apresentada no caso concreto.

A título de exemplo, no Município de São Paulo, há uma norma antielisiva genérica repressiva.

Essa norma é construída a partir do enunciado normativo veiculado pelo § 2º do artigo 19 da Lei Municipal de São Paulo n. 14.333/2006. Sua redação é a seguinte:

> Art. 19. O titular de cargo de Auditor-Fiscal Tributário Municipal, no exercício de suas funções, terá livre acesso a qualquer órgão ou entidade pública ou empresa estatal, estabelecimento empresarial, de prestação de serviços, comercial, industrial, imobiliário, agropecuário e instituições financeiras para vistoriar imóveis ou examinar arquivos e equipamentos, eletrônicos ou não, documentos, livros, papéis, bancos de dados, com efeitos comerciais ou fiscais, e outros elementos que julgue necessários ao desenvolvimento da ação fiscal ou ao desempenho de suas atribuições, podendo fazer sua apreensão.
>
> § 2º Para desconsiderar ato ou negócio jurídico simulado que visem a reduzir o valor do tributo, a evitar ou postergar seu pagamento ou a ocultar os verdadeiros aspectos do fato gerador ou a real natureza dos elementos constitutivos da obrigação tributária, dever-se-á levar em conta, entre outras, a ocorrência de:
>
> I – falta de propósito negocial; ou
>
> II – abuso de forma.
>
> § 3º Considera-se indicativo de falta de propósito negocial a opção pela forma mais complexa ou mais onerosa, para os envolvidos, entre duas ou mais formas para a prática de determinado ato.
>
> § 4º Para o efeito do disposto no inciso II do § 2º, considera-se abuso de forma a prática de ato ou negócio jurídico indireto que produza o mesmo resultado econômico do ato ou negócio jurídico dissimulado.

ELISÃO E NORMA ANTIELISIVA

O referido dispositivo, portanto, confere ao agente fiscal a competência para instituir, retroativamente, os mais variados tipos de tributos, tomados como limites os seguintes aspectos: (i) a prática de elisão-fim, sem finalidades extratributárias; (ii) a prática de elisão-meio, quando o ato praticado for mais complexo do que o ato não praticado; (iii) a prática de elisão-fim ou meio, quando o efeito econômico do ato for semelhante ao efeito econômico de um tributo municipal.

Nesse sentido, o § 4º do artigo 19, que corresponde à descrição do item (iii), acima indicado, concederá ampla competência ao agente fiscal, em sua atividade inaugural de instituir tributos, de criar uma regra-matriz de incidência que colha uma situação concreta, já ocorrida após o ato.

Em decisão que, em minha opinião, foi acertada, considerando-se que um agente administrativo não pode questionar a constitucionalidade de uma lei, o Conselho Municipal de Tributos de São Paulo julgou legítima a criação de um imposto individual sobre a cessão de quotas. A decisão foi a seguinte:[364]

Recurso Ordinário 2011-0.297.472-9

ITBI. APLICAÇÃO DO ARTIGO 19 DA LEI 14.133/2006. COMPLEXIDADE DAS TRANSFORMAÇÕES SOCIETÁRIAS COM O FIM DE AQUISIÇÃO EFETIVA DE IMÓVEL. ONEROSIDADE DESTA UTILIZAÇÃO PARA ECONOMIA DE TRIBUTOS. POSSIBILIDADE. VÁRIOS IMÓVEIS EM UM ÚNICO SQL. UNIDADE ECONÔMICA QUE SIGNIFICA UM ÚNICO BEM IMOBILIÁRIO. A AQUISIÇÃO DE LICENÇA DE CONSTRUÇÃO É AUTOMÁTICA COM A AQUISIÇÃO DO IMÓVEL. OS DIREITOS DE INCORPORAÇÃO PODEM SER

---

364. Vide notícia publicada no Valor Econômico em 04/07/2013: "Autuação de R$ 20 milhões contra WTorre é mantida." Por Bárbara Mengardo. Disponível no sítio eletrônico: https://conteudoclippingmp.planejamento.gov.br/cadastros/noticias/2013/7/4/autuacao-de-r-20-milhoes-contra-wtorre-e-mantida.

TRANSFERIDOS SEM NECESSIDADE DE AQUISI-ÇÃO DA EMPRESA DETENTORA DESTES. BASE DE CÁLCULO BASEADA EM LAUDO JUNTADO PELA PRÓPRIA RECORRENTE. CONHECIMENTO E NÃO PROVIMENTO DO RECURSO.

Vistos, relatados e discutidos estes autos, acordam os Conselheiros da 3ª Câmara Efetiva do Conselho Municipal de Tributos:

A Câmara decidiu, por unanimidade, CONHECER e NEGAR PROVIMENTO ao recurso, nos termos do voto apresentado pelo Conselheiro Jonathan Barros Vita, subscrito pelo Conselheiro Maurício Hiroyuki Sato (presidente), pela Conselheira Ruti Kazumi Nakagaki, pelo Conselheiro Luciano de Almeida Pereira, pelo Conselheiro Darlan Ferreira Rodrigues e pela Conselheira Sheila Cristina Tâmbara.[365]

Esse tributo foi individualmente instituído porque a operação que se constituiu cessão de quotas poderia ter sido realizada como uma venda de imóveis, situação em que faria incidir o Imposto sobre Transmissão de Imóveis – ITBI. Ao identificar a tributação potencial e tributação efetiva, a autoridade administrativa não se esquivou de instituir um novo imposto que permitisse neutralizar a economia fiscal.

Nesse sentido, embora a autoridade administrativa enuncie estar impondo a tributação de ITBI, para o caso em tela, o mecanismo jurídico que se opera é que a norma antielisiva autoriza a tributação da conduta de alienar ações, criando um imposto, individual e abstrato que tem como pressuposto a alienação de ações de sociedade anônima.[366] A regra-matriz desse tributo seria:

---

365. Publicado no D.O.M. de 19.07.2013.

366. Registre que a súmula 239 do Supremo Tribunal Federal determina que: "O imposto de transmissão 'inter vivos' não incide sobre a transferência de ações de sociedade imobiliária."

ELISÃO E NORMA ANTIELISIVA

(i) Dado o contribuinte X alienar ações de sociedade anônima no Município Y;

(ii) Consequência: Deve ser a obrigação de recolher um imposto sobre transmissão interviva de ações, que tem como: (ii.a) sujeito passivo o alienante X das ações, o sujeito ativo o Município; (ii.b) a base de cálculo, o valor da venda das ações e a alíquota de 2%.

Registre-se que a norma acima indicada é individual, pois apenas será aplicada para servir como fundamento de validade à norma individual e concreta que exige a cobrança do tributo elidido pelas partes.

Note-se, ainda, que esse tributo, criado com fundamento na norma geral e abstrata antielisiva, é retroativo. De fato, trata-se de exação individual, criada por autoridade fiscal, quando da fiscalização do ato elisivo, sendo, portanto, instituída após a prática do referido ato.

Além disso, esse tributo não chega a ser veiculado expressamente em qualquer ato jurídico pertinente, pois trata-se de pressuposto lógico para criação da norma individual e concreta, enquanto, para fins de legitimação retórica do ato antielisivo, fala-se em uma tributação de ITBI.

De qualquer sorte, fica discriminado, estruturalmente, o *modus operandis* da norma antielisiva no que tange a sua interação com o critério material da regra-matriz de incidência tributária: ela é fundamento de validade para criação de tributos individuais, instituídos pela autoridade administrativa e sem veiculação expressa, necessariamente retroativos, que serão aplicáveis, por sua vez, para dar guarda a uma norma individual e concreta que neutralize a economia tributária alcançada, ardilosamente, pelos agentes elisivos.

Assim, a norma antielisiva cumpre sua função precípua que é de garantir maior eficiência ao sistema tributário,

CHARLES WILLIAM MCNAUGHTON

impedindo que os contribuintes aufiram vantagens econômicas que nada mais são do que verdadeiros "efeitos colaterais" da aplicação do princípio da estrita legalidade, em detrimento da capacidade contributiva.

6.2.1.2 Critério temporal

A norma antielisiva RMIT que interage com o critério temporal da hipótese de incidência tributária de certo tributo T prevê a imposição da tributação sobre determinada situação S, ainda que o critério temporal da regra-matriz de incidência tributária – conforme pressuposto pela Competência delineada pela Constituição da República, ou por norma geral e abstrata – não tenha se verificado no caso tomado como referência.[367]

A norma antielisiva repressiva genérica outorgará competência para a autoridade administrativa instituir o critério temporal necessário para alcançar o tributo diferido pelo ato elisivo.

Quando a norma antielisiva for específica, o ato elisivo estará suficientemente descrito ou presumido na hipótese de incidência da norma antielisiva, e será permitida a tributação de forma antecipada, antes da concretização do critério temporal da regra-matriz de incidência tributária.

A título de exemplo, o artigo 74 da Medida Provisória n. 2.158-35/01 determina a inclusão na base de cálculo do IRPJ e da CSLL do lucro auferido no exterior por controlada e coligada, ainda que não disponibilizado.

Para que se compreenda o histórico da legislação, vale indicar que, inicialmente, a tributação de lucros no exterior, em comunhão com o princípio da universalidade, foi inserida

---

367. Caso a alteração do critério temporal esteja dentro do âmbito de competência, estaremos lidando com uma norma antielisiva preventiva.

354

ELISÃO E NORMA ANTIELISIVA

pelo artigo 25 da Lei n. 9.249 de 26 de dezembro de 1995, que passou a dispor o seguinte:

> Art. 25. Os lucros, rendimentos e ganhos de capital auferidos no exterior serão computados na determinação do lucro real das pessoas jurídicas correspondente ao balanço levantado em 31 de dezembro de cada ano.

Ato contínuo, foi editada a Lei n. 9.532 de 1997, cujo artigo 1º determina o seguinte[368]:

> Art. 1º Os lucros auferidos no exterior, por intermédio de filiais, sucursais, controladas ou coligadas serão adicionados ao lucro líquido, para determinação do lucro real correspondente ao balanço levantado no dia 31 de dezembro do ano-calendário em que tiverem sido disponibilizados para a pessoa jurídica domiciliada no Brasil.

Dessa forma, determinou-se que os lucros auferidos no exterior seriam devidos no Brasil quando de sua disponibilização, sendo que tal dispositivo, ainda, foi complementado pelo artigo 3º da Lei n. 9.959/00, que previu o seguinte:

> Art. 3º – O art. 1º da Lei n. 9.532, de 1997, passa a vigorar com a seguinte redação:
>
> § 1º Para efeito do disposto neste artigo, os lucros serão considerados disponibilizados para a empresa no Brasil:
> (...)
>
> c) na hipótese de contratação de operações de mútuo, se a mutuante, coligada ou controlada, possuir lucros ou reservas de lucros; (com a redação da Lei n. 9.959/2000).
>
> d) na hipótese de adiantamento de recursos, efetuado pela coligada ou controlada, por conta de venda futura,

---

368. TORRES. Heleno Taveira. **Tributação de controladas e coligadas no exterior**. Disponível em: www.fiscosoft.com.br. Acesso em: 31 ago. 2012.

CHARLES WILLIAM MCNAUGHTON

cuja liquidação, pela remessa do bem ou serviço vendido, ocorra em prazo superior ao ciclo de produção do
bem ou serviço. (com a redação da Lei n. 9.959/2000).

Em seguida, foi editada a Lei Complementar n. 104 de 10
de janeiro de 2001, acrescentando os §§ 1º e 2º ao artigo 43 do
Código Tributário Nacional, para possibilitar a tributação dos
lucros auferidos no exterior. Tais enunciados prescrevem o
seguinte:

> (...) § 1º A incidência do imposto independe da denomi-
> nação da receita ou do rendimento, da localização,
> condição jurídica ou nacionalidade da fonte, da origem
> e da forma de percepção. (Parágrafo incluído pela Lcp
> n. 104, de 10.1.2001).
>
> § 2º Na hipótese de receita ou de rendimento oriundos
> do exterior, a lei estabelecerá as condições e o momento
> em que se dará sua disponibilidade, para fins de inci-
> dência do imposto referido neste artigo.

Em seguida, vale apontar que foi editado o artigo 74 da
Medida Provisória n. 2.158- 34-01, de 24 de agosto de 2001. Esse
dispositivo determina que os lucros auferidos no exterior por
coligadas ou controladas devem ser considerados disponibilizados para a controlada ou coligada no Brasil na data do balanço no qual tiverem sido apurados. Vejamos:

> Art. 74. Para fim de determinação da base de cálculo do
> imposto de renda e da CSLL, nos termos do art. 25 da
> Lei n. 9.249, de 26 de dezembro de 1995, e do art. 21
> desta Medida Provisória, os lucros auferidos por contro-
> lada ou coligada no exterior serão considerados dispo-
> nibilizados para a controladora ou coligada no Brasil na
> data do balanço no qual tiverem sido apurados, na forma
> do regulamento.
>
> Parágrafo único. Os lucros apurados por controlada ou
> coligada no exterior até 31 de dezembro de 2001 serão

ELISÃO E NORMA ANTIELISIVA

> considerados disponibilizados em 31 de dezembro de
> 2002, salvo se ocorrida, antes desta data, qualquer das
> hipóteses de disponibilização previstas na legislação
> em vigor.

Muito bem, para que se compreenda de que maneira os artigos acima citados agem como efetivas normas antielisivas específicas, deve-se recordar que o artigo 43 do Código Tributário Nacional prescreve que a hipótese de incidência tributária do Imposto sobre a Renda e proventos de qualquer natureza é a "disponibilidade jurídica ou econômica da renda". Passemos a refletir sobre essa previsão.

O critério temporal da regra-matriz de incidência do IR é auferir renda e proventos de qualquer natureza em determinado período. Consideremos "renda e proventos de qualquer natureza auferidos em um instante I" como a soma de rendimentos líquidos auferidos pelo contribuinte.

Rendimentos são riquezas novas percebidas pelo contribuinte. No caso da pessoa jurídica, rendimento seria a mais-valia obtida em uma operação, ou seja, a diferença entre as receitas auferidas e as despesas incorridas. Já no caso da pessoa física, rendimento é a diferença entre valores recebidos – denominados pela legislação como rendimentos brutos – e valores gastos, denominados como valores dedutíveis.

Não há muito sentido dizer que a renda, como resultado aritmético que é, é disponível ou indisponível, sem a mediação da ideia de rendimento, ou seja, sem uma espécie de metonímia. Em outras palavras, são os rendimentos que podem ser disponíveis jurídica ou economicamente. A noção se aplica mediatamente à renda, na medida em que a renda disponível jurídica ou economicamente será aquela resultante da soma dos rendimentos que se tornaram disponíveis jurídica ou economicamente no período de tempo P, ou seja, que foram percebidos no período de apuração.

CHARLES WILLIAM MCNAUGHTON

Portanto, parece-nos que a regra-matriz de incidência do IR guarda um critério temporal aplicado à renda – que é 31 de dezembro de cada ano para o caso das pessoas físicas ou jurídicas tributadas pelo lucro real anual e o último dia de cada trimestre, para o caso das pessoas jurídicas tributadas pelo lucro real trimestral ou lucro presumido – e um critério temporal que se refere à percepção dos rendimentos, ou seja, da matéria-prima da renda. Esses critérios se complementam, para configurar a hipótese de incidência do IR.

Deve-se ainda sublinhar que o §2 do artigo 43 do CTN, acima citado, dispõe que em se tratando de rendimentos do exterior, caberá à lei definir o momento em que se dará a sua disponibilidade.

Porém, o próprio conceito de "disponibilidade" já carrega em si a noção que limita muito o legislador nessa empreitada de defini-lo em cada caso. A título de exemplo, em trecho de parecer do Professor Rubens Gomes de Sousa, citado pelo Ministro Marco Aurélio em seu voto no RE n. (RE 172.058, julgado em 30/06/1995, DJ 13-10-1995, PP-34282, EMENT VOL-01804-08, PP-01530, RTJ VOL-00161-03, PP-01043), a disponibilidade jurídica e econômica de renda (ou rendimento) foi definido da seguinte maneira:

> A disponibilidade adquirida pode, nos termos da definição, ser "econômica" ou "jurídica" (CTN, art. 43, caput). A aquisição de "disponibilidade econômica" corresponde ao que os economistas chamam de 'separação' de renda: é a sua efetiva percepção em dinheiro ou outros valores.
>
> A aquisição de 'disponibilidade jurídica' corresponde ao que os economistas chamam de realização da renda: é o caso em que, embora o rendimento ainda não esteja "economicamente disponível" (isto é, efetivamente percebida), entretanto o beneficiário já tenha título hábil para exercê-la.[369]

---

369. SOUSA, Gomes de. **Pareceres 3** – Imposto de Renda. São Paulo: Resenha Tributária, 1976, p. 277.

ELISÃO E NORMA ANTIELISIVA

Portanto, se ao legislador é incumbida a função de definir o momento em que a renda é considerada disponível ao contribuinte, como autorizou o § 2º, do artigo 43 do CTN, haverá de se limitar a indicar o momento em que a renda é percebida em dinheiro ou outros valores ou no momento em que o contribuinte tem o título hábil para exercê-la. Qualquer definição que escape de tal limite semântico deixará de definir ou apontar a disponibilidade jurídica ou econômica do rendimento.

Ocorre que os contribuintes, ao constituírem pessoas jurídicas no exterior, detinham a prerrogativa de 'diferir', nos termos definidos anteriormente, a tributação de IR sobre os lucros auferidos no exterior, na exata medida de que poderiam adiar, indefinidamente, a disponibilização dos lucros apurados por controladas ou coligadas no exterior.

Assim, o artigo 74 da Medida Provisória 2.158-34-01, ao definir que se considera disponível o lucro auferido de coligada ou controlada residente no exterior, no momento em que é apurado no balanço, acaba por autorizar a tributação sobre um rendimento ainda indisponível ao contribuinte, neutralizando qualquer espécie de elisão que interage com o critério temporal da regra-matriz de incidência tributária.

Trata-se, portanto, de norma antielisiva repressiva específica que permite a tributação em determinados casos que não satisfazem o critério temporal da norma padrão de incidência do IR.[370]

---

370. Registre-se que o Supremo Tribunal Federal, em julgado até o presente momento sem acórdão lavrado, emitiu, na ADIN n. 2.588, decidiu o seguinte:

"Prosseguindo no julgamento, o Tribunal, por maioria, julgou parcialmente procedente a ação para, com eficácia *erga omnes* e efeito vinculante, conferir interpretação conforme, no sentido de que o art. 74 da MP n. 2.158-35/2001 não se aplica às empresas "coligadas" localizadas em países sem tributação favorecida (não "paraísos fiscais"), e que o referido dispositivo se aplica às empresas "controladas" localizadas em países de tributação favorecida ou desprovidos de controles societários e fiscais adequados ("paraísos fiscais",

CHARLES WILLIAM MCNAUGHTON

Essa norma, recentemente, sofreu as mudanças que foram inseridas pela Medida Provisória n. 627/13.[371] Os artigos 72 e 73 da referida Medida Provisória restringiram o espaço de alcance da medida antielisiva, tornando-a aplicável, em um primeiro plano para as controladoras. Os artigos determinam, respectivamente, o seguinte:

> Art. 72. A pessoa jurídica controladora domiciliada no Brasil ou a ela equiparada, nos termos do art. 79, deverá registrar em subcontas da conta de investimentos em controlada direta no exterior, de forma individualizada, o resultado contábil na variação do valor do investimento equivalente aos lucros ou prejuízos auferidos pela própria controlada direta e suas controladas, direta ou indiretamente, no Brasil ou no exterior, relativo ao ano-calendário em que foram apurados em balanço, observada a proporção de sua participação em cada controlada, direta ou indireta.
>
> Parágrafo único. Não deverão constar dos resultados das controladas diretas ou indiretas os resultados auferidos por outra pessoa jurídica sobre a qual a pessoa jurídica controladora domiciliada no Brasil mantenha o controle.
>
> Art. 73. A parcela do ajuste do valor do investimento em controlada, direta ou indireta, domiciliada no exterior equivalente aos lucros por ela auferidos antes do imposto sobre a renda, deverá ser computada na determinação do lucro real e na base de cálculo da Contribuição Social

---

assim definidos em lei), vencidos os Ministros Marco Aurélio, Sepúlveda Pertence, Ricardo Lewandowski e Celso de Mello. O Tribunal deliberou pela não aplicabilidade retroativa do parágrafo único do art. 74 da MP n. 2.158-35/2001. Votou o Presidente Ministro Joaquim Barbosa, que lavrará o acórdão. Não participaram da votação os Ministros Teori Zavascki, Rosa Weber, Luiz Fux, Dias Toffoli e Cármen Lúcia, por sucederem a ministros que votaram em assentadas anteriores. Impedido o Ministro Gilmar Mendes. Plenário, 10.04.2013."

371. Levando-se em conta que esse texto foi escrito antes da conversão da referida Medida Provisória em lei, recomendamos que o leitor verifique eventual alteração ocorrida.

ELISÃO E NORMA ANTIELISIVA

> sobre o Lucro Líquido – CSLL da pessoa jurídica controladora domiciliada no Brasil, observado o disposto no art. 72. § 1º. O prejuízo acumulado da controlada, direta ou indireta, domiciliada no exterior referente a anos-calendário anteriores à produção de efeitos desta Medida Provisória poderá ser compensado com os lucros futuros da mesma pessoa jurídica no exterior que lhes deu origem.
>
> § 2º Observado o disposto no § 1º do art. 91 da Lei n. 12.708, de 17 de agosto de 2012, a parcela do lucro auferido no exterior, por controlada direta, correspondente às atividades de afretamento por tempo ou prestação de serviços diretamente relacionados à prospecção e exploração de petróleo e gás, em território brasileiro, não será computada na determinação do lucro real e na base de cálculo CSLL da pessoa jurídica controladora domiciliada no Brasil.
>
> § 3º O disposto no § 2º aplica-se somente nos casos de controlada direta contratada por pessoa jurídica detentora de concessão ou autorização, nos termos da Lei n. 9.478, de 6 de agosto de 1997.

Apesar dessa restrição, o artigo 72 da referida Medida Provisória não deixa de atuar como verdadeira norma antielisiva específica repressiva. De fato, o dispositivo não determina a tributação da percepção de renda pela pessoa jurídica, posto que antes de adotados os procedimentos previstos em cada legislação para a efetiva distribuição de lucros não há que se falar em disponibilidade jurídica ou econômica do rendimento. Assim, a tributação, acima citada, importa um alargamento da materialidade "renda ou proventos" para que o contribuinte não se aproveite de uma possível não incidência em razão de ausência de distribuição ou pagamento de lucros ou dividendos.

No caso das coligadas, o artigo 77 da mesma Medida Provisória permitiu que a tributação fosse consumada no momento da efetiva disponibilização, estando em consonância com o critério temporal do IR. Ainda assim, o referido dispositivo atua como verdadeira norma antielisiva repressiva específica quando equipara à efetiva distribuição de lucro, os seguintes comportamentos: I – o pagamento ou do crédito em conta representativa de obrigação da empresa no exterior; II – a contratação de operações de mútuo, se a mutuante, coligada, possuir lucros ou reservas de lucros; ou III – adiantamento de recursos efetuados pela coligada, por conta de venda futura, cuja liquidação, pela remessa do bem ou serviço vendido, ocorra em prazo superior ao ciclo de produção do bem ou serviço.

Note-se que todos os casos acima transcritos acabam por impedir que o contribuinte adote a elisão-meio de diferir a distribuição de lucros por meio de caminhos alternativos de disponibilização de recursos financeiros, ainda que, juridicamente, esses caminhos não possam ser equiparados à efetiva distribuição de lucros e não necessariamente, importem a disponibilidade jurídica ou econômica de renda.

Se pensarmos, por exemplo, no caso de operações de mútuo, nota-se que a norma antielisiva acaba por criar uma bitributação de IOF, deformando a materialidade do IR, como se um mútuo – que por seu próprio conceito importa a devolução dos valores recebidos – fosse equiparável a um rendimento percebido pelo contribuinte.

O artigo 79 da Medida Provisória n. 627/13 também atua como norma antielisiva ao "equiparar" o conceito de coligadas às controladas, nos casos por ele especificados. Sua redação é a seguinte:

> Art. 79. Para fins do disposto nesta Medida Provisória, equipara-se à condição de controladora a pessoa jurídica domiciliada no Brasil que detenha participação em coligada no exterior e que, em conjunto com pessoas físicas ou jurídicas residentes ou domiciliadas no Brasil ou no exterior, consideradas a ela vinculadas, possua mais de cinquenta por cento do capital votante da coligada no exterior.

ELISÃO E NORMA ANTIELISIVA

Parágrafo único. Para efeitos do disposto no **caput**, será considerada vinculada à pessoa jurídica domiciliada no Brasil:

I – a pessoa física ou jurídica cuja participação societária no seu capital social a caracterize como sua controladora, direta ou indireta, na forma definida nos §§ 1º e 2º do art. 243 da Lei n. 6.404, de 1976;

II – a pessoa jurídica que seja caracterizada como sua controlada, direta ou indireta, ou coligada, na forma definida nos §§ 1º e 2º do art. 243 da Lei n. 6.404, de 1976;

III – a pessoa jurídica quando esta e a empresa domiciliada no Brasil estiverem sob controle societário ou administrativo comum ou quando pelo menos dez por cento do capital social de cada uma pertencer a uma mesma pessoa física ou jurídica;

IV – a pessoa física ou jurídica que seja sua associada, na forma de consórcio ou condomínio, conforme definido na legislação brasileira, em qualquer empreendimento;

V – a pessoa física que for parente ou afim até o terceiro grau, cônjuge ou companheiro de qualquer de seus conselheiros, administradores, sócios ou acionista controlador em participação direta ou indireta; e

VI – a pessoa física ou jurídica residente ou domiciliada em país com tributação favorecida ou beneficiária de regime fiscal privilegiado, conforme dispõem os arts. 24 e 24-A da Lei n. 9.430, de 1996.

Como se nota, o artigo acima citado torna um pouco mais elástica a hipótese de incidência dessa tributação que estamos examinando, ao colocar sob égide de alcance as controladas que se encontrem nas situações retrodescritas. Poderíamos pensar que se trata de uma "norma antielisiva de segunda grau", se tomarmos por norma antielisiva de segundo grau aquela que impede um ato visando contornar a aplicação de certa norma antielisiva.

A Medida Provisória n. 627/13 também instituiu outra hipótese de norma antielisiva ao determinar que, para fins de incidência do IRPF, os lucros decorrentes de participações em sociedades controladas domiciliadas no exterior serão considerados disponibilizados para a pessoa física controladora residente no Brasil na data do balanço no qual tiverem sido apurados. A tributação será configurada nas hipóteses e termos previstos pelos artigos 89 a 91 do referido ato normativo. Nesse caso, há criação de nova espécie de imposto distinto do IR, eis que sua materialidade guarda circunstância incompatível com o conceito de renda, pelos motivos anteriormente explanados quando tratamos da mesma tributação voltada às pessoas jurídicas.[372]

Pensando, agora, na norma antielisiva genérica interagindo com o critério temporal da regra-matriz de incidência tributária, podemos conceber que tal dispositivo permitirá à autoridade fiscal antecipar a incidência do gravame, ainda que não configurado o critério temporal da hipótese de incidência tributária, desde que identificado o ato elisivo na situação S, do qual resulte o diferimento da aplicabilidade do critério temporal da norma padrão de incidência tributária à situação S.

Nesse sentido, na prática de ato por contribuinte que lhe permita retardar a incidência da norma tributária – tomando o signo "retardar" como um comparativo entre o instante projetado que o evento possa ocorrer e o tempo efetivo em que o evento tributável tenha ocorrido – a norma antielisiva permitirá à autoridade administrativa instituir um tributo individual e abstrato que tenha como pressuposto o fato elisivo e como consequente o pagamento do valor do tributo que poderia ter incidido caso o ato elisivo não fosse praticado.

A exemplo do que se sucede no critério material da regra-matriz de incidência tributária, esse tributo individual

---

372. A exemplo do que mencionado anteriormente, recomendamos ao leitor que se volte ao enunciado eventualmente aprovado na respectiva lei resultante do projeto de conversão da referida Medida Provisória.

criado pela autoridade administrativa com fundamento de validade na norma antielisiva será retroativo, eis que instituído pela autoridade administrativa, sob medida, para alcançar um evento já ocorrido.

Nesse sentido, com a vigência da norma antielisiva que interage com o critério temporal da regra-matriz de incidência tributária, o contribuinte estará tolhido de buscar retardar a possibilidade de incidência da norma tributária, garantindo-se ao Poder Público a segurança jurídica necessária de que o interesse secundário de arrecadação de tributos não será diferido.

6.2.1.3 Critério espacial

A norma antielisiva RMIT neutraliza a elisão que interage com o critério espacial da hipótese de incidência tributária de certo tributo T, ao prever a imposição do tributo T ainda que a situação S se concretize de tal forma que o critério espacial da regra-matriz de incidência tributária não seja satisfeito. A norma antielisiva permite, assim, a ampliação do campo de extensão da regra-matriz de incidência tributária.

Um exemplo de norma antielisiva específica é a instituída pela Lei do Município de São Paulo n. 14.095/05 que instituiu o chamado "Cadastro de Prestadores de Outros Municípios" – "CEPOM".

De fato, nos termos da referida lei, os prestadores de serviços que emitirem notas fiscais por outros Municípios a tomadores situados em São Paulo sofrerão retenção na fonte a título de Imposto sobre Serviços de qualquer natureza ("ISS"), salvo se estiverem cadastrados no CEPOM.

Para fins de cadastro no CEPOM, o contribuinte deverá comprovar que está estabelecido no Município que lhe autorizou a emitir notas fiscais. Por outro lado, o artigo 4° da Portaria do Município de São Paulo SF n. 107/01 determina que essa comprovação deverá ser efetivada a partir de elementos previamente definidos, como cópia do recibo de entrega da Relação Anual de Informações Sociais – RAIS, relativa ao estabelecimento, dos 2 (dois) exercícios anteriores ao da solicitação da inscrição; cópia do contrato de locação, se for o caso, com firma reconhecida dos signatários; cópia das faturas de pelo menos 1 (um) telefone dos últimos 6 (seis) meses em que conste o endereço do estabelecimento etc.

Sucede que tal comprovação pode ser impossível para contribuintes com estabelecimentos menos sofisticados, em que a prestação de serviços seja concretizada de forma um pouco menos formal, incapaz de gerar as provas exigidas pela legislação para fins de comprovação de local de estabelecimento. Para esses contribuintes, a retenção na fonte acima especificada será aplicável, ainda que seu estabelecimento não esteja situado no Município de São Paulo.

É preciso levar em consideração que o artigo 3º da Lei Complementar n. 116/03 prevê que o critério espacial do ISS é variável conforme o tipo de serviço a ser levado em consideração. A regra geral é que o ISS será devido no Município em que estiver localizado o estabelecimento prestador, ao passo que para alguns serviços, indicados nos incisos do referido artigo, o critério de conexão da norma de ISS será algum elemento normalmente associado ao local da prestação de serviços, que não o local do estabelecimento prestador. Assim, a título de exemplo, para o serviço de construção civil, o Município competente para exigir o ISS será o que estiver localizada a obra.

Assim, tenhamos que a norma que institui o CEPOM toma como alvo a regra geral, ou seja, os serviços em que o ISS é devido no local do estabelecimento prestador e determinará a tributação do ISS, em alguns casos em que o contribuinte não obtiver cadastro no CEPOM, ainda que o estabelecimento esteja situado em outro Município.

ELISÃO E NORMA ANTIELISIVA

Assim, a legislação municipal acaba por autorizar a incidência do ISS no Município de São Paulo, para contribuintes portadores de estabelecimentos situados em outros Municípios, quando esses estabelecimentos estiverem dotados de maior simplicidade, ou seja, não reunirem elementos aptos a gerar índices previstos pela legislação para que o cadastro no CEPOM seja autorizado. Com isso, terá logrado êxito de garantir a tributação em tal Município, neutralizando o planejamento tributário dos Munícipes que tenham, ardilosamente, ou não, alterado seu estabelecimento para outros Municípios.

Feitos esses esclarecimentos sobre a norma antielisiva "tailor made", voltemos nossas atenções, nesse momento, para a norma antielisiva genérica que interage com o critério espacial da regra-matriz de incidência tributária.

Ora, nesse caso, a norma permitirá a tributação de certo tributo T, ainda que o critério espacial da regra-matriz de incidência tributária, referente a T, não seja preenchido, desde que o contribuinte tenha escapado da tributação a partir da prática de um ato elisivo, mediante a concretização de um comportamento em ponto espacial que afaste a incidência da norma tributária.

Assim, a aplicação da norma antielisiva, interagindo com o critério espacial da regra-matriz de incidência tributária permitirá uma incidência fora dos limites espaciais estabelecidos pela lei, impedindo-se que o contribuinte utilize a legalidade para, engenhosamente, se furtar da tributação, mediante a prática de comportamentos em locais que não se enquadrem nos critérios estabelecidos pelas normas tributárias.

6.2.2 Consequente da norma tributária

6.2.2.1 Base de cálculo

As normas antielisivas que interagem com a base de cálculo configuram os exemplos mais ricos do combate de elisão efetivados pelos mais diversos ordenamentos jurídicos.

367

Para se compreender como a neutralização da possibilidade de elisão é obtida mediante interação com a base de cálculo, devemos nos lembrar que a base imponível pode ser dividida entre aquelas apuradas mediante a diferença entre certos elementos de acréscimos e outros decréscimos, considerados pela legislação, e aquelas que importam a simples quantificação do valor de uma operação tomada como referência.

Na primeira espécie de base de cálculo, as normas antielisivas determinam que sejam acrescidas ao cômputo de apuração desse critério da regra-matriz de incidência tributária elementos que não guardam conexão com a hipótese de incidência tributária, ou impedirão que se considerem elementos que contribuem para elementos de decréscimos.

Ao assim efetivarem, essas normas elisivas criam uma dissociação entre a base de cálculo do gravame e sua hipótese de incidência, ampliando a extensão do campo de incidência do tributo.

Na segunda espécie, as normas antielisivas determinam que a base de cálculo mensure elementos da circunstância S que, embora guardem conexão com o fato jurídico tributário, com ele não se confundem.

De qualquer sorte, tenhamos que o pressuposto da norma antielisiva será a circunstância de que a inclusão do acréscimo na base de cálculo do gravame será justificada em razão da prática de um ato elisivo, que de certa forma seja neutralizado por tal acréscimo, e o decréscimo será desconsiderado em razão de ser originado de um ato elisivo praticado pelo contribuinte.

Em matéria de Imposto sobre a Renda e Contribuição Social sobre o Lucro Líquido, as normas antielisivas específicas são pujantes.

Tomemos o caso das normas que se referem à chamada "distribuição disfarçada de lucros", especificamente a prevista

ELISÃO E NORMA ANTIELISIVA

no artigo 60, inciso I c/c 62, inciso I do Decreto-lei n. 1.598, de 26 de dezembro de 1977, a seguir transcrito:

> Art 60 – Presume-se distribuição disfarçada de lucros no negócio pelo qual a pessoa jurídica:
>
> I – aliena, por valor notoriamente inferior ao de mercado, bem do seu ativo a pessoa ligada;
>
> Art 62 – Para efeito de determinar o lucro real da pessoa jurídica:
>
> I – nos casos dos itens I e IV do artigo 60 a diferença entre o valor de mercado e o de alienação será adicionada ao lucro líquido do exercício;

No parágrafo do referido artigo, nota-se que operações efetivadas em condições destoantes do mercado, entre partes relacionadas, importarão o acréscimo de receitas à base de cálculo do IRPJ, apurada pela diferença entre o valor de mercado dos bens e seu valor efetivamente transferido à parte.

Norma de tal calibre tributa a ausência de auferimento de receita obtida por uma pessoa jurídica.

Nesse sentido, a norma em testilha cria um tributo que poderíamos designar de "Imposto sobre a alienação de ativos destoantes de mercado" e que tem como base de cálculo o valor da receita não auferida pelo contribuinte.

O mesmo caso é possível de ser identificado na regra aplicável de preços de transferências. Ora, como se sabe, uma das hipóteses de preço de transferência é aquela em que a diferença entre os métodos previstos pelas normas para fins de apuração dos preços entre partes independentes, nos termos dos referidos métodos, e o preço de exportação efetivamente praticado entre partes vinculadas é adicionada à base de cálculo do IRPJ.[373]

---

373. "§ 7º A parcela das receitas, apurada segundo o disposto neste artigo,

Nessa hipótese, a exemplo do que se sucede na norma que institui a distribuição disfarçada de lucro, não se estará tributando a renda obtida, mas sim aquela que deixou de ser obtida mediante a prática que seria elisiva, caso não fosse neutralizada pela ação desse Imposto sobre Exportação entre partes vinculadas.

Quanto às restrições que se fazem vinculadas as despesas, as normas antielisivas impedem o aproveitamento de fatores de decréscimos da base de cálculo dos gravames, não em razão dos critérios normalmente aplicáveis, mas em razão de tais elementos de decréscimos estarem associados a práticas elisivas por parte de contribuintes.

A título de exemplo, no caso da chamada vedação de subcapitalização, introduzida pela Medida Provisória n. 472 de 15 de dezembro de 2.009 ("MP n. 472/09), convertida na Lei n. 12.249 de 11 de junho de 2.010 ("Lei n. 12.249/10"), e está prevista, basicamente, nos artigos 24 e 25 da referida Lei, que foi, posteriormente, regulamentada pela Instrução Normativa RFB n. 1.154 de 12 de maio de 2.011 ("IN RFB n. 1154/11"). O artigo 24 dos referidos atos normativos dispõe o seguinte:

> Art. 24. Sem prejuízo do disposto no art. 22 da Lei n. 9.430, de 27 de dezembro de 1996, os juros pagos ou creditados por fonte situada no Brasil à pessoa física ou jurídica, vinculada nos termos do art. 23 da Lei n. 9.430, de 27 de dezembro de 1996, residente ou domiciliada no exterior, não constituída em país ou dependência com tributação favorecida ou sob regime fiscal privilegiado, somente serão dedutíveis, para fins de determinação do lucro real e da base de cálculo da Contribuição Social sobre o Lucro Líquido, quando se verifique constituírem despesa necessária à atividade, conforme definido pelo

---

que exceder ao valor já apropriado na escrituração da empresa deverá ser adicionada ao lucro líquido, para determinação do lucro real, bem como ser computada na determinação do lucro presumido e do lucro arbitrado."

art. 47 da Lei n. 4.506, de 30 de novembro de 1964, no período de apuração, atendendo aos seguintes requisitos:

I – no caso de endividamento com pessoa jurídica vinculada no exterior que tenha participação societária na pessoa jurídica residente no Brasil, o valor do endividamento com a pessoa vinculada no exterior, verificado por ocasião da apropriação dos juros, não seja superior a 2 (duas) vezes o valor da participação da vinculada no patrimônio líquido da pessoa jurídica residente no Brasil;

II – no caso de endividamento com pessoa jurídica vinculada no exterior que não tenha participação societária na pessoa jurídica residente no Brasil, o valor do endividamento com a pessoa vinculada no exterior, verificado por ocasião da apropriação dos juros, não seja superior a 2 (duas) vezes o valor do patrimônio líquido da pessoa jurídica residente no Brasil;

III – em qualquer dos casos previstos nos incisos I e II, o valor do somatório dos endividamentos com pessoas vinculadas no exterior, verificado por ocasião da apropriação dos juros, não seja superior a 2 (duas) vezes o valor do somatório das participações de todas as vinculadas no patrimônio líquido da pessoa jurídica residente no Brasil.

§ 1º Para efeito do cálculo do total de endividamento a que se refere o caput deste artigo, serão consideradas todas as formas e prazos de financiamento, independentemente de registro do contrato no Banco Central do Brasil.

§ 2º Aplica-se o disposto neste artigo às operações de endividamento de pessoa jurídica residente ou domiciliada no Brasil em que o avalista, fiador, procurador ou qualquer interveniente for pessoa vinculada.

§ 3º Verificando-se excesso em relação aos limites fixados nos incisos I a III do caput deste artigo, o valor dos juros relativos ao excedente será considerado despesa não necessária à atividade da empresa, conforme definido pelo art. 47 da Lei n. 4.506, de 30 de novembro de 1964, e não dedutível para fins do Imposto de Renda e da Contribuição Social sobre o Lucro Líquido.

CHARLES WILLIAM MCNAUGHTON

Já o artigo 25, por sua vez, determina que:

> Art. 25. Sem prejuízo do disposto no art. 22 da Lei n. 9.430, de 27 de dezembro de 1996, os juros pagos ou creditados por fonte situada no Brasil à pessoa física ou jurídica residente, domiciliada ou constituída no exterior, em país ou dependência com tributação favorecida ou sob regime fiscal privilegiado, nos termos dos arts. 24 e 24-A da Lei n. 9.430, de 27 de dezembro de 1996, somente serão dedutíveis, para fins de determinação do lucro real e da base de cálculo da Contribuição Social sobre o Lucro Líquido, quando se verifique constituírem despesa necessária à atividade, conforme definido pelo art. 47 da Lei n. 4.506, de 30 de novembro de 1964, no período de apuração, atendendo cumulativamente ao requisito de que o valor total do somatório dos endividamentos com todas as entidades situadas em país ou dependência com tributação favorecida ou sob regime fiscal privilegiado não seja superior a 30% (trinta por cento) do valor do patrimônio líquido da pessoa jurídica residente no Brasil.
>
> § 1º Para efeito do cálculo do total do endividamento a que se refere o caput deste artigo, serão consideradas todas as formas e prazos de financiamento, independentemente de registro do contrato no Banco Central do Brasil.
>
> § 2º Aplica-se o disposto neste artigo às operações de endividamento de pessoa jurídica residente ou domiciliada no Brasil em que o avalista, fiador, procurador ou qualquer interveniente for residente ou constituído em país ou dependência com tributação favorecida ou sob regime fiscal privilegiado.
>
> § 3º Verificando-se excesso em relação ao limite fixado no caput deste artigo, o valor dos juros relativos ao excedente será considerado despesa não necessária à atividade da empresa, conforme definido pelo art. 47 da Lei n. 4.506, de 30 de novembro de 1964, e não dedutível para fins do Imposto de Renda e da Contribuição Social sobre o Lucro Líquido.
>
> § 4º Os valores do endividamento e do patrimônio líquido a que se refere este artigo serão apurados pela média ponderada mensal.

ELISÃO E NORMA ANTIELISIVA

§ 5º O disposto neste artigo não se aplica às operações de captação feitas no exterior por instituições de que trata o § 1º do art. 22 da Lei n. 8.212, de 24 de julho de 1991, para recursos captados no exterior e utilizados em operações de repasse, nos termos definidos pela Secretaria da Receita Federal do Brasil.

Para que se compreenda o ato elisivo neutralizado por essa disposição, tenhamos que, ao disponibilizar empréstimos para sua subsidiária, coligada ou controlada, a mutuária terá de pagar juros decorrente do mútuo, gerando despesas dedutíveis.

Assim, na exposição de motivos da Medida Provisória n. 472/09, indicou-se que a finalidade da norma seria evitar a "erosão da base de cálculo do IRPJ e da CSLL". É preciso explicar que "erosão na base de cálculo" é o termo normalmente empregado para indicar a redução comparativa entre bases de cálculo potenciais e base de cálculo efetivas, decorrentes de atos elisivos.

Segundo, ainda, a mesma exposição de motivos, a erosão seria evitada da seguinte maneira:

> 29. O artigo 24 visa evitar a erosão da base de cálculo do IRPJ e da CSLL mediante endividamento abusivo realizado da seguinte forma: a pessoa jurídica domiciliada no exterior, ao constituir subsidiária no Brasil, efetua uma capitalização de valor irrisório, substituindo o capital social necessário à sua constituição e atuação por um empréstimo, que gera, artificialmente, juros que reduzem os resultados da subsidiária brasileira.
>
> 29.1 A dedução desses juros da base de cálculo do IRPJ (alíquota de 15% mais adicional de 10%) e da CSLL (alíquota de 9%) gera uma economia tributária de 34% do seu valor. Mesmo considerando que as remessas para pagamento de juros são tributadas pelo Imposto sobre a Renda retido na fonte (IRRF) à alíquota de 15%, resta uma economia tributária de 19%.
>
> 29.2 (...) O objetivo é controlar o endividamento abusivo

junto à pessoa vinculada no exterior, efetuado exclusivamente para fins fiscais.

30. O art. 25 segue o mesmo princípio do art. 24, entretanto, é aplicado na hipótese de a pessoa jurídica domiciliada no Brasil contrair empréstimos com pessoa jurídica domiciliada em país ou dependência com tributação favorecida, ou que goze de regime fiscal privilegiado. Da mesma forma, esses empréstimos geram juros que reduzem, artificialmente, o resultado tributável no Brasil. (...)[374]

Dessa maneira, as regras antisubcapitalização visam a evitar queda de arrecadação do Erário, decorrente de elisão pelos contribuintes, baseada na concessão de empréstimos que substituem o aporte de capital social necessário para as atividades das pessoas jurídicas, nos patamares arbitrariamente previstos pela legislação.

Ao assim fazer, impede-se o aproveitamento de um elemento de decréscimo próprio da regra-matriz de incidência tributária da base de cálculo complexa e se cria que irá substituir o Imposto sobre a Renda. Podemos designar esse tributo de "tributo sobre as despesas entre partes relacionadas".

6.2.2.2 Alíquota

A norma antielisiva repressiva pode interagir com a alíquota, autorizando que a autoridade administrativa modifique a regra-matriz de incidência tributária para aplicar alíquota sobre a situação que deixou de ser aplicada em razão do ato elisivo.

---

374. Fazemos referência à citação de tal exposição no artigo de Pedro Miguel Ferreira Custódio e Felipe Thomaz de Aquino. *Thin Capitalization* e seus impactos para as instituições financeiras. In: **O direito tributário e o mercado financeiro e de capitais**. QUIROGA, Roberto Mosquera. (Coord). São Paulo: Revista Dialética, 2010, p. 298.

ELISÃO E NORMA ANTIELISIVA

Para esse campo da regra-matriz de incidência, não verificamos a possibilidade de tributação por meio de norma antielisiva repressiva, eis que qualquer especificidade tornará a medida antielisiva em uma norma preventiva.

6.2.3 Critério pessoal

A norma antielisiva repressiva também pode se voltar ao critério pessoal da regra-matriz de incidência tributária determinando que autoridade administrativa, ignorando a realidade das provas, escolha um terceiro que não o sujeito passivo da regra-matriz de incidência tributária e nem de norma de responsabilidade fiscal para figurar como sujeito da obrigação tributária.

Assim, se uma pessoa jurídica no exterior recebe certo rendimento, impedindo a incidência da norma no país, o Fisco, com base na norma antielisiva, poderá imputar que o rendimento foi obtido por pessoa situada no país, possibilitando a neutralização da elisão tributária.

Dessa forma, a norma antielisiva dará ampla competência para a autoridade administrativa exigir o tributo de terceiro que não pratica o evento tributável, ainda que não haja norma de responsabilidade específica.

Por exemplo, se é constituída uma pessoa jurídica para reduzir a tributação que seria incidente sobre a atividade da pessoa física, a norma antielisiva dará competência para a autoridade administrativa exigir o imposto da pessoa física que elidiu o pagamento do tributo, ainda que certo ato tenha revelado capacidade contributiva da pessoa física.

Entendo, ainda que no critério pessoal, não haja possibilidade de norma pessoal repressiva específica. Eventual expansão do critério pessoal além da regra-matriz importará em caso de responsabilidade tributária, havendo normas antievasivas, conforme veremos no próximo capítulo.

375

6.3 Norma antielisiva repressiva: norma de benefício

A norma antielisiva geral repressiva concede tanto competência para a autoridade administrativa instituir uma nova regra-matriz de incidência tributária individual, como também instituir novos requisitos para o aproveitamento de benefícios fiscais, antes não veiculados pela legislação.

Com o advento de tal norma, a autoridade administrativa encontrará fundamento de validade para instituir, individualmente, requisitos para fruição de benefícios que não possam ser motivados a partir de uma tradução motivada por textos legislativos, bastando que o ato elisivo seja comprovado.

A norma repressiva que interage com benefício fiscal também poderá ser específica, normalmente quando institui requisitos de observância de certos benefícios que coíbam a elisão fiscal, mas não estejam previstos em normas de superior hierarquia que instituam tais benefícios. Nessa os requisitos estarão previstos por enunciados do texto positivo.

7 NORMAS ANTIEVASIVAS

7.1 Considerações iniciais

O objetivo desse capítulo é a caracterização da norma antievasiva e demarcação de sua posição no sistema jurídico para que seja situada perante a norma antielisiva. Se vimos com Ferdinand Saussure que a significação dos termos de significantes é demarcada à medida que se estabelecem as diferenças entre cada um deles, a delimitação do conteúdo semântico da norma antievasiva há de esclarecer, de forma mais pulsante, o âmbito da norma antielisiva que vimos no capítulo passado.

Nesse panorama, enquanto a norma antielisiva visa a anular efeitos da elisão tributária, a norma antievasiva concede maior eficácia social à regra-matriz de incidência tributária, coibindo atos de evasão fiscal e impedindo-se lacunas no campo da concretude do direito.

Essas duas modalidades de normas são frequentemente confundidas, gerando enganos e confusões. O recurso teórico da regra-matriz de incidência tributária pode ser expediente valioso para que se diferenciem essas duas espécies de normas.

Enunciamos, anteriormente, que a evasão fiscal lida com atos em que se visa a ludibriar a autoridade fiscal, dissimulando-se indícios que poderiam apontar a uma tributação sob um valor Q. A norma antievasivas, nesse sentido, tem a função de impedir essa dissimulação, facilitando a aplicação da regra--matriz de incidência tributária.

Para isso, a norma antievasiva pode atuar de diversas maneiras, entre elas:

(i) Instrumentalizando medidas para que a autoridade administrativa possa conduzir a linguagem das provas para constituir um fato jurídico tributário e uma obrigação jurídica tributária com força retórica expressiva;

(ii) Criando mecanismos para que os próprios particulares se fiscalizem uns aos outros;

(iii) Impondo sanções de caráter administrativo ou criminal que inibam a prática do ato evasivo;

(iv) Ampliando a sujeição passiva, mediante normas de responsabilidade, para potencializar possibilidades de cobrança.

A tônica das normas antievasivas é garantir eficácia da regra-matriz de incidência tributária sem violação ao princípio do devido processo legal, isto é, permitindo que a administração pública tenha segurança jurídica para a constituição do crédito tributário, de forma eficaz, sem violações a direitos e garantias individuais dos contribuintes.

Passaremos a examinar, individualmente, as quatro formas que indicamos de manifestação da norma antievasiva, sem prejuízo de outras que podem surgir à medida que a riqueza do direito positivo se manifesta, em toda sua complexidade.

7.2 Normas antievasivas e provas

A constituição adequada do fato jurídico tributário, amparado na linguagem das provas, é condição de eficácia do

ELISÃO E NORMA ANTIELISIVA

princípio da legalidade. Sem a necessidade de se provar o fato jurídico, os processos de tradução que se iniciam nos enunciados gerais e abstratos e culminam com a norma individual e concreta perdem consistência transformando a noção de legalidade em um recurso meramente icônico, sem a concretude, própria dos índices, capaz de lhe conferir o caráter de terceiridade que toda "lei" deve ostentar.

Nesse sentido, a possibilidade de o Fisco "provar" e poder constituir o fato jurídico tributário e a obrigação tributária de maneira forte retoricamente é um imperativo que não protege apenas o interesse público e a coletividade, impedindo-se uma ineficácia técnica da regra-matriz de incidência que ficaria impassível de se concretizar, como também o próprio indivíduo na medida em que apenas os fatos jurídicos fortemente amparados deverão se sustentar. Em outras palavras, a viabilidade de produção de prova é um requisito para se exigir a própria prova.

Nesse panorama, configura-se como norma antievasiva, a possibilidade de se efetivar o lançamento de ofício, nas hipóteses previstas nos incisos II a IX do artigo 149 do Código Tributário Nacional que são exemplos eloquentes dessas espécies normativas.[375] Outros exemplos no referido Código

---

375. Art. 149. O lançamento é efetuado e revisto de ofício pela autoridade administrativa nos seguintes casos:

II – quando a declaração não seja prestada, por quem de direito, no prazo e na forma da legislação tributária;

III – quando a pessoa legalmente obrigada, embora tenha prestado declaração nos termos do inciso anterior, deixe de atender, no prazo e na forma da legislação tributária, a pedido de esclarecimento formulado pela autoridade administrativa, recuse-se a prestá-lo ou não o preste satisfatoriamente, a juízo daquela autoridade;

IV – quando se comprove falsidade, erro ou omissão quanto a qualquer elemento definido na legislação tributária como sendo de declaração obrigatória;

V – quando se comprove omissão ou inexatidão, por parte da pessoa legalmente obrigada, no exercício da atividade a que se refere o artigo seguinte;

VI – quando se comprove ação ou omissão do sujeito passivo, ou de terceiro legalmente obrigado, que dê lugar à aplicação de penalidade pecuniária;

que poderemos mencionar são os seguintes: (i) a ineficácia técnico-sintática, prevista no artigo 195 do Código Tributário Nacional, de qualquer imposição que seja criada, ao livre acesso das autoridades administrativas a examinarem mercadorias, livros, arquivos, documentos, papéis comerciais ou fiscais, dos comerciantes industriais ou produtores, ou da obrigação destes de exibi-los; (ii) o maior lapso temporal de decadência, em razão da aplicabilidade do §4º do artigo 150 do Código Tributário Nacional quando for registrada fraude, dolo ou simulação, ainda que o lançamento seja por homologação e o contribuinte tenha efetivado o pagamento do tributo.

Outras hipóteses de normas antievasivas que visam a instrumentalizar a função de provar o fato jurídico tributário são aquelas previstas em normas gerais e abstratas que instituem presunções legais relativas. Já examinamos no capítulo I, que a inferência presuntiva nada mais é senão um raciocínio hipotético, sem um esforço de refutação mais robusto. No caso da presunção legal, a legislação possibilita a instituição de inferências que possibilitam a legitimação retórica do fato jurídico tributário, ainda que constituídas hipoteticamente.

É preciso considerar a razão de ser das normas de presunção. Normalmente, o contribuinte é o responsável pela produção e guarda da linguagem que constituirá o fato jurídico tributário, bem como dos fatos jurídicos em sentido lato que permitirão o controle da constituição desse fato. Nesse sentido, se essa produção for imprestável ou incapaz de fornecer

---

VII – quando se comprove que o sujeito passivo, ou terceiro em benefício daquele, agiu com dolo, fraude ou simulação;

VIII – quando deva ser apreciado fato não conhecido ou não provado por ocasião do lançamento anterior;

IX – quando se comprove que, no lançamento anterior, ocorreu fraude ou falta funcional da autoridade que o efetuou, ou omissão, pela mesma autoridade, de ato ou formalidade especial.

ELISÃO E NORMA ANTIELISIVA

subsídios para que o Fisco possa requalificar o fato jurídico, mediante uma linguagem retoricamente forte, a própria legalidade tem sua eficácia comprometida. Nessa ordem, a presunção é um instrumento para se evitar a evasão fiscal.[376]

As presunções, assim, partem de relações plausíveis entre acontecimentos para estabelecer uma certeza jurídica, ainda que uma análise mais exigente não afastasse dúvidas pertinentes – para aplicarmos a expressão de Wittgenstein – sobre a verdade da proposição acatada.

Por outro lado, à medida que as presunções devam ser relativas, o sistema fornece ao indivíduo a possibilidade de refutar aquela certeza provisória, exercendo seu direito de ampla defesa que há de nortear o processo administrativo.

Além das presunções, outro mecanismo do sistema para coibir a evasão fiscal são os Tratados que permitem trocas de informações entre os diversos Fiscos, viabilizando o acesso a operações e transações ocorridas no exterior que possam ser efetivadas mediante práticas evasivas. Ao possibilitar a troca de informações mediante tratados, amplia-se a força de fiscalização da autoridade administrativa, imprimindo-se maior eficácia a essa atividade.

Outro fenômeno que se volta a facilitar os meios de prova do Fisco é a utilização de tecnologia para aumentar transparência e tornar mais rápida e eficaz a comunicação entre contribuinte e Fisco.

Essa ampliação do percurso comunicativo supõe criação de deveres instrumentais com redundância de informações que são "cruzadas" a fim de se identificar coerência nos dados fornecidos pelo contribuinte e a própria criação de um Sistema Público de Escrituração Digital ("SPED"), que envolve o

---

376. FERRAGUT, Maria Rita. **Presunções no direito tributário**. 2.ed. São Paulo: Quartier Latin, 2005, p. 169.

fornecimento de informações contábeis, fiscais e trabalhistas por via eletrônica, a partir da rede mundial de computadores (internet) o que é possibilitado graças à tecnologia da certificação digital, uma espécie de assinatura virtual que possibilita a comprovação da autenticidade das informações fornecidas.

7.3 Normas antievasivas e a fiscalização ampliada

Estevão Horvarth trata da privatização da administração tributária, como delegação cada vez mais robusta das atividades administrativas ao particular.[377] Muito bem, atualmente os administrados não apenas estão atribuídos do dever de constituir linguagem como de fiscalizar uns aos outros, em um verdadeiro clima de cidadania fiscal.

O sistema jurídico institui diversos mecanismos para essa função colaborativa com o Fisco. A criação de normas de responsabilidade, que examinaremos melhor em outro item, é a forma mais óbvia dessa vertente. Mas, há outros meios, normalmente associados a uma sanção positiva.

Assim, por exemplo, o Estado de São Paulo e o Município de São Paulo instituíram a chamada "Nota Fiscal Paulista" em que o consumidor recebe créditos tributários, convertidos em dinheiro, em razão de tributos arrecadados pela Fazenda Estadual e mencionados em deveres instrumentais emitidos em face dos contribuintes.[378] Assim, estimula-se a cidadania do consumidor, ao exigir a emissão de notas fiscais.

---

377. HOVARTH, Estevão. **Lançamento tributário e autolançamento.** 2.ed. São Paulo: Quartier Latin, 2010, p.102.

378. Nesse prisma, o artigo 2º *caput* da Lei Estadual do Estado de São Paulo n. 12.685/07 prescreve o seguinte: Artigo 2º – A pessoa natural ou jurídica que adquirir mercadorias, bens ou serviços de transporte interestadual e intermunicipal de estabelecimento fornecedor localizado no Estado de São Paulo, que seja contribuinte do Imposto sobre Operações Relativas à Circulação de Mercadorias e sobre Prestações de Serviços de Transporte Interestadual e

ELISÃO E NORMA ANTIELISIVA

Outro meio de fiscalização mútua, ainda que indireta, é o condicionamento de que certos direitos tributários sejam exercidos mediante a declaração de valores pagos a outros contribuintes. Assim, por exemplo, o contribuinte que pretende informar valores pagos com médicos, para fins de restituição do Imposto sobre a Renda pessoa física, deverá declarar o valor pago e os dados individualizados daquele que lhe prestou o serviço médico.

Nesse sentido, registre-se que o artigo 8º, inciso II, alínea "a" da Lei n. 9.250/95 prescreve o seguinte:

> Art. 8º A base de cálculo do imposto devido no ano-calendário será a diferença entre as somas:
>
> I – de todos os rendimentos percebidos durante o ano-calendário, exceto os isentos, os não-tributáveis, os tributáveis exclusivamente na fonte e os sujeitos à tributação definitiva;
>
> II – das deduções relativas:
>
> a) aos pagamentos efetuados, no ano-calendário, a médicos, dentistas, psicólogos, fisioterapeutas, fonoaudiólogos, terapeutas ocupacionais e hospitais, bem como as despesas com exames laboratoriais, serviços radiológicos, aparelhos ortopédicos e próteses ortopédicas e dentárias;
>
> § 2º O disposto na alínea a do inciso II:
>
> III – limita-se a pagamentos especificados e comprovados, com indicação do nome, endereço e número de inscrição no Cadastro de Pessoas Físicas – CPF ou no Cadastro Geral de Contribuintes – CGC de quem os recebeu, podendo, na falta de documentação, ser feita indicação do cheque nominativo pelo qual foi efetuado o pagamento;

Como se percebe, as pessoas físicas que almejam solicitar a restituição de tributos devem informar dados sobre os

---

Intermunicipal e de Comunicação – ICMS, fará jus ao recebimento de créditos do Tesouro do Estado.

pagamentos que efetivaram e sobre os destinatários desses pagamentos, proporcionando controle à Secretaria da Receita Federal do Brasil para fiscalização desses casos.

7.4 Normas antievasivas e a sanções administrativas e penais

Entre os mecanismos disponíveis para se evitar a prática de atos antievasivos há imputação de sanções de caráter administrativo e penal.

É preciso considerar que o termo "sanção" é ambíguo, indicando ora a imputação de uma norma secundária, coercitivamente pelo Estado-juiz havendo, nesse caso, a equiparação à norma secundária – ora a imputação de uma medida punitiva, ainda que não efetivada pelo Estado-juiz.

Eurico Marcos Diniz de Santi, por conta disso, divide a norma sancionatória em norma primária dispositiva e norma primária sancionatória, de sorte que tais enunciados prescritivos não se confundiriam com a norma secundária, isto é, aquela que implica uma sanção por parte do Estado-juiz. Vejamos suas explicações:

> Tem-se, portanto, normas primárias estabelecedoras de relações jurídicas de direito material decorrentes de (i) ato ou fato lícito e (ii) de ato ou fato ilícito. A que tem pressuposto antijurídico denominamos norma primária sancionadora, pois veicula uma sanção – no sentido de obrigação advinda do não cumprimento de um dever jurídico – enquanto que a outra, por não apresentar aspecto sancionatório, convencionamos chamar norma primária dispositiva.[379]

---

379. SANTI, Eurico Marcos. **Lançamento tributário.** 2.ed. São Paulo: Max Limonad, 2001, p. 44.

ELISÃO E NORMA ANTIELISIVA

Feitas tais considerações de ordem sintática, devo acrescentar que há diversas normas primárias sancionatórias e secundárias no ordenamento brasileiro que visam coibir a evasão fiscal.

Em termos de penalidades, é possível destacar as multas, que na legislação federal são graduadas à medida que há uma conduta evasiva na tentativa de frustrar a positivação do direito em busca à realização da regra- matriz de incidência tributária.

A título de exemplo, enquanto na legislação federal a multa de mora é limitada a 20% (vinte por cento), a multa em caso de lançamento de ofício é de 75% (setenta e cinco por cento), que pode ser majorada em 50% (cinquenta por cento) em caso de embaraço à legislação, havendo, ainda, uma multa qualificada de 150% (cento e cinquenta por cento) em casos de fraude, dolo ou simulação, podendo ser majorada em 50% (cinquenta por cento), em casos de embaraço à legislação, como já citamos quando tratamos da evasão. Essas multas poderão ser agravadas em caso de embaraço à fiscalização.[380]

Em termos criminais, há pena restritiva de liberdade para crimes tipificados contra a ordem tributária. Nesse panorama, a evasão é tipificada como sonegação nos artigos 1º e 2º da Lei n. 8.137/90. Indico que tais penas criminais revelam normas secundárias, direcionadas ao Poder Judiciário, eis que pelo teor do artigo 5º, inciso LIV da Constituição da República, ninguém será privado da liberdade ou de seus bens sem o devido processo legal e, nos termos do inciso LVII do mesmo dispositivo, ninguém será considerado culpado até o trânsito em julgado da sentença penal condenatória. Esses artigos da Lei n. 8.137/90 prescrevem o seguinte:

---

380. Vide artigo 44, incisos I e II, e §§ 1º e 2º da Lei n. 9430/96.

CHARLES WILLIAM MCNAUGHTON

Art. 1º Constitui crime contra a ordem tributária suprimir ou reduzir tributo, ou contribuição social e qualquer acessório, mediante as seguintes condutas:

I – omitir informação, ou prestar declaração falsa às autoridades fazendárias;

II – fraudar a fiscalização tributária, inserindo elementos inexatos, ou omitindo operação de qualquer natureza, em documento ou livro exigido pela lei fiscal;

III – falsificar ou alterar nota fiscal, fatura, duplicata, nota de venda, ou qualquer outro documento relativo à operação tributável;

IV – elaborar, distribuir, fornecer, emitir ou utilizar documento que saiba ou deva saber falso ou inexato;

V – negar ou deixar de fornecer, quando obrigatório, nota fiscal ou documento equivalente, relativa a venda de mercadoria ou prestação de serviço, efetivamente realizada, ou fornecê-la em desacordo com a legislação.

Pena – reclusão de 2 (dois) a 5 (cinco) anos, e multa.

Parágrafo único. A falta de atendimento da exigência da autoridade, no prazo de 10 (dez) dias, que poderá ser convertido em horas em razão da maior ou menor complexidade da matéria ou da dificuldade quanto ao atendimento da exigência, caracteriza a infração prevista no inciso V.

Art. 2º Constitui crime da mesma natureza: (Vide Lei n. 9.964, de 10.4.2000)

I – fazer declaração falsa ou omitir declaração sobre rendas, bens ou fatos, ou empregar outra fraude, para eximir-se, total ou parcialmente, de pagamento de tributo;

II – deixar de recolher, no prazo legal, valor de tributo ou de contribuição social, descontado ou cobrado, na qualidade de sujeito passivo de obrigação e que deveria recolher aos cofres públicos;

III – exigir, pagar ou receber, para si ou para o contribuinte beneficiário, qualquer percentagem sobre a parcela dedutível ou deduzida de imposto ou de contribuição como incentivo fiscal;

ELISÃO E NORMA ANTIELISIVA

> IV – deixar de aplicar, ou aplicar em desacordo com o estatuído, incentivo fiscal ou parcelas de imposto liberadas por órgão ou entidade de desenvolvimento;
>
> V – utilizar ou divulgar programa de processamento de dados que permita ao sujeito passivo da obrigação tributária possuir informação contábil diversa daquela que é, por lei, fornecida à Fazenda Pública.
>
> Pena – detenção, de 6 (seis) meses a 2 (dois) anos, e multa.

Como se percebe, a hipótese de incidência da norma acima citada é a prática de suprimir ou reduzir tributo ou elementos da obrigação tributária mediante procedimentos que visem a obstaculizar a incidência da regra-matriz de incidência tributária.

O artigo 2º da mesma lei, por sua vez, tipifica outras condutas, indicadas em seus incisos e que não exigem, em todos os casos, o não cumprimento da obrigação tributária, especialmente, no que tange aos incisos I e V. Por isso, tal dispositivo é designado de crime formal, eis que foca na conduta do agente, independente de seu resultado.

Sem embargo, os incisos II, III e IV do referido artigo tratam, respectivamente da conduta de não recolher contribuição descontada ou cobrada de terceiros, exigir, pagar ou receber, para si ou para o contribuinte beneficiário, qualquer percentagem sobre a parcela dedutível ou deduzida de imposto ou de contribuição como incentivo fiscal e deixar de aplicar, ou aplicar em desacordo com o estatuído, incentivo fiscal ou parcelas de imposto liberadas por órgão ou entidade de desenvolvimento.

Além desses exemplos, é possível citar, ainda, a própria execução fiscal, cujo procedimento é previsto pela Lei n. 6.830/80, e supletivamente, pelo Código de Processo Civil e a qualidade de liquidez e certeza que é conferida à certidão de dívida ativa[381], tal como previsto pelo artigo 204 do Código Tributário Nacional[382], como instâncias que possibilitam a satisfação do crédito tributário.

Por fim, podemos pensar ainda na sanção positiva, ou seja, no estímulo à eventual correção de um ato evasivo anteriormente praticado. O exemplo eloquente é a denúncia espontânea prevista no artigo 138 do Código Tributário Nacional, tendo como requisitos (i) a denúncia espontânea da infração (ii) antes do início de qualquer procedimento administrativo ou medida de fiscalização, relacionados com a infração, acompanhada, se for o caso, do pagamento do tributo devido e dos juros de mora, ou do depósito da importância arbitrada pela autoridade administrativa, quando o montante do tributo dependa de apuração, tal como disposto no artigo 138 do Código Tributário Nacional.[383]

7.5 Combate à evasão mediante normas de responsabilidade

Tomemos como sujeito passivo aquele sujeito de deveres situado no polo passivo da relação jurídico-tributária.[384] Nos termos do artigo 121 do Código Tributário Nacional, o sujeito

---

381. Tenhamos por dívida ativa, nos termos do artigo 201 do Código Tributário Nacional, proveniente de crédito dessa natureza, regularmente inscrita na repartição administrativa competente, depois de esgotado o prazo fixado, para pagamento, pela lei ou por decisão final proferida em processo regular

382. Art. 204. A dívida regularmente inscrita goza da presunção de certeza e liquidez e tem o efeito de prova pré-constituída.

383. Art. 138. A responsabilidade é excluída pela denúncia espontânea da infração, acompanhada, se for o caso, do pagamento do tributo devido e dos juros de mora, ou do depósito da importância arbitrada pela autoridade administrativa, quando o montante do tributo dependa de apuração. Parágrafo único. Não se considera espontânea a denúncia apresentada após o início de qualquer procedimento administrativo ou medida de fiscalização, relacionados com a infração.

384. FERRAGUT, Maria Rita. **Responsabilidade tributária e o Código Civil de 2002.** São Paulo: Noeses, 2005, p. 29.

ELISÃO E NORMA ANTIELISIVA

passivo pode ser o contribuinte, se for escolhido pelo legislador o sujeito que pratica o comportamento previsto na hipótese de incidência tributária e será o responsável se for um terceiro.[385]

O termo "responsabilidade", como ensina Maria Rita Ferragut, pode se referir a uma enunciado prescritivo, uma relação jurídica e um fato. Na primeira acepção surgirá como uma:

> Norma jurídica deonticamente incompleta (norma lato sensu) de conduta, que, a partir de um fato não-tributário, implica a inclusão do sujeito que o realizou no critério pessoal passivo de uma relação tributária."[386]

Tal proposição poderá ser sancionadora, cumprindo a função de punição aplicada a determinado sujeito de deveres que efetivar uma conduta axiologicamente repelida pelo direito. Nessa modalidade, a norma antievasiva age desencorajando comportamentos omissos ou comissivos que prejudiquem o exercício do direito do Fisco e compelem o responsável a não compactuar com condutas evasivas.

Por exemplo, o artigo 135 do Código Tributário Nacional prescreve o seguinte:

> Art. 135. São pessoalmente responsáveis pelos créditos correspondentes a obrigações tributárias resultantes de atos praticados com excesso de poderes ou infração de lei, contrato social ou estatutos:

---

385. Art. 121. Sujeito passivo da obrigação principal é a pessoa obrigada ao pagamento de tributo ou penalidade pecuniária.
Parágrafo único. O sujeito passivo da obrigação principal diz-se:
I – contribuinte, quando tenha relação pessoal e direta com a situação que constitua o respectivo fato gerador;
II – responsável, quando, sem revestir a condição de contribuinte, sua obrigação decorra de disposição expressa de lei.
386. FERRAGUT, Maria Rita. **Responsabilidade tributária e o Código Civil de 2002**. São Paulo: Noeses, 2005, p. 33.

I – as pessoas referidas no artigo anterior;

II – os mandatários, prepostos e empregados;

III – os diretores, gerentes ou representantes de pessoas jurídicas de direito privado.

Como se percebe do dispositivo, as obrigações tributárias resultantes de atos praticados com excesso de poderes, infração à lei, contrato social ou estatutos importarão responsabilidade pessoal das pessoas mencionadas no artigo 134 do Código Tributário Nacional[387], dos mandatários, prepostos e empregados e dos diretores ou representantes de pessoas jurídicas.

Nesse sentido, se ato ou negócio jurídico for praticado com intuito de dissimular a ocorrência do evento tributário ou para dar suporte a uma obrigação tributária, linguagem não amparada pela linguagem das provas – isto é, não adequada juridicamente – haverá violação à lei tributária que poderá imputar responsabilidade pessoal do agente que a comete.

Por essa linha, a responsabilidade pessoal das pessoas mencionadas pelo artigo 135 do Código Tributário surge como efetiva norma antievasiva, exprimindo uma posição firme no sistema jurídico sobre a prática de tais atos.

---

387. As pessoas mencionadas no artigo 134 do Código Tributário Nacional são as seguintes:

I – os pais, pelos tributos devidos por seus filhos menores;

II – os tutores e curadores, pelos tributos devidos por seus tutelados ou curatelados;

III – os administradores de bens de terceiros, pelos tributos devidos por estes;

IV – o inventariante, pelos tributos devidos pelo espólio;

V – o síndico e o comissário, pelos tributos devidos pela massa falida ou pelo concordatário;

VI – os tabeliães, escrivães e demais serventuários de ofício, pelos tributos devidos sobre os atos praticados por eles, ou perante eles, em razão do seu ofício;

VII – os sócios, no caso de liquidação de sociedade de pessoas.

ELISÃO E NORMA ANTIELISIVA

Além da responsabilidade pessoal do agente, a legislação tributária cria normas de responsabilidade estimulando o contribuinte a acompanhar deveres instrumentais e obrigações tributárias a serem executados por terceiros. Tal possibilidade está prevista no artigo 128 do Código Tributário Nacional, a seguir citada:

> Art. 128. Sem prejuízo do disposto neste capítulo, a lei pode atribuir de modo expresso a responsabilidade pelo crédito tributário a terceira pessoa, vinculada ao fato gerador da respectiva obrigação, excluindo a responsabilidade do contribuinte ou atribuindo-a a este em caráter supletivo do cumprimento total ou parcial da referida obrigação.

Com base em tal disposição, há diversas prescrições na legislação vigente que atribuem responsabilidades a pessoas vinculadas ao fato jurídico tributário que não sejam o próprio contribuinte, ou seja, aquele que pratica o comportamento previsto na hipótese de incidência tributária.

O §1º do artigo 7º da Lei Municipal de São Paulo n. 13.701/03, por exemplo, prevê a responsabilidade de Imposto sobre Serviços de qualquer natureza – ISS de todos aqueles que tomarem serviços e não exigirem notas fiscais. Vejamos sua redação:

> Art. 7º O tomador do serviço deverá exigir Nota Fiscal de Serviços, Nota Fiscal-Fatura de Serviços, ou outro documento exigido pela Administração, cuja utilização esteja prevista em regulamento ou autorizada por regime especial.
>
> § 1º O tomador do serviço é responsável pelo Imposto sobre Serviços de Qualquer Natureza – ISS, e deve reter e recolher o seu montante, quando o prestador:
>
> I – obrigado à emissão de Nota Fiscal de Serviços, Nota Fiscal-Fatura de Serviços, ou outro documento exigido pela Administração, não o fizer;

CHARLES WILLIAM MCNAUGHTON

II – desobrigado da emissão de Nota Fiscal de Serviços, Nota Fiscal-Fatura de Serviços, ou outro documento exigido pela Administração, não fornecer:

a) recibo de que conste, no mínimo, o nome do contribuinte, o número de sua inscrição no Cadastro de Contribuintes Mobiliários – CCM, seu endereço, a descrição do serviço prestado, o nome do tomador do serviço e o valor do serviço;

b) comprovante de que tenha sido recolhido o Imposto correspondente ao exercício anterior, salvo se inscrito posteriormente;

c) cópia da ficha de inscrição.

§ 2º O responsável de que trata o parágrafo 1º, ao efetuar a retenção do Imposto, deverá fornecer comprovante ao prestador do serviço.

Como se percebe, por meio do dispositivo, ao tomador de serviço é atribuída responsabilidade na ausência de cumprimento de dever instrumental pelo prestador de serviços, impedindo-se, assim, uma potencial evasão.

Outra forma significativa do sistema evitar a evasão é por meio da sistemática de retenção na fonte. A título de exemplo, a legislação atribui responsabilidade a uma fonte pagadora de um rendimento ou de valor que corresponda à base de cálculo de tributo, para adimplir determina obrigação tributária cujo ônus econômico seja de terceiro.

O exemplo mais significativo é a retenção na fonte do pagamento do Imposto sobre a Renda, prevista no artigo 7º, §1º da Lei n. 7.713/88.[388] Por essa técnica de arrecadação, há

---

388. Art. 7º Fica sujeito à incidência do imposto de renda na fonte, calculado de acordo com o disposto no art. 25 desta Lei:

I – os rendimentos do trabalho assalariado, pagos ou creditados por pessoas físicas ou jurídicas;

II – os demais rendimentos percebidos por pessoas físicas, que não estejam sujeitos à tributação exclusiva na fonte, pagos ou creditados por pessoas jurídicas.

ELISÃO E NORMA ANTIELISIVA

previsão de antecipação do tributo que potencialmente será devido com o perfazimento do critério temporal, que é 31 de dezembro de cada ano, sendo o responsável pelo pagamento a fonte pagadora do rendimento.

Após o último instante do critério temporal, que, como já apontamos, é 31 de dezembro de cada ano, o contribuinte poderá apurar o tributo efetivamente devido. Nesse sentido, surge uma norma de crédito em favor do contribuinte, correspondente aos valores retidos pela fonte pagadora.

Quando da data de vencimento, a relação de crédito do contribuinte é comparada com a relação de crédito do Fisco e o saldo do crédito do contribuinte que superar seu débito será alvo de restituição ou, se for o caso, o saldo do crédito do Fisco que for superior ao do contribuinte será alvo de pagamento pelo sujeito passivo a título de IRPF.

A norma do Imposto sobre a Renda, assim, fica composta por três relações distintas que é: (i) a relação de crédito da União em face da fonte pagadora, tendo por objeto a prestação da fonte pagadora de antecipar o tributo potencialmente devido pelo contribuinte; (ii) a relação de crédito da fonte pagadora com o contribuinte, permitindo a retenção na fonte; (iii) a relação de crédito do contribuinte com a União que lhe permitirá requerer a restituição ou abatimento do valor devido a título de IRPF e (iv) a relação de crédito da União de exigir o IRPF devido após 31 de dezembro de cada ano.

Esse emaranhado de relações acarreta que fontes pagadoras e beneficiários de rendimentos forneçam informações à União e sejam responsabilizadas cada qual a seu tempo: (i) a

---

§ 1º O imposto a que se refere este artigo será retido por ocasião de cada pagamento ou crédito e, se houver mais de um pagamento ou crédito, pela mesma fonte pagadora, aplicar-se-á a alíquota correspondente à soma dos rendimentos pagos ou creditados à pessoa física no mês, a qualquer título.

fonte pagadora até o prazo de entrega de declaração de ajuste anual pelo contribuinte ou após esse prazo caso tenha efetivado a retenção na fonte; (ii) o contribuinte, após o lapso do prazo de entrega da declaração, salvo se tiver sofrido retenção na fonte.[389]

Registre-se que essa responsabilidade repartida no tempo é justificável quando se compreende que o dever da fonte pagadora é de antecipar o tributo devido ao final do ano-calendário. Nesse sentido, se a fonte pagadora não antecipou até o período cabível e não efetivou a retenção na fonte, o dever de antecipação se torna uma conduta impossível – não se pode "antecipar" se o dever já é existente. Por já existir o débito em face do contribuinte, é dele que será exigido o imposto.

Por outro lado, antes do advento do lapso temporal para entrega de declaração, a fonte pagadora é responsável exclusiva pelo dever de antecipar o tributo, não havendo previsão de se imputar qualquer tipo de obrigação do contribuinte, nesse sentido.

Agora, se existir retenção na fonte, o contribuinte não poderá ser exigido do imposto referente ao ano calendário que teve seus rendimentos retidos, desde que faça a adequada declaração. A ausência de responsabilidade é justificada pelo aspecto de que a norma de crédito do contribuinte faz extinguir sua obrigação tributária perante o Fisco. Porém, nesse caso, a fonte pagadora teria se beneficiado de recursos públicos mediante a retenção na fonte – vide o crime mencionado no artigo 2º da Lei n. 8.137/90 – justificando que a União exija o cumprimento da obrigação tributária.

Esclarecidos tais pontos, registre-se que a técnica da retenção na fonte é eficaz medida antievasiva, porque a pessoa

---

389. Nesse sentido, vide Parecer Normativo n. 01/02, expedida pela coordenadora-geral de tributação da então Secretaria da Receita Federal, atual Secretaria da Receita Federal do Brasil.

ELISÃO E NORMA ANTIELISIVA

responsável pelo adimplemento da obrigação não é a mesma que arca com o ônus econômico do tributo. Assim, esse responsável costuma colaborar com a Fazenda Pública na arrecadação tributária, a fim de se desincumbir de qualquer responsabilidade, especialmente porque a medida evasiva, em tese, não lhe beneficia diretamente.[390]

A última técnica de responsabilidade que gostaria de mencionar com relevante para a neutralização da evasão, esta com graves problemas de constitucionalidade em que pese a manifestação do Poder Judiciário[391], é a prevista no §7º do artigo 150 da Constituição da República, incluído pela Emenda n. 3/03. Esse dispositivo prevê o seguinte:

> Art. 150. § 7.º A lei poderá atribuir a sujeito passivo de obrigação tributária a condição de responsável pelo

---

390. É evidente que mesmo assim a evasão pode ocorrer pelos mais variados motivos, como por exemplo, o alto custo dos encargos da mão de obra no sistema jurídico vigente.

391. RECURSO EXTRAORDINÁRIO. TRIBUTÁRIO. SUBSTITUIÇÃO TRIBUTÁRIA. IMPRESCINDIBILIDADE DE QUE ESSA HIPÓTESE ESTEJA PREVISTA EM LEI. LEGITIMIDADE DO INSTITUTO JURÍDICO. NÃO-CONHECIMENTO DO RECURSO ESPECIAL. INOCORRÊNCIA DO FENÔMENO DA SUBSTITUIÇÃO DE JULGADO. PREJUDICIALIDADE DO RECURSO EXTRAORDINÁRIO. ALEGAÇÃO IMPROCEDENTE. 1. Não-conhecimento do recurso especial pelo Superior Tribunal de Justiça. Prejudicialidade do recurso extraordinário simultaneamente interposto, tendo em vista o fenômeno processual da substituição de julgado previsto no artigo 512 do Código de Processo Civil. Alegação improcedente. O acórdão somente substituiria a decisão recorrida se o recurso houvesse sido conhecido e provido. 2. É responsável tributário, por substituição, o industrial, o comerciante ou o prestador de serviço, relativamente ao imposto devido pelas anteriores ou subsequentes saídas de mercadorias ou, ainda, por serviços prestados por qualquer outra categoria de contribuinte. 3. Legitimidade do regime de substituição tributária, dado que a cobrança antecipada do ICMS por meio de estimativa "constitui simples recolhimento cautelar enquanto não há o negócio jurídico de circulação, em que a regra jurídica, quanto ao imposto, incide". Entendimento doutrinário. Recurso extraordinário conhecido e provido. (RE 194382, Relator Min. Maurício Corrêa, Tribunal Pleno, julgado em 25/04/2003, DJ 25-04-2003, PP-00035, EMENT. VOL- 02107-03, PP-00456).

pagamento de imposto ou contribuição, cujo fato gerador deva ocorrer posteriormente, assegurada a imediata e preferencial restituição da quantia paga, caso não se realize o fato gerador presumido.

Parece-me que a inconstitucionalidade desse dispositivo, sem prejuízo da manifestação do Supremo Tribunal Federal em sentido oposto, decorre da possibilidade de se tributar acontecimentos incertos a ocorrer no futuro. Fere-se a própria condicionalidade da norma tributária, instituída com base na competência rigidamente instituída pela própria Constituição originária.

Independente dessa discussão, que não é objeto deste estudo, o fato é de que tal modalidade de responsabilidade é eficaz método de se evitar evasão, primeiro porque concentra a arrecadação em poucos contribuintes, facilitando a fiscalização, segundo porque quando se distingue o sujeito passivo daquele que sofre o ônus econômico da imposição, acaba-se com o próprio estímulo à evasão que é a redução da carga tributária.

Muito bem, todo esse capítulo teve como objetivo discorrer sobre normas antievasivas para diferença-las das normas antielisivas. Espero que essa demarcação possa ter contribuído para distinguir o objeto de nosso estudo que são as normas antielisivas, cuja legitimidade estudaremos no capítulo IX adiante.

8 ELISÃO NO PLANO INDIVIDUAL E CONCRETO: ANÁLISE CRÍTICA DA NOÇÃO DE NECESSIDADE DE PROPÓSITO NEGOCIAL

8.1 Considerações iniciais

Ao longo deste estudo, busquei demonstrar a ideia de que a aplicação de uma norma antielisiva repressiva implicaria a tributação de um ato em desconformidade com a norma padrão de incidência tributária, indo além da regra-matriz do tributo.

Por outro lado, pontuo que cabe à autoridade administrativa identificar a norma tributária aplicável a cada situação, a fim de averiguar a adequação da norma individual e concreta produzida pelo contribuinte. Para isso, no caso da superposição do direito tributário a situações jurídicas, terá de observar a qualificação, conforme o regramento do direito privado ou do segmento do direito que o regule, que se atribui a cada ato ou negócio jurídico, para, então, definir qual norma tributária incide sobre tal ou qual situação.

Para observarmos esse movimento na vida do direito, um diálogo com o discurso pragmático, permeado pelas diversas decisões administrativas que examinaram a temática da elisão, pode ser muito producente. Tal diálogo permitirá a identificação de como os utentes da linguagem prática lidam com o tema da elisão, evasão e permite também uma análise crítica dessa linguagem.

Para isso, partirei da análise de uma categoria estreitamente ligada à elisão e à evasão que é a figura da necessidade de propósito negocial. Nessa toada, pretendo meditar, neste capítulo, o modo em que o "propósito negocial" tem sido discutido em inúmeras decisões do Conselho Administrativo de Recursos Fiscais – CARF. Escolho tal tema, como eixo de identificação das diversas decisões, por acreditar que a "necessidade de propósito negocial" é nuclear por envolver, em alguns casos, um extremo de combate à elisão tributária: a necessidade de propósito converte a legitimidade do ato elisivo em um golpe de sorte, casualmente admissível, em razão de um motivo extrafiscal ter convergido para um resultado vantajoso, sob o ponto de vista tributário, a determinado contribuinte.

Nesse sentido, a economia fiscal surgiria de modo, praticamente, involuntária: não seria fruto de um "planejamento tributário", ao menos na acepção semântica que se tem por "planejar". Seria, sim, obra da fortuna que agraciaria tal ou qual contribuinte, em determinadas circunstâncias restritas. Por isso que a vertente da necessidade do propósito negocial, em sua visão mais ampla, me parece a forma mais radical de restrição ao planejamento tributário.

Mas, não acredito que o fundamento dessa ideia de necessidade de propósito negocial se baseie nessa visão mais extrema, que condena, moralmente, o ato de se economizar tributos. O que buscaremos indicar, a seguir, é que o fundamento de aplicabilidade de "necessidade de propósito negocial" é empregado em inúmeras decisões administrativas, não como uma "nova proposta de paradigma da legalidade", nem como uma exigência, universal, de "que o contribuinte não pratique atividades com fins meramente elisivos", como pode parecer

ELISÃO E NORMA ANTIELISIVA

em um primeiro momento, mas com um arcabouço, ainda que implícito nessas decisões, fortemente amparado no que poderíamos designar de "requisitos legais para obtenção de certas economias tributárias", seja requisitos estabelecidos em normas que regem certos negócios ou atos, seja em normas tributárias.

Para isso, classificarei as decisões em duas classes significativas: (i) aquelas que julgam os casos, tomando como parâmetros, para qualificar, requalificar ou desconsiderar negócios jurídicos, as normas tributárias e não tributárias aplicáveis ao caso concreto e (ii) aquelas que tomam conceitos desconexos ao direito positivo para motivar a não aceitação de um ato elisivo. Verificaremos, até que ponto, há legitimidade em cada uma delas. Para o primeiro caso, direi que há um "propósito negocial na lei". O segundo, de "propósito negocial além da lei".

Mas, antes, gostaria de discutir a origem da noção de necessidade propósito negocial, especificamente, nos Estados Unidos da América. Nessa oportunidade, verificaremos o fundamento dessa "doutrina" do direito americano contextualizada nas duas outras "doutrinas" que lhe dá suporte: a da "substância sobre a forma" e das "operações em série".

Lembremos que já expus minha visão sobre a ideia "substância sobre a forma" e sublinhei a impropriedade dessa expressão, eis que toda forma se associa a um conteúdo. Porém, agora, é o momento de explicar a origem desse conceito, em termos digamos, assim, mais pragmáticos. Essa visão será importante para contextualizarmos as decisões administrativas expedidas no Brasil.

Após essa análise no direito norte-americano, buscarei examinar a temática do propósito negocial em nossos tribunais brasileiros, sempre atentos àquela dicotomia de "propósito negocial na lei" e "além da lei" a que já me referi.

8.2 Contexto histórico-jurídico: princípio da substância sobre a forma no direito norte-americano

Certas noções, que vamos examinar nos acórdãos examinados no próximo item, foram desenvolvidas no âmbito do direito comum norte-americano. Estou tratando de três doutrinas que – entendido o signo doutrina, para fins específicos desse capítulo, como tendências interpretativas de aplicação normativa construídas pela Suprema Corte Norte-Americana – que foram importadas pela língua do direito brasileiro: são as doutrinas "substância sobre a forma" (*substance over form doctrine*), do propósito negocial (*business purpose doctrine*) e das transações sequenciais (*step transaction doctrine*).

A compreensão da origem dessas noções é muito esclarecedora e mostra os motivos e pressupostos teóricos de aplicação dessas doutrinas, bem como os problemas e dificuldades que acarretam.

Assim, o primeiro ponto que gostaria de destacar é que o fundamento dessas doutrinas de modo algum representaria uma "relativização" do princípio da legalidade, nem muito menos, um "abandono do jurídico" para se guiar na economia – muito embora pragmaticamente isso, por vezes, ocorra como veremos adiante.

Essas doutrinas, e esse caráter é fundamental, baseiam-se em uma alegada interpretação do alcance das normas tributárias, especialmente, normas que concedem certos benefícios fiscais, principalmente em matéria de Imposto sobre a Renda.

Portanto, tenhamos que a *substance over form doctrine*, *business purpose doctrine* e *step transactions doctrine*, conforme construídas, pela Suprema Corte Norte Americana, não estão relacionadas, imediatamente, a uma noção de "solidariedade

ELISÃO E NORMA ANTIELISIVA

fiscal", "isonomia" ou "capacidade contributiva", ou muito menos a um "dever fundamental de pagar tributos". Elas buscam amparo na lei, isto é, resultam de uma postulada aplicação do sentido semântico da norma tributária específica sobre certa operação.[392]

Nessa toada, *substance over form doctrine*, *business purpose doctrine* e *step transactions doctrine* não são modos de "coibir a elisão". São mais do que isso. Consistem na aplicação de normas tributárias conforme requisitos estabelecidos por essas mesmas normas.

Tenhamos, inicialmente, a *substance over form doctrine*, que foi sendo construída no início do século XX pela Suprema Corte Norte- Americana. Os fundamentos da referida Corte, para constituição dessa teoria, como se nota no famoso precedente Gregory x. Helvering, datada de 1935[393], é atingir a finalidade "da lei" e revelar os "verdadeiros fatos" envolvidos em cada transação.

Em tal precedente, a Sra. Evely Gregory era proprietária de ações de uma companhia chamada United Mortgage Company ("United"). A United, por sua vez, detinha 1000 ações de outra companhia denominada Monitor Securities Corporation ("Monitor"). Pois bem, em setembro de 1928, a Sra. Gregory criou uma nova companhia designada Averill Corporation ("Averill") e ato subsequente a Averill recebeu as ações da Monitor, anteriormente detidas pela United.

---

392. Interessante, nesse sentido, citar trecho do voto do Judge Leanerd Hand, voto este que foi acatado pela Suprema Corte no famoso precedente Gregory v. Helvering que deu ensejo a toda teoria do *business purpose:* "Any one may so arrange his affairs that his taxes shall be as low as possible; he is not bound to choose that pattern which will best pay the Treasury; there is not even a patriotic duty to increase one's taxes."

393. Vale anotar que Gregory v. Helvering, é tida como "precedente mãe" da doutrina do "substance over form", "business purpose" e "step transaction".

401

Seis dias após as referidas transações, a Averill foi dissolvida e as ações da Monitor foram alienadas a um terceiro. Contudo, em razão das operações acima mencionadas, a Sra. Gregory conferiu um tratamento denominado "reestruturação societária" que, nos termos do direito norte-americano, estaria isento de tributação sobre ganho de capital.

As operações ocorridas antes da alienação da Monitor, contudo, foram desconsideradas pelas autoridades fiscais que enunciaram que as foram efetivadas com o intuito exclusivo de se escapar da tributação que seria incidente sobre a alienação das ações. Tendo sido levada disputa ao Poder Judiciário, a Suprema Corte Norte Americana determinou que, para fins de isenção de IR sobre ganho de capital, a reestruturação societária deveria ser entendida como aquela em que se visa, efetivamente, reestruturar a sociedade. Vejamos trecho da referida decisão:

> "When speaks of a transfer of assets by one corporation to another, it means a transfer made 'in pursuance of a plan of reorganization' [. . .] of corporate business; and not a transfer of assets by one corporation to another in pursuance of a plan having no relation to the business of either, as plainly is the case here. Putting aside, then, the question of motive in respect of taxation altogether, and fixing the character of the proceeding by what actually occurred, what do we find? Simply an operation having no business or corporate purpose-a mere device which put on the form of a corporate reorganization as a disguise for concealing its real character, and the sole object and accomplishment of which was the consummation of a preconceived plan, not to reorganize a business or any part of a business, but to transfer a parcel of corporate shares to the petitioner. No doubt, a new and valid corporation was created. But that corporation was nothing more than a contrivance to the end last described. It was brought into existence for no other purpose; it performed, as it was intended from the beginning it should perform, no other function. When

ELISÃO E NORMA ANTIELISIVA

that limited function had been exercised, it immediately was put to death."[394]

Nota-se que o propósito negocial exigido pela decisão acima mencionada parte do pressuposto de que a aplicação do regime jurídico-fiscal destinado à reestruturação societária, isenta de IR, exigiria ações pautadas em um plano negocial e não praticadas, meramente, como mecanismo para se afastar a tributação. É interessante notar que a decisão se fundamenta no alcance de um benefício de uma norma fiscal, específica, e não em um pressuposto genérico e universal de que o planejamento tributário não pode ser realizado com fins predominantes de economia tributária.

Voltando-nos, um pouco à ideia de "substance over form doctrine", diríamos que assim como Charles S. Peirce sustenta que os significados dos signos estão diretamente associados a como esses signos interferem em nossas condutas[395], o direito comum norte-americano construiu a noção de que a realização de atos jurídicos conotados pelas normas fiscais pressupõe a irradiação de certos efeitos. Sem a verificação concreta desses efeitos no plano concreto, tais atos não se reputam juridicizados, para fins tributários, ainda que documentalmente constituídos.

Interessante notar como essa dicção é oposta a veiculada pelo artigo 118, inciso II, do Código Tributário Nacional, que afasta a necessidade de efeitos de certas situações para fins de qualificação do evento tributário, conforme vimos no capítulo III.

A título de exemplo, ao longo da construção dessa doutrina, diversas categorias tributárias foram definidas, pela

---

394. In: http://www.primidi.com/gregory_v_helvering/the_ruling, consultado em 23/12/2013.

395. PEIRCE, Charles S. **How to make our ideas clear**. In Selected Writings. Values in an universe of chance. New York: Dover Publications INC., 198, p. 154.

Suprema Corte Norte-Americana, levando-se em conta certos efeitos patrimoniais.

Em importante precedente como *Higgins v. Smith*, a referida Corte determinou que, para fins da legislação que trata do Imposto sobre a Renda, a dedutibilidade de perdas tributária pressupõe uma "perda real", isto é redução de patrimônio experimentada pelo contribuinte, não podendo ser pautada por instâncias que não signifiquem uma diminuição na riqueza do sujeito passivo tributário.[396]

De fato, em *Higgins v. Smith*, o contribuinte contabilizou uma perda decorrente de alienação de participação societária efetivada para pessoa jurídica por ele controlada, razão pela qual se entendeu que não se tratava de uma efetiva perda passível de gerar benefícios tributários às partes.

A Suprema Corte dos Estados Unidos da América, com base nessa interpretação da legislação fiscal de que as perdas devem ter real amparo econômico, também definiu em (i) *Frank Lyon Co. v. United States*, que *leasing* com posterior possibilidade de compra não seria equivalente, para fins fiscais, a um financiamento e em (ii) *Posey v. United States* que a disponibilidade econômica de renda já é tributável.

Note-se que esses julgados tratam de um modo de interpretação da lei tributária. Ao assinalar que determinada operação não é financiamento para fins fiscais, interpreta-se que o negócio jurídico de financiamento, tal como pressuposto pelas normas tributárias, guarda tais ou quais notas, independente do que dispõem outros segmentos jurídicos. Ao enunciar que a disposição econômica de renda já é disponibilidade para fins de incidência do Imposto sobre a Renda, a doutrina da

---

396. WAIZER, Harry. **Business purpose doctrine**: the effect of motive on federal income tax liability, 49 Fordham L. Rev. 1078 (1981). Available at: http://ir.lawnet.fordham.edu/flr/vol49/iss6/7.

substância sobre a forma está, em última análise, determinando qual a hipótese de incidência desse tributo – aliás de forma equivalente ao que ocorre no Brasil que acata a disponibilidade econômica da renda.

Daí por que, a Suprema Corte Norte-Americana já se manifestou no sentido de que a *substance over form doctrine* não seria aplicável quando a legislação tributária pressupõe um conceito que, para fins de tributação, é menos dissociado dos comportamentos concretos e mais apegado aos signos utilizados nos documentos pelos contribuintes. Isso foi pressuposto pela referida Corte no precedente *"Kenetchs v. United States"*.

Muito bem. É preciso considerar que, conceitualmente, a *substance over form doctrine* não se confunde com a *business purpose doctrine*, embora estejam intrinsecamente relacionadas. Para a doutrina *substance over form*, não importam os motivos pelos quais os contribuintes realizam certas operações – se fiscais ou extrafiscais. O relevante são os fatos envolvidos na operação.[397]

A exemplo da substância sobre a forma, a *business purpose doctrine* também tem base na interpretação de normas jurídicas tributárias. A legitimação dessa teoria originou-se pela fundamentação de que certos benefícios fiscais, no direito norte-americano, pressupõem que o contribuinte aja com propósitos extratributários, para que esses benefícios sejam aplicados.

---

397. WAIZER, Harry. **Business purpose doctrine**: the effect of motive on federal income tax liability, 49 Fordham L. Rev. 1078 (1981), p. 1082. Available at: http://ir.lawnet.fordham.edu/flr/vol49/iss6/7. Harry Waizer, para embasar sua fundamentação cita United States v. Cumberland Pub. Serv. Co., 338 U.S. 451, 454-56 (1950); Blueberry Land Co. v. Commissioner, 361 F.2d 93, 99 n. 21 (5th Cir. 1966); Maysteel Prods. Inc. v. Commissioner, 287 F.2d 429, 431 (7th Cir. 1961).

Há, como se percebe, certa diferença, no direito norte-americano, entre a da *substance over form doctrine* e *business purpose doctrine*. Se há uma presunção de que, salvo disposição expressa na legislação, os atos serão interpretados conforme aquele padrão que se convencionou chamar por substância – isto é, conforme o objeto dos signos – a doutrina do propósito negocial, por sua vez, é legitimada pela finalidade inerente a certo benefício fiscal que deve ser observada pelo contribuinte.

Assim, em *United States v. Cumberland Public Service*, a Suprema Corte Norte-Americana expressamente refutou a necessidade de propósito negocial em operação em que houve redução de capital social da pessoa jurídica para devolução de ativos a seus sócios e posterior venda, por parte desses, com tributação incidente reduzida, entendendo, ainda, que o propósito de planejamento tributário, por parte do contribuinte, não poderia ser requisito para imposição da tributação mais gravosa.[398]

Já em *Mathews v. Commissioner*, foi decidido que a doutrina do propósito negocial apenas seria aplicável, se assim previsto pela seção específica da legislação tributária aplicável.[399]

Em que pese a esses fatores, a doutrina do *business purpose* é constantemente criticada, por operadores do direito norte-americano, por sua falta de objetividade e imprevisibilidade, principalmente se observada sua aplicação por tribunais inferiores. Isso porque, nem sempre os benefícios fiscais exprimem suas finalidades, de sorte que os juízes, muitas vezes, concebem finalidades imprevisíveis, servindo para afastar planejamento tributário.

---

398. WAIZER, Harry. **Business purpose doctrine**: the effect of motive on federal income tax liability, 49 Fordham L. Rev. 1078 (1981), p.1083.

399. WAIZER, Harry. **Business purpose doctrine**: the effect of motive on federal income tax liability, 49 Fordham L. Rev. 1078 (1981), p. 1084.

ELISÃO E NORMA ANTIELISIVA

Peter L. Faber, nesse sentido, menciona esse sentimento, atribuindo-lhe a outros operadores do direito norte-americano, ao enunciar que:

> *A tax payer should not psycoanalize the drafters of a statute or regulation to figure out what they would have said had they anticipated the transaction under consideration.*[400]

Justamente, por ser subjetiva, a doutrina do propósito negocial é vista por comentadores como de baixa eficácia no combate aos chamados "planejamentos abusivos".

Efetivamente, em estudo em que se examinaram todas as mil decisões expedidas pela Suprema Corte dos Estados Unidos da América entre 1909 a 2011 que trataram sobre acusação de planejamento tributário abusivo, levado a cabo pelos Professores Joshua D. Blanck da New *York University School of Law* e Nancy Staudt, da *University of Southern California Gould School of Law and Price School of Public Policy*, identificou-se que a Suprema Corte dos Estados Unidos da América tem sido muito ambígua quando o Fisco alega a ausência de propósito negocial para desconsiderar um planejamento tributário, a ponto de que tal argumento foi tido como estatisticamente irrelevante para fins de determinação de êxito do fisco e até mesmo prejudicial, em certos casos.

A conclusão dos referidos pesquisadores é que se trata de argumento pouco relevante, para o Fisco. Segundo o estudo:

> *In any case, this finding appears to confirm the criticism of many commentators that the justices may view the business purpose requirement as a standard that can be*

---

400. FABER, Peter L. **Business purpose and economic substance in state**. Disponível em: http://www.mwe.com/info/pubs/TaxAnalysts_State.pdf. Acesso em: 25 jul. 2013.

> *manipulated by both the taxpayer and the government and thus neither probative nor decisive for legal analytic purposes.*
>
> *The Finding supports the view of many commentators that the business purpose standard does not enable the government to attack government tax abuse effectively. On the contrary, in some cases, the standard actually hinder the governments anti abuse efforts.*[401]

Justamente por conta desses fatores, em 2010, quase setenta anos após os primeiros precedentes que aplicaram a doutrina do propósito negocial, houve a positivação desse instituto no "Health Care and Education Reconciliation Act of 2010".

Por meio de tal ato, uma operação, para fins de passar no teste da "substância econômica" deveria apresentar as seguintes características:

(i) Substancial modificação na posição econômica da parte; e

(ii) Um propósito substancial na operação.[402]

Assim, nota-se que na ordem de evolução das coisas no referido país, não basta o propósito negocial para que a operação seja aceita, é preciso uma combinação de propósito negocial associada de uma substancial modificação na posição econômica da parte. Essa alteração, contudo, é recente ainda sem reflexos consideráveis nas decisões dos tribunais. De qualquer sorte, propósito negocial e a doutrina da prevalência sobre a forma passam a ser instâncias aplicáveis ao modo de se interpretar a legislação do Imposto sobre a Renda.

---

401. Blanck, Joshua D. Staudit, Nancy. **Corporate Shams.** Disponível em: http://papers.ssm.com/papers.cfm?abstract_id_2035057. Acesso em: 30 mai. 2013.

402. Version of the economic substance doctrine.134 – The Code specifies that a "transaction shall be treated as having economic substance *only if* the transaction changes in a meaningful way the taxpayer's economic position, *and* the taxpayer has a substantial purpose for entering into such transaction."

ELISÃO E NORMA ANTIELISIVA

Passo agora a examinar a *step transaction doctrine* e sua interpretação pelos tribunais norte-americanos. Essa doutrina, da maneira em que é tida, pressupõe "um modo de interpretar os eventos tributários para subsumi-los ao que previsto pelas normas fiscais".[403]

Retornemos ao precedente do Gregory v. Helvering, tida como "avô" das três doutrinas que estamos examinando. Como já assinalamos, em tal caso, o Senhor e Senhora Gregory, que detinham a *United*, constituíram uma nova subsidiária, denominada *Monitor*, subscreveram certas ações detidas pela *United* nessa segunda sociedade e ato contínuo liquidaram essa última pessoa jurídica recebendo, em contrapartida, ações da companhia investida pela nova subsidiária extinta.[404]

Com isso, o Senhor e Senhora Gregory tentaram se enquadrar em um regramento denominado "reestruturação societária", isento de tributação de Imposto sobre a Renda, evitando a incidência do IR sobre ganho de capital que incidiria na posterior venda da Monitor. Nesses termos, efetivando o que daria origem a *step transaction doctrine*, a Suprema Corte Norte Americana aglutinou todas as operações em uma só entendo, que, no caso concreto, não houve reestruturação tributária, mas sim uma mera transferência de ativos à pessoa física.[405]

Essa técnica de se aglutinar inúmeras operações em um único ato é uma das maneiras de aplicação dessa doutrina do *step transaction*. Outro modo vai justamente ao caminho oposto,

---

403. "The step transaction doctrine is the name that has been given to one method courts have used in fitting events into the descriptions provided by the statute for taxable transactions." (HOBBET, D. Richard. **The step transaction doctrine and its effect on corporate transactions**, p.102).

404. HOBBET, D. Richard. **The step transaction doctrine and its effect on corporate transactions**, p. 103.

405. HOBBET, D. Richard. **The step transaction doctrine and its effect on corporate transactions**, p. 103.

409

CHARLES WILLIAM MCNAUGHTON

isto é, importa uma interpretação analítica de certa operação praticada pelo contribuinte. Em *U.S. v. Joliet and Chicago Railroad*, a pessoa jurídica houvera locado um imóvel a um terceiro e o valor recebido pelos alugueres foi pago diretamente ao sócio. Assim, a operação foi desmembrada em duas, isto é, aluguel do imóvel e distribuição de lucro ao acionista.[406]

Já em *Comissioner v. Court Holding Cold*, houve a liquidação de companhia e venda dos ativos pelos antigos sócios. A Suprema Corte Norte-Americana firmou que os ativos foram vendidos pela pessoa jurídica e não pelos sócios. Nessa terceira vertente da *step transaction doctrine*, há uma inversão da ordem das transações, tributando-se a ordem que se entende correta.[407]

Finalmente, no quarto modo de aplicação da *step transaction doctrine*, diversos fatos são tidos como pertencentes a um mesmo procedimento, ainda que com largo espaço de tempo entre eles. Por exemplo, em *Arrowsmith Case*, a Suprema Corte Norte-Americana entendeu que alienação de ativos por parte de um acionista de uma companhia liquidada quatro anos antes fez parte da liquidação da companhia.

Segundo o Professor de Direito de *Duke University*, Richard D. Hobbet, os tribunais são muito atentos aos conceitos utilizados pela legislação tributária, para buscar aglutinar diversos negócios em um só. Assim quando atos são tidos como independentes, para fins fiscais, a doutrina não é aplicável.[408] E ressalta, ainda, o Professor, que a própria legislação fiscal,

---

406. HOBBET, D. Richard. **The step transaction doctrine and its effect on corporate transactions**, p. 103.

407. HOBBET, D. Richard. **The step transaction doctrine and its effect on corporate transactions**, p. 104.

408. HOBBET, D. Richard. **The step transaction doctrine and its effect on corporate transactions**, p. 105.

ao descrever as diversas operações, fornece o contexto pelo qual a doutrina da *step transaction* será aplicada e, muitas vezes, determina expressamente a necessidade de aplicação de tal doutrina.[409]

De toda sorte, o que pretendo assinalar é que essas três doutrinas têm como fundamento uma suposta interpretação das normas tributárias e o alcance dessas normas.

O fato, porém, é que os operadores do direito norte--americano – e aqui estou me referindo a advogados e professores – revelam perplexidade com o subjetivismo e casuísmo com que certos tribunais norte-americanos vêm adotando essas doutrinas, principalmente quando se dissociam da legislação ou a interpretam de forma muito subjetiva. No chamado Penrod Case, a *U.S. Court* chama a atenção que a aplicação "liberal" dessas doutrinas promove incerteza e insegurança.[410]

Nesse sentido, o Professor Ronald H. Jensen, da "Pace University School of Law", tratando de um caso específico de aplicação da *step transaciont doctrine*, em que os critérios legais da norma tributária não foram observados, é categórico sobre a ausência de critério inteligível nesse caso de aplicação da *step transaction* pelas cortes:

> *In short, before a court applies the step transaction doctrine, it first needs to determine the reason for the various requirements of the statute. Only then can it determine whether application of the doctrine would further the underlying purposes of the statute.*
>
> *This is a striking departure from the way in which the doctrine is usually applied. The tendency of courts to view*

---

409. HOBBET, D. Richard. **The step transaction doctrine and its effect on corporate transactions**, p. 107.

410. HARRISON, Louis. Held, Robert. **How far will this income tax concept invade the estate and gift tax planning realm?**

CHARLES WILLIAM MCNAUGHTON

> *the doctrine as an instrument for making a factual determination has led them to focus on factual distinctions relating to the probability that the transferor will or will not divest himself of control. For example, courts focus on questions of whether the transferor is legally bound to divest himself of control, whether the transfer of property and the subsequent sale of stock are mutually interdependent, etc. This approach has made it difficult to draw any meaningful or intelligible lines. Since the courts' analyses have been divorced from consideration of the policy underlying the control requirement, the courts have lacked a rational basis for assessing the significance. Of the factual distinctions they observed.*[411]

Herrigton e Held, sendo ainda mais abrangentes, enunciam que alguns juízes tratam tais teorias como "verdadeiros camaleões" para desconsiderar qualquer planejamento tributário bem-sucedido que entendam injustos.[412]

Já o advogado Peter L. Faber relata impressão semelhante, enunciando que:

> *The state and local tax cases addressing issues of economic substance and business purpose have shown no more intellectual rigor than have the federal cases. The courts have tended to use the concepts interchangeably to attack transactions that they did not like. One suspects that judges apply the "smell test" in deciding whether a transaction will be respected and then use the words "business purpose" and "economic substance" to intellectualize the decisions*

---

411. JENSEN, Ronald H., "Of form and substance: tax-free incorporations and other transactions under section 351" (1991). **Pace law faculty publications**. Paper 506. Disponível em: http://digitalcommons.pace.edu/lawfaculty/506. Acesso em: 01 jun. 2013.

412. HARRISON, Louis. Held, Robert. **How far will this income tax concept invade the estate and gift tax planning realm?** Consultado no sítio eletrônico: www.harrisonheld.com/library/sham.transaction.pdf, em 30 de maio de 2013.

ELISÃO E NORMA ANTIELISIVA

> *reached by an unintellectual process. As one judge said to me at a cocktail party in describing a case he had recently heard at oral argument: "Pete, his lawyer had all the best of the legal arguments at oral argument the other day, but there is no way we are going to let that SOB get away with that!" And they didn't."*[413]

Segundo, ainda, o Professor Rice:

> *The major premises under which tax avoidance is frustrated in some cases and allowed in others are simply too ephemeral to be articulated. And if such articulation were possible, it would only serve to challenge further the ingenuity of the taxpayer.*

Essa preocupação sentida, por grande parte desses estudiosos, foi comprovada estatisticamente pelo estudo a que nos referimos em que todos mil julgados de planejamento tributário abusivo, pela Suprema Corte Norte Americana, foram examinados por Professores Joshua D. Blanck da *New York University School of Law* e Nancy Staudt, da *University of Southern California Gould School of Law and Price School of Public Policy*.

De fato, após exame minucioso desses julgados e dos casos por eles envolvidos, os referidos professores concluíram que os seguintes fatores são estatisticamente relevantes para determinar se uma mesma operação será considerada, ou não, "planejamento tributário abusivo":

(1) Se na época do julgamento o Estado precisa, ou não de recursos, em razão de guerra externa, havendo nítida tendência em se considerar certas operações abusivas em época de guerra e de se considerá-las não abusivas em época de paz.

---

413. FABER, Peter L. **Business Purpose and Economic Substance in State Taxation**. Disponível em: www.mwe.com/info/pubs/TaxAnalysts_State.pdf. Acesso em 2 jun. 2013.

(2) Se quem peticiona é o Fisco ou o Contribuinte, de sorte que há uma tendência marcante em se considerar abusiva a operação quando o Fisco é o autor e não abusiva quando o Fisco é o réu da demanda;[414]

(3) Se o contribuinte solicitou, ou não, restituição de tributos, havendo maior chance da operação ser condenada como abusiva em casos que envolvem a restituição de tributos;

(4) Em menor extensão, a composição da Suprema Corte, considerando-se, que atualmente, o contribuinte tem tido mais êxito nas demandas em relação a tempos passados, desde que o Ministro, assumiu sua cadeira na Suprema Corte.[415]

Ora, esses dados, após anos de maturação da "substance over form doctrine", "business puporse" e "step transaction doctrine" são exemplos eloquentes de como o subjetivismo e ausência de critérios claros, baseados em lei, podem tornar distantes o direito tributário do princípio da isonomia.

Retenhamos, por ora, que as referidas doutrinas, no direito norte-americano, se fundamentam na aplicação de normas tributárias e quanto menos dissociadas na prescrição legislativa ou de fundamentos legais que as justifiquem, em cada caso, maior a arbitrariedade em sua aplicação.

8.3 O "propósito negocial" na jurisprudência do CARF

8.3.1 Palavras iniciais

Assim, como identificamos no item anterior, que tratou das doutrinas desenvolvidas pela Suprema Corte Norte Americana, uma preocupação de certos julgadores, professores e advogados de conectar os institutos de "substância sobre a

---

414. BLANCK, Joshua D.; STAUDT, Nancy. **Corporate Shams**. Disponível em: http://papers,sm.om/papers,cfm?abstract_id_2035057. Acesso em: 30 mai. 2013, p. 51.

415. BLANCK, Joshua D.; STAUDT, Nancy. **Corporate Shams**. Disponível em: http://papers,sm.om/papers,cfm?abstract_id_2035057. Acesso em: 30 mai. 2013, p. 51.

forma", "necessidade de propósito negocial" e "step transaction doctrine" à lei e institutos do direito positivo, especialmente tributários, estamos convencidos que grande parte de arestos do Conselho Administrativo de Recursos Fiscais e do antigo Conselho de Contribuintes do Ministério da Fazenda que aplicam instâncias tidas como antielisivas, também buscam amparo na legislação vigente, ou seja, na legalidade. Nesse sentido, atuam como instâncias que visam a coibir a evasão tributária e não propriamente a elisão.

Sem embargo, não ignoro que esses mesmos recursos legitimadores de desqualificação ou requalificação de atos jurídicos também podem, e vêm sendo utilizados, como instrumentos para neutralizar operações praticadas com elisão tributária. Mas, é preciso diferençar esses dois casos de aplicação desses institutos, seja para uma meditação mais profunda do que se opera na pragmática jurídico-tributária, no que que diz respeito à elisão, seja por que há uma espécie de "verdade" que sustenta que o Conselho Administrativo de Recursos Fiscais – CARF não mais permite a prática de atos com fim exclusivo de economia de tributos.

Esclareço que, embora, nos Estados Unidos da América, os institutos da "substância sobre a forma", "propósito negocial", "operações em série" sejam distintos, quando examinarmos a jurisprudência brasileira buscarei concentrar o foco para examinar a questão do propósito negocial.

Ocorre que, em território nacional, essa separação não foi efetivada de modo analítico, de sorte que os tribunais e, acima de tudo os fiscais, costumam se concentrar, como eixo nuclear, no questionamento de necessidade de propósito negocial.

Feita essa advertência, é preciso considerar essa diferença fundamental entre "propósito negocial" para coibir a evasão fiscal e "propósito negocial" para neutralizar a elisão tributária: a terminologia é uma só, mas os efeitos jurídicos são amplamente distintos.

Baseado nestas ideias, trabalharei a seguir com uma hipótese que é a seguinte: grande parte das decisões do Conselho de Contribuintes do Ministério da Fazenda ou do atual Conselho Administrativo de Recursos Fiscais que lidam com a questão do propósito negocial empregam esse instituto para desqualificar atos tidos como evasivos, seja por que o propósito negocial consistia em requisito legal para garantir a aplicação de certa norma tributária, seja por que, no caso concreto, a ausência de propósito negocial era combinada com a prática de atos simulados.

Com isso, poderemos resgatar, na pragmática, aquela fundamentação inerente a essa doutrina, como verificamos em sua origem no direito norte-americano: a necessidade de propósito negocial é justificada para observância de finalidades de normas específicas, como requisito jurídico de aplicação dessas normas. Afastaríamos, assim, aquela vertente de "necessidade de propósito extratributário" como um elemento implícito no sistema, para dar efetividade a um "dever fundamental de pagar tributos", atuando como verdadeira aplicação, dissimulada, de uma norma antielisiva. Vejamos, a seguir o estudo dos arestos do CARF.

8.3.2 Propósito negocial *na* lei

Para iniciar a análise disso que denomino "propósito negocial na lei", menciono que na excelente obra "Planejamento Tributário e o Propósito Negocial"[416], buscou-se identificar, em um grupo de 76 (setenta e seis) decisões expedidas pelo então Conselho de Contribuintes do Ministério da Fazenda, atual Conselho Administrativo de Recursos Fiscais – CARF,

---

416. SCHOUERI, Luís Eduardo. (Coord). FREITAS, Rodrigo. (Org). **Planejamento tributário e o propósito negocial.** São Paulo: Quartier Latin, 2010, p. 482.

que trataram a temática de planejamento tributário – seja elisivo ou evasivo – como o propósito negocial foi encarado pelo referido órgão.

Sobre essas decisões, concluiu-se que o instituto do propósito negocial foi examinado em 51 (cinquenta e um) arestos, sendo que, dos 41 (quarenta e um) em que não houve detecção de propósito extratributário nas transações, em 34 (trinta e quatro) deles, os negócios não foram considerados oponíveis ao Fisco.[417]

Pois bem. O diálogo com esse trabalho nos parece pertinente, porque nos proporciona a oportunidade de investigar decisões em que o questionamento de propósito negocial foi identificado em coletânea realizada por terceiros.

Na medida em que pretendemos estudar uma hipótese – a de que a ausência de propósito negocial é comumente utilizada para exame de operações tidas como evasão fiscal – o fato de lidarmos com decisões escolhidas por terceiros garante certa aleatoriedade, no que tange ao critério de seleção desses arestos, evitando uma possível manipulação de seleção que macularia a ilustração empírica de nossa hipótese.

Feito esse esclarecimento, registramos que buscamos examinar o conteúdo dessas 34 (trinta e quatro decisões) em que (i) foi examinada a questão da ausência de propósito negocial e (ii) foi desconsiderada a operação praticada por contribuinte, neutralizando-se a economia fiscal por ele obtida.

Em todas essas decisões, é possível registrar que os julgadores administrativos estavam convencidos pela existência de atos que poderiam ser tidos como evasivos isto é, estavam convencidos de que as normas aplicadas pelos contribuintes

---

417. SCHOUERI, Luís Eduardo. (Coord). FREITAS, Rodrigo. (Org). **Planejamento tributário e o propósito negocial.** São Paulo: Quartier Latin, 2010, p. 482.

tinham como requisito o preenchimento de certas finalidades que poderiam implicar a existência de um propósito negocial.

Para ilustrar isso, elaborei uma tabela em que sintetizo o ato ilícito praticado pelo contribuinte e depois buscarei associar essa ilicitude com uma ausência de propósito negocial no ato praticado. Inserimos as ementas no Anexo único desse livro, com trechos de acórdãos que nos permitiram formar os resumos a seguir indicados. Assim, vejamos o quadro ilustrativo:

Número do Acórdão	Tema
101-93826	Despesa não necessária, normal e não usual – multa contratual por rescisão de contrato com parte relacionada.
101-94986	Despesa não necessária – liberalidade na emissão de debêntures para acionistas.
101-95168	Simulação – perda na operação de opções flexíveis e utilização de interposta pessoa.
101-95409	Despesa não necessária – liberalidade na perda de capital por venda de ativo, valor simbólico.
101-95442	Simulação – ocultação de ganho de capital em sucessivas operações, envolvendo aporte de capital por meio de ações, incorporações e outras operações societárias que foram consideradas como "não efetivas", sendo que todas foram neutralizadas em uma segunda fase do planejamento.
103-07260	Transferência de receitas – constituição de inúmeras pessoas jurídicas sem efetiva atividade empresarial para redução da carga tributária.
104-21610	Simulação para encobrir ganho de capital – casa separa.
104-20749	Simulação para encobrir ganho de capital de pessoa física – venda de quotas de pessoa jurídica A, para pessoa jurídica B, ambas detidas pelo contribuinte C.

104-21954	Ocultação do efetivo contribuinte – contrato de trabalho de natureza personalíssima prestado por pessoa física por intermédio de pessoa jurídica.
106-13552	Simulação para encobrir o ganho de capital -operações societárias em série e com propósito conflitantes, em curto lapso temporal.
107-08.247	Omissão de receitas – utilização de interposta pessoa, para ocultação da origem de recursos utilizados para investimentos no mercado de renda variável.
107-08326	Separação simulada de pessoas jurídicas – duas pessoas jurídicas detinham os mesmos sócios, uma fabricante de artigos de cozinha e outra prestadora de serviços de instalação, com alocação de preço entre as duas atividades tida como desproporcional, (o valor do serviço de instalação era o dobro do valor da venda de móveis de cozinha) para reduzir a base de cálculo de ISS e aumentar a base de cálculo de IPI e ICMS.
107-08342[418]	Prejuízos artificiais na operação de "day trade" – aquisição de contratos Ibovespa Futura por preço mais alto do que o mercado e venda a preço baixo a clientes com suspeita de que os clientes pagassem "por fora" tal diferença.
202-13072	Mutuário interposto para redução de alíquota de IOF – pessoa jurídica é interposta, como mutuária fictícia, para ocultar efetivo mútuo de pessoa jurídica (concessionária de veículo) e pessoa física, para garantir tributação de IOF com alíquota de 1,5% (incidente sobre mútuos entre pessoas jurídicas e não 15% (então incidente sobre mútuos entre pessoa jurídica e pessoa física.

---

418. Vide relatório de Élcio Fiori Henriques, ob. cit., p.196.

CHARLES WILLIAM MCNAUGHTON

202-15765	Mutuário interposto para redução de alíquota de IOF – pessoa jurídica é interposta, como mutuária fictícia, para ocultar efetivo mútuo de pessoa jurídica (concessionária de veículo) e pessoa física, para garantir tributação de IOF com alíquota de 1,5% (incidente sobre mútuos entre pessoas jurídicas e não 15% (então incidente sobre mútuos entre pessoa jurídica e pessoa física.[419]
202-15862	Não recolhimento de CPMF – emissão de cheque administrativo de ordem de pagamento por instituição financeira para pagar credores de cliente C, em contrapartida à ausência de crédito na conta bancária de C, em relação a cheques que C era beneficiário. A transação que buscaria evitar a incidência de CPMF sobre essas operações não logrou, por previsão expressa de tributação pelo artigo 2º, inciso III, da Lei n. 9.311/96.[420]
204008-4	Ocultação de empréstimo para evadir a incidência do IOF – operação triangulada, entre instituição financeira *A*, sua cliente, *B*, e empresa de *factoring* coligada *C* a *B*. *A* vendia títulos à prazo a *B*; *B* vendia os títulos a vista a *C*, e *C* vendia os títulos à vista a *A*. As operações eram realizadas no mesmo dia e as partes as contabilizavam como empréstimos.[421]
104214-98	Simulação para encobrir ganho de capital – operação "Casa-Separa".[422]
10421675	Simulação para encobrir ganho de capital – operação "Casa-Separa".[423]

---

419. Vide relatório de Marco Antônio Veríssimo Teixeira, ob. cit., p. 215.

420. Vide relatório de Fernando de Man, ob. cit., pp. 216-221. Registre-se que o artigo 6º, inciso III, da Lei n. 9.311/96 determina o seguinte: "Art. 2º O fato gerador da contribuição é: VI - qualquer outra movimentação ou transmissão de valores e de créditos e direitos de natureza financeira que, por sua finalidade, reunindo características que permitam presumir a existência de sistema organizado para efetivá-la, produza os mesmos efeitos previstos nos incisos anteriores, independentemente da pessoa que a efetue, da denominação que possa ter e da forma jurídica ou dos instrumentos utilizados para realizá-la."

421. Vide relatório de Alien Hungaro Cunha, ob. cit., p. 228.

422. Vide relatório de Maria Elisa Sabatel Giordano, ob. cit., pp. 247-253.

423. Vide relatório de José Gomes Martins Neto, ob. cit., pp. 255-259.

ELISÃO E NORMA ANTIELISIVA

201-77788	Não recolhimento de CPMF – emissão de cheque administrativo de ordem de pagamento por instituição financeira para pagar credores de cliente C, em contrapartida à ausência de crédito na conta bancária de C, em relação a cheques que C era beneficiário. A transação que buscaria evitar a incidência de Contribuição sobre Movimentação Financeira – "CPMF" sobre essas operações não logrou, por previsão expressa de tributação pelo artigo 2º, inciso III, da Lei n. 9.311/96.[424]
103-21543	Despesa não necessária – debênture não necessária à atividade, por não importar levantamento de recursos.[425]
107-08064	Omissão de receitas na atividade agrícola – simulação de contratos de parcerias com os empregados do próprio contribuinte para não contabilização de receitas. Contabilidade paralela.[426]
101-95208	Despesa não necessária – serviço simulado para aproveitamento de despesa na apuração da base de cálculo do IRPJ e CSLL.
101-94771	Simulação – operação "Casa Separa" para dissimular ganho de capital.[427]
CSRF 01-02.107	Simulação – incorporação às avessas.[428]

---

424. Vide relatório de Fernando de Man, ob. cit., pp. 216-221. Registre-se que o artigo 6º, inciso III, da Lei n. 9.311/96 determina o seguinte: "Art. 2º O fato gerador da contribuição é: VI - qualquer outra movimentação ou transmissão de valores e de créditos e direitos de natureza financeira que, por sua finalidade, reunindo características que permitam presumir a existência de sistema organizado para efetivá-la, produza os mesmos efeitos previstos nos incisos anteriores, independentemente da pessoa que a efetue, da denominação que possa ter e da forma jurídica ou dos instrumentos utilizados para realizá-la."

425. Vide relatório de Renato Vilela Faria, ob. cit., pp. 288-295.

426. Vide relatório de Marta Oliveiros Castelon, ob. cit., pp. 305-309.

427. Vide relatório de Victor B. Polizelli, ob. cit., pp. 317-320.

428. Vide relatório de Lívia de Carli Germani, ob. cit., pp.350-353.

CHARLES WILLIAM MCNAUGHTON

108-09496	Transferência de receitas – constituição de Sociedade por Conta de Participação ("SCP"), tributada pela sistemática de apuração de base de cálculo de IRPJ pelo lucro presumido, cujo sócio ostensivo A é tributado pela sistemática de apuração de base de cálculo do mesmo imposto como lucro real, para que atividades desempenhadas por A sejam transferidas a SCP, obtendo-se menor tributação.[429]
101-96724	Simulação. Dedutibilidade de ágio – pessoa jurídica detentora de reserva de ágio fora constituída e ato contínuo incorporada no mês seguinte por sua sócia, que passou a se aproveitar do respectivo ágio.[430]
101-96072	Transferência de rendimentos – cessão de aplicação financeira, para transferência de tributação de eventuais rendimentos obtidos à cessionária, controlada da cedente. Posterior Resgate dos valores investidos pela cedente que também se aproveitou da totalidade de IRRF incidente.[431]
101-96066	Simulação para ocultar ganho de capital – permuta para ocultar ganho de capital em alienação de participação societária.
101-96087	Simulação para encobrir – operação com investimento com ágio, capitalização e alienação no mesmo dia, indicando não haver propósito de associação entre as partes. Ocultação de ganho de capital.[432]
101-95818	Simulação para encobrir ganho de capital – operação Casa Separa.[433]
102-48620	Simulação – pagamento sem causa. IRRF.[434]
103-23441	Simulação – constituição de pessoa jurídica, sem operação, para aproveitamento de ágio.[435]

---

429. Vide relatório de Carlos Eduardo Peroba Angelo, ob. cit., pp. 350-353.
430. Vide relatório de Livia de Carlo Germana, ob. cit., pp. 370-371.
431. Vide relatório de Livia de Carlo Germana, ob. cit., pp. 372-375.
432. Vide relatório de Livia de Carlo Germana, ob. cit., pp. 376-379.
433. Vide relatório de Livia de Carlo Germana, ob. cit., pp. 380-383.
434. Vide relatório de Livia de Carlo Germana, ob. cit., pp. 388-392.
435. Vide relatório de José Gomes Jardim Neto, ob. cit., pp. 398 a 401.

ELISÃO E NORMA ANTIELISIVA

103-21046	Simulação – incorporação de empresa superavitária por outra deficitária.

Para examinar os dados acima indicados, passo a expor certos institutos jurídicos relevantes para a compreensão da relação do propósito negocial e as normas jurídicas examinadas nas referidas decisões.

Assim, inicialmente tratarei acerca da questão da dedutibilidade de despesas, que foi alvo das discussões estampadas nos acórdãos de número 101-93826, 101-94986, 101-95168, 101-95409, 103-21543 e 101-95208 da tabela acima indicada.

Para esse fim, tenhamos que, entre as modalidades de apuração da base de cálculo do Imposto sobre a Renda devido pela pessoa jurídica, há aquela designada de lucro real, que consiste na apuração do lucro líquido aferido pela pessoa jurídica, ajustado de certas adições, compensações e exclusões previstas pela legislação.[436]

Muito bem, para apurar seu lucro, a pessoa jurídica, entre outros procedimentos necessários, deverá deduzir as despesas por ela incorridas, no período de apuração, observando certas normas que regulam os ditames em que essa dedução pode ser efetivada. Um dos enunciados centrais dessa sistemática é o veiculado pelo artigo 47 da Lei n. 4.506/64 que dispõe o seguinte:

> Art. 47. São operacionais as despesas não computadas nos custos, necessárias à atividade da emprêsa e a manutenção da respectiva fonte produtora.
>
> § 1º São necessárias as despesas pagas ou incorridas para a realização das transações ou operações exigidas pela atividade da emprêsa.

---

436. Nesse sentido, o artigo 6º Lei n. 1.598, de 1977 determina o seguinte: "Art 6º – Lucro real é o lucro líquido do exercício ajustado pelas adições, exclusões ou compensações prescritas ou autorizadas pela legislação tributária."

§ 2º As despesas operacionais admitidas são as usuais ou normais no tipo de transações, operações ou atividades da empresa.

Como se percebe do dispositivo, o contribuinte poderá se aproveitar, a título de despesas operacionais, para fins de apuração da base de cálculo do Imposto sobre a Renda, apenas aquelas que sejam necessárias à sua atividade, ficando vedado o aproveitamento de gastos que sejam meras liberalidades.

Infere-se, daí, que a existência de propósito negocial na prática de certa operação geradora de despesa é um requisito para dedutibilidade de tal dispêndio da base de cálculo do IRPJ, isto é, se certa transação é efetivada pelo contribuinte com a única finalidade de gerar uma despesa, aquele caráter de necessidade, exigido pelo artigo 47 da Lei n. 4.506/64, estaria frustrado, importando a indedutibilidade de tal despesa.

Nesse sentido, na medida em que, nos casos acima indicados, a fiscalização indicou a ausência de necessidade da despesa incorrida, e na medida em que os julgadores administrativos se convenceram dessa acusação, não restou alternativa às autoridades julgadoras senão admitir a glosa da despesa, para fins de apuração da base de cálculo do referido imposto.

De qualquer sorte, retenhamos que nesses casos de glosa de despesa não necessária, a questão do propósito negocial passa a ser um requisito implícito do artigo 47 da Lei n. 4.506/64, pois se a transação efetivada estiver desprovida de tal propósito, e tiver finalidade estritamente tributária, não há que se falar em necessidade da despesa para as operações da pessoa jurídica, ficando impossibilitado o aproveitamento do dispêndio para fins de apuração da base de cálculo do IRPJ.

Outro grupo de acórdãos que poderíamos nos referir tratam das operações que visam a evitar a incidência de Imposto

ELISÃO E NORMA ANTIELISIVA

sobre a Renda sobre o ganho de capital. Esse grupo é composto pelos acórdãos 104-21610, 104-20749, 101-95442, 106-13552, 104-21498, 10421675, 101-94771, 101-96087 e 101-95818.

Tenhamos, nesse sentido, que entre os rendimentos tributados pelo Imposto sobre a Renda há o ganho de capital, que consiste no resultado de uma transação em que o contribuinte aliena determinado bem ou direito por um valor superior a seu custo de aquisição. Assim, o Imposto sobre a Renda incide sobre a diferença entre o valor de alienação e o custo de aquisição.[437]

Nesse sentido, para evitar que haja incidência do imposto sobre o ganho de capital da alienação de bens ou direitos, certos agentes criam transações que visam a ocultar a alienação de bens ou direitos. Uma designação que tipificou uma dessas transações na língua do direito é a chamada operação "Casa Separa".

Na operação "Casa Separa", dois contribuintes A e B utilizam-se de pessoa jurídica C, ingressando nela como sócios, de modo que A integraliza determinado bem – que seria o objeto da alienação – e B aporta determinada quantia em dinheiro – para fins de pagamento do preço.

B que integraliza sua participação mediante dinheiro, normalmente, assim o faz pagando um ágio, que é registrado na pessoa jurídica investida mediante a constituição de reserva de ágio na emissão de ações.[438] Em outras palavras, B paga

---

437. Vide artigo §2º do artigo 32 da Lei n. 8.981/95 que determina o seguinte: "Art. 32, § 2º- O ganho de capital nas alienações de bens do ativo permanente e de aplicações em ouro não tributadas na forma do art. 72 corresponderá à diferença positiva verificada entre o valor da alienação e o respectivo valor contábil."

438. Esse registro de ágio é embasado no §1º do artigo 182 da Lei n. 6.404/76, que prevê o seguinte: "Art. 182. A conta do capital social discriminará o montante subscrito e, por dedução, a parcela ainda não realizada. § 1º Serão

por quota ou ação mais do que o valor nominal de tais títulos. Por exemplo, se B adquire 100 ações de valor de um real cada uma, B poderia integralizar 200 reais na sociedade, de sorte que a sociedade registra 100 reais a título de capital social e 100 reais a título de reserva de ágio, que poderá, posteriormente ser capitalizada ou reconhecida no método de equivalência patrimonial.

Por sua vez, o contribuinte que integraliza o bem a ser alienado, ou seja, A, integraliza o bem pelo mesmo valor de seu custo de aquisição, evitando, assim, que haja ganho de capital tributado na integralização. No caso de nosso exemplo hipotético, provavelmente, o custo de aquisição do bem é R$ 100,00 (cem reais), de sorte que após a integralização, a pessoa jurídica deterá o bem, avaliado por R$ 100,00 (cem reais), integralizado por A, e o valor monetário de R$ 200,00 (duzentos reais), aportado por B.[439]

---

classificadas como reservas de capital as contas que registrarem: a) a contribuição do subscritor de ações que ultrapassar o valor nominal e a parte do preço de emissão das ações sem valor nominal que ultrapassar a importância destinada à formação do capital social, inclusive nos casos de conversão em ações de debêntures ou partes beneficiárias."

439. Vide as explicações de Mário Junqueira Franco Junior: "Essa operação, na verdade, é uma forma de você alienar a sua participação societária numa empresa sem pagar ganho de capital, tem um investimento que está avaliado por um valor x, ele tem uma mais-valia, se eu simplesmente alienar esse investimento eu tenho um ganho de capital, eu tenho que fazer uma coisa diferente. Como é que eu faço? Eu coloco um comprador para ser meu sócio e esse comprador adquire um percentual de participação x, necessário para ele ter um controle e o restante ele joga como ágio na subscrição de ações ou na própria compra, aquisição de ações daquela empresa. Esse ágio não é tributável na empresa por força do art. 442 do RIR, que se reporta ao art. 34 do DL n. 1598. No momento em que entra com o ágio, eu posso fazer de várias formas, a empresa que é investidora faz equivalência patrimonial e recebe parte desse ágio, quando é pessoa física eu posso capitalizar o ágio e depois fazer um resgate de capital e no final das contas aquele que queria vender sai com o dinheiro e aquele que queria comprar sai com a empresa, sem que haja ganho de capital." (FRANCO JUNIOR, Mário Junqueira. **Mesa de Debates IDPT**,

ELISÃO E NORMA ANTIELISIVA

Em um último passo, a pessoa jurídica C é cindida, de tal sorte que A fique com R$ 200,00 (duzentos reais) em dinheiro ao passo que B ficaria com o bem anteriormente integralizado por A. Ao proceder dessa forma, A e B teriam evitado a incidência do ganho de capital, não fora alguns problemas dessa operação que passaremos a examinar.

Como já indicamos no capítulo da simulação, uma sociedade, nos termos do artigo 981 do Código Civil, exige que as pessoas se obriguem a contribuir, com bens ou serviços, para uma atividade econômica e a partilha, entre si, dos resultados. Trata-se, portanto, de um negócio jurídico com causa finalística.

Nesse sentido, quando pessoas jurídicas são constituídas sem a observância desse requisito finalístico, os eventuais signos que indicarem tal aspecto servirão como legítimos indícios negadores do caráter valioso do ato "constituição de uma sociedade", apontando o caráter simulatório efetivado da constituição dessas pessoas jurídicas.

Assim, quando duas pessoas constituem uma sociedade, da aplicação do artigo 981 do Código Civil, resulta a implicitude da necessidade de propósito negocial, isto é, que os sócios firmem a sociedade *para contribuir com bens ou serviços para desenvolver uma atividade econômica.*

O caráter simulatório da operação, e de outras amparadas em transações societárias que visam a evitar o ganho de capital, é verificado quando os sócios, premeditadamente, firmam sociedade sem qualquer atividade econômica, e já concebida para se extinguir antes mesmo da prática de atividades econômicas que constituírem seu objeto social. Nesse caso, haveria um descompasso entre o conceito de sociedade, delimitado

---

em 06/04/2006. Disponível em: http://www.ibdt.com.br/2006/integra_06042006.htm. Acesso em: 13 jun. 2013).

pelo artigo 981 do Código Civil, e o ato concreto praticado pelas partes, caracterizando a simulação.

Note-se, portanto, que nas decisões administrativas que trataram da operação "Casa Separa", a ausência de propósito negocial na constituição de uma sociedade é um signo indicativo de simulação, por representar desconformidade entre o ato praticado e a norma jurídica que rege a consecução do ato.

Registre-se, ainda, que a análise da operação "Casa Separa" também foi alvo de exame de Valter Pedrosa Barreto Jr. que selecionou os seguintes acórdãos para análise, não mencionados anteriormente: 104-21.497, 104-21.675, 104-21.610, 104-22.250, 101-22.250, 101-96.066, 101-96.087, 101-09.169, 101.96.523, 101-95537, CSRPF 01-06.015. A exemplo dos anteriores, em todos esses acórdãos o negócio foi considerado inoponível ao Fisco.[440]

O terceiro grupo de decisões que poderemos citar trata da separação ou junção de atividades, entre diversas pessoas jurídicas, para fins de obtenção de ganhos tributários. Essa classe é composta, na tabela acima indicada, pelos acórdãos de número 103-07620, 107-08326 e 107-08064.

Nesse caso, o que se opera é que, conforme vimos, uma sociedade é uma entidade formada para a efetivação de *uma atividade econômica*. Assim, diríamos que uma sociedade, materializada por uma pessoa jurídica, deve efetivar pelo menos uma atividade econômica, organizando-se para tal fim. Gregorio Robles identifica o conceito de atividade como:

---

440. BARRETO JUNIOR, Valter Pedrosa. **Planejamento tributário na jurisprudência do Conselho Administrativo de Recursos Fiscais – desafios** de uma pesquisa empírica. Trabalho apresentado à Banca Examinadora no Programa de Mestrado da Escola de Direito de São Paulo da Fundação Getúlio Vargas, como exigência parcial para a obtenção do título de Mestre em Direito e Desenvolvimento. São Paulo: FGV, 2010, pp. 28-29.

ELISÃO E NORMA ANTIELISIVA

> Una repetición de acciones o actos, incluso o determi-
> nados casos, uma habitualidade, que la diferencia de la
> acción concreta e individual. La actividade se compone
> de acciones iguales o similares. (...) Todo este cumulo de
> acciones concretas, que tienen lugar dia a dia, configuran
> el ejercici de una actividad.[441]

Uma atividade, portanto, é uma classe de ações. A atividade econômica desenvolvida por uma sociedade, por sua vez, é aquele conjunto de ações destinados a gerar riqueza aos sócios. Para isso, os sócios, como já vimos deverão contribuir com bens e serviços.

Nesse sentido, os bens e serviços aplicados para a consecução de uma atividade deveriam ser alocados para uma sociedade e consequentemente para uma pessoa jurídica. Não há cabida que *os mesmos bens e serviços*, disponibilizados pelos *mesmos sócios*, sejam alocados para diversas pessoas jurídicas que realizem *uma única atividade*.

Se uma sociedade é composta por sócios que contribuem com bens e serviços para uma atividade, onde existe uma única atividade, um único conjunto de bens e serviços disponibilizados pelos sócios, há, nos termos do artigo 981 do Código Civil, uma única sociedade.

Agora, se documentos formalizados pelo contribuinte indicarem a existência de diversas sociedades, para fins de repartição de receitas tributárias entre elas, apesar de existir uma única atividade, um único conjunto de bens e serviços e os mesmos sócios, haverá um descompasso entre esses documentos e o que prescreve o artigo 981 do Código Civil, importando, segundo nos parece, uma caso de simulação.

---

441. MORCHON, Gregorio Robles. **Teoría del derecho.** Fundamentos de teoria comunicacional del derecho. V.1. 2.ed. Cisur Menor: Thomson Civita, p. 253.

Caberá ao Fisco, em cada caso, comprovar que os bens são únicos, que a atividade é a mesma e os sócios também para identificar a simulação.[442]

Essa discussão me parece muito mais associada a um *substance over form doctrine* do que, propriamente, à questão do propósito negocial, considerando-se que o cerne do questionamento é a existência de atividades efetivas e autônomas levadas a cabo por essas pessoas jurídicas. Mas, essa substância sobre a forma não seria decorrente do abuso de forma versus a realidade econômica e sim uma questão de ausência de um elemento categorial necessário para a qualificação de um negócio jurídico como tal.

De toda sorte, reconheço que a constituição de diversas pessoas jurídicas deverá estar pautada por um propósito negocial, isto é, essas pessoas jurídicas deverão ser constituídas para a condução de atividades econômicas que não se confundam.[443]

Quanto ao quarto grupo de acórdãos, poderia destacar uma discussão que se refere a quem é o titular de certos bens e direitos. Vale anotar que o inciso I do § 1º artigo 167 do Código Civil[444] expressamente aponta que haverá simulação nos

---

442. Interessante notar que no Acórdão n. 103-23.357 (23/01/2008) foi emitido posicionamento no sentido de que, ainda que as pessoas jurídicas estejam no mesmo espaço físico, se não exercerem a mesma atividade, não há que se falar em simulação. Vejamos: "SIMULAÇÃO. INEXISTÊNCIA. Não é simulação a instalação de duas empresas na mesma área geográfica com o desmembramento das atividades antes exercidas por uma delas objetivando racionalizar as operações e diminuir a carga tributária."

443. Não pretendemos assinalar que os ramos das diversas pessoas jurídicas não possam se confundir. Estamos sustentando que a atividade concreta desempenhada entre elas deve ser distinta, cada qual com estrutura de capital humano e riqueza própria, a fim de gerar o resultado destinado aos sócios.

444. "Art. 167. É nulo o negócio jurídico simulado, mas subsistirá o que se dissimulou, se válido for na substância e na forma. § 1º Haverá simulação nos negócios jurídicos quando: I – aparentarem conferir

ELISÃO E NORMA ANTIELISIVA

negócios jurídicos quando aparentarem conferir ou transmitir direitos a pessoas diversas daquelas às quais realmente se conferem, ou transmitem.

É essa a celeuma materializada nos arestos de números 101-96072, 104-21954, 107-08.247, 202-15765, 204-0084 e 101-96072, todos discutindo os titulares de certos direitos e deveres neles mencionados.

Assim, mais uma vez é possível apontar que apesar de os arestos, em questão, envolverem o tema propósito negocial, a desconsideração dos atos levados a cabo pelos contribuintes foi fundamentada pela indicação de prática de atos simulatórios.

Trataremos, agora, de um quinto grupo de arestos que tomam por objeto a incidência de Contribuição Provisória sobre a Movimentação Financeira ("CPMF") sobre a emissão por instituição financeira de cheque administrativo de ordem de pagamento para fins de pagamento de credores de correntistas, em uma tentativa frustrada de elidir a incidência desse tributo. Trata-se da discussão fomentada nos acórdãos de número 201-77788 e 202-15862, acima indicados.

Nesse caso, vale assinalar que a tributação de tais operações era prevista pelo artigo 2º, inciso III, da Lei n. 9.311/96, de sorte que a acusação fiscal se versou na mera incidência da norma tributária sobre certas operações, inexistindo, sequer, a requalificação de atos praticados por contribuintes. Assim, parece-me que sequer o problema da requalificação surge no caso sob análise.

Por fim, o último grupo de acórdãos, dentre os acima citados, são os que tratam da incorporação às avessas. Nessa modalidade, como vimos, a pessoa jurídica dotada de prejuízo

---

ou transmitir direitos a pessoas diversas daquelas às quais realmente se conferem, ou transmitem."

fiscal incorpora pessoa jurídica superavitária. Trata-se, por exemplo, da discussão firmada no acórdão n. 103-21046.

Pois bem, nos casos acima, também foi alegada a simulação, sustentando-se que a operação foi em sentido inverso do apresentado pelos contribuintes.

Nesse sentido, os signos negadores da transação seriam identificados pelo fato de que a incorporadora teria adotado objeto social, sede e designação da incorporada, assumindo, digamos assim, a cara da incorporada.[445]

Assim, vale dizer que Valter Pedrosa Barreto Jr. aponta os seguintes acórdãos que consideraram oponível o aproveitamento de prejuízo fiscal na incorporação às avessas: acórdãos n. 105-16.677 e 101.15.822.[446]

Tenho dúvidas se esses signos negadores seriam aptos a comprovar a acusação efetivada pelo Fisco: não há prescrição jurídica que obrigue a incorporadora a prosseguir adotando sua designação social, continuar operando em sua sede ou prosseguir com sua própria atividade. Assim, a princípio, a acusação de simulação, aqui, deixa de atender um amparo legal.

Há, ainda, por fim, uma discussão que se manifesta no Acórdão 102.48620, acerca da retenção na fonte de 35% (trinta e cinco por cento) a título de IRRF sobre rendimento bruto pago, na hipótese de pagamento a beneficiário sem causa. Trata-se de despesa não comprovada pelo contribuinte, de tal sorte que o contribuinte é punido com a glosa de despesa e a

---

445. Todavia, eu discordo dessa interpretação, como exposto no capítulo III.

446. BARRETO JUNIOR, Valter Pedrosa. **Planejamento tributário na jurisprudência do Conselho Administrativo de Recursos Fiscais – desafios de uma pesquisa empírica**. Trabalho apresentado à Banca Examinadora no Programa de Mestrado da Escola de Direito de São Paulo da Fundação Getúlio Vargas, como exigência parcial para a obtenção do título de Mestre em Direito e Desenvolvimento. São Paulo: FGV, 2010, p. 29.

referida retenção na fonte.

Nesse sentido, mais uma vez, a ausência de propósito negocial seria identificada pela ausência de prova da necessidade da despesa incorrida, havendo nítida associação entre a figura do propósito negocial e a lei.

O que pretendo firmar como mensagem, porém, é que todas as 35 decisões acima indicadas, que foram tidas como significativas, por todos os operadores do direito que compuseram a obra anteriormente citada, para ilustrar como a questão do propósito negocial era tratada pelo antigo Conselho de Contribuintes do Ministério da Fazenda, atual CARF, justificaram a necessidade de propósito negocial a partir de um requisito para aplicação de determinadas normas, seja de ordem tributária, seja própria do direito civil.[447]

8.3.3 Propósito negocial *além da* lei

Para sintetizar o que denomino de teoria de necessidade do proposito negocial além da lei, sirvo-me de trecho, citado pelo Professor Heleno Taveira Torres, que compõe recurso especial interposto pela fazenda pública em determinado processo litigioso. A passagem é a seguinte:

> Propósito negocial é o conjunto de razões de caráter econômico, comercial, societário ou financeiro, que justifica a adoção dos atos e negócios jurídicos, não sendo lícito aos contribuintes praticar atos desprovidos de qualquer utilidade a não ser proporcionar a esquiva ao recolhimento de

---

447. Conclusão semelhante, vide TOMÉ, Giovani Hermínio. **Planejamento tributário: um estudo pela perspectiva pelo constructivismo lógico-semântico.** São Paulo: 2011. Dissertação de Mestrado, apresentada à banca examinadora como requisito parcial para obtenção de título de Mestre pela Pontifícia Universidade Católica de São Paulo, p.133.

tributo que, em sua prática, seriam devidos.[448]

Assim, em síntese, essa vertente que ora denomino de "necessidade de propósito negocial além da lei" parte da premissa de que a ausência de propósito, extratributário, é condição suficiente para o Fisco desqualificar as transações praticadas pelos contribuintes, exigindo tributo tal ou qual. Tal corrente, estampada em alguns entendimentos do Conselho Administrativo de Recursos Fiscais – CARF, segundo, Susy Gomes Hofmann, pode ser denominada de "subjetivismo exacerbado" tendo como característica principal:

> Analisar, para fins de aferição do planejamento tributário, o propósito de que era imbuído o contribuinte ao perpetrar o ato negocial. Para essa corrente, o propósito negocial é imprescindível para a legitimação do negócio jurídico. Se este é praticado tão somente com o escopo de economizar tributos, configurado está o planejamento tributário." [449]

Nessa toada, isso que poderíamos chamar de "necessidade propósito negocial além da lei" indica uma aplicação da doutrina do propósito negocial, sem qualquer amparo legal.

Essa vertente, em alguns casos, não é apenas "além da lei" – isto é, insuscetível de ser demonstrado em uma aplicação digital do direito – mas, também, expressamente "de encontro à lei", conforme buscarei justificar.

---

448. TORRES, Heleno Taveira. Prefácio do livro **Planejamento Fiscal**. Análise de Casos. Vol. III. Coord. Pedro Anan Jr. São Paulo: Quartier Latin, 2013, p. 36.

449. HOFFMANN, Susy Gomes. Breves considerações sobre os aspectos gerais dos julgamentos no CARF dos lançamentos tributários envolvendo planejamento tributário. In: **Planejamento Fiscal**. Análise de casos. Vol. III. Coord. Pedro Anan Jr. São Paulo: Quartier Latin, 2013, p. 1085.

ELISÃO E NORMA ANTIELISIVA

Como vimos, o artigo 981 do Código Civil prescreve que, em uma sociedade, deve haver a união de forças para o desempenho de uma atividade econômica e para a partilha de resultados aos sócios. Assim, esse mecanismo jurídico que é a sociedade não deve ser dissociada de tal finalidade legalmente prescrita.

Agora, é compreensível que para alcançar resultados positivos, decorrentes da atividade econômica, seja efetivado um esforço para redução de custos ou despesas, incluindo-se, aí, a economia tributária. Nesse sentido, a economia tributária é um meio para que a finalidade prevista no artigo 981 do Código Civil – que é a partilha dos resultados entre os sócios – seja obtida, sendo, portanto, um meio para se atingir um fim expressamente tutelado e admitido pelo direito positivo.

Assim, se é constituída sociedade economicamente atuante – isto é, que cumpre seu objeto social e os sócios ingressam nela contribuindo com bens e serviços para a consecução da atividade por ela desempenhada – e é verificado, no seio de tal atividade, a prática de um ato com finalidade elisiva, essa prática há de ser tida como em observância ao artigo 981 do Código Civil, na medida em que contribui para a finalidade nuclear de uma sociedade que é de produzir resultados a serem partilhados entre os sócios.

Se assim é, podemos concluir que, da mesma forma que o artigo 981 do Código Civil pode ser utilizado para desqualificar tentativas elisivas, quando a própria formação de certa sociedade não revela a finalidade prevista pelo referido enunciado prescritivo, também pode ser considerado como fundamento para amparar a elisão tributária que vise a contribuir para a geração de resultados a serem, posteriormente, partilhados entre os sócios.

Ora, se os sócios estão autorizados a firmar uma sociedade para a partilha de um resultado decorrente de uma atividade econômica, então a prática de atos que tenham por objetivo eliminar determinado custo ou despesa – "elisão-fim" – é inerente ao que o direito positivo prescreve como finalidade para essa espécie de pessoas jurídicas denominadas de "sociedade".

Nesse sentido, se tal ou qual sociedade efetiva uma prática sem uma razão que não a economia de tributos, desde que não haja violação a uma finalidade jurídica, atribuída a essa prática, que seja prescrita em lei, não há cabida em se determinar que tal ato elisivo seria "inoponível ao Fisco".

Daí por que a necessidade de propósito negocial não é um fundamento autônomo, isto é, independente de previsão específica no direito positivo. Ela é aplicável quando exigida pela legislação vigente, como uma exceção ao direito, expressamente, atribuído aos sócios, de buscar a partilha dos resultados auferidos por uma sociedade.

No caso, ainda, das chamadas sociedades por ações, registre-se que o §3º do artigo 2º da Lei n. 6.404/64, prevê que a companhia pode ter por objeto participar de outras sociedades, de tal sorte que a participação seja facultada como meio de realizar o objeto social *ou para beneficiar-se de incentivos fiscais*. Vejamos sua redação:

> Art. 2º A companhia ou sociedade anônima terá o capital dividido em ações, e a responsabilidade dos sócios ou acionistas será limitada ao preço de emissão das ações subscritas ou adquiridas.
>
> § 3º A companhia pode ter por objeto participar de outras sociedades; ainda que não prevista no estatuto, a participação é facultada como meio de realizar o objeto social, ou para beneficiar-se de incentivos fiscais.

Como se nota desse dispositivo, a companhia poderá participar de outras sociedades com o fim exclusivo de beneficiar-se de incentivos fiscais de tal sorte que a necessidade de propósito extratributário, em tais circunstâncias, fica expres-

ELISÃO E NORMA ANTIELISIVA

samente afastada.

Assim, por exemplo, se a sociedade anônima for utilizada na participação de outra sociedade como empresa-veículo para possibilitar aproveitamento de ágio com base no artigo 7º da Lei n. 9.532/97, ou outro incentivo criado pela legislação, tal prática seria expressamente autorizada pela norma que se constrói a partir do enunciado acima citado, não havendo que se falar em "desvio de finalidade" ou de "instituto de direito".

Esse fator é relevante porque me parece que diversas autuações que tiveram por objeto questionar o ágio aproveitado por meio de "empresas-veículos",[450] ou seja, pessoas jurídicas constituídas com a finalidade exclusiva de permitir o aproveitamento de ágio para fins fiscais, acabam questionando uma conduta expressamente amparada pelo §3º do artigo 1º da Lei n. 6.404/76, e, portanto, sem abuso de direito, simulação ou qualquer outra patologia.

Vale explicar que as "empresas veículos" normalmente são constituídas por grupos estrangeiros para que a aquisição de certa pessoa jurídica brasileira seja efetivada por entidade residente no Brasil, de sorte que o ágio apurado na aquisição seja aproveitado, no país, como despesa que dedutível para fins de apuração da base de cálculo do IRPJ. Normalmente as empresas veículos não possuem operação ou qualquer outra finalidade que não tributária e são incorporadas pela sociedade adquirida – tornando aplicáveis os artigos 7º e 8º da Lei n. 9.532/97 que permitem o aproveitamento do ágio a partir da incorporação da pessoa jurídica investida ou investidora – razão pela qual a despesa referente à amortização do ágio costuma ser glosada pelo Fisco.

---

450. Vide, a título de exemplo, decisão expedida pela 3ª Câmara do 1º Conselho de Contribuintes, atual CARF, no julgamento do Recurso 152.980 (12) em 5 de dezembro de 2007.

CHARLES WILLIAM MCNAUGHTON

Contudo, quando se observa que o § 3º do artigo 2º da Lei 6404/76 expressamente permite que a companhia tenha por objeto a participação societária em outras sociedades para aproveitamento de benefícios fiscais, nota-se que a empresa-veículo serve a essa finalidade, estando, portanto, nitidamente, amparada pela legislação. Eis um típico caso em que a ideia de necessidade de propósito negocial é *contra legem*.

Agora, se levado a sério o princípio da isonomia e da livre concorrência, devo admitir que a ausência de necessidade, *a priori*, de propósito negocial para se adotar atos elisivos, como vimos genericamente no artigo 981 do Código Civil e especificamente, para as sociedades por ações no §3º do artigo 1º da Lei n. 6.404/76[451], há de ser estendida para todas as modalidades de pessoas jurídicas.

Se as sociedades não estão obrigadas a apresentar um propósito extratributário no ato praticado para eliminar custos tributários, como julgo ter demonstrado, não se pode conceber que essa característica seja um privilégio exclusivo de tais pessoas jurídicas, sob pena de se atentar ao princípio da isonomia, em virtude de tratamento tributário distinto a possíveis contribuintes em situações econômicas análogas, e também sob pena de se violar o primado da livre concorrência, haja vista que o ato elisivo poderia gerar vantagens concorrenciais exclusivas às sociedades.

Não é difícil inferir, assim, que a necessidade de propósito extratributário para se praticar um ato, quando não inerente à legislação que regule a prática de tal ato, ou quando não seja um requisito para aplicabilidade de benefício fiscal ou de certo critério ou subscritério da regra-matriz de incidência tributária, é uma instância, não apenas além da lei – o que já

---

451. É preciso considerar que o parágrafo único do artigo 53 do Código Civil prevê a aplicação supletiva da Lei n. 6.404/76 para as Sociedades por Ações, se assim previsto pelo Contrato Social.

438

ELISÃO E NORMA ANTIELISIVA

macularia sua legitimidade – como também vai de encontro ao ordenamento jurídico.

Daí a ideia da designação de "necessidade de propósito negocial além da lei" para indicar um descompasso entre a suposta necessidade de aplicação do propósito negocial e o ordenamento jurídico vigente.

Tomemos, para ilustrar essa diferença prática entre "necessidade de propósito negocial na lei" e "necessidade de propósito negocial além da lei" certa notícia veiculada pelo sítio eletrônico da Secretaria da Receita Federal do Brasil, em que se registrou o seguinte[452]:

> Brasília, 15 de março de 2011
>
> Receita começa intimar contribuintes que apresentaram declaração com indícios de sonegação. Fiscalizações serão realizadas nos meses de março e abril e coincidem com o período de entrega das declarações deste ano.
>
> A Receita Federal do Brasil deu início hoje (15) a um conjunto de ações de fiscalização com o objetivo de investigar, em todo o país, contribuintes cujas declarações do imposto de renda revelem indícios de sonegação. As ações foram anunciadas em entrevista coletiva pelo Coordenador-Geral de Fiscalização, Antonio Zomer.
>
> O fisco cruzou informações de várias fontes e identificou sinais de omissão de rendimentos e de redução indevida da base de cálculo do imposto de renda em um grande número de contribuintes.
>
> (...)
>
> Os principais grupos de contribuintes que serão investigados são:
>
> 6 – Ganho de capital na alienação de bens
>
> Os ganhos obtidos nas operações de alienação de bens imóveis para aquisição de imóveis de maior valor, ex-

---

452. Disponível em: http://www.receita.fazenda.gov.br.

> cluídos os casos de isenção previstos em lei, devem ser tributados pelos contribuintes.
>
> Neste tipo de infração, o alvo maior da fiscalização está no combate ao planejamento tributário abusivo, praticado por sócios de pessoas jurídicas que alienam bens que originalmente integravam o ativo permanente da sociedade.
>
> O planejamento tributário abusivo se estrutura previamente, mediante a devolução de capital ao sócio, que alienará o bem recebido logo em seguida.
>
> O benefício tributário, artificialmente buscado, consiste em tributar o ganho de capital na pessoa física com alíquota de 15%.

Como se observa do enunciado acima transcrito, há posicionamento firmado no sentido de que a redução de capital social de pessoa jurídica seguida de alienação de bem a terceiros – com a consequente redução de tributação a título de Imposto sobre a Renda de 34% (trinta e quatro por cento) para 15% (quinze por cento) sobre o ganho de capital[453] – é tida como um planejamento tributário abusivo.

Agora, é preciso refletir que a redução de capital social de uma pessoa jurídica é instituto aplicável se os bens detidos por tal entidade estiverem em excesso em relação ao necessário para a consecução das atividades por ela desempenhada.

Nesse sentido, se a redução de capital social não prejudicar a sociedade, o fato de que a motivação de certa pessoa jurídica para transferir determinado bem a seus sócios ser exclusivamente tributária me parece que não pode justificar uma proibição de se efetivar o ato elisivo. Como vimos, a própria Suprema Corte Norte-Americana entendeu inaplicável a figu-

---

453. A alíquota de 34% (trinta e quatro por cento) é uma estimativa que leva em consideração a alíquota de IRPJ de 15% (quinze por cento), adicional de IRPJ de 10% (dez por cento) e CSLL de 9%.

ELISÃO E NORMA ANTIELISIVA

ra da necessidade de propósito negocial para o caso em questão. Eis um exemplo marcante do que poderíamos chamar de "necessidade de propósito negocial além da lei".

Voltando-nos, agora, à jurisprudência administrativa, um exemplo de decisão administrativa que, segundo penso, teria aplicado a teoria do propósito negocial "além da lei" é a plasmado no acórdão n. 103-23.290, que trata do seguinte:

> ACÓRDÃO 103-23.290
>
> 1º Conselho de Contribuintes – 3ª Câmara
>
> (Data da Decisão: 05/12/2007. Data de Publicação: 08/05/2008)
>
> IRPJ E OUTROS – Ex(s): 2003
>
> IRPJ. Ano-calendário: 2002. DECISÃO: FALTA DE EXAME INDIVIDUALIZADO DAS ALEGAÇÕES DE DEFESA. VALIDADE. É válida a decisão que adotou fundamentação suficiente para decidir de modo integral a controvérsia posta, mesmo sem ter examinado individualmente cada um dos argumentos de defesa.
>
> AMORTIZAÇÃO DE ÁGIO. INCORPORAÇÃO DE PESSOA JURÍDICA CONTROLADORA POR SUA CONTROLADA. ANO-CALENDÁRIO 2002. É permitida a amortização de ágio nas situações em que uma pessoa jurídica absorve patrimônio de outra, em consequência de incorporação, na qual detenha participação societária adquirida com ágio, apurado segundo o disposto no artigo 385 do RIR/99, inclusive no caso de incorporação da controladora por sua controlada. Tratando-se de fundamento econômico lastreado em previsão de resultados nos exercícios futuros, a amortização se dá nos balanços correspondentes à apuração do lucro real, levantados posteriormente à incorporação, à razão de 1/60 (um sessenta avos), no máximo, para cada mês do período de apuração.
>
> INCORPORAÇÃO DE EMPRESA. AMORTIZAÇÃO DE ÁGIO. NECESSIDADE DE PROPÓSITO NEGOCIAL. UTILIZAÇÃO DE "EMPRESA VEÍCULO". Não produz o efeito tributário almejado pelo sujeito passivo a incor-

CHARLES WILLIAM MCNAUGHTON

poração de pessoa jurídica, em cujo patrimônio constava registro de ágio com fundamento em expectativa de rentabilidade futura, sem qualquer finalidade negocial ou societária, especialmente quando a incorporada teve o seu capital integralizado com o investimento originário de aquisição de participação societária da incorporadora (ágio) e, ato contínuo, o evento da incorporação ocorreu no dia seguinte. Nestes casos, resta caracterizada a utilização da incorporada como mera "empresa veículo" para transferência do ágio à incorporadora.

JUROS DE MORA. TAXA SELIC. A partir de 1º de abril de 1995, os juros moratórios incidentes sobre débitos tributários administrados pela Secretaria da Receita Federal são devidos, no período de inadimplência, à taxa referencial do Sistema Especial de Liquidação e Custódia – SELIC para títulos federais (Súmula 1º CC n. 4).

JUROS SOBRE MULTA DE OFÍCIO. A incidência de juros de mora sobre a multa de ofício, após o seu vencimento, está prevista pelos artigos 43 e 61, § 3º, da Lei 9.430/96.

TRIBUTAÇÃO REFLEXA. A decisão relativa ao auto de infração matriz deve ser igualmente aplicada no julgamento do auto de infração decorrente ou reflexo, uma vez que ambos os lançamentos, matriz e reflexo, estão apoiados nos mesmos elementos de convicção.

Por maioria de votos, REJEITAR as preliminares suscitadas pela procuradoria e pelo contribuinte. No mérito, por maioria de votos, NEGAR provimento ao recurso voluntário, vencidos os Conselheiros Alexandre Barbosa Jaguaribe e Paulo Jacinto do Nascimento, que deram provimento parcial para excluir os juros sobre a multa de oficio, e, por unanimidade de votos, NEGAR provimento ao recurso de ofício. Declaração de voto do Conselheiro Paulo Jacinto do Nascimento Luciano de Oliveira Valença – Presidente. Publicado no DOU em: 08.05.2008 Relator: Aloysio José Percínio da Silva.

No caso acima, certa pessoa jurídica A pretendia alienar estabelecimento a pessoa jurídica B, vendendo, portanto, os

ELISÃO E NORMA ANTIELISIVA

direitos e obrigações inerentes a tal estabelecimento. Pouco antes da operação, A incorporou sua controladora C, passando a deter, em seu patrimônio, o ágio que houvera sido registrado por C, quando da aquisição de sua participação societária em A.

Ao reconhecer o ágio em sua contabilidade, A pretendeu inclui-lo entre os direitos e obrigações a serem adquiridos por B, na referida transação, de tal sorte que seu custo de aquisição, referentes a tais direitos e obrigações, sofreu acréscimo o que reduziria, consequentemente, o ganho de capital apurado na operação.

A incorporação não foi acatada pelo Fisco, que decidiu constituir crédito tributário, determinando a inclusão do valor do ágio para fins de cômputo do ganho de capital da referida transação. Um dos argumentos utilizados foi no sentido de que, quando A incorporou sua controladora, a operação não foi embasada com propósito negocial, de sorte que o planejamento não seria oponível à Fazenda Pública, por simulação. Vejamos os argumentos do Conselheiro Relator:

> (...) Da descrição dos fatos e elementos constantes dos autos bem se percebe a ausência de qualquer propósito negocial ou societário na incorporação, restando configurada a utilização da incorporada como mera empresa-veículo para a transferência do ágio para a incorporadora.

Segundo o voto, a jurisprudência do Conselho teria:

> Adotado firme posicionamento acerca da necessidade de propósito negocial para aceitação das consequências de operação de incorporação.

E prosseguiu, citando, entre os precedentes que embasariam sua assertiva, os arestos de n.s 101-95.537/2006 e 101-

9687/2007, cujas ementas reproduzimos:

> OPERAÇÃO ÁGIO – SUBSCRIÇÃO DE PARTICIPA-ÇÃO COM ÁGIO E SUBSEQUENTE CISÃO – VERDA-DEIRA ALIENAÇÃO DE PARTICIPAÇÃO – Se os atos formalmente praticados, analisados pelo seu todo, demonstram não terem as partes outro objetivo que não se livrar de uma tributação específica, e seus substratos estão alheios às finalidades dos institutos utilizados ou não correspondem a uma verdadeira vivência dos riscos envolvidos no negócio escolhido, tais atos não são oponíveis ao fisco, devendo merecer o tratamento tributário que o verdadeiro ato dissimulado produz. *Subscrição de participação com ágio, seguida de imediata cisão e entrega dos valores monetários referentes ao ágio, traduz verdadeira alienação de participação societária.* (g.n.)
>
> OPERAÇÃO COM ÁGIO. SIMULAÇÃO RELATIVA. As operações estruturadas, realizadas, em prazo ínfimo, de aporte de capital com ágio, capitalização e alienação, constituem-se em simulação relativa, cujo ato verdadeiro dissimulado foi a alienação das ações. Seu único propósito foi evitar a incidência de ganho de capital. (Ac. 101-96087/2007 – Rec. 145.921).

Mas, observadas as duas decisões acima citadas, bem de perto, notaremos que, no primeiro caso, a operação de subscrição de ação com ágio e subsequente cisão foi aceita pelo Conselho de Contribuintes do Ministério da Fazenda, embora a decisão tenha deixado claro que se os atos não tivessem outro motivo "que não se livrar de uma tributação" *e* "seus substratos" estivessem alheios às "finalidades dos institutos utilizados", o ato elisivo não deveria ser aceito pelo Fisco.

A conjunção "e" que busquei destacar, ressalta que o motivo exclusivo de livrar da tributação não seria razão suficiente para a tributação do negócio realizado. Seria preciso mais: os seus substratos estarem alheios às finalidades dos institutos utilizados.

Já a segunda decisão, acima citada, trata do que se costuma denominar de "operação Casa Separa", ou seja, de tipo de ato que, conforme já vimos, pode ser tida, conforme as circunstâncias, como um patente caso de simulação.

Esse fator é importante, porque o reconhecimento de necessidade de propósito negocial na lei, como efetivado nas decisões anteriormente citadas, não pode ser utilizado como fundamento para decisões que exijam "propósito negocial além da lei".

Feito esse registro, e voltando-nos, agora, para a discussão estampada no acórdão n. 103-23.290, percebe-se que a causa de uma incorporação é que a incorporadora absorva a incorporada, sucedendo-lhe em direitos e obrigações.[454]

Em outras palavras, não importa a razão pela qual essa absorção foi efetivada e nem o que será feito dos direitos e deveres absorvidos. Se, para atingir a finalidade do artigo 981 do Código Civil, que é a busca pela partilha de um resultado, a sociedade pratica um ato que gera economia tributária, esse ato deve ser visto dentro de uma normalidade inerente a qualquer outro que visasse uma redução de custo.

Nesse sentido, a decisão que restringe a elisão, sem amparo na legislação, mitiga a dicção do artigo 981 do Código Civil, representando uma ausência de sintonia com a esfera privada.

A essa altura vale apontar que, em diversos julgados recentes do Conselho Administrativo de Recursos Fiscais, houve sinalização de que essa "necessidade de propósito negocial per se", independente de desconformidade de institutos do direito privado ou tributário, não é vertente que se exige do contribuinte para efetivar negócio oponível ao Fisco.

---

454. Segundo o artigo 227 da Lei n. 6.404/76: "Art. 227. A incorporação é a operação pela qual uma ou mais sociedades são absorvidas por outra, que lhes sucede em todos os direitos e obrigações."

CHARLES WILLIAM MCNAUGHTON

Vejamos, nesse sentido, o voto do relator emitido no acórdão n. 1301000.711, que tratou de autuação em razão de glosa de ágio aproveitado por aquisição de empresa pública efetivada no âmbito das privatizações na área de telecomunicações, em que se decidiu o seguinte:

> (...) Realmente, não há qualquer abusividade ou ilicitude no caso de o contribuinte realizar determinado negócio jurídico motivado por vantagens fiscais instituídas pela legislação. O que é ilícito, por ser abusivo, seria a causa de o negócio jurídico ser a vantagem fiscal. Não há ilícito o fato de a motivação ser fiscal. Este é o ponto fundamental, pois causa e motivo são coisas distintas.
>
> A causa é de natureza objetiva, enquanto que o motivo é subjetivo. O motivo constitui a causa impulsiva, a causa, a causa final.
>
> MOREIRA ALVES, resume bem a questão, quando ensina que:
>
> *"A causa de um negócio jurídico difere dos motivos que levaram as partes a realizá-lo. Com efeito, a causa se determina objetivamente (é a função econômico social que o direito objetivo atribui a determinado negócio jurídico); já o motivo se apura subjetivamente (diz respeito aos fatos que induzem as partes a realizar o negócio jurídico). No contrato de compra e venda, a causa é a permuta entre a coisa e preço (essa é a função econômico social que lhe atribui o direito objetivo; essa é a finalidade prática a que visam, necessária e objetivamente, quaisquer que sejam os vendedores e quaisquer que sejam os compradores); os motivos podem ser infinitos (assim, por exemplo, alguém pode comprar uma coisa para presentear com ela um amigo). (...) A distinção entre causa e motivo é importante porque, em regra, a ordem jurídica não leva em consideração o último."*[455] (Grifos nos originais).

---

455. A ementa foi a seguinte: Processo n. 18471.000999/200529. Recurso n. 154.723. Acórdão n. 1301000.711 – 3ª Câmara / 1ª Turma Ordinária. Sessão de 19 de outubro de 2011. Matéria: IRPJ e CSLL. Ano calendário: 2000, 2001, 2002, 2003.

ELISÃO E NORMA ANTIELISIVA

Esclareço que, em síntese, no caso acima indicado, a autuação foi embasada por aproveitamento de ágio gerado na aquisição de pessoa jurídica por um consórcio – e posteriormente transferido a uma *holding* de participação – em razão da privatização de empresas na área de telecomunicações, sendo que o principal fator que motivou a cobrança foi a suposta constituição de empresa-veículo – isto é, pessoa jurídica constituída meramente para permitir o aproveitamento de incentivos fiscais – que foi posteriormente incorporada para fins de aproveitamento de ágio, nos moldes do artigo 7º da Lei n. 9.523/97.

A fiscalização houvera alegado simulação, apontando

SIMULAÇÃO. Configura-se como simulação, o comportamento do contribuinte em que se detecta uma inadequação ou inequivalência entre a forma jurídica sob a qual o negócio se apresenta e a substância ou natureza do fato gerador efetivamente realizado, ou seja, dá-se pela discrepância entre a vontade querida pelo agente e o ato por ele praticado para exteriorização dessa vontade.

INCORPORAÇÃO DE SOCIEDADE AMORTIZAÇÃO DE ÁGIO. ARTIGOS 7º E 8º DA LEI N. 9.532/97. PLANEJAMENTO FISCAL INOPONÍVEL AO FISCO. INOCORRÊNCIA. No contexto do programa de privatização das empresas de telecomunicações, regrado pelas Leis 9.472/97 e 9.494/97, e pelo Decreto n. 2.546/97, a efetivação da reorganização de que tratam os artigos 7º e 8º da Lei n. 9.532/97, mediante a utilização de empresa veículo, desde que dessa utilização não tenha resultado aparecimento de novo ágio, não resulta economia de tributos diferente da que seria obtida sem a utilização da empresa veículo e, por conseguinte, não pode ser qualificada de planejamento fiscal inoponível ao fisco.

ABUSO DE DIREITO A figura de "abuso de direito" pressupõe que o exercício do direito tenha se dado em prejuízo do direito de terceiros, não podendo ser invocada se a utilização da empresa veículo, exposta e aprovada pelo órgão regulador, teve por objetivo proteger direitos (os acionistas minoritários), e não violá-los. Não se materializando excesso frente ao direito tributário, pois o resultado tributário alcançado seria o mesmo se não houvesse sido utilizada a empresa veículo, nem frente ao direito societário, pois a utilização da empresa veículo deu-se, exatamente, para a proteção dos acionistas minoritários, descabe considerar os atos praticados e glosar as amortizações do ágio.

que a incorporação efetivada era provida de propósito meramente tributário, o que foi rechaçado, veementemente, pelo voto do relator, conforme se depreende do trecho, anteriormente citado.

Vale apontar que o fato de que as operações praticadas terem sido amparadas por normas que regulavam as privatizações, especificamente, as veiculadas pelo Modelo de Reestruturação e Desestatização das Empresas Federais de Telecomunicações, aprovado pelo Decreto n. 2.546/97, foi levado em consideração para fins de se afastar a simulação indicada pelo Fisco. Apesar disso, conforme vimos no trecho anteriormente citado do voto do relator, a necessidade de propósito negocial – entendido propósito como o motivo extratributário que teria impulsionado, subjetivamente, os agentes, para a prática dos atos examinados pelo Fisco – foi rechaçada para fins de aplicação do incentivo fiscal de ágio.

Diversos, outros, são os julgados do CARF que vão no mesmo sentido do acima mencionado. Cito, a seguir certas ementas, de julgados recentes, que sinalizam esse entendimento:

> ELISÃO. Desde que o contribuinte atue conforme a lei, ele pode fazer seu planejamento tributário para reduzir sua carga tributária. O fato de sua conduta ser intencional (artificial), não traz qualquer vício. Estranho seria supor que as pessoas só pudessem buscar economia tributária lícita se agissem de modo casual, ou que o efeito tributário fosse acidental. Recurso Voluntário provido.[456]
>
> SIMULAÇÃO. SUBSTÂNCIA DOS ATOS. INSTRUMENTOS SIMULATÓRIOS DEVEM SER HÁBEIS A SUPRIMIR TRIBUTO. ATO SIMULATÓRIO NÃO PODE PERMANECER HÍGIDO APÓS O LEVANTA-

---

456. Conselho Administrativo de Recursos Fiscais (CARF). 1ª Seção. Acórdão n. 1101-00.708. Sessão de 11/04/2012.

ELISÃO E NORMA ANTIELISIVA

MENTO DO VÉU DAS OPERAÇÕES OCULTAS – Não se verifica a simulação quando os atos praticados são lícitos e sua exteriorização revela coerência com os institutos de direito privado adotados, assumindo o contribuinte as consequências e ônus das formas jurídicas por ele escolhidas, ainda que motivado pelo objetivo de economia de imposto. A caracterização da simulação demanda demonstração de nexo de causalidade entre o intuito simulatório e a subtração de imposto dele decorrente. Ademais, se após o descobrimento de eventuais operações ocultas permanece íntegro o pretenso ato simulado, deve-se reconhecer que não ocorreu a simulação. Para haver simulação, o ato simulado não pode permanecer hígido após o descobrimento das operações que objetivou ocultar.[457]

DESCONSIDERAÇÃO DE PERSONALIDADE JURÍDICA. AUSÊNCIA DE PRESSUPOSTO LEGAL. Revela-se indevida a desconsideração de personalidade jurídica de pessoas jurídicas, com o intuito de alcançar lucros produzidos por suas controladas, sem que se comprove a ocorrência de alguma das hipóteses previstas em lei (abuso de direito, falta de substância da sociedade ou ocorrência de simulação ou fraude). Conselho Administrativo de Recursos Fiscais (CARF).[458]

---

457. 1º Conselho de Contribuintes, 6ªCâmara, Acórdão 106-16.546, em 18.10.2007. Publicado em 18.11.2008.

458. Conselho Administrativo de Recursos Fiscais (CARF). Acórdão n. 1401-000.832 da 4ª Câmara/1ª Turma Ordinária. Sessão de 03/12/2012.

9 LIMITES DA ELISÃO E DA NORMA ANTIELISIVA

9.1 Considerações iniciais

Neste capítulo, pretendo sustentar as teses que consistem o núcleo central do presente estudo.

Inicialmente, desenvolverei a ideia de que as normas gerais e abstratas do campo tributário são indiferentes à prática da elisão fiscal – salvo se instituída norma antielisiva.

Com isso, buscarei refutar tanto a noção de que a elisão possa ser tida como uma liberdade juridicamente tutelada, como sustenta Diva Malerbi e Alberto Pinheiro Xavier, como também a vertente de que o ato elisivo é axiologicamente repelido pelo direito positivo: negarei a possibilidade de que seja um abuso de direito ou fraude à lei.

Sem embargo, tentarei demonstrar que o chamado abuso de formas e a ausência de propósito negocial podem ser significativos, para fins tributários, se forem relevantes para fins da qualificação jurídica determinada por normas do segmento do direito positivo que regem os atos sobre os quais incidem normas tributárias ou se assim previsto pelas próprias normas fiscais.

Nesse sentido, a elisão-fim poderá ser impraticável quando atos do direito civil exigirem uma causa finalística para sua qualificação ou quando certos regimes jurídicos na área fiscal exigirem o adimplemento de tais finalidades. Esse problema pode ser de menor incidência para a elisão-meio, desde que não haja uma incompatibilidade jurídica entre fins almejados e atos jurídicos escolhidos para alcançar tais fins.

A segunda noção que tenho por intuito comprovar sustenta que entre as espécies de providências antielisivas que o sistema jurídico brasileiro pode ontologicamente adotar – independente de sua compatibilidade com normas de superior hierarquia – apenas a instituição de normas antielisivas preventivas específicas e, restritivamente, de norma antielisiva preventiva genérica que se volta aos benefícios, seriam autorizadas por nossa Constituição da República. Terei, como intuito, portanto, convencer de que não existe uma norma antielisiva preventiva genérica RMIT implícita no sistema e de que a instituição de normas repressivas genéricas ou específicas apresentaria inconstitucionalidades.

Para concluir, buscarei afirmar o intuito antievasivo do parágrafo único do artigo 116 do Código Tributário Nacional, veiculado pela Lei Complementar n. 104/01. Parar sustentar essa vertente, estarei diante de uma pergunta fundamental posta por Ricardo Lobo Torres acerca da inocuidade desse dispositivo, caso não fosse encarado como uma norma antielisiva. Tentarei responder a esse questionamento.

9.2 A indiferença da elisão tributária para a aplicação da regra-matriz de incidência tributária

9.2.1 Fundamentos da ideia

Antes de sustentar a assertiva de que há uma relação de indiferença entre as normas gerais e abstratas do subsistema jurídico-tributário para o procedimento elisivo, gostaria de esclarecer que essa circunstância não implica irrelevância do tema "elisão" para a Ciência do Direito.

ELISÃO E NORMA ANTIELISIVA

O direito positivo não é composto, apenas, por normas gerais e abstratas. As normas individuais e concretas, por exemplo, são as que tocam, mais de perto, nossos comportamentos. Sem elas, sequer haveria incidência.

Se o problema da elisão não estivesse pulsante em nossos tribunais, como tivemos a oportunidade de conferir, diversas vezes, a relevância mesma, diminuiria. Mas, a própria conversação jurídica, teorética e prática, em torno da elisão, e o aspecto de que o procedimento elisivo é ora coibido, repressivamente, ora tolerado, faz com que o tema assuma ares de relevância teórica, ainda que normativamente, no plano geral e abstrato, o conceito de elisão escape do campo de regulação do direito.

Feita essa ressalva de caráter metodológico, passo a expor diretamente a seguinte ideia: o conceito de elisão não é relevante para se determinar a licitude do ato elisivo – isto é do negócio ou ato praticado para se obter a economia fiscal – nem para se determinar o *quantum* tributário devido em razão da prática de tal ato.

Recordemos que as hipóteses das normas gerais e abstratas cortam, axiologicamente, a linguagem social. Trata-se de uma característica inerente ao signo que corta seu objeto em imediato e dinâmico. A própria etimologia de signo está em "cortar".[459] Daí por que Francisco Cavalcanti Pontes de Miranda distingue suporte físico, que é o mundo bruto, da facticidade jurídica, que é parcela do suporte físico que interessa para o mundo do direito.[460]

Exposta essa noção, gostaria de lembrar que a ideia de elisão pressupõe uma atitude comparativa entre uma carga

---

459. PIGNATARI, Décio. **Informação, linguagem e comunicação**. Cotia: Ateliê Editorial, 2003, p. 27.

460. PONTES DE MIRANDA, Francisco Cavalcanti. **Tratado de direito privado**. Tomo I. Atualização: Vilson Rodrigues Alves. Campinas: Bookseller, 2.ed., p. 67.

tributária potencial e outra almejada e pressupõe uma prática que faça incidir a carga almejada e não a potencial. O que pretendo assinalar com a irrelevância da prática elisiva para as normas gerais e abstratas do direito tributário – salvo nos casos de normas antielisivas – é que essa "potencial carga" e a decisão do agente de praticar o ato tal ou qual para impedir que tal carga se concretize, imanente ao conceito de elisão, não entra no mundo jurídico-tributário, ao menos no campo da norma geral e abstrata tributária em sentido estrito. O que entra é a prática do ato fruto dessa decisão[461], mas não é por ser qualificado como elisão, não é por envolver a prática de se evitar uma carga potencial ou um "fato gerador", que esse ato terá tratamento específico. Essa finalidade do ato que lhe qualifica como elisão é intrassubjetivo, é de foro íntimo.

Por vezes, razões de foro íntimo são relevantes para se qualificar juridicamente comportamentos intersubjetivos. Como, por exemplo, o dolo. Mas se trata de uma decisão contingente do legislador. Sem essa decisão de recortar o intencional ou os objetivos que animam o espírito do ser humano, esse aspecto não recortado torna-se irrelevante sem comprometer a completude sintática do direito: esta só existe para o aspecto intersubjetivo do ato.

Gostaria de fazer uma comparação para expor esse ponto. Francisco Cavalcanti Pontes de Miranda nos lembra que os motivos que qualificam uma doação como tal, por exemplo a benevolência, a moral, ou gratidão, pouco importam para qualificar a doação como doação.[462] Em outras palavras, o ato de

---

461. Vale apontar que estamos pensando a elisão, abstraindo a norma antielisiva. O que a norma antielisiva repressiva faz é justamente tornar relevante a elisão para o mundo jurídico.

462. "Sobre a *causa donandi*, podem estar a gratidão, a publicação do nome, o suborno, a intenção de angariar simpatia e tantos outros motivos. Uma vez que os motivos não entram no mundo jurídico (plano da existência), também não vão ao plano da validade, ou ao plano da eficácia." (PONTES

ELISÃO E NORMA ANTIELISIVA

doar não é permitido por envolver uma benevolência ou uma inspiração ética ou uma necessidade de aprovação pública. Com isso podemos concluir que se a doação gera certos efeitos, o fato de ser benevolente, ou motivada por interesse financeiro ou social, é meramente acidental.

Se voltarmos ao campo fiscal, para a regra-matriz de incidência tributária, pouco importa se o contribuinte atuou para que uma carga fiscal potencial tal ou qual não se concretize. Essa circunstância é um suporte fático não colorido pela regra-matriz de incidência tributária. A norma tributária em sentido estrito não visa a alcançar o potencial, nem o intencional: tem como alvo o que existe juridicamente.

Mas, não só a acidentalidade da elisão para a relação que se firma entre um fato jurídico e o antecedente da norma geral e abstrata tributária que caracteriza isso que estamos denominando de indiferença do campo tributário geral e abstrata) às condutas elisivas – mais uma vez, repita-se, salvo na hipótese de norma antielisiva repressiva. É também a não proibição de prática do ato elisivo.

A estrutura condicional de toda norma jurídica predica uma relação de dever-ser entre antecedente e consequente. Se o direito pretender que certo comportamento seja cumprido de tal ou qual maneira, coloca-o no consequente de norma. Não há obrigatoriedade de se realizar um ato apenas porque está previsto em antecedente de norma jurídica.

Essa análise toma como bastante relevante a dimensão lógica do direito. Agora, é incompleta uma investigação jurídica que se reduz ao formal. Mas, também é incompleto o exame do direito que passa por cima de sua estrutura lógica. Os valores jurídicos são organizados, isto é, combinados, a partir de

---

DE MIRANDA, Francisco Cavalcanti. **Tratado de direito privado**. 2.ed. Tomo III. Atualizado por Vilson Rodrigues Alves. Campinas, 2001, p.131).

uma sintaxe. Quando não se observa essa gramática, não se consegue identificar como o direito positiva valores. Algo fica fora do lugar.

Convém entender, portanto, que a norma realiza valores nesse liame de dever-ser entre antecedente e consequente e que o direito não obriga, direta ou indiretamente condutas, colocando-as no antecedente.

Por isso que quando o agente elisivo deixa de praticar um ato que faria a norma incidir de determinada maneira, essa ausência não é uma desconformidade normativa, não há, aí, proibição.

O artigo 5º, inciso I, da Constituição da República assegura que o particular não está obrigado a fazer senão em virtude de lei. Então, se não existir norma jurídica obrigando a prática de certo ato, ou que certo ato seja praticado de determinada maneira – e não é por estar descrito em hipótese de incidência de norma que tal ato estaria obrigado – há direito subjetivo de sua prática.

A ausência de proibição coloca o ato que é realizado no procedimento elisivo na classe dos permitidos. Mas, isso não significa que a elisão, em si, seja um direito subjetivo. O direito, mesmo, é praticar um ato não proibido. Mas, se o ato foi praticado para impedir uma tributação potencial, tal como necessário para que seja qualificado pelo conceito de elisão, ou se praticado pelo acaso, isso não importa à norma que o torna permitido.

Quando indico que a elisão é indiferente para o direito tributário – quando ainda não existente a norma antielisiva – pretendo exprimir que o conceito de elisão, que envolve um querer e pressupõe uma tributação potencial, é irrelevante para configurar a eventual licitude do ato, ou mesmo, para justificar a tributação ou não tributação do ato potencial. O conceito de elisão guarda mais notas: é mais completo do que aquilo que interessa ao direito.

Essa indiferença, portanto, é perante o conceito de elisão, não perante o ato praticado para se efetivar o procedimento elisivo, nem perante os efeitos jurídico-tributários provenientes do ato necessário para se praticar a elisão. Esse ato pode ser regulado por normas de outros campos normativos; os efeitos desse ato, pelo próprio direito tributário. Em outras palavras, a elisão é suporte fático de uma conduta permitida – se a conduta, em si, não fosse permitida, não haveria completude sintática do direito – mas não é, ela mesma, o objeto da permissão: é irrelevante para a conduta ser permitida assim como a benevolência é irrelevante para a doação ser permitida. Não é fato jurídico, nem objeto de relação jurídica: mas surge, acidentalmente, acompanhando atos que são relevantes para aplicação da regra-matriz de incidência tributária.

9.2.2 Irrelevância da elisão e direito subjetivo de se submeter à tributação fruto do ato elisivo

O fato de que a elisão não é colorida, integralmente, pelas normas gerais e abstratas tributárias não significa que os efeitos do ato elisivo sejam irrelevantes ao campo fiscal. Esses efeitos não são oriundos do ato ser qualificado como elisivo: daí a acidentalidade do conceito de elisão para a causalidade jurídico-tributária.

Por outro lado, há um direito subjetivo, decorrente do princípio da legalidade, de se ser tributado conforme a lei. Isto é, há um direito subjetivo de se recolher o quantum tributário resultante do ato elisivo, apenas porque esse quantum é causalidade de certo fato jurídico praticado pelo contribuinte.

Quando se percebe que a elisão é um ponto cego para o direito tributário, apenas visto se existir a norma antielisiva, infere-se que o direito de não se arcar com tributação além daquela condicionada pelo ato elisivo, que entendo ser o direito, afinal, percebido por Diva Malerbi, por Alberto Pinheiro

Xavier, por Paulo Ayres Barreto, na relevante contribuição que deram à teoria da elisão, nada mais é do que o direito de ser tributado tal como a lei determina, nada mais é do que a própria legalidade.

Mas, esse direito é indisponível – assim como os direitos de índole trabalhista e o direito à vida – porque uma vez praticado o comportamento previsto na norma geral e abstrata é a vontade da lei – e não a vontade do contribuinte – que impera.

O direito de ser tributado conforme a lei, portanto, tem um caráter social, porque a lei representa, simbolicamente, a vontade do povo. Não é a vontade do indivíduo tributado que se coloca como relevante: é a vontade social consolidada em processo legislativo, em processo polifônico de produção de normas. O contra-lei é o individual, é o se supor capaz de tomar uma decisão mais benéfica ao bem comum, do que a positivada por toda a sociedade.

Quando se toma consciência da irrelevância da elisão para fins de aplicação da norma tributária, perde o sentido a discussão "igualdade social versus liberdade individual" que a disputa sobre a legitimidade do planejamento tributário vem tomando. A defesa da legalidade deixa de ser um "apego formalista" ou um "individualismo possessivo" para exprimir uma função social. A legalidade deixa de ser vista como o modo em que o indivíduo se relaciona, egoisticamente, com a sociedade, para ser tida como o modo em que o Poder Público se relaciona com a própria sociedade: se de forma democrática, mediante a lei, respeitando a vontade do Povo; se de forma autoritária, prescindindo da lei, em decisão individual.

9.2.3 Elisão: abuso de direito e fraude à lei

Poderíamos cogitar, porém, sobre a pertinência de refletir se o fato de o contribuinte "escapar" de uma carga tributária

ELISÃO E NORMA ANTIELISIVA

potencial acabaria por frustrar os valores visados pela norma tributária ou pelo próprio sistema. Se seria, portanto, uma conduta ilícita atípica.

Se se coloca a dúvida sobre o efeito jurídico desse "escape" da tributação potencial é porque se lida com um problema da lacuna semântica, devendo-se resolver a partir dos mecanismos que o direito positivo propõe para transformá-la em certeza pragmática.

Se determinado campo normativo é provido de uma norma geral exclusiva, tal como o direito tributário e o direito penal, há uma aceitação do que o querido axiologicamente é positivado pelo legislador. É o jogo de linguagem que permeia tais esferas de regulação de condutas. Esse jogo pressupõe, quando muito, um controle jurisdicional de constitucionalidade, mediante os mecanismos próprios do sistema.

Se surge lacuna axiológica na lei, é preciso conceber se uma lacuna que está só no intérprete ou se é passível de ser feita intersubjetiva mediante um discurso retoricamente forte. Se for o segundo caso, então, são os mecanismos próprios do sistema que devem solucionar o defeito legal.

Já vimos que a elisão é proporcionada por diferenças que o legislador cria nos próprios enunciados legislativos: pelo fato de que a competência tributária não é exercida em sua plenitude; pelo aspecto de que a competência tributária é repartida entre diversos Entes com tributos de cargas diferentes; e pelo motivo de que os diversos países exercem sua soberania de maneira distinta, criando diferentes tributos. A elisão tributária, nesse sentido, por envolver uma prática que é "espelho da lei" apenas reflete decisões tomadas pelo próprio legislador. Se há antinomia axiológica, esta já é observada na lei e não, diretamente, no ato do sujeito passivo.

Ao mesmo tempo, entendo que a elisão, e aqui estou me referindo à elisão-fim, tenha por função calibrar antinomias axiológicas do sistema, especialmente, no que tange ao primado da isonomia. Gostaria de elaborar melhor essa ideia a partir de exemplos.

No artigo 38 do Decreto-lei n. 1.598/77, há previsão de que o valor do ágio decorrente de emissão de ações por sociedades anônimas não deva ser computado para fins de apuração do lucro real do Imposto sobre a Renda. Vejamos:

> Art. 38 – Não serão computadas na determinação do lucro real as importâncias, creditadas a reservas de capital, que o contribuinte com a forma de companhia receber dos subscritores de valores mobiliários de sua emissão a título de:
>
> I – ágio na emissão de ações por preço superior ao valor nominal, ou a parte do preço de emissão de ações sem valor nominal destinadas à formação de reservas de capital;

Embora, conceitualmente, a hipótese se trate de um caso de não incidência[463], porque o ágio na emissão de ações não representa um rendimento passível de ser incluído na base de cálculo do Imposto sobre a Renda, o fato é que o Fisco interpreta tal norma como veiculadora de isenção, de sorte que o

---

463. Vide nesse sentido a decisão expedida pelo Conselho Administrativo de Recursos Fiscais, CARF 1ª Seção/1ª Turma da 2ª Câmara/Acórdão 1201-00.036, em 12/05/2009: Imposto sobre a Renda de Pessoa Jurídica – IRPJ. Ano-calendário: 1999. ÁGIO NA SUBSCRIÇÃO DE QUOTAS. O ágio na aquisição de quotas de capital das sociedades de responsabilidade limitada não deve compor o resultado comercial do exercício. Como inexiste disposição que determine sua adição para fins de determinação da base de cálculo do imposto de renda, também não deve compor o lucro real. JUROS SOBRE CAPITAL PRÓPRIO. CARACTERIZAÇÃO. DEDUTIBILIDADE. Despesas financeiras a título de juros calculados sobre o capital integralizado e outras parcelas do Patrimônio Líquido, e creditados em favor dos sócios, caracterizam-se como remuneração do capital próprio, e submetem-se aos requisitos legais fixados para sua dedutibilidade. Vistos relatados e discutidos os presentes autos.

ELISÃO E NORMA ANTIELISIVA

fundamento jurídico para a não tributação seria a previsão em lei. Vejamos, nesse sentido, a solução de Consulta a seguir expedida:

> Imposto sobre a Renda de Pessoa Jurídica – IRPJ. ÁGIO NA EMISSÃO DE QUOTAS. Serão computadas na determinação do lucro real as importâncias creditadas a reservas de capital, que o contribuinte com a forma de sociedade por quotas de responsabilidade limitada receber, dos subscritores de quotas de sua emissão, a título de ágio, quando emitidas por preço superior ao valor nominal.[464]

Como se nota da ementa acima, sociedade por quotas de responsabilidade limitada que emitir quotas com ágio deverá reconhecer tal receita na base de cálculo do IRPJ.

Nesse sentido, surge uma antinomia axiológica, porque o dispositivo legal diferencia os contribuintes a partir do regime jurídico que lhes rege, mas não em razão da capacidade contributiva que ostentam ou em razão da materialidade do Imposto sobre a Renda. Não refuto que o legislador deva ter seus motivos para instituir tal norma, como incentivar os investimentos em sociedades por ações e assim por diante, mas não se pode negar que essa finalidade é conflitante com o valor da isonomia, por ter efetivado, no Imposto sobre a Renda, uma diferenciação que nada tem que ver com a capacidade contributiva do contribuinte: eis aí o choque de valores a que nos reportamos no Capítulo I.

Para contornar essa antinomia axiológica, transforma-se uma pessoa jurídica de responsabilidade limitada em uma sociedade por ações a fim de possibilitar a não inclusão do ágio na base de cálculo do IRPJ. Ora, esse ato de transformação

---

464. Ministério da Fazenda/Secretaria da Receita Federal. Decisão n. 195, de 23 jun. 1999.

representa uma nítida elisão-fim e é praticado com o intuito exclusivo de se eliminar uma tributação específica. Portanto, trata-se de um ato jurídico efetivado com fim predominante de se obter uma economia tributária.

Tomo, agora, outro exemplo. Certa pessoa física é controladora de uma *holding* patrimonial com um único imóvel e intenta aliená-lo com ganho de capital.

Note-se que essa tributação será distinta conforme certas escolhas que o contribuinte opte sem qualquer relação com a capacidade contributiva aferida a partir da venda. Vejamos as opções.

Se o imóvel estiver contabilizado no ativo imobilizado da pessoa jurídica, o ganho de capital obtido na transação será tributado por IRPJ com alíquota de 15% (quinze por cento) e eventualmente o adicional de 10% (dez por cento) e CSLL com alíquota de 9% (nove por cento).[465]

Se, por acaso, o imóvel estiver registrado no estoque da pessoa jurídica, levando-se em consideração que ela seja tributada na modalidade de lucro presumido, a tributação incidirá sobre a receita bruta. Nessa modalidade, os percentuais de presunção de IRPJ e CSLL serão aplicados, de sorte que a tributação incidirá sobre tal percentual e não sobre o ganho de capital efetivamente apurado pela pessoa jurídica.

Se o imóvel, por sua vez, fosse vendido pela pessoa física, a tributação incidiria com 15% (quinze por cento) sobre o ganho de capital efetivado.[466]

Então vejamos que conforme certas opções desse contribuinte, que nada têm que ver com a capacidade contributiva,

---

465. Deve-se levar em consideração que, nos termos do artigo 25, inciso II, da Lei n. 9.430/96, o ganho de capital é acrescido ao percentual de presunção da base de cálculo presumida do Imposto sobre a Renda.

466. Vide artigo 21 da Lei n. 8.981/95.

ELISÃO E NORMA ANTIELISIVA

sejam adotadas, a tributação incidirá com carga tributária bem distinta. Essa distinção de cargas tributárias se verifica porque o próprio legislador optou por instituir regimes jurídicos diferenciados.

Acredito, porém, que quando esses regimes diferenciados permitem que uma holding que não revele uma autonomia econômica em relação a seu controlador pessoa física sofra uma tributação sobre o ganho de capital que pode superar o dobro da que seria incidente se a venda fosse efetivada pela pessoa física, surge uma antinomia axiológica no sistema, que não poderia ser resolvida retroativamente.

Nesse sentido, parece-me que a elisão-fim praticada, que poderia consistir, a depender do caso concreto, na redução de capital social da pessoa jurídica mediante devolução do imóvel a seu sócio a valor contábil, afastando-se da imposição de distribuição disfarçada de lucros por expressa determinação legal[467], para posteriormente se efetivar a alienação do imóvel pela própria pessoa física, de tal forma que a carga tributária potencial de até 34% (trinta e quatro por cento) – considerando-se IRPJ de 15% (quinze por cento) + adicional de 10% (dez por cento) – e CSLL de 9% (nove por cento) – seja reduzida a 15% (quinze por cento) sobre o ganho de capital – viria impedir que essa holding fosse obrigada a uma imposição tributária superior à aplicável a uma pessoa física.

Assim, parece-me que tanto no caso da sociedade por quota de responsabilidade limitada que se transformou em sociedade anônima, como no caso da holding que reduziu seu capital social para diminuir mais da metade da tributação que seria incidente sobre a alienação do imóvel, o ato elisivo impediu que esses contribuintes fossem discriminados por motivos que nada têm que ver com sua capacidade contributiva, e fossem onerados, por isso, por uma carga tributária superior

---

467. Vide artigo 22 da Lei n. 9.249/95.

em relação a outros contribuinte. Impedem, portanto, situações que revelam antinomias axiológicas com o primado da isonomia.

Embora o termo "abuso" seja subjetivo, por envolver um julgamento axiológico, não posso ver em uma conduta que visa a contornar uma diferença instituída pelo sistema com antinomia axiológica com o primado da isonomia, ou seja, uma conduta que vem superar uma imperfeição do sistema que seria prejudicial ao contribuinte, um abuso eticamente condenável. Se o comportamento é amparado pelo princípio da isonomia, ou seja, ele realiza valores do sistema, não há que se falar em um abuso, ainda que seja frustrada determinada arrecadação que seria potencialmente aplicável.

É nesse sentido que vejo a elisão-fim como um importante mecanismo de calibração de antinomias axiológicas, especialmente, no que tange ao primado da isonomia e capacidade contributiva. É a elisão-fim que garantirá que um privilégio destinado às sociedades por ações seja aproveitado por certos contribuintes, por meio do ato de transformação do tipo de sociedade; é a elisão-fim que permitirá que certo contribuinte não pague o dobro a título de tributos sobre a alienação de um bem qualquer, pelo simples fato de ter, pelo motivo tal ou qual, integralizado tal bem em uma *holding*.

Mas, esses casos de elisão-fim poderiam ser facilmente tidos como elisão abusiva pela doutrina antielisiva. Vejamos por exemplo o teor dos artigos 13 e 14 do projeto de conversão de lei da Medida Provisória n. 66/02, que não foi aprovado pelo Congresso Nacional:

> Art. 13. Os atos ou negócios jurídicos praticados com a finalidade de dissimular a ocorrência de fato gerador de tributo ou a natureza dos elementos constitutivos de obrigação tributária serão desconsiderados, para fins tributários, pela autoridade administrativa competente, observados os procedimentos estabelecidos nos arts. 14 a 19 subsequentes.

ELISÃO E NORMA ANTIELISIVA

> Parágrafo único. O disposto neste artigo não inclui atos e negócios jurídicos em que se verificar a ocorrência de dolo, fraude ou simulação."
>
> Art. 14. São passíveis de desconsideração os atos ou negócios jurídicos que visem a reduzir o valor de tributo, a evitar ou a postergar o seu pagamento ou a ocultar os verdadeiros aspectos do fato gerador ou a real natureza dos elementos constitutivos da obrigação tributária.
>
> § 1º Para a desconsideração de ato ou negócio jurídico dever-se-á levar em conta, entre outras, a ocorrência de:
>
> I – falta de propósito negocial; ou
>
> II – abuso de forma.
>
> § 2º Considera-se indicativo de falta de propósito negocial a opção pela forma mais complexa ou mais onerosa, para os envolvidos, entre duas ou mais formas para a prática de determinado ato.
>
> § 3º Para o efeito do disposto no inciso II do § 1º, considera-se abuso de forma jurídica a prática de ato ou negócio jurídico indireto que produza o mesmo resultado econômico do ato ou negócio jurídico dissimulado.

Como se percebe, tanto a redução de capital social como a transformação de sociedade limitada em sociedade por ações são atos mais complexos do que os necessários para certa operação. E, no caso concreto, por serem praticados sem motivos que não os tributários, seriam facilmente subsumidos em um conceito de "abuso de forma" ou "operação sem propósito negocial" ou mesmo em uma doutrina da "step transaction" para a desconsideração do ato jurídico praticado pelo contribuinte.

Parece-me que a qualificação de tais atos elisivos tais como os acima mencionados como abusivos e não merecedores da tutela da estrita legalidade é uma violência axiológica, não só em razão da segurança jurídica mas, também, por evitar que haja uma calibração do sistema, contornando-se antinomias axiológicas que prejudiquem certa pessoa tal ou qual.

465

CHARLES WILLIAM MCNAUGHTON

Discordo dos que pensam a elisão como uma lacuna "aproveitada" pelo contribuinte, pensada o termo aproveitado de maneira axiologicamente negativa. O que pretendo pontuar sobre essa visão é que, grande parte das vezes, a elisão vem resolver falhas axiológicas do ordenamento que poderiam prejudicar certo contribuinte.

Nesse sentido, quando a elisão interage com a antinomia axiológica que se verifica no texto legislativo, estará protegendo o contribuinte contra essa mesma antinomia e, portanto, realizando valores positivos do sistema.

Outras vezes, a elisão se dá na lacuna semântica que não necessariamente, importa uma lacuna axiológica e é resolvida simplesmente pela norma geral exclusiva.

O fato, por exemplo, de existir uma venda de ações ou quotas e não de mercadorias ou imóveis significa apenas que o fato é tributável por um imposto residual da União e não por impostos estaduais ou municipais. Se não houve vontade política de se criar tal imposto, é uma questão à facultatividade do exercício de competência residual e não de uma lacuna axiológica perante valores do próprio sistema positivo.

Ora, o sistema, quando reparte competência tributária, de um lado, e concede facultatividade para o exercício dessas competências do outro, não exige, axiologicamente, que todos atos com capacidade contributiva sejam tributados. Se assim o fosse, a competência tributária não seria facultativa.

Todo esse aspecto implica uma impossibilidade de se considerar a elisão-fim como uma fraude à lei, porque o afastamento da tributação potencial não importa violação direta ou indireta da norma tributária, tampouco de seu espírito. O operador, ao praticar a elisão, interage e obedece a própria vontade dos Entes Políticos manifestada por lei, ele age conforme a regra do jogo. Se, para certo observador ou participante, a tributação deveria incidir pelos motivos tais e quais, há

466

um problema de antinomia axiológica que deve ser resolvido politicamente, a partir de veiculação de normas antielisivas preventivas.

Também não entendo que a elisão possa se configurar um abuso de direito, ainda que estejamos tratando da elisão--fim. O abuso de direito, como mecanismo reconhecido pelo direito civil, pode ser útil para a autoridade fiscal na qualifica-ção de atos jurídicos, especialmente os praticados sem causa. Mas, o fenômeno elisivo, como um todo, ou melhor dizendo, a prática de gerar economias tributárias por modo não vedado em lei, não importa qualquer abuso: o instituto do abuso exis-te para se qualificar ilicitamente certos atos praticados no âmbito do direito privado, conforme vimos.

Ainda mais, se o ser tributado conforme à lei decorre de uma obrigação, a permissão é apenas inferida por subalterna-ção. Não está à disposição do sujeito passivo e por isso mesmo não pode ser objeto de abuso: o abuso ontologicamente só pode cair em condutas facultativas que dependem de uma manifes-tação de vontade da parte.

9.2.4 Elisão e requalificação jurídica

O direito de ser tributado conforme a lei e nada mais do que a lei, é obviamente condicionado pela própria lei, isto é, é a lei que o estabelece. Portanto, não é ilimitado, mas nasce de todas as limitações que o direito institui.

Assim, a questão que se coloca "a elisão tem limites?" não se responde sem outra pergunta "limites estabelecidos pelo quê?" Se a resposta for "a lei", parece-me que a respec-tiva réplica "a elisão é limitada pela lei" é tautológica porque o conceito de elisão já pressupõe um resultado da aplicação da lei; se a resposta for "princípios, valores etc." teríamos de exa-minar a questão pela pergunta de uma norma geral inclusiva, que já analisamos anteriormente e poderíamos concluir que se impera no sistema jurídico tributário uma norma geral exclusiva, não podem os valores, não realizados por normas, fundamentarem, isoladamente, um limite ao campo de extensão do ato elisivo".

Não estou afirmando que os princípios não interfiram na aplicação de leis e que inexista uma relação direta entre valores e normas individuais e concretas. O que estou enunciando é que se para um jogo de linguagem certa norma geral e abstrata "não deu conta" de realizar certos valores ou princípios, a norma geral exclusiva impede que esses valores sejam fundamentos para uma redução preventiva do campo de alcance de elisão, isto é, para um aumento retroativo do campo tributável. O direito, nessa hipótese, contará com seus próprios meios para realização desses valores, seja pelo meio político de modificação das leis, seja pela interferência do Poder Judiciário, determinando que o Poder Legislativo assim o faça.

Quando se reflete, por outro lado, que elisão só pode ser o produto de uma adequada aplicação de normas, deveremos concluir que não se está tratando de aplicação elisiva provida de lacuna de fato ou de direito.

Se um ato que se postula elisivo é praticado sem a observância dos elementos genéricos que lhe constituem como existentes – lacuna de fato – ou se é qualificado como tal ou qual apesar de estar desprovido de elementos categoriais ou causa que lhe permita ser qualificado em determinado instituto jurídico – lacuna de direito – então a requalificação do ato por autoridade administrativa é cabível, por força do próprio artigo 116, inciso I, do Código Tributário Nacional, porque os fatos jurídicos que sejam situações jurídicas são constituídos conforme as provas e conforme a observância das normas que os qualificam como tal. Nesse sentido, concordo com Marcos Vinícius Neder quando afirma que:

ELISÃO E NORMA ANTIELISIVA

> O preceito legal aplicável ao caso *sub judice* deve ser encontrado após a qualificação jurídica do fato, não necessariamente adotando a qualificação (nomen iuris) dada pelo sujeito passivo.[468]

E continua:

> Recorrer ao estudo de causa e da forma do negócio jurídico permite compreender a finalidade dos contratantes na realização de determinado negócio jurídico. Afinal, se o ato jurídico é essencialmente manipulação da vontade, ele há de ser, como todo ato racional, necessariamente causado, isto é, posto em existência em vista de um fim que o agente se propõe a alcançar.[469]

É nesse panorama que podemos pensar ideias tão associadas ao combate da "elisão tributária", como "artificialismo", "abuso de formas" entre outras circunstâncias. O que proponho, aqui, é que se separe "o joio do trigo". Não se trata, apenas, de se definir quais atos jurídicos devem ou não ser desconsiderados pelo Fisco. Há outro problema de igual relevância: como deve ser a motivação retórica dessa desconsideração.

Uma motivação jurídica, e, mais do que isso, um hábito nas motivações jurídicas, que possibilite se adentrar naquela zona de certeza própria que a completude pragmática proclama, contribui para a legitimação do direito. Assim, que se busquem fundamentos no direito positivo para a requalificação de atos jurídicos.

---

468. NEDER, Marcos Vinícius. **O problema da prova na desconsideração de negócios jurídicos**. V Congresso Nacional de Estudos Tributários. São Paulo: Noeses, 2008, p. 692.

469. NEDER, Marcos Vinícius. **O problema da prova na desconsideração de negócios jurídicos**. V Congresso Nacional de Estudos Tributários. São Paulo: Noeses, 2008, p. 705.

Por exemplo, se o propósito negocial for relevante para o direito tributário, para fins de oponibilidade dos negócios jurídicos, essa relevância só pode existir quando uma causa finalística no ato jurídico for relevante para qualificá-lo como tal ou se certa norma tributária coloca o propósito como um elemento necessário para sua aplicação. Vimos que o direito norte-americano constituiu a ideia de propósito negocial, não como uma espécie de imperativo categórico que proibisse a prática de um ato com fins precipuamente elisivos, como algumas linguagens buscam construir, mas vinculando a ideia de propósito a um requisito jurídico – ainda que em norma tributária – para se qualificar certo ato como cabível em uma determinada norma.

No direito brasileiro, por exemplo, quando é preciso identificar a natureza de situações jurídicas, nas hipóteses determinadas pelos artigos 116, inciso I e do 110 do Código Tributário Nacional, a noção de propósito negocial pode ser relevante se certo negócio jurídico é causal finalístico, ou seja, tem em sua finalidade a causa que lhe qualifica como de tal ou qual natureza.

Nessa hipótese, o ato que se assemelha a elisão-fim poderá ser questionado pelo Fisco, especialmente, se envolver ato praticado com intuito único de economizar tributo desde que certo negócio jurídico praticado tenha causa finalística não alcançada pelo operador do direito.

Mas, porque as finalidades são difíceis de serem comprovadas e porque as finalidades jurídicas dos institutos nem sempre são claras, é preciso uma motivação robusta da linguagem da autoridade competente que entenda que um ato determinado esteja desprovido de causa finalística. A legalidade, nesse sentido, requer provas que refutem dúvidas pertinentes sobre a inexistência de propósito negocial em uma operação e requer, inclusive, a fundamentação de que o instituto jurídico exige uma finalidade não cumprida pelo ato elisivo.

470

ELISÃO E NORMA ANTIELISIVA

A doutrina norte-americana da "substância sobre forma", com seu nome inadequado, conforme já assinalamos, ou de uma "step transactions", ou mesmo do "business purpose" podem ser utilizadas como mecanismos individuais e concretos antievasivos para se comprovar a inadequada qualificação jurídica efetivada por certo sujeito passivo. Isso deve implicar a busca pelos requisitos legais dos atos jurídicos e as provas que possibilitem a tradução dos indícios na linguagem da facticidade jurídica.

Uma norma administrativa de revisão, com lacuna de direito ou de fato, isto é, sem adequada tradução das provas em fatos e dos enunciados em normas jurídicas, é provida de ilegalidade e não pode subsistir.

9.3 Neutralização da elisão pelo sistema jurídico: exame de sua legitimidade

9.3.1 Palavras iniciais

Com a busca da neutralização da elisão pelo ordenamento jurídico, pela antielisão repressiva, o ato elisivo deixa de ser indiferente ao ordenamento jurídico, especialmente ao campo tributário.

Chegou o momento de se examinar a legitimidade das maneiras em que o ordenamento jurídico se serve para coibir a elisão fiscal, em cada uma de suas vertentes.

De modo genérico, quando se deixa a difícil discussão de elisão enquanto uma liberdade constitucionalmente assegurada ou de uma violação à capacidade contributiva, a temática da norma antielisiva pode ser pensada a partir da ótica da competência da entidade tributante, quer competência em sentido estrito, isto é, aptidão para instituir tributos, quer competência em sentido lato, bem como a partir da ótica dos princípios que regem a tributação. É esse o esforço que faremos nos próximos itens.

471

CHARLES WILLIAM MCNAUGHTON

9.3.2 Norma antielisiva preventiva específica

A norma antielisão preventiva específica apenas é diferençada das demais normas inseridas no regime tributário a partir de sua finalidade de reduzir o campo de extensão da elisão tributária. O regime jurídico que lhe anima não é, nem mais rígido, nem mais flexível, do que o aplicável às demais normas jurídico-tributárias.

A título de exemplo, se a medida antielisiva preventiva voltar-se à regra-matriz de incidência tributária, haverá um esforço do legislador de esgotar a competência a sua máxima extensão, evitando lacunas semânticas que seriam resolvidas com uma norma geral exclusiva.

No que tange ao binômio hipótese de incidência/base de cálculo, a norma tributária deverá respeitar o núcleo de competência material destinado a cada tributo, não podendo extravasar o âmbito destinado a outras Entidades Tributantes, sob pena de violação da norma de competência que lhe outorga fundamento jurídico.

Além disso, não pode o termo utilizado pelo legislador, na ânsia de se tributar o máximo à disposição em termos de extensão de competência, ser tão vago a ponto de prejudicar a previsibilidade da tributação. Interessante pensar que mesmo um acórdão do Tribunal de Justiça, Grande Seção, do direito comunitário europeu, que é considerado um grande precedente antielisivo, como o caso Halifax[470], a ideia de necessidade de previsibilidade da tributação é ponto incontestável e firmemente colocada. Vejamos:

> (...) Todavia, como o Tribunal de Justiça recordou por diversas vezes, a legislação comunitária deve igualmente ser certa e a sua aplicação previsível para os particulares

---

470. No processo C-255/02, julgado pela Grande Secção do Tribunal de Justiça da União Europeia, em 21 de fevereiro de 2006, p. 21.

472

ELISÃO E NORMA ANTIELISIVA

(v., designadamente, acórdão de 22 de Novembro de 2001, Países Baixos/Conselho, C-301/97, Colect., p. I-8853, n. 43). Este imperativo de segurança jurídica impõe-se com especial vigor quando se trata de uma regulamentação susceptível de comportar encargos financeiros, a fim de permitir aos interessados que conheçam com exactidão o alcance das obrigações que lhes são impostas (v., designadamente, acórdãos de 15 de Dezembro de 1987, Países Baixos/Comissão, 326/85, Colect., p. I-5091, n. 24, e de 29 de Abril de 2004, Sudholz, C-17/01, Colect., p. I-4243, n. 34).

Portanto, nem a pretexto de evitar a elisão pode o legislador instituir textos incertos e de aplicação imprevisível que se afaste de uma completude semântica, isto é, da ideia de certeza do direito.

No mais, à medida que a legislação antielisiva preventiva majora alíquotas para desestimular condutas de elisão, equipara contribuintes para garantir uma tributação uniforme, deverão ser observados o princípio da isonomia, do não confisco, da irretroatividade e tantos outros que norteiam nosso sistema tributário e são aplicáveis a qualquer norma jurídica.

Essa ideia remonta a uma imagem brilhantemente exposta por Paulo Ayres Barreto que é a dos "círculos concêntricos". Segundo essa noção, da permissão de que se pode tributar o que está em lei, que seria um "grande círculo", "formar-se-iam sucessivos círculos concêntricos, em contínuas reduções, até a definitiva redução do espectro passível de atuação".[471] Exemplifica o jurista:

> Se estivermos cogitando de imposto, o fato a ser hipoteticamente previsto haverá de ser revelador da capacidade

---

471. BARRETO, Paulo Ayres. **Elisão tributária, limites normativos.** Tese apresentada ao concurso de livre-docência do Departamento de Direito Econômico e Financeiro da Faculdade de Direito da Universidade de São Paulo. São Paulo: USP, 2008, p. 202.

contributiva. O tratamento tributário estabelecido haverá de ser isonômico. Não poderá haver confisco, nem previsão de incidência em caráter retroativo. A segurança jurídica será prestigiada. Devem ser respeitadas, ainda, a livre iniciativa e a liberdade de contratar. Os comandos constitucionais interagem e se amoldam, formando círculos que convergem para a delimitação de uma área precisa e determinada de atuação do legislador no plano infraconstitucional.[472]

Em outras palavras, a norma antielisiva preventiva específica será legítima, isto é, será portadora de validade em sentido estrito, desde observados limites materiais do âmbito de competência do ente tributante e os princípios fundamentais que regem à tributação.

É importante assinalar, nesse sentido, que a norma antielisiva específica repressiva é irmã do princípio da isonomia. Ela faz que a conduta de calibração do sistema, pautada pela elisão-fim, deixe de fazer sentido, porque a própria tributação por ela instituída já é uniforme, realizando a igualdade material, ou seja, uma "igualdade na lei".

No tocante à norma antielisiva preventiva específica que se volta ao benefício fiscal, não nos olvidemos que utilizamos o signo "benefício" em expressão mais ampla do que a comumente utilizada. Esse fator é importante lembrar para exprimir que a norma antielisiva preventiva deve observar o regime jurídico que rege certa norma a que visa interagir.

Assim, deve-se observar, como regra geral, que a autoridade competente para instituir, ou tratar sobre certa norma de benefício é a que tem legitimidade para coibir elisão na prática

---

472. BARRETO, Paulo Ayres. **Elisão tributária, limites normativos.** Tese apresentada ao concurso de livre-docência do Departamento de Direito Econômico e Financeiro da Faculdade de Direito da Universidade de São Paulo. São Paulo: USP, 2008, p. 203.

ELISÃO E NORMA ANTIELISIVA

desse mesmo benefício. A título de exemplo, se estamos tratando de imunidade, a norma antielisiva há de ser consagrada na própria Constituição ou em lei complementar, na sua função concebida pelo artigo 146, inciso II, da Constituição da República.[473] Não poderia a lei ordinária cumprir tal função sob pena de violação ao referido artigo.

Em suma, desde que na criação de benefício o ente tributante observe o seu âmbito de competência, os princípios constitucionais e institua uma legislação clara, que não deixem dúvidas sobre o alcance do benefício, a elisão tributária poderá ser devidamente prevenida, criando-se restrições claras e determinadas formas de aproveitamento.

9.3.3 Norma antielisiva preventiva genérica

Conforme verificamos, a ideia de norma antielisiva preventiva genérica predica uma norma geral inclusiva na esfera tributária que se manifestaria exigindo a tributação na máxima extensão da competência tributária do ente tributante, ainda que sem amparo em texto escrito, ou exigindo a aplicação restritiva de benefício fiscal.

No tocante à questão de instituição de tributos, quando examinamos o primado da estrita legalidade, já vimos que a certeza e previsibilidade devem ser elementos que acompanham a lei. Assim, não há cabimento para uma norma geral preventiva incidindo sobre a tributação, apta a permitir a tributação de circunstâncias que não se encontram no âmbito de incidência da legislação.

Não nos olvidemos que, conforme verificamos sobre o artigo 146, inciso III, "a", da Constituição da República,

---

473. Art. 146. Cabe à lei complementar: I – dispor sobre conflitos de competência, em matéria tributária, entre a União, os Estados, o Distrito Federal e os Municípios; II – regular as limitações constitucionais ao poder de tributar.

cabe à lei complementar definir a hipótese de incidência e base de cálculo de tributos. Como já discorrido, o signo definir implica delimitar os confins de um conceito, o que demonstra que não há possibilidade jurídica – uma permissão – o que é incompatível com uma norma geral antielisiva preventiva genérica.

A própria estrita legalidade, prevista no artigo 150, inciso I, da Constituição da República, não convive com a flexibilidade que uma norma geral inclusiva exigiria, pois haveria tributação de ato ou fato sem previsão legal.

Ademais, o artigo 97 do Código Tributário Nacional, ao delimitar o âmbito da "limitação constitucional ao poder de tributar" denominada "princípio da legalidade", previsto no artigo 150, inciso I, da Constituição da República, na exata função que lhe é atribuída pelo artigo 146, inciso II, da Constituição da República, prevê expressamente que todos os critérios da regra-matriz de incidência tributária devam estar previstos em lei, como já vimos no capítulo II.

Se somarmos isso ao fato da proibição da analogia para fins de tributação, prevista no parágrafo único do artigo 108 do Código Tributário Nacional, teremos amplos fundamentos para refutar uma norma geral inclusiva.

Já fizemos essa refutação, de forma mais extensa, quando tratamos do primado da estrita legalidade. Nesse item que tem a função de aplicar as premissas já estabelecidas às categorias antielisivas, trata-se apenas de uma inferência dedutiva a partir dos dados já examinados nos capítulos anteriores.

Agora, com relação à norma antielisiva genérica que se volta ao benefício fiscal, entendo que uma restritividade que se aplique de caráter genérico é possível, desde que não seja estendida a direitos individuais consagrados na Constituição da República, como por exemplo, as imunidades e o primado da não-cumulatividade, que na qualidade de cláusulas pétreas

ELISÃO E NORMA ANTIELISIVA

não poderão ser modificados nem por emendas constitucionais, muito menos, por uma norma infraconstitucional antielisiva.

Para as demais normas, entendo que é possível a instituição de uma norma preventiva genérica voltada a benefícios, devendo ficar claro qual o critério a ser observado para a aplicação dessas normas alcançadas pela medida antielisiva para ficar posta a previsibilidade que o sistema jurídico requer.

Com efeito, não se poderá, sobre o pretexto de se eliminar o campo extensivo da elisão, instituir uma norma antielisiva genérica preventiva que se volte aos benefícios fiscais, sem que se torne claro aos diversos contribuintes qual o critério de aplicabilidade dessas normas e quais os requisitos de benefícios a serem aplicados.

Assim, a estrita legalidade deverá ser importante norte ao legislador na atividade de instituir norma geral preventiva que se volta aos benefícios fiscais.

9.3.4 Norma antielisiva repressiva genérica

Diante da estrutura normativa das normas repressivas genéricas, que pontuamos no capítulo VI, parece-me que a inconstitucionalidade dessas normas fica deveras patente, se observadas as características do sistema constitucional tributário apontados no capítulo II.

Essas normas, como vimos, conferem, obliquamente, às autoridades administrativas, sob o pretexto de "requalificar fatos jurídicos praticados pelos contribuintes", a competência de instituir normas tributárias individualizadas aptas a tributar atos praticados mediante elisão tributária.

Não é preciso muito esforço para se entender a violação ao princípio da legalidade e da irretroatividade. Se é a lei que deve instituir a regra-matriz de incidência tributária, em todos os seus critérios, como vimos exaustivamente demonstrando, é inadmissível que se permita, obliquamente, a criação de tributos individualizados por parte de autoridades administrativas.

A previsão de norma antielisiva genérica repressiva é teratológica por ser o avesso exato do princípio da estrita legalidade. Se a legalidade não prescinde de determinação de todos os critérios da regra-matriz de incidência tributária por lei, não pode haver delegação de tal atividade ao Poder Executivo. Muito menos por meio de norma individualizada, em que um tributo é "criado" de forma individualizada e casuística.

Não se trata da mera possibilidade de se "reinterpretar o princípio da legalidade" ou de uma "nova legalidade". Trata-se de uma delegação de função que deveria ser exclusivamente exercida pelo legislador e é delegada ostensivamente à autoridade fiscal, sem qualquer mediação de norma geral e abstrata. Não estou me referindo, portanto, à relativização do primado da estrita legalidade, mas de um esvaziar profundo da própria ideia de legalidade

Não bastasse isso, outra inconstitucionalidade não tão evidente é que essas legislações concedem competência oblíqua para tributação de aspectos que nem sempre estão no âmbito de competência dos Entes Tributantes. Por exemplo, quando a Municipalidade tributa a venda de ações, há cobrança de imposto municipal que invade uma competência que deveria ser exercida pela União, mediante lei complementar.

Assim, além da legalidade, outro grande problema da norma antielisiva repressiva é que visa a perfazer o princípio da capacidade contributiva, ignorando que o sistema tributário brasileiro reparte a manifestação de riqueza entre os diversos Entes Tributantes.

Se compararmos o sistema tributário a uma pizza, dividida em duas partes, a saber, tributável e não tributável, a norma antielisiva repressiva genérica parece permitir que a autoridade administrativa tribute o não tributável se comprovado ou presumido um ato elisivo.

O problema é que quando a pizza é dividida entre várias pessoas – União, Estados e Municípios e Distrito Federal – esse "aumentar o seu pedaço" implica "abocanhar" o pedaço de alguém. A norma antielisiva repressiva, assim, não esbarra apenas na estrita legalidade, mas também no próprio pacto federativo que se manifesta na divisão de diferentes âmbitos materiais de competência de tributos, conforme vimos no capítulo II. Mas não só.

Parece-me, ainda, que a norma antielisiva genérica repressiva viola o próprio princípio da isonomia, porque pressupõe uma tributação casuística com critérios que serão formados pela própria autoridade administrativa.

Já vimos que a isonomia, para se realizar, precisa da lei. Efetivamente, é a norma geral e abstrata que objetiva critérios que diferenciam as diversas pessoas. A isonomia também depende que a lei seja aplicável, observando-se os mesmos critérios para todos os contribuintes.

Quando a intenção elisiva se torna pressuposto de tributação diferenciada, a isonomia cessa porque o critério de discrímen tributário deixa de ser a manifestação de riqueza passando a ser um elemento acidental que é a vontade manifesta do contribuinte. Assim, deixa-se de realizar a isonomia material. Agora, a isonomia formal também deixa de se realizar, porque a aplicação da norma é dotada de flagrante subjetivismo, perdendo-se em padronização.

Tomemos, por exemplo, o caso da venda de ações e imaginemos que haja a tributação por Ente Estadual, em razão de a pessoa jurídica alienada possuir mercadorias em seu estoque. Ora, uma tributação como essa, em flagrante descompasso com a competência Estadual, tributaria essa pessoa jurídica específica por esse tal imposto sobre ações estadual, sem que o critério fosse aplicável aos demais contribuintes.

Isto é, a tributação sobre o fato "venda de ações", se for determinada a partir de elementos que não se relacionam àquela manifestação típica de riqueza qualificada pela espécie de negócio jurídico – venda de ações – e interpretada por elementos acidentais como as tratativas ou intenção das partes, implicará uma discriminação entre contribuintes que nada têm que ver com o princípio da isonomia e sim com aquele elemento volitivo que deveria ser indiferente ao sistema tributário.

Essa violação ao princípio da isonomia, aliás, se dá em todo caso em que se exige propósito negocial sem base em qualquer exigência legal, porque se cria um casuísmo sem qualquer justificativa, sem qualquer segurança ou certeza. Essa insegurança ou incerteza não passou despercebida à brilhante procuradora da fazenda nacional Juliana Furtado Costa Araújo:

> Combater a elisão levando em consideração apenas o propósito negocial gera incertezas e inseguranças que não se coadunam com o sistema jurídico que deva ser oferecido a todos.[474]

Esses elementos indicam, eloquentemente, por que a lei é importante mecanismo para realizar o princípio da isonomia e da capacidade contributiva. Quando a lei deixa de ser o parâmetro aplicável, deixa de realizar a isonomia, material ou formal, a busca de isonomia se transforma em anomia, transforma-se na não realização da completude pragmática do direito tributário.

---

474. ARAÚJO, Juliana Furtado Costa. **Elisão fiscal e norma geral antielisiva no direito tributário brasileiro**. In: **Revista Escola Paulista de Direito EPD** – Direito Tributário. Questões Atuais. São Paulo: 2009, p. 200.

9.3.5 Norma antielisiva repressiva específica

À norma antielisiva repressiva específica, não cabem as mesmas reflexões que enunciamos no item anterior, no que tange à estrita legalidade: nesse caso, os critérios de incidência estarão indicados na própria legislação. Nesse sentido, parece-me que a isonomia material e formal também são mais fortemente realizadas.

Sem embargo, indico que as normas antielisivas repressivas específicas importam um extravasar do âmbito de competência do Ente Político, recaindo-se em inconstitucionalidade. Isso porque, ao buscar a tributação daquele ato que elide a regra-matriz de incidência tributária, a norma antielisiva repressiva específica institui tributo que extravasa o campo de competência do ente tributante.

Tomemos, por exemplo, o caso da distribuição disfarçada de lucros, especificamente no que tange a tributação de receitas não auferidas pela pessoa jurídica. A previsão legal é consolidada pelos artigos 60 e 62 do Decreto-lei n. 1.598/77, a seguir citado:

> Art. 60 – Presume-se distribuição disfarçada de lucros no negócio pelo qual a pessoa jurídica:
>
> I – aliena, por valor notoriamente inferior ao de mercado, bem do seu ativo a pessoa ligada;
>
> Art. 62 – Para efeito de determinar o lucro real da pessoa jurídica:
>
> I – nos casos dos itens I e IV do artigo 60 a diferença entre o valor de mercado e o de alienação será adicionada ao lucro líquido do exercício

Como se percebe, caso a pessoa jurídica aliene bem inferior ao valor de mercado à pessoa ligada, a diferença deverá ser adicionada ao lucro líquido do exercício.

Creio que essa tributação se distancie da regra-matriz de incidência do Imposto sobre a Renda que, como já vimos insistindo, é a riqueza nova auferida pelo contribuinte. Efetivamente, a tributação, no caso em exame, incide sobre a receita que deixou de ser auferida pela pessoa jurídica. Esse tributo, portanto, não tem a mesma materialidade do Imposto sobre a Renda.

Dessa forma, há uma violação explícita ao artigo 154, inciso I, da Constituição da República. De fato, todo tributo que se ampara na competência residual da União – eis que no artigo 153 não há qualquer materialidade que embase essa cobrança – deve ser instituído por lei complementar e ser não-cumulativo.

Mesmo que tal vício fosse superado, a cobrança que estamos examinando não onera um fato signo presuntivo de capacidade contributiva. Contudo, já vimos que os impostos têm como condição necessária de instituição a observância desse requisito.

Portanto, a própria materialidade da cobrança, segundo entendo, não guarda consonância com os impostos.

Acredito que se há necessidade de se estimular certos comportamentos como a existência de preços independentes, seja interna, seja para fins de preço de transferência transnacional, nosso sistema jurídico tem à disposição outros modos, na esfera fiscal, para estimular condutas. Assim, por exemplo, poderia ser instituída uma Contribuição de Intervenção no Domínio Econômico que incentivasse a prática de preços independentes no mercado entre pessoas ligadas. O que não se concebe é que a prática seja efetivada mediante acréscimo na base de cálculo de Imposto sobre a Renda, comprometendo a materialidade dessa exação.

Sempre que a elisão tributária lida com os limites do âmbito de competência, evitando a materialidade constitu-

ELISÃO E NORMA ANTIELISIVA

cionalmente determinada pela Lei Maior, a norma antielisiva específica que buscar tributar tal comportamento com o tributo elidido estará extravasando o âmbito de competência destinada àquela pessoa política de direito público interno, incidindo inconstitucionalidade patente.

9.4 Uma proposta de interpretação do parágrafo único do artigo 116 do Código Tributário Nacional

Após toda a reflexão que vimos empreendendo, estou convencido de que a Lei Complementar n. 104/01, que instituiu o parágrafo único no artigo 116 do Código Tributário Nacional, veiculou uma norma "antievasiva". Passo a explicar essa posição.

Quando tratei das normas antievasivas, sublinhei que existem aquelas que tratam de conferir instrumentos para que as autoridades administrativas possam identificar condutas evasivas dos contribuintes. Esse parágrafo único do artigo 116 do Código Tributário Nacional me parece reafirmar essa vertente, servindo como um mecanismo que permite requalificar ou desqualificar atos jurídicos praticados relatados em linguagem por contribuintes, quando inexistentes os elementos genéricos existenciais ou os elementos categoriais que qualificam os negócios como tais ou quais.

Nesse sentido, indico a redação desse dispositivo que é a seguinte:

> Art. 116. Parágrafo único. A autoridade administrativa poderá desconsiderar atos ou negócios jurídicos praticados com a finalidade de dissimular a ocorrência do fato gerador do tributo ou a natureza dos elementos constitutivos da obrigação tributária, observados os procedimentos a serem estabelecidos em lei ordinária.

Há diversos argumentos que visam a indicar que esse artigo veicularia uma norma antielisiva. Os que mais me impressionaram foram cinco pontos, veiculados pelo grande jurista Ricardo Lobo Torres. Esses argumentos são os seguintes:

(i) O código Tributário Nacional já contava com mecanismos antievasivos e não haveria sentido a instituição de mais uma norma por lei complementar;[475]

(ii) Da própria exposição de motivos do Projeto de Lei Complementar n. 77/99, é dito que o dispositivo tenha por intuito coibir o abuso de formas jurídicas;

(iii) O modelo do dispositivo é conexo à redação da legislação francesa, que é tida como norma antielisiva;[476]

(iv) A inconstitucionalidade das normas antielisivas não foi declarada por nenhum tribunal de um país democrático;

(v) As teses da legalidade estrita e da tipicidade fechada têm conotação fortemente ideológica e se filiam ao positivismo formalista e conceptualista.

Acredito que os três primeiros argumentos poderiam ser resumidos em um: a intenção do legislador, ao criar esse artigo, foi veicular um combate à elisão "abusiva".[477] Façamos a reflexão para compreender até onde esse argumento pode nos levar.

O primeiro ponto que gostaria de indicar é que uma lei complementar é uma norma polifônica de difícil aprovação,

---

475. TORRES, Ricardo Lobo. **Normas de interpretação e integração do direito tributário.** Rio de Janeiro, São Paulo, Recife: Renovar, p. 245.

476. TORRES, Ricardo Lobo. **Normas de interpretação e integração do direito tributário.** Rio de Janeiro, São Paulo, Recife: Renovar, pp. 241-242.

477. No Projeto de Lei Complementar n. 77/99, há a seguinte afirmação na exposição de motivos: "para estabelecer, no âmbito da legislação brasileira, norma que permita à autoridade tributária desconsiderar atos ou negócios jurídicos praticados com finalidade de elisão, constituindo-se dessa forma em instrumento eficaz para o combate aos procedimentos de planejamento tributário praticados com abuso de forma ou direito."

ELISÃO E NORMA ANTIELISIVA

isto é, que conta com a participação de membros que representam os mais variados setores da sociedade. Assim, acho difícil levar em consideração "a vontade do legislador", como se fosse uma figura unitária justamente por conta dessa miscigenação.

Agora, o aspecto objetivo da norma é o texto: este é o ponto de partida de todos, este é o elemento intersubjetivo que legitima o direito como produto social. Nesse sentido, quando o projeto de lei utiliza, em seus enunciados enunciados, palavras conservadoras como "dissimulação do fato gerador" e não "ausência de propósito negocial" ou "abuso de forma jurídica" possivelmente isso tenha facilitado a sua aprovação, ainda que a exposição de motivos tenha pontuado que o objetivo da norma é restringir a elisão. Isso porque, se levado em conta que o aspecto vinculante é o texto, e não sua exposição de motivos, é possível que grande parte dos parlamentares tenham feito um cálculo que, apesar da intenção do relator do projeto, uma norma que coibisse a dissimulação do evento tributável seria totalmente aceitável em nosso ordenamento.

Gostaria de relatar, nesse ponto, uma experiência pessoal. Trata-se de mera ilustração do argumento. Estive, nos últimos tempos, envolvido na negociação de diversos contratos envolvendo aquisição de pessoas jurídicas. Por vezes, uma parte que negocia os documentos que possibilitarão o fechamento do negócio tem certa pretensão e insere a cláusula na minuta do contrato que está sendo discutida. Faz-se a redação da cláusula. O texto é submetido à outra parte e retorna com mudanças.

Na minha experiência, percebi que é muito comum que essas mudanças atenuem a força retórica de um eventual argumento em futura discussão judicial ou arbitral. Uma alteração que modifique uma cláusula original do tipo "a parte garante que obterá um crescimento de trinta por cento" para a "a parte garante que envidará seus melhores esforços para obter um resultado de trinta por cento" pode não introduzir uma mudança na finalidade da cláusula. Mas o "conforto" em certa redação gera a uma ou outra parte pode ser toda a diferença de se aceitar ou não a inserção da cláusula do contrato.

Assim, em tal negociação, uma das partes pode até entender que a intenção da outra é conflitante com a sua, mas supõe que o texto mais atenuado possa lhe trazer maior segurança jurídica, para acomodar suas pretensões. Isso significa que os interesses conflitantes de duas partes podem ser satisfeitos em uma única redação de cláusula, ainda que as partes possuam objetivos jurídicos antagônicos.

Agora, imaginemos essa mesma discussão, não entre trinta advogados que representam duas partes em uma negociação que envolva a fusão entre duas pessoas jurídicas, mas entre centenas de parlamentares que representam milhões e milhões de brasileiros. Rubens Gomes de Sousa dá um significativo exemplo, quando lembra que Aliomar Baleeiro, para fins da aprovação da Emenda Constitucional n. 18/69, sugeriu a expressão "norma geral de direito tributário" por mero compromisso político. Note-se que esse texto menos explícito, acomodou interesses divergentes, garantindo a aprovação da norma.[478]

Nesse sentido, parece-me que quando se apresenta um texto empregando o signo "dissimular o fato gerador", certamente coloca-se no cálculo político de que esse texto será mais fácil de ser acomodado nas diversas forças sociais.

E a essa altura outro dado deve ser colocado. No mesmo mandato, ou seja, no final de 2002, os parlamentares que aprovaram a Lei Complementar n. 104/01 rejeitaram a conversão em lei dos artigos 13 a 15 da Medida Provisória n. 66/02.

---

478. ATALIBA, Geraldo. CARVALHO, Paulo de Barros. SOUSA, Rubens Gomes. **Comentários ao Código Tributário Nacional**. 2.ed. São Paulo: Quartier Latin, 2007.

ELISÃO E NORMA ANTIELISIVA

Pretendo, aqui, deixar a reflexão: se a vedação de elisão não foi aprovada por lei ordinária, teriam os parlamentares aprovados a Lei Complementar n. 104/01, no que tange à alteração do artigo 116, parágrafo único, do Código Tributário Nacional, caso o enunciado utilizasse signos mais claros de combate à elisão? Poderemos presumir essa resposta, mas nunca saberemos ao certo. Porém, parece-me que a eventual intenção do autor do projeto de lei fique diluída, quando o sentido do texto aprovado é tímido para exprimir determinadas mensagens.

Como contra-argumento, por sua vez, indica-se o modelo francês que teria inspirado a redação do artigo. O artigo 116, parágrafo único, teria se servido no modelo do direito francês e, portanto, seria explicada a terminologia aplicada, especificamente o signo "dissimulação". Nesse sentido, registre-se que o artigo 64 da Lei do Procedimento Fiscal da França determina o seguinte:

> Não podem ser opostos à administração dos impostos os atos que dissimulem o conteúdo real de um contrato ou de uma convenção com o auxílio de cláusulas:
>
> *a) que permitam uma lacuna aos pagamentos pelo direito de registro público ou um tributo de publicidade predial menos elevado;*
>
> *b) ou que dissimulem uma realização ou transferência de ganhos ou rendimentos".*

Esse dispositivo, na França, é tido como norma antiabuso de direito, de tal sorte que se busca invocar no Brasil, a mesma noção.

Acredito ser marginal enunciar que esses textos não são, digamos, tão parecidos assim, ou enunciar que um desses textos exprime a dissimulação do conteúdo real de um contrato o outro a dissimulação do fato gerador, o que convenhamos, guarda bastante diferença. Mais relevante, contudo, é pensar o contexto jurídico de cada um desses artigos.

Mikhail Bakhtin exprime a diferença entre "tema" e "enunciado", dizendo que a mesma frase pode revelar enunciados dos mais diversos conforme se tome o contexto de sua enunciação.[479] Tomemos, por exemplo, a frase "O Papa visita o País" e teremos enunciados totalmente diferentes conforme o ano e o local que a frase é dita. E esse contexto condiciona aquilo que o texto comunica independente das palavras selecionadas.

Interessante a colocação de Geraldo Ataliba, citando Paulo de Barros Carvalho, quando compara a intenção do legislador ao instituir uma norma ao artesão que produz uma arma. Pode ser que tal artesão tenha a intenção de produzir uma arma de longo alcance. Mas, uma vez produzida a arma, o alcance do tiro sai do controle do legislador. No mesmo sentido, parece-me que o enunciado, uma vez expelido, transcende a própria vontade de quem enuncia.[480]

Nessa ordem, creio que a seleção das palavras e o modo que elas se combinam com as demais normas do sistema jurídico são muito mais importantes para se construir o sentido da norma do que a vontade, própria, do legislador. Não que a interpretação teleológica seja irrelevante. Mas, nessa tradução do texto à norma, se a certeza jurídica é um valor a ser atingido pelo direito, parece-me que a busca pela coerência de certos enunciados com outros do direito positivo é mais relevante do que o indício de que a vontade do legislador tenha

---

479. Para Bakhtin: "O sentido de uma enunciação completa é um tema. O tema deve ser único." (BAKHTIN, Mikael. **Marxismo e filosofia da linguagem**. Tradução: Michel Lahud, Frateski Iara Vieira. São Paulo: Ediora Hucitec, 2006, p.133).

480. Esse exemplo é citado em algumas edições antigas de "Hipótese de Incidência Tributária", mas foi posteriormente retirado. Para comprovarmos a veracidade do exemplo e de seu autor, citamos a remissão feita por: MARTINS, Ives Gandra da Silva, **Aposentadoria. Inteligência do parágrafo 7º do artigo 201 da Constituição Federal**. Disponível em: www.gandramartins. com.br/project/ives-gandra/.../0406-99.doc. Acesso em: 29 jul. 2013.

sido tal ou qual. Se a interpretação sistemática é compatível com o sentido semântico, a força interpretativa se torna ainda mais expressiva.

No tocante à seleção dos termos, já dissemos que o texto do artigo permite ao agente fiscal desconsiderar atos jurídicos praticados com intuito de dissimular a ocorrência do fato gerador ou dos efeitos próprios da obrigação tributária. Creio que essa ideia pressuponha a "ocorrência do fato gerador", ou seja, pressuponha a existência de provas capazes de fundamentar a constituição linguística de um acontecimento que possa ser enquadrado em certa hipótese de incidência de norma tributária.

Marco Aurélio Greco também parte da ideia de que o parágrafo único do artigo 116 do Código Tributário Nacional pressupõe "a ocorrência do fato gerador". Vejamos suas colocações:

> Se e se apenas se a situação de fato e de direito descrita na lei tiver ocorrido efetivamente, é que o dispositivo terá aplicação, pois neste caso terá havido fato gerador, incidindo a lei tributária, ainda que tal ocorrência esteja disfarçada, mascarada, oculta, dissimulada etc.[481]

Muito bem, na elisão tributária, o agente não dissimula a ocorrência do evento tributário nem muito menos os efeitos decorrentes da obrigação. O que sucede em tais hipóteses é que as operações são praticadas orientadas para que as normas incidentes importem a menor tributação possível.

Se o agente dissimula a ocorrência do evento tributário ou de elementos constitutivos da obrigação tributária, acabará caindo na figura da evasão, não havendo que se falar em ato elisivo.

---

481. GRECO, Marco Aurélio. **Planejamento Tributário**. 3.ed. São Paulo: Dialética, 2011, p. 549.

Agora, é preciso chamar a atenção que o dispositivo trata da "dissimulação" do evento tributário ou da obrigação, o que não implica dizer que tenha havido simulação do ato a ser desconsiderado pelo Fisco. Basta que o ato, de alguma maneira, seja utilizado para que certa qualificação tributária fornecida pelo contribuinte seja inadequada. Não se confunde a dissimulação do ato jurídico com a dissimulação do evento tributável ou de elemento da obrigação tributária.

A título de exemplo, se o contribuinte incorre em certa despesa sem propósito negocial, tal despesa deixará de ser necessária e, como tal, o negócio jurídico que a embasa pode ser desconsiderado pelo Fisco. Note-se que, nesse caso, o contribuinte buscou se servir de um negócio jurídico real, mas que não se subsome a certo preceito tributário, para dissimular – ocultar – elemento constitutivo da obrigação tributária que é a base de cálculo

O importante é que o termo dissimulação implica a ocultação daquilo que é, ou seja, uma qualificação indevida por parte do contribuinte, seja por que não se respeitou certa norma de direito privado que importe para a qualificação do ato, seja por que não se observou a qualificação outorgada pela própria norma tributária.

Mas, essa explicação semântica convive com aquela finalidade antielisiva manifesta no Projeto de Lei n. 77/99 a que já nos reportamos. Assim, o contexto jurídico da veiculação desse dispositivo parece muito relevante.

Conforme vimos nos capítulos precedentes, uma interpretação sistemática do ordenamento jurídico redundaria em uma inconstitucionalidade de se conceber o artigo 116, parágrafo único, do Código Tributário Nacional, em uma norma antielisiva repressiva, ou seja, uma norma que outorgaria fundamento de validade a outras normas para criação de tributos individuais e abstratos.

ELISÃO E NORMA ANTIELISIVA

Nesse sentido, todo o contexto de nosso *Códex* Tributário, tal como a norma que proíbe analogia, prevista no artigo 108 do mesmo Código, como o artigo 110 do Código Tributário Nacional, que determina que o legislador não pode alterar conceitos do direito privado previstos em normas constitucionais, como o artigo 97 do Código Tributário Nacional que prescreve a estrita legalidade e mesmo artigo 116, inciso I, do mesmo Código, que determina que a situação jurídica se reputa ocorrida depois de verificados seus pressupostos jurídicos estariam em contradição com o caráter antielisivo do parágrafo único do artigo 116 do Código Tributário Nacional.[482] Em outras palavras, uma interpretação contextualizada do referido dispositivo com o Código Tributário Nacional infirmaria seu caráter antielisivo.

A essa altura parece-me que entre o direito brasileiro e o direito francês há uma distinção estrutural digna de nota: enquanto na legislação francesa há certa autonomia entre o direito privado e no direito tributário, no direito Brasileiro, como já vimos, isso não acontece. Justamente por isso, parece-me que o modo em que esses segmentos normativos se combinam na França é totalmente distinto do modo em que se efetiva no Brasil.[483]

Por mais que uma frase do direito francês tenha uma ou duas palavras semelhantes às utilizadas em uma frase do direito brasileiro, não se pode dizer que esses temas – no sentido

---

482. Interessante a construção de Jonathan Barros Vita, que situa a norma antielisiva como exceção aos referidos dispositivos:

"From an anti-avoidance point of view, these articles that establish legal unity are, at the same time, antagonized/excepted and complemented by its antipode/nemesis rule, contained on article 116, paragraph31 of BTC, from which the so called general anti-avoidance tax rule is constructed". (VITA, Jonathan Barros. **General theory of anti-avoidance rules**: classification and (re) definition).

483. ROLIM, João Dácio. **Normas antielisivas tributárias**. São Paulo: Dialética, 2001, p. 33.

de Bakhtin – comuniquem o mesmo enunciado. Aquela dificuldade de tradução de Vilém Flusser, que vimos no capítulo I, indica que quanto mais diferentes os códigos, mais difícil é a tradução.

Mas podemos ir mais longe: a França é um Estado unitário ao passo que o Brasil é uma república federativa, em que se optou por discriminar competências impositivas materiais na própria Constituição. Isso significa que o limite que se espera da legalidade francesa, para fins fiscais, não pode ser o mesmo que se espera de uma legislação brasileira: aqui, a rigidez do sistema faz com que esses sistemas sejam de difícil comparação.

Para que não haja dúvidas sobre o abismo da diferença entre os dois sistemas, deve-se levar em conta que, na França, a irretroatividade é um princípio sem *status* constitucional e que pode ser alterado por lei. Ademais, a lei, na França, é considerada soberana e não se considera restrita pela Constituição.[484]

Assim, e agora estou tratando do argumento de que nenhum Tribunal Superior declarou a inconstitucionalidade de norma geral antielisiva em diversos países democráticos, quando se observa que a nossa constituição é tão peculiar, por criar uma federação e repartir a competência tributária materialmente, infere-se o que vale em outras bandas, não necessariamente tem cabimento aqui. Saindo um pouco da esfera tributária, lembremos que em diversos países democráticos, tal como os Estados Unidos da América, a pena de morte é constitucional e não aqui no Brasil; não nos olvidemos que há países democráticos em que o consumo de certas substâncias entorpecentes é permitido, diferente do que ocorre no país. Enfim, não me parece que a constitucionalidade do mecanismo antielisivo

---

484. ROLIM, João Dácio. **Normas antielisivas tributárias.** São Paulo: Dialética, 2001, p. 33.

em outros países seja um argumento válido para se comprovar a constitucionalidade de tal regime no país.

Em que pese o fato de reconhecer que possa ter havido certa influência do "modelo francês" para a redação do parágrafo único do artigo 116 do Código Tributário Nacional, e ainda que o Projeto de Lei n. 77/99 possa ter sido desenhado para se alcançar a tributação de atos elisivos, fico mais impressionado, para fins de interpretação desse dispositivo, com o fato de que o contexto constitucional brasileiro ser incompatível com uma norma antielisiva geral repressiva, do que com o aspecto de que a legislação francesa e legislação brasileira utilizem ambas o signo "dissimular".

Por outro lado, quando tratei sobre as normas antievasivas, enunciei que algumas delas se caracterizam por proporcionar ao Fisco instrumentos para que possam levantar provas para comprovar o evento tributário. Disse que tal função é um imperativo da legalidade, porque, sem a possibilidade de provar, ou se opera com presunções, ou não se tributa.

Parece-me que esse dispositivo é mais um desses instrumentos, ao prescrever autorização para que autoridades administrativas desconsiderem atos praticados para dissimular a ocorrência do evento tributável e, ao mesmo tempo, convidar o legislador a instituir um procedimento específico para tais hipóteses de desconsideração, instrumentalizando, a atividade de prova.[485]

Ao afirmar que a autoridade pode desconsiderar a eficácia técnica de atos praticados para dissimular a ocorrência do evento tributável, esse dispositivo coloca um fim no questionamento se o Fisco poder requalificar atos praticados pelos contribuintes, para fins de qualificação do fato jurídico tributário.

---

485. Nesse mesmo sentido: CARVALHO, Paulo de Barros. **Curso de direito tributário**. 25. ed. São Paulo: Saraiva, 2013, p. 278.

Não nego que haja certa redundância nesse enunciado, embora a redundância tenha uma função no sistema que é a de evitar ruídos na comunicação. Quantas veiculações explícitas na Constituição da República são repetidas pela lei complementar e depois por leis ordinárias e depois por decretos e assim sucessivamente? A redundância semântica pode contribuir para a completude pragmática e certeza do direito, o que, convenhamos, não é função de menor importância. Nesse sentido Décio Pignatari explica a importância da redundância na informação:

> Quanto maior a redundância, maior a previsibilidade, isto é, o sinal redundante é um sinal previsível. A redundância introduz no sistema uma certa capacidade de absorção do ruído e de prevenção do erro (...).[486]

Agora, se o artigo 116, parágrafo único, é redundante, não vejo que a ausência da lei por ele veiculada, que instituiria o procedimento para a desconsideração de atos praticados por contribuintes, possa acarretar ineficácia técnico-sintática à atividade fiscal de requalificar atos dos contribuintes.

Há diversas normas do ordenamento jurídico – vide, por exemplo, todo arsenal de normas antievasivas citadas no capítulo VII – que preveem um procedimento aplicável para a constituição do crédito tributário, em casos de evasão fiscal, que é a lavratura do lançamento de ofício. Fica, contudo, a ilegalidade por omissão em razão da ausência de edição da lei exigida por tal dispositivo que deve ser sanada pelos meios previstos no direito positivo.

Finalmente, gostaria de expor algumas ideias quanto ao caráter ideológico que animaria à defesa do princípio da

---

486. PIGNATARI, Décio. **Informação, linguagem, comunicação.** Cotia: Ateliê Editorial, 2003, p. 53.

ELISÃO E NORMA ANTIELISIVA

estrita legalidade. Tratei já sobre esse ponto, mas cabem palavras finais sobre essa ideia.

A crítica que se faz à noção estrita legalidade é que importa ao mesmo tempo um caráter ideológico e formalista. Formalista porque não importaria acesso aos valores do direito. Ideológica porque associada ao liberalismo.

Mas, sendo a ideologia nitidamente vinculada a valores, não é possível que a noção de estrita legalidade seja, ao mesmo tempo, ideológica e formalista. E me parece que se o apego à estrita legalidade é ideológico, o abandono de tal garantia individual também o é. Nesse sentido, não é a ausência de ideologia que poderá tornar uma dessas visões superior à outra.

Agora, penso que adoto a estrita legalidade, não por uma questão de ideologia pessoal, mas porque entendo que quando se afasta a existência desse princípio, não se consegue explicar diversas características do regime tributário delineado na Constituição da República.

Não consigo entender como compatibilizar uma repartição de competência tão minuciosa, no plano constitucional, se caberia à própria lei utilizar "tipos" sem definição estabelecida, o que tornaria sem eficácia essa mesma repartição, pois no plano legal ficaria fluído aquilo que a Constituição teve por intuito dividir; não consigo entender como abandonar a ideia de tributos previamente definidos na lei ordinária, se a própria lei complementar deverá definir a hipótese de incidência e base de cálculo de tributos: de nada adiantaria à lei complementar cumprir esse papel, se para a lei não se exige a definição desses critérios; não entendo como compatibilizar o abandono do princípio da estrita legalidade à própria noção de irretroatividade: ora, se o tributo não é previsível, de que adiantaria ser instituído antes do evento tributável? Qual seria a efetiva dimensão desse princípio?

Nesse sentido, defendo a existência da estrita legalidade, não por entender que seja o melhor para o país, nem tampouco o mais justo. Trata-se, apenas, da descrição do direito positivo, dentre as diversas propostas, que mais me convence. E justamente por admitir que há um princípio denominado "estrita legalidade" em matéria fiscal, devo concluir que o artigo 116, parágrafo único, do Código Tributário Nacional, é uma norma antievasiva que visa a dar concretude à legalidade, à isonomia, à capacidade contributiva, enfim, a todos esses princípios que, longe de serem divergentes, atuam, de forma coordenada, combinando segurança e justiça fiscal.

Muito bem. Eram essas as palavras que gostaria de exprimir. Certo momento, a linguagem já não dá conta de transmitir esse processo intermitente do ato hermenêutico, essa busca do espírito de ir além a suas próprias limitações. Recordo de Johannes Hessen e lembro do momento trágico dos valores, em que o ser não toca o dever-se: essa pretensão do valor de se realizar nunca alcança sua plenitude. Assim, eu me conforto, até certo ponto, se o resultado não atinge a idealidade que se pretende. Mas, é essa imperfeição que nos gera o desejo irresistível de superação, que nos dá toda a dignidade para seguirmos em frente.

10 CONCLUSÕES

1. A completude no ordenamento é uma necessidade sintática, uma contingência e um valor pragmático.

2. A lacuna semântica e antinomia axiológica podem ser resolvidas por modos distintos no direito positivo conforme seja adotada, em cada segmento jurídico, uma norma geral inclusiva ou uma norma geral exclusiva: a norma geral exclusiva não admite que eventuais lacunas semânticas ou pragmáticas sejam resolvidas mediante analogia.

3. O sistema tributário é dotado de uma norma geral exclusiva no que tange à atividade de cobrar tributos: trata-se do princípio da estrita legalidade que realiza o primado da isonomia, ao discriminar contribuintes de forma igualitária por meio da lei e ao determinar que a lei seja aplicada da mesma maneira para todos os casos.

4. Não há norma geral inclusiva em matéria tributária para a atividade de cobrar tributos.

5. Os conceitos de direito privado utilizados pela Constituição da República para definir competências tributárias deverão ser respeitados pelas normas que instituem tributos.

6. Os elementos categoriais (causa) e existenciais dos negócios jurídicos são relevantes para a qualificação de fatos

jurídicos, enquanto os requisitos que condicionam a validade (legitimidade ou validade em sentido estrito) dos negócios jurídicos não interferem na qualificação do fato jurídico.

7. O ato simulado deve ser requalificado pela autoridade administrativa.

8. A fraude à lei enseja requalificação se o contribuinte aplica norma indevida para fraudar norma aplicável, mas não enseja requalificação por ausência de subsunção do fato à norma.

9. No caso de abuso de direito, a requalificação dos atos praticados por contribuintes pode ocorrer acidentalmente, se o negócio jurídico não tiver causa.

10. A elisão tributária pressupõe a comparação entre uma carga fiscal projetada e uma carga fiscal efetiva – sendo a carga fiscal efetiva inferior à carga fiscal potencial – pelo contribuinte a partir um ato que possibilite (i) a não subsunção à hipótese de incidência da regra-matriz de incidência tributária, (ii) aplicabilidade de subcritério da regra-matriz de incidência que importe a imposição da carga fiscal atingida ou (iii) a aplicação de uma norma de benefício fiscal.

11. O ato por meio do qual se faz a elisão tributária pode importar a escolha menos onerosa, fiscalmente, entre duas possíveis para se atingir um fim ou pode ser efetivado com fins exclusivos ou preponderantes para se obter a economia fiscal elisiva.

12. A evasão tributária pressupõe a constituição de norma individual e concreta pelo contribuinte não compatível com a linguagem das provas, omitindo-se de se constituir a obrigação que seria devida em conformidade com a teoria das provas.

13. A norma antielisiva pode ser preventiva ou repressiva, genérica ou específica.

498

ELISÃO E NORMA ANTIELISIVA

14. A norma antielisiva preventiva genérica prescreve que a norma tributária deva ser interpretada extensivamente ainda que o texto legislativo não induza a essa postura hermenêutica ou que reduza a extensão da aplicabilidade de benefícios fiscais.

15. A norma antielisiva preventiva específica implica (i) medidas que importem a máxima extensão de competência tributária possível e a eliminação de diferenças legislativas que permitam a elisão ou a (ii) instituição de benefícios fiscais restritivos com finalidades previamente definidas.

16. A norma antielisiva repressiva genérica concede competência tributária para autoridade administrativa alterar, de forma inaugural no sistema, os critérios da regra-matriz de incidência para possibilitar a tributação do valor economizado mediante a elisão tributária.

17. As doutrinas da "substance over form", "step transaction" e "business purpose" foram criadas a partir da interpretação de normas tributárias específicas e não em razão de se evitar a elisão tributária.

18. Grande parte das decisões administrativas expedidas pelo Conselho Administrativo de Recursos Fiscais tidas como antielisivas ou impeditivas de atos sem propósito extratributário examinaram atos praticados com simulação ou sem causa jurídica.

19. A elisão tributária é um suporte fático do direito de recolher o tributo devido em conformidade com a lei. A elisão, em si, não interessa, integralmente, à norma tributária.

20. O ato elisivo não configura fraude à lei nem em abuso de direito.

21. A norma antielisiva preventiva genérica que se volta à regra-matriz de incidência tributária é incompatível com o princípio da legalidade.

499

22. A norma antielisiva preventiva genérica que se volta ao benefício fiscal deve estabelecer critérios claros que garantam previsibilidade ao contribuinte.

23. A norma antielisiva repressiva genérica é inconstitucional por violar o princípio da estrita legalidade, da isonomia e por autorizar, indevidamente, a invasão de competência de outro ente tributante.

24. O artigo 116, parágrafo único, do Código Tributário Nacional é uma norma antievasiva.

REFERÊNCIAS

ALCHOURRÓN, Carlos e BULYGIN, Eugenio. **Introducción a la metodologia de las ciências jurídicas y sociales**. Buenos Aires: Astrea, 2002.

ALEXY, Robert. **Constitucionalismo discursivo**. Trad. Luís Afonso Heck. Porto Alegre: Livraria do Advogado, 2008.

ALEXY, Robert; BULIGYN, Eugenio; RAZ, J. **Una discusión sobre la teoría del derecho**. Madrid/Barcelona: Marcial Pons, 2004.

AMARO, Luciano. **Direito tributário brasileiro**. 13.ed. São Paulo: Saraiva, 2007.

ANAN Jr., Pedro. **Fusão, cisão e incorporação de sociedades. Teoria e prática**. São Paulo: Quartier Latin. 3.ed., 2009.

_____. (Coord). **Planejamento fiscal**. V.II. São Paulo: Quartier Latin, 2013.

ANDRADE FILHO, Edmar Oliveira. **Planejamento tributário**. São Paulo: Saraiva, 2009.

ANTÓN, Fernando Serrano. Las medidas antiabusos em los convenios para evitar la doble imposición internacional y su compatibilidad con las medidas antiabuso de carácter interno y el derecho comunitario. In: **Direito tributário internacional aplicado**. São Paulo: Quartier Latin, 2003.

CHARLES WILLIAM MCNAUGHTON

AQUINO, Felipe Thomaz e CUSTÓDIO, Pedro Miguel Ferreira. Thin Capitalization e seus impactos para as Instituições Financeiras. In: **O direito tributário e o mercado financeiro e de capitais**. QUIROGA, Roberto Mosquera (Coord.). São Paulo: Revista Dialética, 2010.

ARAUJO, Clarice Von Oertzen. Fato e evento tributário – uma análise semiótica. In: SANTI, Eurico Marcos Diniz de. (coord.). **Curso de Especialização de direito tributário**: estudos analíticos em homenagem a Paulo de Barros Carvalho. Rio de Janeiro: Forense, 2005.

_____. **Normas gerais de direito tributário**: uma abordagem pragmática. (Dissertação de mestrado em Direito). Pontifícia Universidade Católica de São Paulo. São Paulo: PUC-SP, 1997 (sob orientação do Professor Paulo de Barros Carvalho).

_____. **Semiótica jurídica**. São Paulo: Quartier Latin, 2004.

_____. **Semiótica do direito**. São Paulo: Quartier Latin, 2005.

ARAÚJO, Juliana Furtado Costa. Elisão fiscal e norma geral antielisiva no direito tributário brasileiro. In: **Revista Escola Paulista de Direito – EPD** (Direito Tributário, questões atuais). São Paulo: 2009.

ASCARELLI, Túlio. **Problemas das sociedades anônimas**. 1ª reimpressão. São Paulo: Quórum, 2008.

ATALIBA, Geraldo. Fontes do direito: fontes do direito tributário. O problema das fontes na ciência do direito e no sistema brasileiro. Hierarquia das fontes como problema exegético. In: **Interpretação no direito tributário**. SOUSA, Rubens Gomes de (coord.). São Paulo: EDUC, 1975.

_____. **Hipótese de incidência tributária**. 6. ed. 5. tir. São Paulo: Malheiros, 2004.

_____. Lei complementar em matéria tributária. **Revista de Direito Tributário**. N. 48. São Paulo: RT, 1989.

502

ELISÃO E NORMA ANTIELISIVA

_____. **Lei complementar na Constituição.** São Paulo: RT, 1971.

_____. **O Decreto-lei na Constituição de 1967.** São Paulo: RT, 1967.

_____. **Elementos de direito tributário.** São Paulo: RT, 1978.

_____. **República e Constituição.** São Paulo: Malheiros, 2001.

_____. **Sistema constitucional tributário brasileiro.** São Paulo: RT, 1969.

ATIENZA, Manuel e MANERO, Juan Ruiz Manero. **Ilícitos atípicos.** Madrid: Trotta, 2000.

ATIYAH, P.S. **The risk and fall of freedom of contract.** Oxford: Oxford University Press, 2003.

AZEVEDO, Álvaro Villaça de. Negócio jurídico. Atos jurídicos lícitos. Atos ilícitos. In: AZEVEDO, Álvaro Villaça de (Coord.). **Código Civil comentado.** v.II, São Paulo: Atlas, 2003.

BAKHTIN, Mikhail. **Marxismo e Filosofia da Linguagem.** Michel Lahudt Frateski Iara Vieira. 13.ed. São Paulo: Hucitec, 2007.

BALEEIRO, Aliomar. **Limitações constitucionais ao poder de tributar.** 7. ed. 6. tir. Rio de Janeiro: Forense, 2006.

_____. **Uma introdução à ciência das finanças.** 7. ed. Rio de Janeiro: Forense, 1971.

BALERA, Wagner. **Mesa de debate G do XII Congresso Brasileiro de Direito Tributário.** N. 75, São Paulo: RT, 1999.

BARTHES, Roland. **Elementos de semiologia.** São Paulo: Edições 70, 2008.

BARRETO, Aires F. Barreto. **ISS na Constituição e na lei.** 2. ed. São Paulo: Dialética, 2005.

503

_____. **Base de cálculo, alíquota e princípios constitucionais.** 2. ed. São Paulo: Max Limonad, 1998.

BARRETO, Paulo Ayres. Ato simulado e sonegação fiscal. In: **VII Congresso Nacional de Estudos Tributários**. São Paulo: Noeses, 2010.

_____. **Contribuições, regime jurídico, destinação e controle.** 2. ed. São Paulo: Noeses, 2011.

_____. **Elisão tributária, limites normativos.** Tese apresentada ao concurso de livre-docência do Departamento Econômico e Financeiro da Faculdade de Direito da Universidade de São Paulo: USP, 2008.

_____.**Norma antielisiva, acto simulado y evasión fiscal.** Derecho Tributario Topicos Contemporáneos. Em homenaje al Profesor Paulo de Barros Carvalho. (Coord). ESTARES, Daniel Yacolca e CUCCI, Jorge Bravo. Lima: Juridica Grijley, 2011.

BARRETO JUNIOR, Valter Pedrosa. **Planejamento tributário na jurisprudência do Conselho Administrativo de Recursos Fiscais**: desafios de uma pesquisa empírica. Dissertação apresentada à Banca Examinadora no Programa de Mestrado da Escola de Direito de São Paulo da Fundação Getúlio Vargas, como exigência parcial para a obtenção do título de Mestre em Direito e Desenvolvimento. São Paulo: FGV, 2010.

BARROS, Diana Luiz Pessoa. **Teoria semiótica do texto**. São Paulo: Ática, 2007.

BECHO, Renato Lopes. O conceito legal de ato cooperativo e os problemas para o seu "Adequado Tratamento Tributário". In: **Problemas atuais do direito cooperativo**. (Org.) São Paulo: Dialética, 2002.

BECKER, Alfredo Augusto. **Teoria Geral de Direito Tributário**. São Paulo: Noeses, 2007.

ELISÃO E NORMA ANTIELISIVA

BERGAMIN, Adolpho. **Reunião da Associação Paulista de Estudos Tributários** (APET) realizada em 11 ago. 2011. Disponível em: http://apet.org.br/eventos/reunioes/matrial--de-apoio/2011-3/Planejamento-adolpho.pdf. Acesso em: 10 jun. 2013.

BETTI, Emílio. **Teoria geral do negócio jurídico.** Tradução de Servanda Editora, Campinas: Servanda, 2008.

BLANCK, Joshua D. STAUDT, Nancy. **Corporate Shams.** Disponível em: http://papers.ssm.com/papers.cfm?abstract_id_2035057. Acesso em: 30 mai. 2013.

BOBBIO, Norberto. **Da estrutura à função, novos estudos de teoria de direito.** Trad. VERSIANI, Daniela Beccacia. Barueri/SP: Manole, 2007.

_____. **O positivismo jurídico.** Lições de filosofia do direito. Trad. PUGLIESI, Márcio. São Paulo: Ícone, 2006.

_____. **El problema del positivismo jurídico.** Trad. Genaro Carió. Buenos Aires: Eudeba Universitaria de Buenos Aires, 1965.

_____. **Liberalismo e democracia.** Trad. NOGUEIRA, Aurélio. São Paulo: Brasiliense, 2006.

_____. **O futuro da democracia:** uma defesa das regras do jogo. Rio de Janeiro: Paz e Terra, 1986.

_____. **Teoria do ordenamento jurídico.** 10. ed. Trad. SANTOS, Maria Celeste Cordeiro Leite dos. Brasília: UNB, 1999.

BORGES, José Souto Maior. **Lei complementar tributária.** 1.ed. São Paulo: RT, 1975.

_____. **Lançamento tributário.** São Paulo: Malheiros, 1999.

_____. **Ciência feliz.** São Paulo: Maximiliano, 2003.

_____. A norma antielisão, seu alcance e as peculiaridades do

505

sistema tributário nacional. **Anais do seminário internacional sobre elisão fiscal**. Brasília: 2002.

BOTALLO, Eduardo Domingos. **Fundamentos do IPI** (Imposto sobre Produtos Industrializados). São Paulo: RT, 2003.

BOTTALO, Eduardo Domingos e MELO, José Eduardo Soares. **Comentários às súmulas tributárias do STF e do STJ**. São Paulo: Quartier Latin, 2007.

BRAITH, Beth. Coord. **Bakhtin Conceitos Chaves**. São Paulo: Contexto, 2007.

_____. **Outros conceitos chaves**. São Paulo: Contexto, 2007.

BRITO, Edvaldo e MARTINS, Ives Gandra (coord). **Elisão e evasão**. São Paulo: Resenha Tributária, 1988.

BULGARELLI, Waldirio. **A teoria jurídica da empresa (análise jurídica da empresarialidade)**. Tese de concurso apresentada para o provimento de cargo de Professor Titular de Direito Comercial da Universalidade de São Paulo.

CAMPANHA, Tatiana H. Rusu; M. DOMENE, Vanessa Pereira Rodrigues. Caso Soja-Papel – Créditos de ICMS. In: **Planejamento fiscal**. V.II. ANAN Jr. Pedro. (Org). São Paulo: Quartier Latin, 2013.

CAMPILONGO, Celso Fernandes. Kelsen, o positivismo e o ensino no direito nos 70. In: SANTI, Eurico Marcos Diniz de. (Coord.). **Curso de direito tributário e finanças públicas**. 19. ed. São Paulo: Saraiva, 2007.

_____. **Direito e Democracia**. São Paulo: Max Limonad, 1997.

_____. **Política, sistema jurídico e decisão judicial**. São Paulo: Max Limonad, 2002.

CANOTILHO, José Joaquim Gomes. **Direito constitucional e teoria da Constituição**. 7.ed. 4. reimp. Coimbra: Almedina, 2003.

_____.**Direito constitucional**. 6.ed. Coimbra: Almedina, 1993.

_____. **Estudos sobre direitos fundamentais**. Coimbra: Coimbra, 2004.

_____ e VITAL Moreira. **CRP – Constituição da República Portuguesa Anotada**. São Paulo: RT, 2007.

CANTO, Gilberto Ulhôa. Distribuição disfarçada de lucros, ficção ou presunção legal. Natureza do imposto cobrado à pessoa jurídica na hipótese: fiscal ou extrafiscal ou sancionatória. Sua aplicação no tempo, conceito de notoriedade e de valor de mercado. In: **Estudos e pareceres de direito tributário** (Imposto sobre a Renda). São Paulo: RT, 1975.

_____. Elisão e evasão fiscal. In: **Elisão e evasão fiscal**. São Paulo: Caderno de Pesquisas Universitária n. 13. Resenha Tributária e Centro de Estudos de Extensão Universitária, 1988.

_____. **Temas de direito tributário**. Rio de Janeiro: Financeiras S.A., 1955.

CARRAZA, Roque Antônio. **A Imunidade das empresas estatais delegatárias de serviços públicos**. Um estudo sobre a imunidade da Empresa Brasileira de Correios Telégrafos ECT. São Paulo: Malheiros, 2004.

_____.**Curso de direito constitucional tributário**. 24. ed. São Paulo: Malheiros, 2008.

_____. **Regulamento no direito tributário brasileiro**. São Paulo: RT, 1981.

_____. **O sujeito ativo da obrigação tributária**. São Paulo: Resenha Tributária, 1977.

CARVALHO, Aurora Tomazini. Infrações e crimes contra a ordem tributária. Discussão do crédito tributário e ação penal tributária. In: **VII Congresso Nacional de Estudos Tributários.** São Paulo: Noeses, 2010.

_____. **Curso de teoria geral do direito – o constructivismo lógico-semântico**. 3 .ed. São Paulo: Noeses, 2013.

CARVALHO, Cristiano. **Ficções jurídicas no direito tributário.** São Paulo: Dialética, 2008.

CARVALHO, Paulo de Barros. A lei complementar e a experiência brasileira. (conferência). XV Congresso Brasileiro de Direito Tributário. **Revista de Direito Tributário.** N. 81. São Paulo, 2001.

_____. **A regra-matriz do ICM.** Tese apresentada como exigência parcial para obtenção do título de livre-docente em direito tributário na Faculdade de Direto da Pontifícia Universidade Católica de São Paulo. São Paulo, 1981.

_____. **Curso de direito tributário.** 25. ed. São Paulo: Saraiva, 2013.

_____. **Derivação e positivação no direito**. V.I. São Paulo: Noeses, 2011.

_____. **Derivação e positivação no direito**. V. II. São Paulo: Noeses, 2013.

_____. **Direito tributário** – fundamentos jurídicos da incidência. 9. ed. São Paulo: Saraiva, 2012.

_____. **Direito tributário, linguagem e método**. 5.ed. São Paulo: Noeses, 2013.

_____. Hipótese de Incidência e normas gerais de direito tributário. In: **Interpretação no direito tributário.** SOUSA, Rubens Gomes de. (Coord.). São Paulo: Educ, 1975.

_____. O absurdo da interpretação econômica do "fato gerador" – direito e sua autonomia – o paradoxo da interdisciplinaridade. **Revista de Direito Tributário.** N. 97, São Paulo: Malheiros [s.d.].

_____. Poesia e direito – O legislador como poeta: anotações ao pensamento de Vilém Flusser. **Flusser e os juristas. Comemoração dos 25 anos do grupo de estudos de Paulo de Barros Carvalho.** CARNEIRO, Jerson e HARET, Florence (Coord.). São Paulo: Noses, 2009.

_____. ESTARES, Daniel Yacolca e CUCCI, Jorge Bravo (Coord.). Principios y sobreprincipios em la interpretación del derecho. **Derecho tributario topicos contemporâneos em homenaje al Profesor Paulo de Barros Carvalho.** Lima: Juridica Grijley, 2011.

_____.Teoria de la norma tributária. Ara Editores. Traducion de Juan Peres Solórzano.

CARVALHO, Paulo de Barros e SOUSA, Rubens Gomes. **Comentários ao Código Tributário Nacional**. São Paulo: Quartier Latin, 2007.

CARVALHO, Ivo César Barreto. **Elisão tributária no ordenamento jurídico brasileiro**. São Paulo: MP, 2008.

CASTRO, Leonardo Freitas de M. (Org). **Planejamento tributário**: análise de casos. São Paulo: MP, 2008.

CASTRO Jr. Torquato. **A pragmática das nulidades e a teoria do ato jurídico inexistente.** Reflexões sobre Metáforas e Paradoxos da Teoria Privatista. São Paulo: Noeses, 2009.

COÊLHO, Sacha Calmon Navarro. **Contribuições no direito tributário brasileiro**. São Paulo: Quartier Latin, 2007.

_____. **Fraude à lei, abuso do direito e abuso de personalidade jurídica em direito tributário** – denominações distintas para o instituto da evasão fiscal. Disponível em: http://sachacalmon.wpengine.netdna-cdn.com/wp-content/uploads/2010/12/Elisao--e-Evasao-livro-Douglas-Yamashita.pdf. Acesso em: 21 abr.2013.

CHARLES WILLIAM MCNAUGHTON

_____. **Curso de direito tributário brasileiro**. 8. ed. Rio de Janeiro: Forense, 2005.

CONRADO, Paulo Cesar. **Processo Tributário**. 2.ed São Paulo: Quartier Latin, 2007.

COPI, Irving. **Uma introdução à lógica**. Trad. Álvaro Campos. São Paulo: Mestre Jou, 1986.

COSSIO, Carlos. **La plenitud del ordenamiento juridico**. 2.ed. Buenos Aires: Los Andes, 2005.

CUCCI, Jorge Bravo. La teoria de incidencia exoneratoria. In: **Derecho Tributario Topicos Contemporáneos**. Em homenaje al Profesor Paulo de Barros Carvalho. ESTARES, Daniel Yacolca e CUCCI, Jorge Bravo (Coord.). Lima: Juridica Grijley, 2011.

DERZI, Misabel de Abreu Machado. **Direito tributário, direito penal e tipo**. São Paulo: RT, 1988.

DEZZA, Marcelo C. **Tax avoidance/tax evasion, national reporter italy;** studies on international fiscal law. LXVII, IFA/Kluwer,1983.

DIAS, Karem Jureidini. **Fato tributário.** Revisão e efeitos jurídicos. São Paulo: Noeses, 2012.

_____.O controle de legalidade dos lançamentos que requalificam os fatos. In: **VIII Congresso Nacional de Estudos Tributários**. São Paulo: Noeses, 2011.

DÓRIA, Antônio Roberto Sampaio. **Direito constitucional e "due process of law"**. Rio de Janeiro: Forense, 1986.

_____. Discriminação das rendas tributárias. São Paulo: José Bushatsky Editor, 1972.

_____.**Elisão e evasão fiscal.** São Paulo: Lael, 1971.

_____.Elisão e evasão fiscal. Aula Magna In: **Elementos de**

510

direito tributário. Geraldo Ataliba (Coord). São Paulo: RT, 1978.

ECHAVE, Deli Teresa; URQUIJO, Maria Eugenia e GUIBOURG, Ricardo. **Lógica, Proposición y Norma**. Buenos Aires: Astrea, 1980.

_____. **Metodología del conocimiento científico**. Buenos Aires: Universidad de Buenos Aires, 1985.

ECO, Umberto. **A estrutura ausente**. São Paulo: Perspectiva, 1987.

_____. **As formas do conteúdo**. Trad. Pérola de Carvalho. São Paulo: Perspectiva, 1999.

FABER, Peter L. Business Purpose and Economic Substance. In: **State Taxation**. Disponível em: http://www.mwe.com/info/pubs/TaxAnalysts_State.pdf>. Acesso em: 25 jul. 2013.

FAGUNDES, Miguel Seabra. **O Controle dos Atos Administrativos pelo Poder Judiciário**. Rio de Janeiro: Forense, 2005.

FALCÃO, Amilcar de Araújo. **Fato gerador da obrigação tributária**. 7.ed. São Paulo: Noeses, 2013.

FANUCCHI, Fabio. **Curso de direito tributário brasileiro**. São Paulo: Resenha Tributária, 1971.

FERRAGUT, Maria Rita. Elisão e evasão fiscal: Limites da desconsideração dos negócios jurídicos. In: **V Congresso Nacional de Estudos Tributários**. São Paulo: Noeses, 2008.

_____.**Presunções no direito tributário.** 2. ed. São Paulo: Quartier Latin, 2005.

_____.**Responsabilidade tributária e Código Civil de 2002.** São Paulo: Noeses, 2005.

FERRAZ JUNIOR, Tercio Sampaio. **A ciência do direito.** 2. ed. São Paulo: Atlas, 2011.

CHARLES WILLIAM MCNAUGHTON

_____. **Direito, retórica e comunicação:** subsídios para uma pragmática do discurso jurídico. 2.ed. São Paulo: Saraiva, 1997.

_____. **Introdução ao estudo do direito:** técnica, decisão e dominação. 6. ed. São Paulo: Atlas, 2008.

_____. Segurança jurídica e normas gerais tributárias. **Revista de direito tributário.** v. 5, n. 17-18, p. 51-56, jul./dez. São Paulo: RT, 1981.

_____. Mesa de Debates de 21 mar. 2013. Instituto Brasileiro de Direito Tributário (IBDT). Disponível em: http://www.ibdt.com.br/material/arquivos/Atas/Integra_21032013.pdf. Acesso em: 23 jul. 2013.

_____. **Teoria da norma jurídica.** 2.ed. Rio de Janeiro: Forense, 1986.

FERRARA, Francesco. **A simulação dos negócios jurídicos.** Trad. A. Bossa. São Paulo: Saraiva,1939.

FERREIRA FILHO, Manoel Gonçalves. **Curso de direito constitucional.** 34. ed. São Paulo: Saraiva, 2008.

FIORIN, José Luiz. **As astúcias da enunciação.** 2. ed. São Paulo: Ática, 1999.

_____. **Uma introdução ao pensamento de Bakhtin.** São Paulo: Ática, 2006.

FISCHER, Octavio Campos. Abuso de direito: o ilícito atípico no direito tributário. In: **Direito tributário e o novo Código Civil.** GRUPENMACHER, Betina Treiger (Coord.). São Paulo: Quartier Latin, 2004.

FLUSSER, Vilém. **Língua e Realidade.** 2. ed. São Paulo: Annablume, 2004.

FRANCO JUNIOR, Mário Junqueira. Mesa de Debates IDPT

512

ELISÃO E NORMA ANTIELISIVA

de 06 abr. 2006. Disponível em: http://www.ibdt.com.br/2006/ integra_06042006.htm. Acesso em: 13 jun. 2013.

FREGE, Gottlob. **Lógica e filosofia da linguagem**. Tradução de Paulo Alcofarado. São Paulo: Cultrix, 1978.

FURLAN, Valéria. **IPTU**. 2. ed. São Paulo: Malheiros, 2004.

GADAMER, Hans-George. **Verdade e método I**. Traços fundamentais de uma hermenêutica filosófica. 9. ed. Trad. Flávio Paulo Meurer. Petrópolis: Vozes, 2008.

_____. **Verdade e Método II**. Traços fundamentais de uma hermenêutica filosófica. 3. ed. Trad. Enio Paulo Giachini. Petrópolis: Vozes, 2007.

GALLO, Franco. **Elisão, economia de imposto e fraude à lei**. RDT n. 52, 1990.

GAMA, Tácio Lacerda. **Competência Tributária**. Fundamentos para uma teoria da nulidade. 2.ed. São Paulo: Noeses, 2011.

_____. **Contribuição de intervenção no domínio econômico**. São Paulo: Quartier Latin, 2003.

_____. Contribuições especiais. Natureza e regime jurídico. In: **Curso de especialização em direito tributário:** estudos analíticos em homenagem ao Professor Paulo de Barros Carvalho. Rio de Janeiro: Forense, 2005.

_____. Sentido, Consistência e Legitimação. In: **VIII Congresso Nacional de Estudos Tributários**. São Paulo: Noeses, 2011.

GAMMIE, Malcom. **A perspective from the United Kingdom**. Tax avoidance and the rule of law. Amsterdam: IBDF Publications, 1997.

GANDRA, Ives. **Aposentadoria**. Inteligência do parágrafo 7º do artigo 201 da Constituição Federal. Disponível em:

www.gandramartins.com.br/project/ives-gandra/.../0406-99. doc. Acesso em: 29 jul.2013.

GAUDÊNCIO, Samuel Carvalho. **CPMF e elisão fiscal.** Dissertação apresentada à banca examinadora da Pontifícia Universidade Católica de São Paulo como exigência parcial para obtenção do título de Mestre em Direito do Estado. São Paulo: PUC-SP, 2007.

GIANINI, A. D. **Instituzioni di diritto tributario.** Milano: Dott. A. Giuffré, 1975.

GIORGI, Raffaele de. **Direito, tempo e memória.** São Paulo: Quartier Latin, 2006.

GONZÁLEZ, García. **El fraude a la ley tributaria en la jurisprudencia.** Pamplona: Aranzadi, 2001.

GOLDSMITH, Jean-Claude. **Tax avoidance, tax evasion.** Cambridge: Cambridge University Press, 1987.

GOMES, Nestor Castilho. **A teoria da norma de friedrich müller:** reflexos na metódica jurídica. Florianópolis: Dissertação apresentada ao Programa de Mestrado do Curso de Pós-Graduação em Direito da Universidade Federal de Santa Catarina, como requisito parcial à obtenção do título de Mestre. Florianópolis: 2009.

GRECO, Marco Aurélio. Breves Notas à definição de tributo adotada pelo Código Tributário Nacional. In: **Direito tributário e finanças públicas.** SANTI, Eurico Marcos Diniz de (Org.). São Paulo: Saraiva, 2007.

GUASTINI, Riccardo. **Das fontes às normas.** Trad. Edson Beni. São Paulo: Quartier Latin, 2005.

GUIBOURG, Ricardo; GHIGLIANI, Alejandro M. e GUARINONI, Ricardo. **Introducción al conocimiento científico.** Buenos Aires: EUDEBA, 1985.

HABERMAS, Jürgen. **Direito e democracia:** entre facticidade e validade. V 2. Rio de Janeiro: Tempo Brasileiro, 2005.

_____. **Consciência moral e agir comunicativo.** Trad. Guido Antônio de Almeida. Rio de Janeiro: Tempo Universitário, 2003.

_____. **Pensamento pós-metafísico.** Trad. Flávio Bueno Siebeneicher. Rio de Janeiro: Tempos Modernos, 2002.

HARET, Florence. Listas taxativas e interpretação da lei tributária: presunção, analogia e interpretação extensiva na determinação dos tipos tributários e seus limites na exegese das listas taxativas. In: **VII Congresso Nacional de Estudos Tributários** – Conceitos de Direito Privado. São Paulo: Noeses, 2010.

HARRISON, Louis. Held, Robert. **How far will this income tax concept invade the estate and gift tax planning realm?** Disponível em: www.harrisonheld.com/library/sham.transaction.pdf. Acesso em: 30 mai.2013.

HEGENBERG, Leônidas. **Dicionário de lógica.** São Paulo: E.P.U., 1995.

_____. **Saber de e saber que. Alicerces da Racionalidade.** Petrópolis: Vozes, 2002.

HESSEN, Johannes. **Filosofia dos valores.** Trad. Professor L. Cabral Moncada. Coimbra: Almedina, 2001.

HESSE, Konrad. **O direito constitucional da República Federal na Alemanha.** Porto Alegre: Sérgio Antônio Fabris, 1988.

HENSEL, Albert. **Derecho tributario.** Madrid: Marcial Pons Ediciones Jurídicas y Sociales S.A., 2005.

HOFFMANN, Susy Gomes. Breves considerações sobre os aspectos gerais dos julgamentos no CARF, de lançamento tributários envolvendo planejamento tributário. In: **Planejamento fiscal.** V II. ANAN Jr. Pedro (Org.). São Paulo: Quartier Latin, 2013.

HOVARTH, Estevão. **Lançamento tributário e autolançamento.** 2.ed. São Paulo: Quartier Latin, 2010.

HUCK, Hermes Marcelo. **Evasão e elisão.** Rotas nacionais e internacionais do planejamento tributário. São Paulo: Saraiva, 1997.

HUSSERL, Edmund. **Investigaciones logicas** 1. Trad. de Manuel G. Morente e José Gaos Madrid: Alianza Editorial S.A., 2001.

ISERNBERGH, Joseph. Musings on form and substance in taxation. The international library of essays in **Law & legal theory. Tax Law**, v. 2, England. Patricia D. White, Published by Dartmouth Publishing Company, Ltd., 1995.

IVO, Gabriel. **Norma jurídica, produção e controle**. São Paulo: Noeses, 2006.

JARACH, Dino. **O fato imponível:** Teoria Geral do Direito Tributário Substantivo. 2. ed. rev. da trad. Dejalma Campos. São Paulo: RT, 2004.

JAKOBSON, Roman. A linguagem comum dos linguistas e dos antropólogos. In: **Linguística e comunicação**. Trad. Isidoro Blikstein e José Paulo Paes. São Paulo: Cultrix, 2007.

_____. Aspectos linguísticos da tradução. In: **Linguística e comunicação**. 24. ed. Trad. Isidoro Blikstein e José Paulo Paes. São Paulo: Cultrix, 2007.

JENSEN, Ronald H., "Of form and substance: tax-free incorporations and other transactions under section 351" (1991). **Pace law faculty publications.** Paper 506. Disponível em: http://digitalcommons.pace.edu/lawfaculty/506. Acesso em: 1 jun. 2013.

ELISÃO E NORMA ANTIELISIVA

JOBIM, Eduardo de Sampaio Leite. **Interpretação e relação de conceitos, institutos e formas do direito tributário com normas do direito tributário.** Dissertação apresentada à banca examinadora da Faculdade de Direito da Universidade de São Paulo, como exigência parcial para obtenção de título de Mestre em Direito Econômico e Financeiro sob orientação do Professor Heleno Taveira Torres. São Paulo: 2008.

KANT, Immanuel. **Crítica da razão pura.** 2.ed. São Paulo: Vozes, 2012.

KELSEN, Hans. **A democracia.** 2. ed. Trad. Ivone Castilho Benedetti. São Paulo: Martins Fontes, 2000.

_____. **¿Que es la teoría pura del derecho?** Trad. Ernesto Garson Valões. Mexico/DF: Distribuciones Fontamara S.A, 1993.

_____. **Teoria geral das normas.** Tradução de José Florentinho Duarte. Porto Alegre: Sergio Antonio Fabris, 1986.

_____. **Teoria geral do direito e do estado.** Trad. Luis Carlos Borges. São Paulo: Martins Fontes, 2006.

_____. **Teoria pura do direito.** Trad. João Batista Machado. São Paulo: Martins Fontes, 1986.

_____. **Una teoria fenomenológica del diritto.** A cura de Giuliana Stela. Napoli: Edizioni Scientifche Italiane, 1986.

KELSEN, Hans e KLUG, Ulrich. **Normas juridicas y analisis logico.** Trad. Juan Carlos Gardela. Madrid: 1988.

KEVELSON, Roberta (Coord). **Issues in pragmatism, legal realism and semiotics.** Nova York: Peter Lang.

KUHN, Thomas. **As estruturas das revoluções científicas.** 9. ed. São Paulo: Perspectiva, 2006.

LAMY FILHO, Alfredo e PEDREIRA, José Luiz Bulhões. **A Lei das S.A.** Rio de Janeiro: Renovar, 1992.

517

LAPATZA. José Juan Ferreiro. **Direito tributário**: teoria geral do direito. Barueri/SP: Manole, 2007.

LEAL, Vitor Nunes. Leis Complementares da Constituição. **Revista de Direito Administrativo**. Rio de Janeiro, n. 7, p. 379-394, jan./mar, 1947.

LEHNER, Morris. **Consideração econômica e tributação conforme a capacidade contributiva**. Sobre a possibilidade de uma interpretação teleológica de normas com finalidade arrecadatória. São Paulo: Dialética, 1998.

LINS, Robson Maia. **A mora no direito tributário.** Tese apresentada à Banca da Pontifícia Universidade Católica de São Paulo como requisito para a obtenção de título de doutor em Direito do Estado, 2008.

LOSANO, Mario C. **Teoria pura del derecho**. Evolución y puntos cruciales. Trad. Jorge Guerreror. Bogotá: Telmis, 1992.

_____.**Sistema e estrutura no direito**. V. I. São Paulo: Martins Fontes, 2008.

LOUBET, Leonardo e McNAUGHTON, Charles William. **A prova na percussão tributária**. São Paulo: MP, 2005.

LUHMANN, Niklas. **El derecho de la sociedad**. Trad. Javier Torres Nafarret, colab. Brunhilde Eker, Silvia Pappe e Luis Felipe Seguro. México/DF: Universidad Iberoamericana, 2002.

LUNARDELLI, Pedro Guilherme Accorsi. **Isenções Tributárias**. São Paulo: Dialética, 1999.

_____. Hierarquia, lei complementar e a isenção da COFINS. In: **Congresso Nacional do Estudos Tributários** – Interpretação e estado de direito. N. 3, 2006, São Paulo. São Paulo: Noeses, 2006.

ELISÃO E NORMA ANTIELISIVA

MACHADO, Hugo de Brito. **Aspectos fundamentais do ICMS.** 2.ed. São Paulo: Dialética, 1999.

_____. Posição hierárquica da lei complementar. **Revista de Direito Tributário.** São Paulo: Dialética. N. 14, p. 19-22, nov. 1996.

_____. Segurança jurídica e a questão da hierarquia da lei complementar. **Revista de Direito Tributário.** N. 95, p. 65-77. São Paulo: Malheiros, 2000.

MACHADO, Hugo de Brito e MACHADO SEGUNDO, Hugo de Brito. A segurança jurídica e a identidade específica da lei complementar na Constituição de 1988. **Revista Dialética de Direito Tributário.** N. 133, p. 102-120, out. 2006.

MAYER, Pollyana. Incorporación de empresa y el beneficio fiscal del goodwill in Brasil. In: **XXV Jornadas Latinoamericans Colombianas de Derecho Tributario.** Cartegenas del India: Abeledo Perrot, 2010.

MALERBI, Diva Prestes Marcondes. **Elisão tributária.** São Paulo: RT, 1984.

MALLMANN, Nelson. Planejamento tributário e internacional e a prova antielisão. **Planejamento Fiscal.** Vol. II. ANAN Jr. Pedro (Org). São Paulo: Quartier Latin, 2013.

MARAFON, Plínio José. Evasão e elisão fiscal. **Cadernos de pesquisas tributárias.** V. 13. São Paulo: Resenha Tributária, 1988.

MARINS, James. **Elisão tributária e sua regulação.** São Paulo: Dialética, 2002.

MARTINS, Ives Gandra da Silva. Elisão e evasão fiscal. In: **Cadernos de pesquisas tributárias.** Elisão e evasão fiscal. V. 13. MARTINS, Ives Gandra (Coord.). São Paulo: Resenha Tributária, 1988.

519

MARQUES, Márcio Severo. **Classificações constitucionais dos tributos.** São Paulo: Max Limonad, 2000.

MARTÍ, J. Luiz. **La República Federativa:** una teoría de la democracia. Barcelona/Madrid: Marcials Pons, 2006.

MARTINS-COSTA, Judith. O projeto de Código Civil brasileiro: em busca da 'ética da situação'. **Revista Jurídica.** Porto Alegre: Notadez Informação, n. 282, 2001.

MASCARO, Alysson Leandro Barbate. **Crítica da legalidade e do direito brasileiro.** São Paulo: Quartier Latin, 2003.

_____. A desconsideração da personalidade jurídica no Código Civil e reflexo no direito tributário. In: GRUPENMACHER, Betina Treiger (Coord.). **Direito tributário e o novo Código Civil.** São Paulo: Quartier Latin, 2004.

MAXIMILIANO, Carlos. **Hermenêutica e aplicação do direito.** Rio de Janeiro: Forense, 1984.

MCNAUGHTON, Charles William. A teoria das provas e o novo cadastro de ISS em São Paulo. N. 96. **Revista de Direito Tributário:** Malheiros, 2007.

_____. **Hierarquia e Sistema Tributário.** São Paulo: Quartier Latin, 2011.

_____. Elisão Tributária e a alíquota zero de IRRF prevista no artigo 691, inciso IX, do RIR/99. In: **Planejamento Fiscal.** Vol. II. ANAN Jr. Pedro (Coord.). São Paulo: Quartier Latin, 2011.

_____. Sobre as normas de subcapitalização e seus impactos fiscais. In: **VII Congresso Nacional de Estudos Tributários.** São Paulo: Noeses, 2011.

MELLO, Celso Antônio Bandeira de. **Curso de direito administrativo.** 24. ed. São Paulo: Malheiros, 2007.

_____. O Controle de constitucionalidade pelos tribunais administrativos no processo administrativo tributário. N. 75. **Revista de Direito Tributário**, 1999.

MELLO, Cláudio Ari. **Democracia constitucional e direitos fundamentais**. Porto Alegre: Livraria do Advogado, 2004.

MELLO, Oswaldo Aranha Bandeira de. **Princípios gerais de direito administrativo**. São Paulo: Malheiros, 2007.

MELO, José Eduardo Soares. **Aspectos teóricos e práticos do ISS**. 5.ed. São Paulo: Dialética, 2008.

_____. **Elisão e evasão**. MARTINS, Ives Gandra (Coord). São Paulo: Resenha Tributária, 1988.

_____. **ICMS – teoria e prática**. São Paulo: Malheiros, 2006.

MENDES, Gilmar Ferreira; COELHO, Inocêncio Mártires e BRANCO, Paulo Gustavo Gonet. **Curso de direito constitucional**. São Paulo: Saraiva, 2007.

MENDES, Sônia Maria Broglia. **Validade Jurídica pré e pós giro-linguístico**. São Paulo: Noeses, 2007.

MELO, José Leasing. A descaracterização do negócio jurídico e as repercussões tributárias. **Repertório IOB de Jurisprudência**. 21/99. Caderno 1, 1ª quinzena, nov.1999.

MICHELI, Gian Antonio. **Curso de direito tributário**. São Paulo: RT, 1978.

MIRANDA, Pontes. **Comentários à Constituição de 1967**. São Paulo: RT, 1970.

_____. **Tratado do direito privado**. Tomo I. 2. ed. Campinas: Bookseller, 2000.

_____. **Tratado do direito privado**. Tomo III. 2. ed. Campinas: Bookseller, 2001.

MONTEIRO, Silvana Drumon. **Semiótica peirceana e a questão da formação do conhecimento.** Disponível em: www.periodicos.ufsc.br/index.php/eb/article/download/1518.../433. Acesso em: 19 jun. 2013.

MORAES, Alexandre de. **Curso de direito constitucional.** São Paulo: Atlas, 2007.

MORAES, Bernardo Ribeiro de. **Dívida ativa.** São Paulo: Quartier Latin, 2004.

_____. 6ª Assembleia. **Interpretação no direito tributário.** In: SOUZA, Rubens Gomes de (coord.). São Paulo: Educ, 1975.

MORCHON, Gregorio Robles. **O direito como texto** – quatro estudos da teoria comunicacional do direito. Barueri/SP: Manole, 2004.

_____. **Teoria del derecho:** fundamentos de teoria comunicacional del derecho. V. 1. Madrid: Civitas, 1998.

MOREIRA, André Mendes. **A não-cumulatividade dos tributos.** São Paulo: Noeses, 2010.

MORRIS, Charles. **Fundamento da teoria dos signos.** Tradução de Antônio Fidalgo. Universidade da Beira Interior. Disponível em: http://bocc.ubi.pt/~fidalgo/semiotica/morris-charles-fundamentos-teoria-signos.pdf. Acesso em: 18 jun. 2013.

MORTARI, César A. **Introdução à lógica.** 1. reimpr. São Paulo: Unesp.

MOSQUERA, Roberto Quiroga. **Direito monetário, tributação e moeda.** São Paulo: Dialética, 2006.

MOTA, Octanny Silveira da e HEGENBERG, Leônidas. Introdução. In: PEIRCE, Charles Sanders. **Semiótica e Filosofia,** textos escolhidos de Charles S. Peirce. 9. ed. Sel. e trad. Octanny Silveira da Mota e Leônidas Hegenberg. São Paulo: Cultrix, 1993.

ELISÃO E NORMA ANTIELISIVA

MOUSSALEM, Tárek Moysés. Classificação dos Tributos. Uma visão analítica. **IV Congresso Nacional de Estudos Tributários**. São Paulo: Noeses, 2007.

_____.**Fontes do direito tributário**. São Paulo: Noeses, 2006.

_____. **Revogação em matéria tributária**. São Paulo: Noeses, 2005.

MÜLLER, Friedrich. **Quem é o povo?** A questão fundamental da democracia. Trad. Peter Naumann. São Paulo: Max Limonad, 2003.

_____. **Fragmentos (sobre) o poder constituinte**. Trad. Peter Naumann. São Paulo: RT, 2004.

NEDER, Marcos Vinícius. O problema da prova na desconsideração de negócios jurídicos. In: **V Congresso Nacional de Estudos Tributários**. São Paulo: Noeses, 2008.

NEVES, Marcelo. **A constitucionalização simbólica**. São Paulo: Martins Fontes, 2007.

_____. **Entre Themis e Leviathã**. São Paulo: Martins Fontes, 2007.

NOGUEIRA, Alberto. **O devido processo legal tributário**. 3. ed. Rio de Janeiro: Renovar, 2002.

NÖTH, Winfried e SANTAELLA, Lúcia. **Bibliografia comentada**. Semiótica. São Paulo: Experimento, 1999.

NÖTH Winfried. **A semiótica no século XX**. São Paulo: Annablume, 2002.

NOVOA, César García. **La cláusula antielusiva en la nueva ley general tributaria**. Madrid/Barcelona: Marcial Pons, 2004.

OCDE. **Base Erosion and Profit Shifting**. Disponível em: http://www.keepeek.com/Digital-Asset-Management/oecd/

523

taxation/addressing-base-erosion-and-profit-shifting_ 9789264192744-en. Acesso em: 18 jul. 2013.

OLIVEIRA, Manfredo A. **Reviravolta linguístico pragmática na filosofia contemporânea.** São Paulo: Loyola, 2006.

OLIVEIRA, Ricardo Mariz de. **Fundamentos do imposto de renda**. São Paulo: Quartier Latin, 2008.

PACHECO, Angela Maria da Motta. Compensação de prejuízos no regime de imposto sobre a renda das pessoas jurídicas. In: **Imposto de Renda: questões atuais emergentes.** São Paulo: Dialética,1996.

_____. In: **Elisão e evasão**. MARTINS, Ives Gandra. (Coord). São Paulo: Resenha Tributária, 1988.

_____. **Ficções tributárias, identificação e controle**. São Paulo: Noeses, 2006.

PEDREIRA, José Luiz Bulhões. **Imposto sobre a renda pessoa jurídica.** Rio de Janeiro: APEC, 1969.

PEIXOTO, Daniel. **Competência administrativa na aplicação do direito tributário.** São Paulo: Quartier Latin, 2006.

PEIRCE, Charles Sanders. Classificação dos signos. In: **Semiótica e filosofia.** Textos escolhidos de Charles S. Peirce. 9. ed. Sel. e trad. Octanny Silveira da Mota e Leonidas Hegenberg. São Paulo: Cultrix, 1993.

_____. **Semiótica**. Trad. José Teixeira Coelho Neto. São Paulo: Perspectiva, 2008.

_____. **Ilustrações da lógica da ciência**. Aparecida: Ideias e Letras, 2008.

_____. **Selected papers.** New York: Dover Publications Inc., 1996.

PEPINO, Elsa Maria Lopes Seco Ferreira; GAVIORNO, Vieira Soeiro de Castro e FIGUEIRA, Sofia Varejão. **Importância**

ELISÃO E NORMA ANTIELISIVA

da jurisprudência dos conceitos para a metodologia jurídica. Disponível em: http://www.fdv.br/publicacoes/periodicos/revistadepoimentos/n7/6.pdf. Acesso em: 10 jun. 2013.

PEREIRA, César Guimarães. **Elisão tributária e função administrativa**. São Paulo: Dialética, 2001.

_____. Planejamento tributário e Estado de Direito: fraude à lei, reconstruindo conceitos. **Interpretação e Estado de Direito**. SANTI, Eurico Marcos Diniz de (Coord.). São Paulo: Noeses, 2006.

PISCITELLI, Tathiane dos Santos. **Os limites à interpretação das normas tributárias**. São Paulo: Quartier Latin, 2007.

PIGNATARI, Décio. **Informação, linguagem, comunicação**. Cotia: Ateliê Editorial, 2003.

PIMENTA, Paulo Roberto Lyrio. Validade, vigência, aplicação e interpretação da norma jurídico-tributária. In: **Curso de Especialização em Direito Tributário**. Rio de Janeiro: Forense, 2005.

PREVITALLI, Cleide. **O processo tributário**. 5 ed. São Paulo: RT, 2007.

QUEIRÓS, Luis Cezar Souza. **Sujeição passiva tributária**. Rio de Janeiro: Forense, 2002.

_____. **Imposto sobre a Renda. Requisitos para sua tributação constitucional**. Rio de Janeiro: Forense, 2003.

QUINE, W. V. **Filosofia de la logica**. Trad. Manuel Sacristan. Madrid: Alianza Universidad, 1973.

REALE, Miguel. Liberdade antiga e liberdade moderna. 2.ed. In: **Horizontes do direito e da história**. São Paulo: Saraiva,1977.

_____. **Prefácio ao Novo Código Civil Brasileiro**. 2.ed. São Paulo: RT, 2002.

_____. **Teoria Tridimensional do direito.** 5. ed. 7. tir. São Paulo: Saraiva, 2005.

ROCHA, Valdir Oliveira (Coord.). **Imposto de Renda e ICMS.** Problemas jurídicos. São Paulo: Dialética, 1995.

_____. (Coord.). **Imposto de Renda – questões atuais e emergentes.** São Paulo: Dialética, 1995.

_____. Coord. **Imposto de Renda – questões atuais e emergentes.** São Paulo: Dialética, 1996.

ROLIM, João Dácio. **Normas antielisivas tributárias.** São Paulo: Dialética, 2001.

ROHENKOHL, Marcelo Saldanha. **O princípio da capacidade contributiva no Estado Democrático de Direito.** São Paulo: Quartier Latin, 2007.

RORTY, Richard. **Verdade e progresso.** Trad. Denise R. Sales. Barueri/SP: Manole, 2007.

ROSS, Alf. **Direito e justiça.** Trad. Edson Bini. São Paulo: Edipro, 2003.

SANTAELLA, Lucia. **A teoria geral dos signos.** São Paulo: Thomson Pioneira, 2000.

_____. **Matrizes da linguagem e pensamento.** São Paulo: 2005.

_____. **O Método Anti Cartesiano de C. S. Peirce.** São Paulo: UNESP, 2004.

_____. **O que é semiótica.** São Paulo: Brasiliense, 2007.

_____. **Semiótica aplicada. Bases teóricas para aplicação.** São Paulo: Thomson Pioneira, 2007.

SANTI, Eurico Marcos Diniz de. As classificações no sistema tributário brasileiro. Justiça Tributária. **I Congresso Internacional de Direito Tributário** (IBET). São Paulo: Max Limonad, 1998.

ELISÃO E NORMA ANTIELISIVA

_____. (coord.). **Curso de direito tributário e finanças públicas.** 19. ed. São Paulo: Saraiva, 2007.

_____. **Curso de especialização de direito tributário:** estudos analíticos em homenagem a Paulo de Barros Carvalho. Rio de Janeiro: Forense, 2005.

_____. O Código Tributário Nacional e as normas gerais de direito tributário. In: **Curso de direito tributário e finanças públicas.** 19. ed. São Paulo: Saraiva, 2007.

_____. **Decadência e prescrição no direito tributário.** 1. ed. São Paulo: Max Limonad, 2000.

_____. (Org.). **Direito tributário e finanças públicas.** São Paulo: Saraiva, 2007.

_____. **Lançamento tributário.** 2. ed. São Paulo: Max Limonad, 2001.

_____. (Org.). Norma, incidência e segurança jurídica. In: **Direito tributário e finanças públicas.** São Paulo: Saraiva, 2007.

SANTOS, Boaventura de Souza. **Um discurso sobre as ciências.** São Paulo: Cortez, 2008.

SANTOS, José Beleza dos. **A simulação em direito civil.** São Paulo: Lejus, 1999.

SARLET, Ingo Wolfang. Direitos fundamentais e proibição de retrocesso: algumas notas sobre o desafio da sobrevivência dos direitos sociais num contexto de crise. **Revista Brasileira de Direito Constitucional.** Dez./jul. 2004.

SAUSSURE, Ferdinand de. **Curso de linguística geral.** Trad. Antônio Chelini, José Paulo Paes e Isidoro Blikenstein. 3. ed. São Paulo: Cultrix, 1971.

SCARVINO, Dardo. **La filosofia actual.** Pensar sin certezas. Buenos Aires: Paidos, 2007.

527

SEARLE, John R. **Mente, linguagem e sociedade.** Filosofia do mundo real. Trad. F. Ranger. Rio de Janeiro: Ciência Atual Rocio, 2000.

SEABRA DE MOURA, Frederico Araújo. **Lei complementar e normas gerais em matéria tributária.** (Dissertação de Mestrado). Pontifícia Universidade Católica de São Paulo (PUC-SP), 2007.

SEVERINO, Antônio Joaquim. **Metodologia do trabalho científico.** São Paulo: Cortez, 2007.

SCHOUERI, Luís Eduardo (Coord). FREITAS, Rodrigo (Org.). **Planejamento tributário e o propósito negocial.** São Paulo: Quartier Latin, 2010.

_____. **Distribuição disfarçada de lucros.** São Paulo: Dialética, 1996.

_____. **Planejamento fiscal através de acordos de bitributação** – treaty shopping. São Paulo: RT, 1995.

_____. Discriminação de competências e competência residual. In: **Direito tributário.** Estudos em homenagem a Brandão Machado. SCHOUERI, Luís Eduardo; ZILVETI, Fernando Aurélio (Coord.). São Paulo: Dialética, 1998.

SILVA FILHO, Derly Barreto e. **Controle jurisdicional dos atos interna corporis do Poder Legislativo.** (Dissertação de Mestrado em Direito Constitucional). Pontifícia Universidade Católica de São Paulo. São Paulo: (PUC-SP), 1999 (sob orientação da Profa. Doutora Lúcia Valle Figueiredo).

SILVA, José Afonso da. **Aplicabilidade das normas constitucionais.** 7. ed. São Paulo: Malheiros, 2007.

_____. **Comentário contextual à Constituição.** São Paulo: Malheiros, 2007.

_____. **Curso de direito constitucional positivo.** São Paulo: Malheiros, 2007.

ELISÃO E NORMA ANTIELISIVA

_____. **Do processo da formação das leis.** 2. ed. 2. tir. São Paulo: Malheiros, 2007.

_____. **Poder constituinte e poder popular.** São Paulo: Malheiros, 2007.

SILVEIRA, Lauro Barbosa. **Curso de semiótica geral.** São Paulo: Quartier Latin, 2007.

SOUSA, Rubens Gomes. A reforma tributária no Brasil. **Revista de Direito Administrativo.**

_____. **Compêndio de legislação tributária.** Rio de Janeiro: Financeiras S.A., 1964.

_____. (Coord.). **Interpretação no direito tributário.** São Paulo: Educ, 1975.

_____. **Pareceres de Imposto de Renda.** V.I. São Paulo: Resenha Tributária; Educ, 1975.

_____. **Pareceres de Imposto de Renda.** V.II. São Paulo: Resenha Tributária, Educ, 1976.

_____. **Pareceres de Imposto de Renda.** V. III. São Paulo: Resenha Tributária, Educ, 1976.

SOUZA, Iristomo. **Filosofia, racionalidade, democracia, debates de Rorty e Habermas.** São Paulo: UNESP, 2005.

STRECK, Lenio Luiz. **Hermenêutica jurídica e(m) crise.** Porto Alegre: Livraria do Advogado, 2004.

TEMER, Michel. **Elementos de direito constitucional.** 22. ed. 2. tir. São Paulo: Malheiros, 2008.

TILBERY, Henry. **Imposto de renda das pessoas jurídicas.** Integração entre sociedades e sócios. São Paulo: Atlas, 1985.

TIPKE, Klaus e YAMASHITA, Douglas. **Justiça fiscal e princípio da capacidade contributiva.** São Paulo: Malheiros, 2002.

TOMÉ, Fabiana Del Padre. **A prova no direito tributário.** 3. ed. São Paulo: Noeses, 2013.

_____. **Conocimiento del derecho y su transcedencia tributaria.** Derecho tributario topicos contemporáneos em homenaje al Profesor Paulo de Barros Carvalho. ESTARES, Daniel Yacolca e CUCCI, Jorge Bravo (Coord.). Lima: Juridica Grijley, 2011.

_____. **Contribuição para a seguridade social à luz da Constituição Federal.** Curitiba: Juruá, 2006.

TOMÉ, Giovani Hermínio. **Planejamento Tributário:** um estudo pela perspectiva pelo constructivismo lógico-semântico. São Paulo: 2011. Dissertação de Mestrado, apresentada à banca examinadora como requisito parcial para obtenção de título de Mestre pela Pontifícia Universidade Católica de São Paulo.

TORRES, Heleno Taveira. **Direito constitucional tributário e segurança jurídica.** São Paulo: RT, 2011.

_____. **Direito tributário e direito privado.** Autonomia privada, simulação e elusão tributária. São Paulo: RT, 2000.

_____.**Limites do planejamento tributário e a norma brasileira anti-simulação** (LC 104/01). ROCHA, Valdir Oliveira (Org.). São Paulo: Dialética, 2001.

_____.**Pluritributação internacional sobre as rendas das empresas.** São Paulo: RT, 2001.

_____.Prefácio ao livro **Planejamento Fiscal.** Análise de Casos. V.III. ANAN JR., Pedro (Coord.). São Paulo: Quartier Latin, 2013.

_____.**Limites do planejamento tributário e a norma brasileira anti-simulação (LC 104/01).** ROCHA, Valdir Oliveira (Org.). São Paulo: Dialética, 2001.

ELISÃO E NORMA ANTIELISIVA

TORRES, Ricardo Lobo. **Normas de interpretação e integração no direito tributário.** Rio de Janeiro: Renovar, 2006.

_____.Normas gerais antielisivas. **Revista Eletrônico de Direito Administrativo**, Salvador: Instituto de Direito Econômico da Bahia, n. 4, novembro de 2005. Disponível em: http://www.direitodoestado.com.br. Acesso em: 2 jul. 2013.

TURIN, Roti Nielba. **Introdução ao estudo das linguagens.** 1. ed. São Paulo: Annablume, 2007.

UKMAR, Victor. The interpretation of law with special reference to form and substance. London: Internation Fiscal Associatoin, 1965.

VALVERDE, Gustavo Sampaio. **Coisa julgada em matéria tributária.** São Paulo: Quartier Latin, 2004.

VILANOVA, Lourival. A dimensão política nas funções do STF. In: **Escritos jurídicos e filosóficos.** V. I. São Paulo: Axis Mundi/IBET, 2004.

_____. Analítica do dever-ser. In: **Escritos jurídicos e filosóficos.** V. I. São Paulo: Editora Axis Mundi/IBET, 2004.

_____. **As estruturas lógicas e o sistema do direito positivo.** 4. ed. São Paulo: Noeses, 2010.

_____. **Causalidade e relação no direito.** 4. ed. São Paulo: RT.

_____. O poder de julgar e a norma. In: **Escritos jurídicos e filosóficos.** V. I. São Paulo: Axis Mundi/IBET, 2004.

_____. Sobre o conceito de direito. In: **Escritos jurídicos e filosóficos.** Vol. I. São Paulo: Axis Mundi/IBET, 2004.

_____. Teoria da norma fundamental: comentários à margem de Kelsen. V. II. In: **Escritos Jurídicos e Filosóficos.** São Paulo: Axis Mundi/IBET, 2004.

VILLEGAS, Hector B. Infrações e sanções tributárias. In:

Elementos de direito tributário. ATALIBA, Geraldo (Coord.). São Paulo: RT, 1978.

VITA, Jonathan Barros. **General theory of anti-avoidance rules:** classification and (re)definition.

XAVIER, Alberto. Liberdade fiscal, simulação e fraude no direito tributário brasileiro. **Revista de Direito Tributário.** São Paulo, jan./jun. 1980.

_____. **Tipicidade da tributação, simulação e norma antielisiva.** São Paulo: Dialética, 2001.

WAIZER, Harry, **Business purpose doctrine:** the effect of motive on federal income tax liability, 49 fordham L. Rev. 1078 (1981). Available at: http://ir.lawnet.fordham.edu/flr/vol49/iss6/7.

WARAT, Luis Alberto. **O direito e sua linguagem.** 2. ed. Porto Alegre: Sérgio Antonio Fabris, 1995.

WITTGENSTEIN, Ludwig. **Da certeza.** Trad. Maria Elisa Costa. Lisboa: Edições 70, 1969.

_____. **Tractatus logico-philosophicus.** Trad. Luiz Henrique dos Santos. São Paulo: Universidade de São Paulo, 2001.

_____. **Investigações filosóficas.** Trad. Ernesto Carneiro Leão. Bragança Paulista; Petrópolis: Universitária São Francisco/ Vozes: 2005.

WINDSHEID, Berhard. **Diritto dell pandette:** prima traduzione sola consentita dall´autore e dagli editori. Torino: Unione Tipografico Editrice, 1904.

ZILVETTI, Fernando Aurélio. **Princípios de direito tributário e a capacidade contributiva.** São Paulo: Quartier Latin, 2004.

ANEXO ÚNICO
EMENTAS DOS ACÓRDÃOS ANALISADOS

1. ACÓRDÃO 101-93826

Relator
Kazuki Shiobara

Decisão
Por unanimidade de votos, declarar decadente de ofício no ano calendário de 1993 e os meses de janeiro e fevereiro de 1994 e negar provimento ao recurso.

Ementa
PRELIMINAR. MULTA DE LANÇAMENTO DE OFÍCIO E JUROS DE MORA. LIQUIDAÇÃO EXTRAJUDICIAL DE INSTITUIÇÃO FINANCEIRA. MULTA QUALIFICADA. O crédito tributário apurado e correspondente aos períodos ou anos-calendário anteriores à decretação da liquidação extrajudicial está sujeito à multa de lançamento de ofício e juros de mora. A multa qualificada é cabível quando a autoridade lançadora aponta indícios veementes de que os contratos contabilizados não poderiam ser cumpridos. PRELIMINAR. LANÇAMENTO. DECADÊNCIA. As irregularidades cometidas pelo sujeito passivo na escrituração contábil e fiscal ou no preenchimento da declaração de rendimentos, só podem ser objeto de lançamento ou revisão

de lançamento, antes do decurso do prazo de cinco anos contados do início do ano-calendário seguinte em que poderia ter sido lançado. IRPJ. CUSTOS E DESPESAS OPERACIONAIS. PROMESSA DE COMPRA E VENDA DE CONTRATOS FUTUROS DE TAXAS DE CÂMBIO DE CRUZEIROS REAIS POR DÓLAR COMERCIAL. RESSARCIMENTO POR DESISTÊNCIA DE CONTRATO. Quanto uma empresa assina 150 contratos de promessa de compra e venda de dólar comercial, com empresas que não tem qualquer posição naquela moeda e nem tem capacidade econômica e nem financeira (microempresas, empresas de pequeno médio porte) e empresas não identificadas e, ainda, desiste da compra ou venda do dólar comercial e paga o ressarcimento (multa contratual) por desistência de contrato, estas operações não preenchem os requisitos de necessidade, normalidade e usualidade para serem apropriados como custos ou despesas operacionais, independentemente da imputação da simulação de contratos. TRIBUTAÇÃO REFLEXA. A decisão proferida no lançamento principal estende-se aos demais lançamentos ditos reflexivos face à relação de causa e efeito. Negado provimento ao recurso e declarado, de ofício, decadente o ano-calendário de 1993.

2. ACÓRDÃO 101-94986

Relatora

Sandra Maria Faroni

Decisão

Por maioria de votos, DAR provimento PARCIAL ao recurso, para deduzir do IRPJ o IRPF sobre o valor da remuneração das debêntures. Vencidos os Conselheiros Mário Junqueira Franco Júnior e Manoel Antonio Gadelha Dias que deram provimento integral. O Conselheiro Mário Junqueira apresentará declaração de voto.

Ementa

DESPESAS COM REMUNERAÇÃO DE DEBÊNTURES. Restando caracterizado o caráter de liberalidade dos pagamentos aos sócios, decorrentes de operações formalizadas apenas "no papel" e que transformaram lucros distribuídos em remuneração de debêntures, consideram-se indedutíveis as despesas contabilizadas. DECORRÊNCIA. A decisão relativa ao lançamento principal (IRPJ) aplica-se, por decorrência, à exigência de CSLL.

3. ACÓRDÃO 101-95168

Relator

Mário Junqueira Franco Junior

Decisão

Por maioria de votos, NEGAR provimento ao recurso. Vencidos os Conselheiros Mário Junqueira Franco Júnior (Relator), Sebastião Rodrigues Cabral e Orlando José Gonçalves Bueno. Designado para redigir o voto vencedor o Conselheiro Caio Marcos Cândido.

Ementa

PRELIMINAR. DECADÊNCIA. SIMULAÇÃO. Comprovada a simulação a regra decadencial desloca-se, para os tributos lançados por homologação, do artigo 150, parágrafo 4°, para a do artigo 173, I, ambos do CTN. OPERAÇÕES DE OPÇÕES FLEXÍVEIS DE DÓLAR. PREJUÍZOS. ALEGAÇÃO DE FRAUDE. Comprovada a simulação nas operações de opções flexíveis de dólar, sem garantia, há que ser mantido o lançamento que glosou as perdas decorrentes daquelas operações. MULTA DE OFÍCIO QUALIFICADA. Presente o verdadeiro intuito fraudulento, na figura da simulação do negócio jurídico, a que se manter a qualificação da multa de ofício. Recurso voluntário não provido.

4. ACÓRDÃO 101-95409

Relator

Valmir Sandri

Decisão

Por unanimidade de votos, NEGAR provimento ao recurso. Ausente momentaneamente o Conselheiro Sebastião Rodrigues Cabral.

Ementa

SIMULAÇÃO. Configura-se como simulação, o comportamento do contribuinte em que se detecta uma inadequação ou inequivalência entre a forma jurídica sob a qual o negócio se apresenta e a substância ou natureza do fato gerador efetivamente realizado, ou seja, dá-se pela discrepância entre a vontade querida pelo agente e o ato por ele praticado para exteriorização dessa vontade. IRPJ. GANHOS E PERDAS DE CAPITAL. Deve ser adicionado ao lucro líquido do exercício, para efeito de apuração do lucro real, a perda apurada na baixa de investimento decorrente de suposta compra e venda de ações por valor simbólico, liberalidade essa não passível de dedução. IRPJ. EXCLUSÕES INDEVIDAS. Cabe ao contribuinte demonstrar e comprovar com documentos hábeis e idôneos, que as exclusões por ele efetuadas na apuração do lucro real, havia sido incluído no lucro líquido e que por determinação legal devessem ser excluídos na apuração do lucro real. COMPENSAÇÃO DE PREJUÍZOS FISCAIS. LIMITE DE 30%. A partir do ano-calendário 1995, para efeito de apuração do lucro real, a compensação de prejuízos fiscais é limitada a 30% do lucro líquido ajustado pelas adições e exclusões determinadas na legislação de regência. LANÇAMENTOS DECORRENTES. CSLL E PIS. Tratando-se de exigência fundamentada na irregularidade apurada em ação fiscal realizada no âmbito do Imposto de Renda Pessoa Jurídica, o decidido quanto àquele lançamento é aplicável, no que couber, ao lançamento decorrente. Recurso negado.

5. ACÓRDÃO 101-95442

Relatora

Sandra Maria Faroni

Decisão

Por maioria de votos, NEGAR provimento ao recurso de ofício, vencidos os Conselheiros Caio Marcos Cândido, Mário Junqueira Franco Júnior e Manoel Antonio Gadelha Dias que deram provimento parcial ao recurso para restabelecer a multa de ofício no percentual de 150% em relação à CSL, e quanto ao recurso voluntário, por maioria de votos, ACOLHER a preliminar de decadência suscitada. Vencidos os Conselheiros Caio Marcos Cândido, Mário Junqueira Franco Júnior e Manoel Antonio Gadelha Dias que rejeitaram essa preliminar em relação à CSL.

Ementa

PLANEJAMENTO TRIBUTÁRIO. Não se qualifica como planejamento tributário lícito a economia obtida por meio de atos e operações que não foram efetivas, não apenas artificial e formalmente revelados em documentação e/ou na escrituração. DECADÊNCIA. Decorridos mais de cinco anos do fato gerador, operou-se a decadência. Recurso voluntário provido e recurso de ofício negado em razão da decadência.

6. ACÓRDÃO 103-07260

Relator

Renato Hasegawa Lousano

Decisão

Negado provimento ao recurso voluntário pelo voto de qualidade.

Ementa

IRPJ. TRANSFERÊNCIA DE RECEITAS. EVASÃO FISCAL. Há evasão ilegal de tributos quando se criam oito sociedades de uma só vez, com os mesmos sócios que, sob a aparência de servirem à revenda dos produtos da recorrente, tem, na realidade, o objetivo admitido de evadir tributo, ao abrigo de tributação mitigada (lucro presumido).

CHARLES WILLIAM MCNAUGHTON

7. ACÓRDÃO 104-21610

Relator

Pedro Paulo Pereira Barbosa

Decisão

Por unanimidade de votos, REJEITAR as preliminares arguidas pela Recorrente. No mérito, por maioria de votos, NEGAR provimento ao recurso. Vencidos os Conselheiros Heloísa Guarita Souza, Gustavo Lian Haddad e Remis Almeida Estol, que proviam parcialmente o recurso para desqualificar a multa de ofício, reduzindo-a a 75%.

Ementa

NULIDADE DO AUTO DE INFRAÇÃO – Não provada violação das disposições contidas no art. 142 do CTN, tampouco dos artigos 10 e 59 do Decreto n.. 70.235, de 1972 e não se verificando outro vício insanável no lançamento, não há que se falar em nulidade, quer do lançamento, quer do procedimento fiscal que lhe deu origem, quer do documento que formalizou a exigência fiscal. NULIDADE DO LANÇAMENTO. VÍCIOS NO MANDADO DE PROCEDIMENTO FISCAL – MPF. INOCORRÊNCIA. O Mandado de Procedimento Fiscal é instrumento interno de planejamento e controle das atividades de fiscalização. Eventuais falhas nesses procedimentos, por si só, não contaminam o lançamento decorrente da ação fiscal. IRPF. GANHO DE CAPITAL. ALIENAÇÃO DE PARTICIPAÇÕES SOCIETÁRIAS. SIMULAÇÃO. Constatada a desconformidade, consciente e pactuada entre as partes que realizaram determinado negócio jurídico, entre o negócio efetivamente praticado e os atos formais de declaração de vontade, resta caracterizada a simulação relativa, devendo-se considerar, para fins de verificação da ocorrência do fato gerador do Imposto de Renda, o negócio jurídico dissimulado. A transferência de participação societária por intermédio de uma sequência de atos societários caracteriza a simulação, quando esses atos não têm outro propósito senão o de efetivar essa transferência. Em tal

538

ELISÃO E NORMA ANTIELISIVA

hipótese, é devido o imposto sobre ganho de capital obtido com a alienação das ações. MULTA DE OFÍCIO QUALIFICADA. SIMU-LAÇÃO. EVIDENTE INTUITO DE FRAUDE. A prática da simulação com o propósito de dissimular, no todo ou em parte, a ocorrência do fato gerador do imposto caracteriza a hipótese de qualificação da multa de ofício, nos termos do art. 44, II, da Lei n. 9.430, de 1996. JUROS MORATÓRIOS. SELIC. O crédito tributário não integralmente pago no vencimento é acrescido de juros de mora, seja qual for o motivo determinante da falta. O percentual de juros a ser aplicado no cálculo do montante devido é o fixado no diploma legal vigente á época do pagamento. Preliminares rejeitadas. Recurso negado.

8. ACÓRDÃO 104-20749

Relatora
Maria Helena Cotta Cardozo

Decisão
Por maioria de votos, DAR provimento PARCIAL ao recurso para excluir da exigência o valor relativo à multa isolada do carnê-leão (art. 44, § 1º, inciso III, da Lei n.. 9.430, de 1996). Vencidos os Conselheiros Meigan Sack Rodrigues e Remis Almeida Estol, que proviam integralmente o recurso.

Ementa
IRPF. EXERCÍCIO DE 2001. OMISSÃO DE RENDIMENTOS RECEBIDOS DE FONTE NO EXTERIOR. SIMULAÇÃO. Constatada a prática de simulação, perpetrada mediante a articulação de operações com o intuito de evitar a ocorrência do fato gerador do Imposto de Renda, é cabível a exigência do tributo, acrescido de multa qualificada (art. 44, inciso II, da Lei n.. 9.430, de 1996). OPERAÇÕES ESTRUTURADAS EM SEQUÊNCIA. O fato de cada uma das transações, isoladamente e do ponto de vista formal, ostentar legalidade, não garante a legitimidade do conjunto de

operações, quando fica comprovado que os atos praticados tinham objetivo diverso daquele que lhes é próprio. AUSÊNCIA DE MOTIVAÇÃO EXTRATRIBUTÁRIA. A liberdade de auto-organização não endossa a prática de atos sem motivação negocial, sob o argumento de exercício do planejamento tributário. MULTA ISOLADA E MULTA DE OFÍCIO. Incabível a aplicação da multa isolada (art. 44, § 1º, inciso III, da Lei n.. 9.430, de 1996), quando em concomitância com a multa de ofício (inciso II do mesmo dispositivo legal), ambas incidindo sobre a mesma base de cálculo. Recurso parcialmente provido.

9. ACÓRDÃO 104-21954

Relator

Nelson Mallmann

Decisão

Por unanimidade de votos, REJEITAR a preliminar de nulidade arguida pelo Recorrente. No mérito, por maioria de votos, NEGAR provimento ao recurso. Vencidos os Conselheiros Heloísa Guarita Souza e Gustavo Lian Haddad, que proviam parcialmente o recurso para desqualificar a multa de ofício, reduzindo-a ao percentual de 75%.

Ementa

NULIDADE DO LANÇAMENTO POR CERCEAMENTO DO DIREITO DE DEFESA. Se o autuado revela conhecer plenamente as acusações que lhe foram imputadas, rebatendo-as, uma a uma, de forma meticulosa, mediante extensa e substanciosa impugnação, abrangendo não só questão preliminar como também razões de mérito, descabe a proposição de cerceamento do direito de defesa. CESSÃO DO DIREITO AO USO DA IMAGEM – CONTRATO DE TRABALHO DE NATUREZA PERSONALÍSSIMA. IMPOSSIBILIDADE DE SEREM PROCEDIDAS POR OUTRA PESSOA, JURÍDICA OU FÍSICA. PRESTAÇÃO INDIVIDUAL

DE SERVIÇOS. JOGADOR DE FUTEBOL. SUJEITO PASSIVO DA OBRIGAÇÃO TRIBUTÁRIA. São tributáveis os rendimentos do trabalho ou de prestação individual de serviços, com ou sem vínculo empregatício, independendo a tributação da denominação dos rendimentos, da condição jurídica da fonte e da forma de percepção das rendas, bastando, para a incidência do imposto, o benefício do contribuinte por qualquer forma e a qualquer título. Salvo disposições de lei em contrário, as convenções particulares, relativas à responsabilidade pelo pagamento de tributos, não podem ser opostas à Fazenda Pública, para modificar a definição legal do sujeito passivo das obrigações tributárias correspondentes. Desta forma, o jogador de futebol, cujos serviços são prestados de forma pessoal, terá seus rendimentos tributados na pessoa física incluídos aí os rendimentos originados no direito de arena/ cessão do direito ao uso da imagem, sendo irrelevante a existência de registro de pessoa jurídica para tratar dos seus interesses. APLICAÇÃO DE LEI SUPERVENIENTE AO FATO GERADOR. AUSÊNCIA DE CARÁTER INTERPRETATIVO. Inaplicável o art. 129 da Lei n. 11.196, de 2005, a fatos geradores pretéritos, uma vez que dito dispositivo legal não possui natureza interpretativa, mas sim instituiu um novo regime de tributação. MULTA DE LANÇAMENTO DE OFÍCIO QUALIFICADA. EVIDENTE INTUITO DE FRAUDE. JUSTIFICATIVA PARA APLICAÇÃO DA MULTA. Cabível a exigência da multa qualificada prevista no art. 44, inciso II, da Lei n.. 9.430, de 1996, quando o contribuinte tenha procedido com evidente intuito de fraude, nos casos definidos nos artigos 71, 72 e 73, da Lei n.. 4.502, de 1964. A realização de operações envolvendo empresas com o propósito de dissimular o recebimento de remuneração por serviços prestados por pessoa física, caracteriza a simulação e, consequentemente, o evidente intuito de fraude, ensejando a exasperação da penalidade. MULTA DE LANÇAMENTO DE OFÍCIO. CARÁTER CONFISCATÓRIO. INOCORRÊNCIA. A falta ou insuficiência de recolhimento do imposto dá causa a lançamento de ofício, para exigi-lo com acréscimos e penalidades legais. Desta forma, é perfeitamente válida a aplicação da penalidade prevista no art. 44, II, da Lei n.. 9.430, de 1996, quando restar caracterizado o evidente intuito de

CHARLES WILLIAM MCNAUGHTON

fraude, sendo inaplicável às penalidades pecuniárias de caráter punitivo o princípio de vedação ao confisco. INCONSTITUCIO-NALIDADE. O Primeiro Conselho de Contribuintes não é competente para se pronunciar sobre a inconstitucionalidade de lei tributária (Súmula 1º CC n.. 2). ACRÉSCIMOS LEGAIS. JUROS MORATÓRIOS. A partir de 1º de abril de 1995, os juros moratórios incidentes sobre débitos tributários administrados pela Secretaria da Receita Federal são devidos, no período de inadimplência, à taxa referencial do Sistema Especial de Liquidação e Custódia – SELIC para títulos federais (Súmula 1º CC n.. 4). Preliminar rejeitada. Recurso negado.

10. ACÓRDÃO 106-13552

Relatora
Sueli Efigênia Mendes de Britto

Decisão
Por maioria de votos, DAR provimento PARCIAL ao recurso para reduzir a multa para 75%. Vencidos os Conselheiros Romeu Bueno de Camargo e Wilfrido Augusto Marques que davam provimento integral e Thaisa Jansen Pereira que negava provimento.

Ementa
GANHOS DE CAPITAL DE RESIDENTES OU DOMICILIADOS NO EXTERIOR. Existem duas incidências distintas do imposto de renda: uma sobre ganhos de capital relativos a investimentos em moeda estrangeira, outra sobre ganhos de capital auferidos na alienação de bens e direitos; na primeira espécie, a base de cálculo corresponde à diferença entre os valores em moeda estrangeira, de alienação e de aquisição convertidos para reais pela taxa de câmbio na data de alienação, sendo que o valor de aquisição será o registrado no Banco Central do Brasil. MULTA AGRAVADA. A simulação, a fraude e a sonegação em negócios jurídicos praticados pelo contribuinte, devem ser comprovadas

ELISÃO E NORMA ANTIELISIVA

pelas autoridades administrativas, lastreadas com provas incontroversas da existência material do delito. É devida a multa de ofício de 75%, quando a fonte pagadora, sujeito passivo da obrigação tributária de recolher o imposto devido exclusivamente na fonte, deixar de recolhê-lo aos cofres públicos. Recurso parcialmente provido.

11. ACÓRDÃO 107-08247

Relator

Octávio Campos Fischer

Decisão

Por maioria de votos, NEGAR provimento ao recurso, vencidos os Conselheiros Carlos Alberto Gonçalves Nunes e Natanael Martins.

Ementa

IMPOSTO DE RENDA DE PESSOA JURÍDICA. OMISSÃO DE RECEITA. INTERPOSIÇÃO DE PESSOAS. SIMULAÇÃO. Comprovado pela Fiscalização que a Recorrente utilizou-se de terceiro para omitir receita, fato este que não foi descaracterizado em qualquer momento por aquela, é de ser mantido o Lançamento de Ofício. IRPJ. SIMULAÇÃO. MULTA AGRAVADA. Mantém-se a multa agravada se caracterizada a omissão de receita através de simulação.

12. ACÓRDÃO 107-08326

Relator

Luiz Martins Valero

Decisão

Por unanimidade de votos, DAR provimento PARCIAL ao recurso, ao recurso de ofício, para restabelecer as exigências de omissão de receita do ano de 1993, nos termos do voto do relator e por unanimidade de votos, DAR provimento PARCIAL ao recurso voluntário, para reduzir a multa por agravamento a 75%.

Ementa

PAF. PROVA INDICIÁRIA. A prova indiciária é meio idôneo para referendar uma autuação, quando a sua formação está apoiada num encadeamento lógico de fatos e indícios convergentes que levam ao convencimento do julgador. NORMAS GERAIS DE DIREITO TRIBUTÁRIO. Os elementos probatórios indicam, com firmeza, que as pessoas jurídicas, embora formalmente constituídas como distintas, formam uma única empresa que atende, plenamente, o cliente que a procura em busca do produto por ela notoriamente fabricado e comercializado. IRPJ E OUTROS. OMISSÃO DE RECEITAS – Constatada, ainda que parcialmente, a falta de registro de receitas apuradas a partir de pedidos de compra e ou prestação de serviços, sem que a autuada conteste a veracidade dos referidos documentos, provado está a omissão de receitas que deve ser imputada à empresa considerada como um todo. CSLL E DEMAIS DECORRENTES – O decidido quanto ao lançamento do IRPJ deve nortear a decisão dos lançamentos decorrentes.

13. ACÓRDÃO 107-08342

Relator

Luiz Martins Valero

Decisão

Por unanimidade de votos, AFASTAR as preliminares e, no mérito, NEGAR provimento ao recurso.

Ementa

PAF – PROVA – É lícita a utilização de elementos coligidos em processo administrativo de órgão diverso, quando sobre eles a

ELISÃO E NORMA ANTIELISIVA

fiscalização tributária tira suas próprias conclusões, ainda que as mesmas coincidam com as averiguações empreendidas pelo órgão cedente. IRPJ. CSLL. ERRO NA MENÇÃO DO DISPOSITIVO LEGAL. NULIDADE DO AUTO DE INFRAÇÃO – INOCORRÊN-CIA. A simples ocorrência de erro no enquadramento legal da infração não é bastante, por si só, para acarretar a nulidade do Auto de Infração quando a descrição dos fatos, que dele é parte integrante, e os cálculos efetuados pelo fisco para encontrar a matéria tributável permitem ao autuado o conhecimento por inteiro do ilícito que lhe é imputado. (1º Conselho de Contribuintes/7ª Câmara/Acórdão 107-06998 em 27.02.2003). IRPJ/CSLL. PREJUÍ-ZOS FICTÍCIOS EM OPERAÇÕES DAY-TRADE. REDUÇÃO INDEVIDA DO LUCRO LÍQUIDO. Não podem ser aceitos como redutores do lucro líquido do período de incidência prejuízos criados artificialmente, mediante procedimentos notoriamente simulados.

14. ACÓRDÃO 202-13072

Relator

Marcos Vinicius Neder de Lima

Decisão

Por maioria de votos, negou-se provimentos ao recurso. Vencidos os Concelheiros Luiz Roberto Domingo e Eduardo da Rocha Schmidt que apresentam declaração de voto. Ausentes, justificadamente, os Conselheiros Alexandre Magno Rodrigues Alves.

Ementa

IOF. OPERAÇÃO DE CRÉDITO. Mesmo diante de negócio jurídico indireto, que utiliza um tipo contratual para alcançar os efeitos práticos de um tipo diverso, o conjunto probatório dos autos permite o convencimento do julgador no sentido de que o mutuário da operação de crédito, a que se refere a norma, é a pessoa física. Aplicação do Ato Declaratório n. 03/98. Cabível a exigência do imposto que deixou de ser recolhido pela instituição financeira, em razão de interpretação equivocada da norma. Recurso negado.

15. ACÓRDÃO 202-15765

Relator

Jorge Freire

Decisão

Por maioria de votos, negou-se provimento ao recurso. Vencido o Conselheiro Marcelo Marcondes Meyer-Kozlowski. Ausente o Conselheiro Raimar da Silva Aguiar.

Ementa

IOF. ABUSO DE FORMA. Se a entidade financeira concede empréstimo, representado por Cédula de Crédito Comercial, a concessionárias de veículos, mas de fato o que houve foi financiamento para compra de veículo por pessoa física, resta caracterizado o abuso de forma com o fito de pagar menos tributo. Provado o abuso, deve o Fisco desqualificar o negócio jurídico original, exclusivamente para efeitos fiscais, requalificando-o segundo a descrição normativo-tributária pertinente à situação que foi encoberta pelo desnaturamento da função objetiva do ato. Recurso voluntário ao qual se nega provimento.

16. ACÓRDÃO 202-15862

Relator

Henrique Pinheiro Torres

Decisão

I) Por unanimidade de votos, negou-se provimento ao recurso, quanto a prescrição; e II) pelo voto de qualidade negou-se provi-

ELISÃO E NORMA ANTIELISIVA

mento ao recurso, quanto a parte remanescente. Vencidos os Conselheiros Gustavo Kelly Alencar, Raimar da Silva Aguiar, Marcelo Marcondes Meyer-Kozlowsky e Dalton Cesar Cordeiro de Miranda.

Ementa

NORMAS PROCESSUAIS. RESSARCIMENTO DE INCENTI-VO FISCAL. PRESCRIÇÃO. Eventual direito a pleitear-se restituição de créditos de IPI referentes a incentivos fiscais à exportação prescreve em cinco anos contados da data de ocorrência do fato gerador do benefício pleiteado, in casu, a exportação do produto. CRÉDITO-PRÊMIO DO IPI. O Crédito-prêmio do IPI, instituído pelo art. 1º do Decreto-Lei n. 491, de 05 de março de 1969, foi extinto em 30 de junho de 1983. Recurso ao qual se nega provimento.

17. ACÓRDÃO 204-00.084

Relator

Henrique Pinheiro Torres

Decisão

Por unanimidade de votos, negou-se provimento ao recurso.

Ementa

NORMAS PROCESSUAIS. MULTA DE OFÍCIO. ILEGITIMIDA-DE PASSIVA NA SUCESSÃO. Não há erro no polo passivo do lançamento de ofício lavrado contra a empresa infratora que veio a ser incorporada por outra, quando a autuação fiscal deu-se antes de se efetivar a incorporação. MULTA QUALIFICADA. FRAUDE TRIBUTÁRIA. SIMULAÇÃO DE COMPRA E VENDA DE TÍTULOS. DISSIMULAÇÃO DE OPERAÇÕES DE MÚTUO. INCIDÊNCIA DO IOF. A prática de operações compostas de compra a prazo e recompra à vista de títulos realizadas no mesmo dia, nas mesmas quantidades e pelo mesmo valor, com a finalidade de contornar vedação legal à concessão de financiamento a clientes, configura ação dolosa tendente a impedir a ocorrência do fato gerador do IOF. A realização habitual de operações simuladas cujo único objetivo é impedir a ocorrência do fato gerador do IOF constitui evidente intuito de fraude. JUROS DE MORA. Decorrem de lei e, por terem natureza compensatória, são devidos em relação ao crédito não integralmente pago no vencimento, seja qual for o motivo determinante da falta de recolhimento no prazo legal. TAXA SELIC. A cobrança dos encargos moratórios deve ser feita com base na variação acumulada da SELIC, como determinado por lei. Recurso negado. Por unanimidade de votos, negou-se provimento ao recurso.

18. ACÓRDÃO 104-21498

Relatora

Maria Helena Cotta Cardozo

Decisão

Por maioria de votos, REJEITAR as preliminares arguidas pelo Recorrente e, no mérito, NEGAR provimento ao recurso. Vencidos os Conselheiros Remis Almeida Estol e Meigan Sack Rodrigues, que desqualificavam a multa de ofício e, consequentemente, acolhiam a decadência. O Conselheiro Remis Almeida Estol fará declaração de voto.

Ementa

PAF. NULIDADE DO PROCEDIMENTO. AUSÊNCIA DE CIENTIFICAÇÃO NA FASE PRELIMINAR AO LANÇAMENTO. Não há que se confundir procedimento administrativo fiscal com processo administrativo fiscal. O primeiro tem caráter apuratório e inquisitorial e precede a formalização do lançamento, enquanto que o segundo somente se inicia com a impugnação do lançamento pelo contribuinte, resguardadas nesta fase as garantias do contraditório e da ampla defesa. SIMULAÇÃO – CONJUNTO

ELISÃO E NORMA ANTIELISIVA

PROBATÓRIO. Se o conjunto probatório evidencia que os atos formais praticados (reorganização societária) divergiam da real intenção subjacente (compra e venda), caracteriza-se a simulação, cujo elemento principal não é a ocultação do objetivo real, mas sim a existência de objetivo diverso daquele configurado pelos atos praticados, seja ele claro ou oculto. OPERAÇÕES ESTRU-TURADAS EM SEQUÊNCIA. O fato de cada uma das transações, isoladamente e do ponto de vista formal, ostentar legalidade, não garante a legitimidade do conjunto de operações, quando fica comprovado que os atos praticados tinham objetivo diverso daquele que lhes é próprio. AUSÊNCIA DE MOTIVAÇÃO EXTRA-TRIBUTÁRIA. O princípio da liberdade de auto-organização, mitigado que foi pelos princípios constitucionais da isonomia tributária e da capacidade contributiva, não mais endossa a prá-tica de atos sem motivação negocial, sob o argumento de exercício de planejamento tributário. OMISSÃO DE GANHOS DE CAPI-TAL NA ALIENAÇÃO DE PARTICIPAÇÃO SOCIETÁRIA. SI-MULAÇÃO. MULTA QUALIFICADA. Constatada a prática de simulação, perpetrada mediante a articulação de operações com o intuito de evitar a ocorrência do fato gerador do Imposto de Renda, é cabível a exigência do tributo, acrescido de multa qua-lificada (art. 44, inciso II, da Lei n.. 9.430, de 1996). DECADÊNCIA – Caracterizado o evidente intuito de fraude, o termo inicial do prazo decadencial para a constituição do crédito tributário passa a ser o primeiro dia do exercício seguinte àquele em que o lança-mento poderia ter sido efetuado (arts. 150, § 4º, e 173, inciso I, do CTN). JUROS SELIC – INCONSTITUCIONALIDADE. Não compete aos Conselhos de Contribuintes a discussão acerca da suposta inconstitucionalidade de lei ou ato normativo, cabendo ao Poder Judiciário manifestar-se sobre o tema. Preliminares rejeitadas. Recurso negado.

19. ACÓRDÃO 104-21675

Relator

Nelson Mallmann

Decisão

Por unanimidade de votos, REJEITAR as preliminares arguidas pelo Recorrente. No mérito, por maioria de votos, NEGAR provimento ao recurso. Vencidos os Conselheiros Gustavo Lian Haddad e Remis Almeida Estol, que proviam parcialmente o recurso para desqualificar a multa de ofício, reduzindo-a a 75%.

Ementa

INCONSTITUCIONALIDADE. ILEGALIDADE. PRESUNÇÃO DE LEGITIMIDADE. A autoridade administrativa não possui atribuição para apreciar a arguição de inconstitucionalidade ou de ilegalidade de dispositivos legais. As leis regularmente editadas segundo o processo legislativo gozam de presunção de constitucionalidade e de legalidade até decisão em contrário do Poder Judiciário. CERCEAMENTO DE DEFESA. NULIDADE DO PROCESSO FISCAL. Somente a partir da lavratura do auto de infração é que se instaura o litígio entre o fisco e o contribuinte, podendo-se, então, falar em ampla defesa ou cerceamento dela, sendo improcedente a preliminar de cerceamento do direito de defesa quando concedida, na fase de impugnação, ampla oportunidade de apresentar documentos e esclarecimentos. SIMULAÇÃO. CONJUNTO PROBATÓRIO. Se o conjunto probatório evidencia que os atos formais praticados (reorganização societária) divergiam da real intenção subjacente (compra e venda), caracteriza-se a simulação, cujo elemento principal não é a ocultação do objetivo real, mas sim a existência de objetivo diverso daquele configurado pelos atos praticados, seja ele claro ou oculto. OPERAÇÕES ESTRUTURADAS EM SEQUÊNCIA. O fato de cada uma das transações, isoladamente e do ponto de vista formal, ostentar legalidade, não garante a legitimidade do conjunto de operações, quando fica comprovado que os atos praticados tinham objetivo diverso daquele que lhes é próprio. AUSÊNCIA DE MOTIVAÇÃO EXTRATRIBUTÁRIA. O princípio da liberdade de auto-organização, mitigado que foi pelos princípios constitucionais da isonomia tributária e da capacidade contributiva, não mais

ELISÃO E NORMA ANTIELISIVA

endossa a prática de atos sem motivação negocial, sob o argumento de exercício de planejamento tributário. OMISSÃO DE GANHOS DE CAPITAL NA ALIENAÇÃO DE PARTICIPAÇÃO SOCIETÁRIA. SIMULAÇÃO. MULTA QUALIFICADA. Constatada a prática de simulação, perpetrada mediante a articulação de operações com o intuito de evitar a ocorrência do fato gerador do Imposto de Renda, é cabível a exigência do tributo, acrescido de multa qualificada (art. 44, inciso II, da Lei n.. 9.430, de 1996). DECADÊNCIA. GANHOS DE CAPITAL NA ALIENAÇÃO DE BENS E DIREITOS. LANÇAMENTO POR HOMOLOGAÇÃO. EVIDENTE INTUITO DE FRAUDE. A regra de incidência de cada tributo é que define a sistemática de seu lançamento. Os ganhos de capital na alienação de bens e direitos de qualquer natureza estão sujeitos ao pagamento do imposto de renda, cuja apuração deve ser realizada na ocorrência da alienação e o recolhimento no mês subsequente, razão pela qual tem característica de tributo cuja legislação atribui ao sujeito passivo o dever de antecipar o pagamento sem prévio exame de autoridade administrativa e amolda-se à sistemática de lançamento denominado por homologação, onde a contagem do prazo decadencial encontra respaldo no § 4º do artigo 150, do Código Tributário Nacional. Entretanto, caracterizado o evidente intuito de fraude, o termo inicial do prazo decadencial para a constituição do crédito tributário passa a ser o primeiro dia do exercício seguinte àquele em que o lançamento poderia ter sido efetuado (173, inciso I, do CTN). ACRÉSCIMOS LEGAIS. JUROS. O crédito tributário não integralmente pago no vencimento, a partir de abril de 1995, deverá ser acrescido de juros de mora em percentual equivalente à taxa referencial SELIC, acumulada mensalmente. Preliminares rejeitadas. Recurso negado.

20. ACÓRDÃO 201-77788

Relatora

Adriana Gomes Rêgo Galvão

Decisão

Pelo voto de qualidade: I) rejeitou-se a preliminar de decadência; e II) no mérito, negou-se provimento ao recurso. Vencidos os Conselheiros Antonio Mario de Abreu Pinto, Sérgio Gomes Velloso, Gustavo Vieira de Melo Monteiro e Rogério Gustavo Dreyer, que davam provimento integral ao recurso.

Ementa

NORMAS PROCESSUAIS. DECADÊNCIA. ATOS PRATICADOS COM DOLO, FRAUDE OU SIMULAÇÃO. Restando caracterizado o evidente intuito de fraude, mediante conduta dolosa que procura evitar o conhecimento, pela autoridade fazendária, da ocorrência do fato gerador, bem assim modificar e excluir características essenciais deste, utilizando-se, inclusive, de conluio, a contagem do prazo decadencial passa a ser do primeiro dia do exercício seguinte àquele em que o lançamento poderia ter sido efetuado, ainda que se trate de tributo sujeito à homologação. Preliminar rejeitada. CPMF. HIPÓTESE DE INCIDÊNCIA. A utilização de conta de depósitos vinculados de titularidade da instituição financeira, para crédito de valores dos clientes desta e o posterior pagamento de obrigações destes, por sua conta e ordem, com os recursos nela depositados, caracteriza hipótese de incidência da CPMF, nos termos do inciso III do art. 2º da Lei n. 9.311/96. MULTA QUALIFICADA. Havendo a instituição financeira e sua cliente agido em conluio para evitar o conhecimento da autoridade fazendária da ocorrência do fato gerador, excluindo e modificando-lhe, ainda, suas características essenciais, de modo a evitar o pagamento do tributo, utilizando-se, para tanto, de um sistema de conta-corrente paralela que embutia o nome da cliente nas operações, evidencia-se o intuito doloso de fraude, condição necessária à exasperação da penalidade. Recurso negado.

21. ACÓRDÃO 103-21543

Relator

Aloysio José Percínio da Silva

Decisão

POR unanimidade de votos, rejeitar as preliminares suscitadas e, no mérito, negar provimento ao recurso.

Ementa

PROCESSO ADMINISTRATIVO TRIBUTÁRIO. NULIDADES. São nulos os atos e termos lavrados por pessoa incompetente e os despachos e decisões proferidos por autoridade incompetente ou com preterição do direito de defesa. Outras irregularidades, incorreções ou omissões não importarão em nulidade e serão sanadas quando resultarem em prejuízo para o sujeito passivo. DESPESA. DEDUTIBILIDADE. Despesa dedutível é aquela necessária à atividade da pessoa jurídica, relativa à contraprestação de algo recebido, e comprovada com documentação hábil e idônea. DESPESAS DE DEBÊNTURES. DEDUTIBILIDADE. A dedução das despesas decorrentes das obrigações relativas a debêntures está condicionada, entre outras, à efetiva captação de novos recursos financeiros inerente à emissão desses títulos. JUROS DE MORA. TAXA SELIC. O crédito tributário não integralmente pago no vencimento é acrescido de juros de mora em percentual equivalente à taxa SELIC. MULTA EX OFFICIO. CONFISCO. O princípio constitucional da vedação ao confisco é dirigido aos tributos em geral, não alcança as multas de lançamento ex officio. Publicado no DOU n. 233, de 06/12/04.

22. ACÓRDÃO 101-95208

Relator

Mário Junqueira Franco Junior

Decisão

Por unanimidade de votos, REJEITAR a preliminar suscitada e, no mérito, por maioria de votos, DAR provimento PARCIAL ao recurso para: 1) deduzir do saldo credor de caixa os pagamentos dos empréstimos; e 2) admitir a dedução de todos os tributos pagos pela DIZ. Vencidos os Conselheiros Caio Marcos Cândido e Manoel Antonio Gadelha Dias que só admitiram a dedução do IR e da CSL.

Ementa

NULIDADE. INEXISTÊNCIA. MANDADO DE PROCEDIMEN-TO FISCAL. PRORROGAÇÃO. REGISTRO ELETRÔNICO NA INTERNET. A prorrogação do MPF, à luz do que determina o artigo 13 da Portaria 3007/2001, se dá mediante registro eletrôni-co, disponível na Internet. IRPJ. CSL. CONSTITUIÇÃO DE EMPRESA COM ARTIFICIALISMO. DESCONSIDERAÇÃO DOS SERVIÇOS PRETENSAMENTE PRESTADOS. MULTA QUA-LIFICADA. NECESSIDADE DA RECONSTITUIÇÃO DE EFEI-TOS VERDADEIROS. Comprovada a impossibilidade fática da prestação de serviços por empresa pertencente aos mesmos sócios, dada a inexistente estrutura operacional, resta caracterizado o artificialismo das operações, cujo objetivo foi reduzir a carga tri-butária da recorrente mediante a tributação de relevante parcela de seu resultado pelo lucro presumido na pretensa prestadora de serviços. Assim sendo, devem ser desconsideradas as despesas correspondentes. Todavia, se ao engendrar as operações artificiais, a empresa que pretensamente prestou os serviços sofreu tributa-ção, ainda que de tributos diversos, há de se recompor a verdade material, compensando-se todos os tributos já recolhidos. IRPJ. CSL. PIS. COFINS. SALDO CREDOR DE CAIXA. Não se tratan-do de empréstimos derivados de sócios ou administradores, mas restando os mesmos sem a devida comprovação, a glosa dos en-cargos deduzidos seria o procedimento correto. Optando a fiscali-zação por expurgar tais valores da conta caixa, para fins de apuração de saldo credor, deve fazê-lo tanto para os recebimentos quanto para os pagamentos dos empréstimos. Recurso voluntário parcialmente provido.

23. ACÓRDÃO 107-08064

Relator

Luiz Martins Valero

Decisão

Por unanimidade de votos, REJEITAR as preliminares suscitadas e, no mérito, DAR provimento PARCIAL ao recurso, para reduzir da exigência, o imposto pago em nome dos supostos parceiros, pessoa física e, por unanimidade de votos, NEGAR provimento ao recurso de ofício.

Ementa

DENÚNCIA ANÔNIMA. Não são nulos os lançamentos ultimados pela fiscalização, não com base na denúncia anônima, eis que essa, face à gravidade dos fatos trazidos ao conhecimento da autoridade administrativa, somente serviu de indicativo para as diligências empreendidas pela fiscalização que carreou para os autos prova consistente e robusta. MEIOS DE OBTENÇÃO DAS PROVAS. Tendo a ação fiscal se desenvolvido nos estritos limites da lei procedimental, é lícita a prova obtida. Não há nos autos prova de que o contribuinte resistiu ao ingresso do fisco em suas dependências. SIMULAÇÃO. Os atos simulados, viciados por declarações ou cláusulas não verdadeiras, são ineficazes perante o fisco. A simulação consistiu na atribuição de receitas a supostos parceiros pessoas físicas com o único intuito de reduzir o resultado tributável na pessoa jurídica. PROVA INDICIÁRIA. A prova indiciária é meio idôneo para referendar uma autuação, desde que ela resulte da soma de indícios convergentes. É o caso dos autos onde todos os procedimentos simulados foram desvendados pelo fisco mediante um encadeamento lógico de fatos e indícios convergentes que levam ao convencimento do julgador. OMISSÃO DE RECEITA. CONTROLES PARALELOS MANTIDOS À MARGEM DA ESCRITURAÇÃO OFICIAL. ARBITRAMENTO DOS LUCROS. É imprestável a escrituração oficial mantida pela pessoa jurídica, quando grande parte de seus negócios são mantidos fora do alcance da tributação. Resta ao fisco lançar mão do arbitramento dos lucros. DEDUÇÃO DOS VALORES PAGOS A TÍTULO DE IMPOSTO DE RENDA EM NOME DAS PESSOAS FÍSICAS. Se a fiscalização reclassificou os rendimentos atribuídos aos falsos parceiros pessoas físicas para receitas da pessoa jurídica, devem ser levados em conta, na apuração do montante lançado de ofício, os valores pagos em nome das pessoas físicas. MULTA DE OFÍCIO – Nos casos de multa de ofício, qualificada pelo evidente intuito de fraude, o percentual aplicável é de 150%. LANÇAMENTOS DECORRENTES. Solução dada ao litígio principal, relativo ao Imposto de Renda das Pessoas Jurídicas, estende-se aos demais lançamentos decorrentes quando tiver por fundamento o mesmo suporte fático. JUROS MORATÓRIOS. A incidência de juros calculados com base na taxa SELIC está prevista em lei, que os órgãos administrativos não podem se furtar à sua aplicação.

24. ACÓRDÃO 101-95208

Relator

Mário Junqueira Franco Junior

Decisão

Por unanimidade de votos, REJEITAR a preliminar suscitada e, no mérito, por maioria de votos, DAR provimento PARCIAL ao recurso para: 1) deduzir do saldo credor de caixa os pagamentos dos empréstimos; e 2) admitir a dedução de todos os tributos pagos pela DIZ. Vencidos os Conselheiros Caio Marcos Cândido e Manoel Antonio Gadelha Dias que só admitiram a dedução do IR e da CSL.

Ementa

NULIDADE. INEXISTÊNCIA. MANDADO DE PROCEDIMEN-TO FISCAL. PRORROGAÇÃO. REGISTRO ELETRÔNICO NA INTERNET. A prorrogação do MPF, à luz do que determina o artigo 13 da Portaria 3007/2001, se dá mediante registro eletrônico, disponível na Internet. IRPJ. CSL. CONSTITUIÇÃO DE EMPRESA COM ARTIFICIALISMO. DESCONSIDERAÇÃO DOS SERVIÇOS PRETENSAMENTE PRESTADOS. MULTA QUA-LIFICADA. NECESSIDADE DA RECONSTITUIÇÃO DE EFEI-TOS VERDADEIROS. Comprovada a impossibilidade fática da prestação de serviços por empresa pertencente aos mesmos sócios, dada a inexistente estrutura operacional, resta caracterizado o artificialismo das operações, cujo objetivo foi reduzir a carga tributária da recorrente mediante a tributação de relevante parcela de seu resultado pelo lucro presumido na pretensa prestadora de serviços. Assim sendo, devem ser desconsideradas as despesas correspondentes. Todavia, se ao engendrar as operações artificiais, a empresa que pretensamente prestou os serviços sofreu tributação, ainda que de tributos diversos, há de se recompor a verdade material, compensando-se todos os tributos já recolhidos. IRPJ. CSL. PIS. COFINS. SALDO CREDOR DE CAIXA. Não se tratando de empréstimos derivados de sócios ou administradores, mas restando os mesmos sem a devida comprovação, a glosa dos encargos deduzidos seria o procedimento correto. Optando a fiscalização por expurgar tais valores da conta caixa, para fins de apuração de saldo credor, deve fazê-lo tanto para os recebimentos quanto para os pagamentos dos empréstimos. Recurso voluntário parcialmente provido.

25. ACÓRDÃO 101-94771

Relator

Valmir Sandri

Decisão

Por maioria de votos, DAR provimento PARCIAL ao recurso, para excluir da tributação a parcela de R$.... Vencidos os Conselheiros Valmir Sandri (Relator), Sebastião Rodrigues Cabral e Orlando José Gonçalves Bueno que também reduziam o percentual da multa de ofício para 75% e o Conselheiro Mário Junqueira Franco Júnior que negou provimento ao recurso. Designado para redigir o voto vencedor o Conselheiro Caio Marcos Cândido.

Ementa

DESCONSIDERAÇÃO DE ATO JURÍDICO. Devidamente demonstrado nos autos que os atos negociais praticados deram-se em direção contrária a norma legal, com o intuito doloso de excluir ou modificar as características essenciais do fato gerador da obrigação tributária (art. 149 do CTN), cabível a desconsideração do suposto negócio jurídico realizado e a exigência do tributo incidente sobre a real operação. SIMULAÇÃO/DISSIMULAÇÃO. Configura-se como simulação, o comportamento do contribuinte em que se detecta uma inadequação ou inequivalência entre a forma jurídica sob a qual o negócio se apresenta e a substância ou natureza do fato gerador efetivamente realizado, ou seja, dá-se pela discrepância entre a vontade querida pelo agente e o ato por ele praticado para exteriorização dessa vontade, ao passo que a dissimulação contém em seu bojo um disfarce, no qual se encontra escondida uma operação em que o fato revelado não guarda correspondência com a efetiva realidade, ou melhor, dissimular é encobrir o que é. IRPJ. GANHO DE CAPITAL. Considera-se ganho de capital a diferença positiva entre o valor pelo qual o bem ou direito houver sido alienado ou baixado e o seu valor contábil, diminuído, se for o caso, da depreciação, amortização ou exaustão acumulada. MULTA AGRAVADA. Presente o evidente intuito de fraude, cabível o agravamento da multa de ofício prevista no inciso II, art. 44, da lei n. 9.430/96. LANÇAMENTOS DECORRENTES. CSLL. A solução dada ao litígio principal, relativo ao Imposto de Renda Pessoa Jurídica aplica-se, no que couber, ao lançamento decorrente, quando não houver fatos ou argumentos novos a ensejar conclusão diversa. Recurso provido parcialmente.

26. ACÓRDÃO CSRF 01-02.107

Relator

Edison Pereira Rodrigues

Decisão

Acordam os Membros da Câmara Superior de Recursos Fiscais, por maioria de votos, negar provimento ao recurso. Vencidos os Conselheiros Celso Alves Feitosa, Júlio César Gomes da Silva (suplente convocado), Victor Luís de Salles Freire, Rêmis Almeida

ELISÃO E NORMA ANTIELISIVA

Estol, Wilfrido Augusto Marques e Luiz Alberto Cava Maceira. Declarou-se impedido de votar o Conselheiro Edison Pereira Rodrigues.

Ementa

IRPJ. "INCORPORAÇÃO ÀS AVESSAS". MATÉRIA DE PROVA. COMPENSAÇÃO DE PREJUÍZOS FISCAIS. A definição legal do fato gerador é interpretada abstraindo-se da validade jurídica dos atos efetivamente praticados. Se a documentação acostada aos autos comprova de forma inequívoca que a declaração de vontade expressa nos atos de incorporação era enganosa para produzir efeito diverso do ostensivamente indicado, a autoridade fiscal não está jungida aos efeitos jurídicos que os atos produziriam, mas à verdadeira repercussão econômica dos fatos subjacentes. Negado provimento ao recurso.

27. ACÓRDÃO 108-09.496

Relatora

Karem Jureidini Dias

Decisão

ACORDAM os Membros da Oitava Câmara do Primeiro Conselho de Contribuintes, por unanimidade de votos, REJEITAR as preliminares e, no mérito, NEGAR provimento ao recurso, nos termos do relatório e voto que passam a integrar o presente julgado. Preliminares Rejeitadas. Recurso Voluntário Negado.

Ementa

IRPJ e CSLL. Ano-calendário: 2000 a 2003. GLOSA DE DESPESAS NÃO COMPROVADAS. DOCUMENTAÇÃO INIDÔNEA. É cabível a glosa de despesas que não possuem documentação adequada, seja porque não apresentadas pelo contribuinte, seja em razão da inidoneidade da documentação apresentada. DESCONSIDERAÇÃO DA PERSONALIDADE JURÍDICA. A constituição de sociedade em conta de participação é válida, exceção feita na hipótese da constituição da sociedade ocorrer com a finalidade exclusiva de evasão fiscal. MULTA QUALIFICADA. NOTAS FISCAIS INIDÔNEAS. EVIDENTE INTUITO DE FRAUDE. A contabilização de notas fiscais inidôneas, por si só, evidencia conduta fraudulenta do contribuinte, justificando a aplicação da penalidade qualificada (150%). SELIC. JUROS DE MORA. O não pagamento de débitos para com a União, decorrente de tributos e contribuições, sujeita a empresa à incidência de juros de mora calculados, com base na taxa referencial do Sistema Especial de Liquidação e de Custódia – SELIC, nos termos da Súmula n. 4 deste Primeiro Conselho de Contribuintes. TRIBU-TAÇÃO REFLEXA. A solução dada ao litígio principal, relativo ao Imposto de Renda da Pessoa Jurídica, aplica-se, no que couber, aos lançamentos decorrentes, quando não houver fatos ou argumentos novos a ensejar conclusão diversa. Preliminares Rejeitadas. Recurso Voluntário Negado. Por unanimidade de votos, REJEITAR as preliminares e, no mérito, NEGAR provimento ao recurso.

28. ACÓRDÃO 101-96724

Relatora

Sandra Maria Faroni

Decisão

Por unanimidade de votos, NEGAR provimento aos recursos voluntário e de ofício.

Ementa

IRPJ. Ano-calendário: 2001 e 2002. NULIDADE. REEXAME DE FATOS JÁ VALIDADOS EM FISCALIZAÇÃO ANTERIOR- A Secretaria da Receita Federal não valida ou invalida fatos, mas analisa sua repercussão frente à legislação tributária e exige o tributo porventura deles decorrentes. No caso, a repercussão

ELISÃO E NORMA ANTIELISIVA

tributária dos fatos só surgiu com a amortização do suposto ágio. ATOS SIMULADOS. PRESCRIÇÃO PARA SUA DESCONSTITUIÇÃO. No campo do direito tributário, sem prejuízo da anulabilidade (que opera no plano da validade), a simulação inocente tem outro efeito, que se dá plano da eficácia: os atos simulados não têm eficácia contra o fisco, que não necessita, portanto, demandar judicialmente sua anulação. INCORPORAÇÃO DE SOCIEDADE. AMORTIZAÇÃO DE ÁGIO NA AQUISIÇÃO DE AÇÕES. SIMULAÇÃO. A reorganização societária, para ser legítima, deve decorrer de atos efetivamente existentes, e não apenas artificial e formalmente revelados em documentação ou na escrituração mercantil ou fiscal. A caracterização dos atos como simulados, e não reais, autoriza a glosa da amortização do ágio contabilizado. MULTA QUALIFICADA A simulação justifica a aplicação da multa qualificada. COMPARTILHAMENTO DE DESPESAS-DEDUTIBILIDADE. Para que sejam dedutíveis as despesas com comprovante em nome de uma outra empresa do mesmo grupo, por terem sido as mesmas rateadas, é imprescindível que, além de atenderem os requisitos previstos no Regulamento do Imposto de Renda, fique justificado e comprovado o critério de rateio. BENS DE NATUREZA PERMANENTE DEDUZIDO COMO DESPESA. Não caracterizada a infração pelo fisco, não prospera a glosa das despesas contabilizadas. TRIBUTAÇÃO REFLEXA. Se nenhuma razão específica justificar o contrário, aplica-se ao lançamento tido como reflexo as mesmas razões de decidir do lançamento matriz.

29. ACÓRDÃO 101-96072

Relator

João Carlos de Lima Júnior

Decisão

Por unanimidade de votos, DAR provimento ao recurso de ofício e, quanto ao recurso voluntário, REJEITAR a preliminar de decadência suscitada e, no mérito, DAR provimento ao recurso.

Ementa

DECADÊNCIA. TRIBUTOS SUJEITOS AO LANÇAMENTO POR HOMOLOGAÇÃO. FRAUDE. O prazo decadencial de 05 (cinco) anos para os tributos sujeitos ao lançamento por homologação é contado da data da ocorrência do fato gerador, nos termos do § 4º do artigo 150 do CTN. Contudo, na ocorrência de dolo, fraude ou simulação, o início da contagem do prazo desloca-se do fato gerador para o primeiro dia do exercício seguinte àquele no qual o lançamento poderia ser realizado, nos termos do artigo 173, I do CTN. DESCARACTERIZAÇÃO DO CONTRATO DE CESSÃO DE CRÉDITOS FIRMARDO ENTRE CONTROLADORA E CONTROLADA. FINALIDADE ÚNICA DE RECOLHER MENOS TRIBUTO. Os atos praticados com a finalidade única de promover a economia tributária através do não recolhimento dos tributos devidos, em prejuízo à Fazenda Pública, denotam a ocorrência de fraude e devem ser descaracterizados. COMPENSAÇÃO DE 1/3 (UM TERÇO) DA COFINS PAGA COM A CSLL. POSSIBILIDADE. A pessoa jurídica poderá compensar com a Contribuição Social sobre o Lucro Líquido – CSLL devida em cada período de apuração trimestral ou anual, até um terço da COFINS efetivamente paga, nos termos do artigo 8º, § 1º da Lei n. 9.718/98. Portanto, não havendo pagamento da COFINS devida, não há que se falar em compensação. PIS. COFINS. EXCLUSÃO DA BASE DE CÁLCULO DAS RECEITAS FINANCEIRAS DECORRENTES DE VARIAÇÃO MONETÁRIA PASSIVA. ANO-CALENDÁRIO 1.999. POSSIBILIDADE. Poderá ser excluída da base de cálculo da contribuição para o PIS/PASEP e COFINS a parcela das receitas financeiras decorrentes da variação monetária dos direitos de crédito e das obrigações do contribuinte, em função da taxa de câmbio, submetida à tributação, segundo o regime de competência, relativa a períodos compreendidos no ano-calendário de 1999, excedente ao valor da variação monetária efetivamente realizada, ainda que a operação correspondente já tenha sido liquidada, nos termos do artigo 31 da MP n.º 1.858-10/1999 e reedições (atual MP n. 2.158-35/2001). MULTA QUALIFICADA DE 150%. A conduta do contribuinte ao tentar impedir a ocorrência do fato gerador da obrigação tributária principal em sua pessoa,

ELISÃO E NORMA ANTIELISIVA

que estava operando com lucro, através da cessão a sua controlada dos direitos aos vultosos rendimentos oriundos da aplicação financeira efetuada junto ao **ABN AMRO BANK**, de modo a reduzir o montante do imposto devido através do instituto da compensação de prejuízos fiscais, já que a controlada vinha acumulando-os, confirma o cabimento da aplicação da multa qualificada de 150%. Preliminar de decadência afastada. Recurso de ofício provido. Recurso voluntário parcialmente provido.

30. ACÓRDÃO 101-96066

Relatora

Sandra Maria Faroni

Decisão

Por maioria de votos, ACOLHER, em parte, a preliminar de decadência suscitada, apenas em relação às exigências da contribuição para o **PIS**, da **COFINS** e das multas isoladas, vencidos os Conselheiros Caio Marcos Cândido, Mário Junqueira Franco Júnior e Manoel Antonio Gadelha Dias que rejeitaram essa preliminar em relação à exigência da COFINS, e, no mérito, por maioria de votos, NEGAR provimento ao recurso. Vencidos os Conselheiros Valmir Sandri, João Carlos de Lima Júnior e Mário Junqueira Franco Júnior que deram provimento ao recurso.

Ementa

DECADÊNCIA. LANÇAMENTO POR HOMOLOGAÇÃO. Nos lançamentos por homologação, o direito de constituir o crédito tributário decai após decorridos 5 (cinco) anos a partir da ocorrência do fato gerador, exceto nas hipóteses em que presente dolo, fraude ou simulação, cujo prazo passa a ser de 5 (cinco) anos contados a partir do primeiro dia do exercício seguinte àquele em que o lançamento poderia ter sido efetuado, conforme dispõe o artigo 173, inciso I, do CTN. LANÇAMENTO. MULTA EXIGIDA ISOLADAMENTE. O termo inicial para lançamento das multas exigidas isoladamente rege-se pelo art. 173 do CTN SIMULAÇÃO. Caracterizada a simulação, os atos praticados com o objetivo de reduzir artificialmente os tributos não são oponíveis ao fisco, que pode desconsiderá-los. MULTA QUALIFICADA. SIMULAÇÃO. Constatada a existência de simulação nos atos jurídicos com o objetivo de prejudicar o Fisco, caracterizado está o evidente intuito de fraude definido no art. 72 da Lei n. 4.502/1964, devendo ser aplicada a multa de 150% (cento e cinquenta por cento) prevista no art. 44, inciso II, da Lei n. 9.430/1996.

31. ACÓRDÃO 101-96087

Relator

Mário Junqueira Franco Junior

Decisão

Por unanimidade de votos, REJEITAR a preliminar de decadência e, no mérito, por maioria de votos, DAR provimento PARCIAL ao recurso, para: 1) reduzir o valor do ganho de capital para R$ ...; e 2) reduzir o percentual das multas isoladas para 50%. Vencidos os Conselheiros João Carlos de Lima Júnior e Valmir Sandri que deram provimento parcial ao recurso em maior extensão, para afastar as exigências das multas isoladas, sendo que este último Conselheiro também desqualificou a multa de ofício incidente sobre os tributos exigidos sobre o ganho de capital.

Ementa

DECADÊNCIA. SIMULAÇÃO. Nos casos em que comprovada a simulação relativa, correta a aplicação da penalidade qualificada. A contagem do prazo decadencial se dá no primeiro dia útil do exercício seguinte ao que o lançamento poderia ter sido realizado. Não mais se antecipa a contagem para a data da entrega da declaração, tendo em vista que a mesma constitui-se mero cumprimento de obrigação acessória, não se tratando, portanto, de medida indispensável ao lançamento. OPERAÇÃO ÁGIO. SIMULAÇÃO

ELISÃO E NORMA ANTIELISIVA

RELATIVA. As operações estruturadas, realizadas em prazo ínfimo, de aporte de capital com ágio, capitalização e alienação, constituem-se em simulação relativa, cujo ato verdadeiro dissimulado foi a alienação das ações. Seu único propósito foi evitar a incidência de ganho de capital. MULTA ISOLADA. A falta de recolhimento de antecipações impõe a exigência de multa isolada. Em face da retroatividade benigna, fica reduzido o percentual para 50%. Arguição de decadência rejeitada. Recurso voluntário parcialmente provido.

32. ACÓRDÃO 102-48620

Relator

Antônio José Praga de Souza

Decisão

Por maioria de votos, REJEITAR a preliminar de erro na identificação do sujeito passivo. Vencido o Conselheiro Moisés Giacomelli Nunes da Silva que a acolhe e apresenta declaração de voto. Por unanimidade de votos, REJEITAR a preliminar de nulidade do lançamento e da decisão de primeira instância por incompetência da autoridade lançadora e da Turma julgadora da decisão de primeira instância. Por unanimidade de votos, REJEITAR a preliminar de nulidade do lançamento por ausência de ato administrativo prévio. Por maioria de votos, MANTER a qualificação da multa e REJEITAR a preliminar de decadência. Vencidos os Conselheiros Silvana Mancini Karam e Moisés Giacomelli Nunes da Silva que desqualificam a multa e acolhem a preliminar de decadência e apresenta declaração de voto. No mérito, por unanimidade de votos, NEGAR provimento ao recurso.

Ementa

PROCESSO ADMINISTRATIVO FISCAL. LANÇAMENTO. NULIDADE. Não é nulo o auto de infração, lavrado com observância do art. 142 do CTN e 10 do Decreto 70.235 de 1972, quando a descrição dos fatos e a capitulação legal permitem ao autuado compreender as acusações que lhe foram formuladas no auto de infração, de modo a desenvolver plenamente suas peças impugnatória e recursal. PROCESSO ADMINISTRATIVO FISCAL. DEFESA DO CONTRIBUINTE. APRECIAÇÃO. Conforme cediço no Superior Tribunal de Justiça – STJ, a autoridade julgadora não fica obrigada a manifestar-se sobre todas as alegações do recorrente, nem a todos os fundamentos indicados por ele ou a responder, um a um, seus argumentos, quando já encontrou motivo suficiente para fundamentar a decisão. (REsp 874793/CE, julgado em 28/11/2006). PROCESSO ADMINISTRATIVO FISCAL. PROVAS. À luz do artigo 29 do Decreto 70.235 de 1972, na apreciação de provas a autoridade julgadora tem a prerrogativa de formar livremente sua convicção. APRECIAÇÃO DE LEGALIDADE OU CONSTITUCIONALIDADE DE DISPOSITIVOS LEGAIS EM VIGOR. O Primeiro Conselho de Contribuintes não é competente para se pronunciar sobre a inconstitucionalidade de lei tributária. (Súmula n. 2 do Primeiro Conselho de Contribuintes). IR-FONTE. PAGAMENTO SEM CAUSA. Fica sujeito à incidência do imposto de renda exclusivamente na fonte, à alíquota de 35%, todo pagamento efetuado pela pessoa jurídica ou o recurso entregue a terceiros, contabilizados ou não, quando não for comprovada a operação ou a sua causa, ainda que esse pagamento resultar em redução do lucro líquido da empresa. Nos termos do § 3º do artigo 61 da Lei n. 8.981/1995, o valor pago será considerado líquido, cabendo o reajustamento do respectivo rendimento bruto sobre o qual recairá o imposto. SIMULAÇÃO. A simulação se caracteriza pela divergência entre a exteriorização e a vontade, isto é, são praticados determinados atos formalmente, enquanto subjetivamente, os que se praticam são outros. Assim, na simulação, os atos exteriorizados são sempre desejados pelas partes, mas apenas no aspecto formal, pois, na realidade, o ato praticado é outro. SIMULAÇÃO E DECADÊNCIA. Configurada a presença de simulação, o prazo para constituir o crédito tributário é de 5 (cinco) anos, contados do exercício (ano) seguinte àquele em que o lançamento poderia ter sido efetuado nos termos do art. 173, inciso I, do Código Tributário Nacional. SIMULAÇÃO

ELISÃO E NORMA ANTIELISIVA

E MULTA DE OFÍCIO QUALIFICADA. Comprovada a simulação, correta a exigência da multa de ofício qualificada sobre os tributos devidos, no percentual de 150%. JUROS DE MORA À TAXA SELIC. Incide juros à taxa Selic sobre o crédito tributário pago após o vencimento (Súmula n. 4 do Primeiro Conselho de Contribuintes). Preliminares rejeitadas. Recurso negado.

33. ACÓRDÃO 101-95818

Relator

Sebastião Rodrigues Cabral

Decisão

Por maioria de votos, DAR provimento PARCIAL ao recurso, para: 1) afastar a exigência relativa às despesas efetuadas com serviços de assessoria jurídica; 2) reduzir o percentual da multa isolada para 50%, vencidos os Conselheiros Valmir Sandri, João Carlos de Lima Júnior e Mário Junqueira Franco Júnior que cancelaram a exigência da multa isolada; 3) reduzir o percentual da multa de ofício para 150%, vencido o Conselheiro Sebastião Rodrigues Cabral (Relator) que reduziu o percentual da multa de ofício para 75%. Designado para redigir o voto vencedor o Conselheiro Caio Marcos Cândido.

Ementa

DESCONSIDERAÇÃO DE ATO JURÍDICO. Demonstrado que os atos negociais praticados ocorreram em sentido contrário ao contido na norma jurídica, com o intuito de se eximir da incidência do tributo, cabível a desconsideração do suposto negócio jurídico realizado. IRPJ. GANHO DE CAPITAL. Considera-se ganho de capital a diferença positiva entre o valor pelo qual o bem ou direito houver sido alienado ou baixado e o seu valor contábil, diminuído, se for o caso, da depreciação, amortização ou exaustão acumulada. MULTA ISOLADA. "Ex vi" do disposto no artigo 44 da Lei n. 9.430, de 1996, com as alterações introduzidas pela Media

Provisória n. 351, de 2007, tem incidência a penalidade pecuniária isoladamente aplicada, à alíquota de 50% (cinquenta por cento), sobre o valor do pagamento mensal devido sob a forma de estimativa, que deixar de ser oportunamente paga. MULTA DE OFÍCIO. QUALIFICAÇÃO. Presente o evidente intuito de fraude é correta a qualificação da multa de ofício.

34. ACÓRDÃO 103-23441

Relator

Paulo Jacinto do Nascimento

Decisão

Dar provimento parcial ao recurso nos seguintes termos: por unanimidade de votos, afastar as exigências decorrentes da glosa de despesas com remuneração de empréstimos e da falta de adição da reserva de reavaliação, e, por maioria de votos, manter a exigência relativa à glosa de despesas com ágio, inclusive com a multa qualificada imposta, vencidos os conselheiros Alexandre Barbosa Jaguaribe e Paulo Jacinto do Nascimento (relator). Designado o conselheiro Antonio Bezerra Neto para redigir o voto vencedor. Este mesmo conselheiro apresentará declaração de voto quanto à falta de adição da reserva de reavaliação, por ter acompanhado o relator pelas conclusões.

Ementa

IRPJ. Exercício: 2005. DESPESAS COM ÁGIO. CARACTERIZADA SIMULAÇÃO. INDEDUTIBILIDADE. PROVAS. É indedutível as despesas com ágio quando provado nos autos que as mesmas foram levadas a efeito a partir da prática de simulação através de negócio jurídico que aparenta transferir direitos a pessoa diversa daquela à qual realmente se transmitem. SIMULAÇÃO. CARACTERIZAÇÃO. O fato dos atos societários terem sido formalmente praticados, com registro nos órgãos competentes, escrituração contábil, etc. não retira a possibilidade da operação em causa se enquadrar como simulação, isso porque faz parte da natureza da simulação o envolvimento de atos jurídicos lícitos. Afinal, simulação é a desconformidade, consciente e pactuada entre as partes que realizam determinado negócio jurídico, entre o negócio efetivamente praticado e os atos formais (lícitos) de declaração de vontade. Não é razoável esperar que alguém tente dissimular um negócio jurídico dando-lhe a aparência de um outro ilícito. GLOSA DE DESPESAS FINANCEIRAS. DESNECESSIDADE. A tão só coexistência, com aplicações financeiras remuneradas a taxas inferiores, de empréstimos tomados a pessoas relacionadas não autoriza a inferência de serem desnecessárias as despesas havidas com estes empréstimos. RESERVA DE REAVALIAÇÃO. REALIZAÇÃO. INEXISTÊNCIA. A entrega de bens em pagamento do valor do capital subscrito, fato permutativo que é, não implica em realização da reserva de reavaliação. MULTA DE OFÍCIO QUALIFICADA. SIMULAÇÃO. EVIDENTE INTUITO DE FRAUDE – A prática da simulação com o propósito de dissimular, no todo ou em parte, a ocorrência do fato gerador do imposto caracteriza a hipótese de qualificação da multa de ofício, nos termos do art. 44, II, da Lei n. 9.430, de 1996.

35. ACÓRDÃO 103-21046

Relator

Paschoal Raucci

Decisão

POR unanimidade de votos, dar provimento parcial ao recurso para excluir a multa de lançamento "ex officio" por sucessão.

Ementa

INCORPORAÇÃO ATÍPICA. NEGÓCIO JURÍDICO INDIRETO. SIMULAÇÃO RELATIVA. A incorporação de empresa superavitária por outra deficitária, embora atípica, não é vedada por lei, representando um negócio jurídico indireto, na medida em que, subjacente a uma realidade jurídica, há uma realidade econômica não revelada. Para que os atos jurídicos produzam efeitos elisivos, além da anterioridade à ocorrência do fato gerador, necessário se faz que revistam forma lícita, aí não compreendida hipótese de simulação relativa, configurada em face dos dados e fatos que instruíram o processo. EVIDENTE INTUITO DE FRAUDE – A evidência da intenção dolosa, exigida na lei para agravamento da penalidade aplicada, há que aflorar na instrução processual, devendo ser inconteste e demonstrada de forma cabal. O atendimento a todas as solicitações do Fisco e observância da legislação societária, com a divulgação e registro nos órgãos públicos competentes, inclusive com o cumprimento das formalidades devidas junto à Receita Federal, ensejam a intenção de obter economia de impostos, por meios supostamente elisivos, mas não evidenciam má-fé, inerente à prática de atos fraudulentos. PENALIDADE – SUCESSÃO – A incorporadora, como sucessora, é responsável pelos tributos devidos pela incorporada, até a data do ato de incorporação, não respondendo por penalidades aplicadas posteriormente a essa data e decorrentes de infrações anteriormente praticadas pela sucedida (CTN, art. 132).

subjacente a uma realidade jurídica, há uma realidade econômica não revelada. Para que os atos jurídicos produzam efeitos elisivos, além da anterioridade à ocorrência do fato gerador, necessário se faz que revistam forma lícita, aí não compreendida hipótese de simulação relativa, configurada em face dos dados e fatos que instruíram o processo. EVIDENTE INTUITO DE FRAUDE – A evidência da intenção dolosa, exigida na lei para agravamento da penalidade aplicada, há que aflorar na instrução processual, devendo ser inconteste e demonstrada de forma cabal. O atendimento a todas as solicitações do Fisco e observância da legislação societária, com a divulgação e registro nos órgãos públicos competentes, inclusive com o cumprimento das formalidades devidas junto à Receita Federal, ensejam a intenção de obter economia de impostos, por meios supostamente elisivos, mas não evidenciam má-fé, inerente à prática de atos fraudulentos. PENALIDADE – SUCESSÃO – A incorporadora, como sucessora, é responsável pelos tributos devidos pela incorporada, até a data do ato de incorporação, não respondendo por penalidades aplicadas posteriormente a essa data e decorrentes de infrações anteriormente praticadas pela sucedida (CTN, art. 132).

CTP · Impressão · Acabamento
Com arquivos fornecidos pelo Editor

EDITORA e GRÁFICA
VIDA & CONSCIÊNCIA

R. Agostinho Gomes, 2312 • Ipiranga • SP
Fone/fax: (11) 3577-3200 / 3577-3201
e-mail:grafica@vidaeconsciencia.com.br
site: www.vidaeconsciencia.com.br